हम भी बन सकते हैं अच्छे माता-पिता

डा. अशोक बांगा, डा. उषा बांगा

ISBN 979-8-89186-796-3

INDEX

INDEX

खंड-2

खंड-3

INDEX

यह पुस्तक क्यों

आप में से कुछ माता-या पिता बनने की तैयारी कर रहे होंगे, कुछ बच्चों के पालन में संघर्ष कर रहे होंगे और कुछ दादा-दादी या नाना-नानी बन चुके होंगे। जीवन की कोई भी अवस्था हो, हर पालक का सपना होता है कि उसके बच्चे स्वस्थ रहें, अच्छे संस्कार सीखें, अच्छी शिक्षा प्राप्त करें, विभिन्न कलाओं में माहिर बनें और समाज के अच्छे नागरिक बनें। इसी में परिवार, समाज और देश का उन्नयन निहित है।

बचपन के दौरान मैं अपने मित्रों के माता-पिता को अपने माता-पिता से बेहतर मानता था। एक किशोर के रूप में मैं ज्यादातर अपने माता-पिता से नाराज रहता था। वयस्क होने पर भी मुझे उनमें कमियाँ नजर आती थीं। जो भी हो लेकिन यह एक ऐसा रिश्ता है जिसे बदला नहीं जा सकता। हाँ, ऐसा लगता था कि वे प्रयास करें तो कुछ सुधारा जा सकता था, पर उनको सुधार करने का कहे कौन?

एक दिन ऐसा आया जब मैं पिता बन गया। पर मैं तो बच्चे के पालने के अनुभव में शून्य था, न इसकी कोई औपचारिक शिक्षा थी और न ही कोई प्रशिक्षण। मैं चाहता तो था कि अपने बच्चे के लिए अपने पिता से बेहतर पिता बनूँ, जिन्हें मैं हमेशा अपूर्ण मानता रहा लेकिन कुछ पता नहीं था, कैसे? हम में से माता-पिता बनते समय कितने लोग इसके लिए अपने को तैयार कर पाए होते हैं? कितने लोग जानते हैं कि पालन-पोषण की विभिन्न शैलियाँ होती हैं और कौन जानता है कि अलग-अलग पेरेंटिंग स्टाइल उनके बच्चों के जीवन में क्या अंतर ला सकती है?

हम सभी अपने बच्चे के जन्म के समय तक अपने व्यक्तिगत और सांस्कृतिक अनुभव की वजह से एक विशेष प्रकार के व्यक्ति बन चुके होते हैं जो यह निर्धारित करता है कि हम कैसे माता-पिता बनेंगे? फिर दशकों से विकसित

समाज की परंपराएँ हैं जो हमें बताती हैं कि माता पिता को अपने बच्चों के साथ कैसा व्यवहार करना चाहिए। अच्छी बात यह है कि इंसान का बच्चा बहुत समय तक बड़ों पर निर्भर होता है और परिपक्व होने में बहुत धीमा होता है इसलिए माता-पिता के पास अपने बच्चों को कैसे पाला जाए, इसके बारे में बहुत सारे तरीके अपनाने और निर्णय लेने के लिए बहुत सारे वर्ष होते हैं। इतने समय में हम प्रयत्न करें तो बच्चे के व्यक्तित्व व स्वभाव को सही दिशा में ले जा सकते हैं।

बच्चे का पालन-पोषण जन्म से पहले ही शुरू हो जाता है और वास्तव में तो कभी नहीं रुकता। बच्चों का पालन-पोषण हमारे अपने विकास को बढ़ाने का भी एक बड़ा और महत्वपूर्ण अवसर है और इसीलिए यह सोचना जरूरी है कि आप इसे कैसे स्वीकार करते हैं और कैसे सीखते हैं।

पालन-पोषण का अंतिम उद्देश्य बच्चे को इस प्रकार तैयार करना है कि जब आप नहीं होंगे तो वह स्वयं की देखभाल कर सके। पेरेंटिंग खुद को खोजने का एक खूबसूरत मौका है, क्योंकि आप धीरे-धीरे बच्चे को अपनी ताकत से अपना रास्ता ढूंढने योग्य बनाते हैं।

विशेषज्ञों का कहना है कि पालन-पोषण माता-पिता के लिए आसान नहीं होता क्योंकि यह एक कला है जो हर माता-पिता को सीखनी पड़ती है। पेरेंटिंग का एक विज्ञान है जिसे हर माता-पिता को जानना जरूरी है। यह आत्म-खोज और आत्म-शिक्षण की यात्रा भी है। यह हमें एक और नई जिंदगी जीने का अवसर देती है।

आमतौर पर पालन-पोषण की शैली हमारे माता-पिता के द्वारा किए गए हमारे पालन-पोषण, हमारे अधूरे सपनों और इच्छाओं और समाज से प्राप्त ज्ञान पर निर्भर करती है। यानी हमें जो पता होता है उसी के अनुसार हम बच्चों को पालते हैं। यह एक बड़ी चुनौती है। कुछ बुद्धिमत्ता से चुनौतियों का सामना करते हैं, कुछ दबाव के आगे झुक जाते हैं, कुछ प्रतिक्रिया करते हैं और कुछ उदासीन हो जाते हैं। माता-पिता हर बच्चे के लिए सबसे पहले रोल-मॉडल (प्रेरणा स्रोत) होते हैं और अधिकांश सही और गलत आदतें इसी रिश्ते से निकलती हैं।

कहा गया है की 'इतिहास ही भविष्य को आकार देता है' पर आप के पास क्षमता है तो आप इसे बदल भी सकते हैं। एक मनुष्य ही तो है जिसने अधिकतम

बदलाव कर क्षमता बढ़ाना सीखा है। बस इसमें बहुत जागृति, बहुत प्रयास और थोड़े त्याग की आवश्यकता होती है।

हाँ तो, यहाँ प्रश्न यह है कि क्या अच्छा पालन-पोषण सीखा जा सकता है?

जैसे यह सच है कि हर बच्चा चाहता है कि उसके माता-पिता सबसे अच्छे हों वैसे ही यह भी सच है कि हर माता-पिता अपने बच्चे की परवरिश सबसे अच्छी करना चाहते हैं और उसे सबसे अच्छा जीवन देना चाहते हैं। बहुत बाधाओं और कमियों के कारण यदि हम सर्वश्रेष्ठ न भी बन पाएं तो भी हमारे प्रयत्न हमें पहले से बेहतर तो बनाते ही हैं। इसीलिए हमें अच्छी व नई बातें सीखने की आवश्यकता होती है और जहां से भी हो, सीखते रहना चाहिए।

जब पेरेंटिंग की बात आती है, तो बहुत कुछ दांव पर लगा होता है क्योंकि इसका बच्चे के जीवन पर व्यापक प्रभाव होता है, इसलिए, सही पेरेंटिंग-स्किल्स या परवरिश के बारे में जागरूकता महत्वपूर्ण है। बचपन के दौरान हम अनजाने में भी बहुत कुछ सीखते है, किन्तु यह जानना जरूरी है कि पालन-पोषण भी अन्य कलाओं की तरह जागरूक प्रयासों से बेहतर बनाया जा सकता है। हर-कोई कम से कम अच्छे पालन-पोषण की मुख्य बातें तो सीख ही सकता है? इससे बच्चों की जिंदगी संवर सकती है। धीरे-धीरे आप पहले से बेहतर माता-पिता बन सकते हैं।

जब आप इस बात से सहमत हो जाते हैं तो सवाल यह उठता है कि पालन-पोषण कब, कैसे और किस से सीखा जा सकता है? आज भी हमारे देश में इस प्रशिक्षण की व्यवस्था नहीं है? कहाँ पता है कि कोई संस्था या चिकित्सक या अध्यापक या इस क्षेत्र का विशेषज्ञ उपलब्ध है और है तो क्या हम आसानी से उस तक पहुँच सकते हैं? विकसित देशों ने इस क्षेत्र में बहुत काम किया है और इस विषय में उपयोगी साहित्य भी उपलब्ध कराया है किन्तु हमारे देश में यह भी बहुत कम है और हिन्दी भाषा में तो और भी कम।

ऐसे में क्यों न हम स्वयं से ही इसकी शुरुआत करें? अपनी क्षमता पहचाने, राह खोजें। खुद सीखें और दूसरों को राह दिखाएं।

इसी विचार ने जन्म दिया इस पुस्तक को।

यह पुस्तक क्यों

प्रस्तुत है पालन-पोषण में खुशी, अर्थ और उद्देश्य खोजने के लिए एक मार्गदर्शिका।

आइए हम एक अच्छे कार्य की शुरुआत करें।

- अशोक बांगा

- उषा बांगा

"रोशनी करो, लोग रास्ता खुद ढूंढ लेंगे"

इला बेकर

President
Dr CP Bansal
India
(cpbansal@gmail.com)

Secretary General
Dr Jyoti R Dhakhwa
Nepal
(jyorat@hotmail.com)

President Elect
Dr Ruhul Amin
Bangladesh
(2008.bpa@gmail.com)

प्राक्कथन

लेखक-द्वय डा. अशोक बांगा और डा. उषा बांगा द्वारा लिखी पुस्तक, 'हम भी बन सकते हैं अच्छे माता पिता', इस विषय पर एक व्यापक और विस्तृत पुस्तक है जो प्रत्येक माता-पिता के लिए एक मार्गदर्शिका के रूप में कार्य करेगी। इस पुस्तक में बच्चों के पालन-पोषण के सभी पहलुओं को शामिल किया गया है, जिसमें विकास, शिक्षा, अनुशासन, और आपसी-संबंध शामिल हैं।

लेखक-द्वय ने एक बाल रोग विशेषज्ञ और एक मनोवैज्ञानिक के रूप में अपने अनुभवों का उपयोग करके इस पुस्तक को लिखा है। उन्होंने माता-पिता के लिए एक ऐसी पुस्तक लिखने का प्रयास किया है जो व्यावहारिक और उपयोगी हो। पुस्तक में कई सुझाव और व्यावहारिक तरीके बतलाये गए हैं, जो माता-पिता को अपने बच्चों को सफल और खुशहाल बनाने में मददगार साबित होंगे।

मैं इस पुस्तक की अत्यधिक अनुशंसा करता हूं। यह सभी माता-पिता के लिए एक मूल्यवान संसाधन है, चाहे वे नए माता-पिता हों या अनुभवी। पुस्तक में दिए गए सुझावोंका पालन करके, माता-पिता अपने बच्चों के साथ मजबूत और सकारात्मक संबंध बना सकते हैं और उन्हें सफल और खुशहाल जीवन जीने के लिए तैयार कर सकते हैं।

निम्नलिखित कुछ विशिष्ट बिन्दुओं के लिए मैं इस पुस्तक की प्रशंसा करता हूं:

- पुस्तक में बच्चों के विकास के सभी पहलुओं को शामिल किया गया है।
- लेखक-द्वय ने माता-पिता के लिए व्यावहारिक और उपयोगी सुझाव दिए हैं।
- यह पुस्तक सिर्फ हमारे देश के विचारों और परंपराओं से आगे जाकर विदेशों के आँकड़े, उदाहरण और उनके पालन के विभिन्न तरीकों की समीक्षा भी करती है जो माता-पिता को समझने में मदद कर सकती है कि सारी दुनिया में बच्चों के पालन-पोषण में श्रेष्ठ क्या है?
- इस विषय पर हमारे देश में बहुत कम साहित्य उपलब्ध है और हिन्दी पाठकों के लिए तो और भी कम। यह पुस्तक इस दिशा में एक मील का पत्थर साबित होगी।

मैं दक्षिण-पूर्व एशिया और इसके बाहर भी इस पुस्तक को उन सभी हिन्दी भाषी माता-पिता को पढ़ने के लिए प्रोत्साहित करूंगा जो अपने बच्चों को सफल और खुशहाल जीवन देने के लिए प्रतिबद्ध हैं।

एक बात और; अंग्रेजी तथा क्षेत्रीय भाषाओं में भी यदि इसका अनुवाद हो सके तो अधिक लोग इसका लाभ ले सकेंगे।

आप इसे पढ़ें, सीखें और बेहतर माता-पिता बनकर अपने बच्चों को समाज में श्रेष्ठ नागरिक बनाने का सपना पूरा करें।

Dr. C. P. Bansal
MD,FIAP,PG DAP, FICMCH
Co Chair Adolescent Working Group Adolescent Health IPA
Chairperson IAP NRP
President IAP 2013
Director, Shabd Pratap Hospital, Gwalior

Address for Correspondence:
1/5, Shabd Pratap Ashram, Fort Road, Gwalior-474012, Madhya Pradesh, India
Ph.: +91 751 2418600, Mob.: +91 9425111777, 9827063677

प्राक्कथन

किं मधुरं? पुत्रस्य वचनं। पुनरपि किं मधुरं? पुत्रस्य वचनं। संसार में सबसे मधुर क्या है यदि यह प्रश्न दोहराया जाए तो हर बार इसका एक ही उत्तर होगा कि अपने बच्चे या बच्ची की वाणी ही सबसे मधुर है, मीठी है।

यह सुखद अनुभव लेते रहने के लिए, परंतु यह भी जरूरी है कि बच्चे या बच्ची का पालन पोषण निरन्तर ठीक से हो रहा हो वह स्वस्थ व प्रसन्न चित्त रहता हो और उसके शारीरिक मानसिक बौद्धिक विकासके साथ साथ उसका सामाजिक व्यवहार भी निरंतर विकासमान स्थिति में हो तभी उसके बोल वचन मधुर बने रह सकेंगे।

बच्चों का पालन पोषण कैसे करना? कुछ दशक पहले तक ऐसा प्रश्न सोचना ही कल्पना से परे हुआ करता था। नव दम्पत्ति भी इस तरह की सोच से और पालन पोषण की समस्या से चिन्तित नहीं होते थे; परिवार क्योंकि, तब संयुक्त हुआ करते थे; दादी-बाबा, बुआ-मौसी, चाचा-चाची का सहयोग और मार्गदर्शन बच्चों को और बच्चों के माता-पिता को, कुछ अनबनों के बाद भी सस्नेह मिलता रहता था।

आज जब कि समाज में संयुक्त परिवारों की परम्परा, मनो-सामाजिक-आर्थिक कारणों से विश्रंखलित हो चुकी है और नई पीढ़ी, बदलते परिवेश में, चाहे पश्चिम की हो या इस देश की, अपने पूर्वजों के तौर तरीकों को अब चलन से बाहर और अनुपयोगी मान चुकी है। ऐसे में बच्चों के पालन पोषण की और इसमें मार्ग दर्शन की समस्या नव दम्पति के लिए एक नई तरह की चुनौती ही बनती जा रही है। मार्ग दर्शन की यह रिक्तता वरिष्ठजनों में भी चिन्ता का विषय भी बन चुकी है।

डाक्टर अशोक बांगा और डाक्टर उषा बांगा ने इसी तथ्य को ध्यान में रखते हुए यह पुस्तक लिखी है जिसमें उन्होंने तेजी से बदल चुकी परिस्थितियों में

बच्चों के पालन पोषण को सीखने की अवधारणा को वास्तविक रूप में कार्यान्वित करने के लिए एक मार्गदर्शी नक्शा ही नए अभिभावकों के सामने प्रस्तुत किया है जिसमें उन्होंने सिलसिलेवार यह बताया है कि बच्चों के पालन पोषण की विधियों को, जिसे पेरेंटिंग कहा जा रहा है, एक विशिष्ट कौशल या स्किल के रूप में क्यों और कैसे सीखा जाए और सिखाया जाए। उन्होंने इस ज्ञानार्जन में बहुत से नए विचार भी नई परिस्थियों से तालमेल करने के लिए इस वैचारिक शिक्षण में शामिल किए हैं।

अभी स्थिति यह है कि नई पीढ़ी, बदलते परिवेश में, चाहे पश्चिम की हो या इस देश की, अपने पूर्वजों के तौर तरीकों को अब चलन से बाहर और अनुपयोगी मान चुकी है। दम्पत्तियों को या सिंगल पेरेंट को यह तो लगता है कि उनके स्वयं के मातापिता के फार्मूले उनके पोते पोतियों के लिए अब काम के नहीं रहे पर उसके समक्ष यह बिल्कुल भी स्पष्ट नहीं है कि क्या वास्तव में बच्चों के पालन पोषण जैसे दायित्व निभाने के लिए कुछ विधियाँ सीखना होंगी? यदि सीखना है तो कैसे और किससे सीखना है यह भी वह समझ नहीं पा रहे हैं, और मोबाइल से दूरस्थ अपने माता पिता व स्वजनों और स्थानीय मित्रों से समस्या का निदान पूँछ कर या इंटरनेट पर सिखाने की होड़ में लगी वेबसाइट्स की अधकचरी जानकारी से काम चला रहे हैं।

स्थित यह है कि हमारे देश के बाल मनो-समाजशास्त्री, व्यवहार मनोविज्ञानी और बाल एवं शिशु रोग विशेषज्ञ अलग अलग या समवेत रूप में पेरेंटिंग की इस समस्या पर अभी पर्याप्त मुखर नहीं दिखाई देते हैं जबकि विदेशों में, जैसा कि डाक्टर बांगा दम्पत्ति ने तमाम संदर्भों और पुस्तकों का जिक्र करते हुए अपनी इस पुस्तक में इस पर ज्ञानवर्धक जानकारी भी दी है कि पाश्चात्य देशों में पेरेंटिंग को व्यक्ति के सामाजिक व्यवहार की प्रधान आरंभिक शृंखला मानते हुए और इसे कला और विज्ञान का रूप देते हुए इस पर कितना अधिक प्रयोग परीक्षण और रिसर्च कार्य हो रहा है और यह भी कि इस रिसर्च के आधार पर दम्पत्ति व्यवहार योग्य मार्गदर्शन भी ले रहे हैं। हिंदी के पाठकों के लिए यह ज्ञान प्रस्तुत करने वाले वह देश के प्रथम चिकित्सक लेखक हैं।

वैसे पश्चिम में इस की पहल होने के पीछे कारण यह है कि वहाँ संयुक्त परिवार बहुत पहले बिखर चुके हैं, दादी-दादा का वर्ग वृद्धाश्रम में पहुँचता जा रहा

है और चिन्तन में अनजाने ही स्व केन्द्रीयता बढ़ती जा रही है। मेरी राय में इस पाश्चात्य रिसर्च और प्रशिक्षण पैटर्न का जो अच्छा प्रभाव सामने आ रहा है वह तो दृष्टव्य ही है पर इसी के समानांतर पारंपरिक पाश्चात्य पेरेंटिंग में क्या कोई ऐसी कमी गई है जिसके कारण वहाँ व्यक्ति में खास कर किशोर मन में स्वकेन्द्रीयता, सामाजिक असहिष्णुता व गन कल्चर से बढ़ती हिंसा बार-बार उभर रही है - इस पर पर भी समानांतर रिसर्च होना चाहिए।

इस व्यापक परिप्रेक्ष्य में देखें तो बाल एवं शिशु रोग विशेषज्ञ दम्पत्ति डाक्टर अशोक बांगा और डाक्टर उषा बांगा की यह पुस्तक 'हम भी बन सकते हैं अच्छे माता पिता' सभी दम्पत्तियों के लिए और उन के लिए भी जो संयुक्त परिवार से दूर बाहर देश-परदेस में हैं अथवा जो दम्पत्ति अपने बच्चों की परवरिश नए प्रतिस्पर्धा मूलक माहौल के विरुद्ध अपने बेटी-बेटों को अधिक मजबूत और सक्षम बनाना चाहते हैं, मित्र और मार्गदर्शक का कार्य करेगी। पुस्तक में बाल मनोविज्ञान, सामाजिक चुनौतियाँ और बच्चों के समग्र व्यक्तित्व विकास से जुड़े बहुत से अनछुए पहलुओं पर भी विवेचना की गई है।

डाक्टर बांगा दम्पत्ति विगत चालीस से अधिक वर्षों से बतौर बाल एवं शिशुरोग विशेषज्ञ कार्य कर रहे हैं, उन्होंने सामुदायिक चिकित्सा से जुड़ी समस्याओं पर हिंदी और अंग्रेजी में जो लेखन किया है व पुस्तकें लिखी हैं उनका व्यापक स्वागत हुआ है।

डाक्टर बांगा ने इस पुस्तक में परवरिश केन्द्रित कई महत्व पूर्ण प्रश्न उठाए हैं जो इलाज या मेडिकेशन के दायरे में तो नहीं आते हैं पर बच्चों के भविष्य और समाज की भावी संरचना में उनके भावी नागरिक की हैसियत से सीधे तौर पर जुड़े हैं। इनमे से कुछ का यहाँ उल्लेख करना मुझे जरूरी लगता है जैसे पेरेंटिंग की शैलियाँ, बच्चों की रुचियों की पहचान, बच्चे के जीवन में दादा दादी का महत्व, क्या बेहतर: संयुक्त परिवार या एकल परिवार, माता- पिता के झगड़े, बच्चे माता-पिता की बात सुनते क्यों नहीं?

एक अति महत्वपूर्ण प्रश्न है कि क्या पेरेंटिंग से बच्चे की आनुवांशिक अर्थात जेनेटिक प्रवृत्तियाँ प्रशिक्षण और वातावरण से बदली जा सकती हैं, यदि हाँ तो किस सीमा तक? लेखक का पुस्तक में निष्कर्ष है कि दोनों का असर पड़ता है।

इस मुद्दे पर थोड़ा और गौर करें तो स्थिति यह है कि आनुवांशिकी के अनुसार एक पीढ़ी से अगली पीढ़ी को मिलने वाली विशेषताएं तीन तरह की होती हैं - पहली शारीरिक गठन की, दूसरी रक्तसमूह की व हार्मोन्स जैसी शरीर क्रियाविज्ञान की, तीसरी मानसिक बौद्धिक विशेषताएं बोलने का लहजा चलने का तरीका इत्यादि। जबकि सामाजिक परिवेश से या कहें कि पालनपोषण -पेरेंटिंग से भी नया व्यक्तित्व बन सकता है। इस सम्बन्ध में मनोविज्ञान वेत्ता एंड्रयूज इरिक्सन की यह प्रसिद्ध मान्यता है कि किसी भी क्षेत्र में विशेषज्ञता दस हजार घंटों के अभ्यास से प्राप्त की जा सकती है। मैथ्यू सईद का अपनी पुस्तक बाउंस में यह मानना है कि ऊँचे दर्जे के खिलाड़ी किशोर अवस्था से ही कड़ी मेहनत से बनते हैं अर्थात माँ बाप अपने बच्चों को कड़ी मेहनत का माहौल देकर उसे जैसा चाहें बना सकते हैं। जबकि स्पोर्ट्स जींस नामकी पुस्तक में डेविड एपस्टीन ने यह सिद्ध किया है कि सर्वाधिक सफल खिलाड़ी आरम्भ से ही अपनी शारीरिक गठन और फिजियालाजिकल विशेषताओं के कारण दूसरों से अलग जन्म जात विशेषताओं वाले होते हैं। पर डेविड के इस अनुवांशिकीय निष्कर्ष को भारतीय क्रिकेट जगत के खिलाड़ी- जो अलग-अलग शारीरिक गठन के हैं और प्रत्येक अलग अलग परिवेश में पले बढ़े हैं- नकारते हैं; इन खिलाड़ियों में अभ्यास, वातावरण व अवसर की उपलब्धता का असर अधिक दिखता है। यहाँ यह लिखना भी प्रासंगिक और रोचक होगा कि ज्योतिर्विज्ञान के पुरोधा महर्षि पराशर की पुस्तक बृहत पाराशर होराशास्त्र के गुणधर्म अध्याय में तो आनुवांशिकी की तुलना में परिवेश के प्रभाव को ही अधिक मान्यता दी गई है। उन्होंने तो चार तरह के प्रभावों की एक शानदार ग्रेडिंग ही कर दी है जो इस बात पर बल देती है कि पालक अपने बेटे बेटियों को जैसा चाहे बना सकते हैं। पराशर के अनुसार बच्चे के व्यक्तित्व पर पहला प्रभाव पिता का उससे अधिक माता का फिर उससे अधिक जन्म समय का और इन सब से अधिक संगति का अर्थात पारिवारिक सामाजिक परिवेश व प्रशिक्षण का असर पड़ता है।

डाक्टर बांगा ने बच्चों के व्यक्तित्व विकास में आनुवांशिकी व सामाजिक पर्यावरण दोनों के प्रभाव को स्वीकार किया है जो सर्वथा उचित है। मैकाइवर का भी अपनी सोसाइटी नामक पुस्तक में कथन है कि जीवन दोनों का संयुक्त परिणाम है, दोनों में से न तो किसी को हटाया जा सकता है और न कम करके ही देखा जा सकता है।

पेरेंटिंग में बात बराबरी की पर भी चर्चा की जरूरत है। बेशक बच्चों के पालन पोषण में पिता को भी सहयोग करना चाहिए। पिता का केवल अपने काम और अपने मनोरंजन तक सीमित बने रहना स्वार्थ परता ही होगी। पर माता को भी आज स्त्री की आजादी की नई परिभाषा के विरुद्ध सचेत रहना होगा। प्रकृति के संरचना अनुसार कुछ कार्य निसर्गतः माता को ही दिए हैं इसलिए पुरुषों की बराबरी करने के लिए व निजी स्वातंत्र्य के लिए किराए की कोख लेना , पालनपोषण के लिए आया को ही पूर्ण दायित्व देना स्वस्थ प्रवृत्ति नहीं कही जा सकती। मातृत्व को पिछड़ी परंपरा नहीं कह सकते। प्रत्येक पञ्चभूतात्मक प्राणी में यह मातृत्व एक गुण रूप में विद्‌यमान है तभी तो या देवी सर्व भूतेषु मातृ रूपेन संस्थिता कहा गया है। बच्चा गर्भ में माता से गर्भनाल के माध्यम से जुड़ा रहता है जबकि अपने जन्म के पश्चात भी लगभग पाँच वर्ष तक बच्चा अपनी माता के साथ एक और तरह की गर्भनाल से जुड़ा रहता है जो अदृश्य तो होती है पर भावनात्मक रूप से बहुत सशक्त होती है तभी तो वह सदैव अपनी माता के आगे पीछे बना रहना चाहता है। ऐसे में माता से दूरी रखने पर कई तरह की भावनात्मक ग्रंथियां व कुंठाएं पैदा हो जाती हैं। मनोविज्ञानवेत्ताओं के अनुसार इस समय बच्चे का मस्तिष्क सभी नई बातों के सीखने के लिए सर्वाधिक सक्रिय भी होता है। थोड़ा बड़ा होने पर फिर बच्चों को आवासीय स्कूल में भेज कर परिवार से विलग करना -ये सब बच्चे के एकांगी विकास का ही पोषण करते हैं; ऐसे में फिर वृद्धावस्था में संतान से अपेक्षा करना भी व्यर्थ है। समाज में खासकर पश्चिम में आज किशोर वय के बच्चों में जो असहिष्णुता और हिंसक प्रवृत्ति बढ़ रही है उसमें ऐसी ही एकांगी व भावात्मकता से विच्छिन्न पेरेंटिंग की नकारात्मक भूमिका का योगदान भी है। इसलिए पेरेंटिंग में इस पहलू पर भी माता पिता को खास कर अतिआधुनिक माताओं को प्रशिक्षित करने की बेहद जरूरत है।

डाक्टर बांगा ने अपने प्रस्तुत चिंतन में बच्चों के व्यक्तित्व विकास में धार्मिक वातावरण का और सांस्कृतिक मूल्यों के शिक्षण के घटक का भी समावेश किया है। आज समाज के एक बड़े वर्ग की मनोवृत्ति बच्चों को केवल सामाजिक रूप से महिमा मंडित व्यवसायों के शिक्षण देने की और प्रतिस्पर्धा आधारित भौतिक संसाधन जुटाने की कला सिखाने के तरफ अधिक है पर यह जीवन का बहिरंग है। सामाजिक व्यवहार और जुड़ाव की दृष्टि से और जीवन के अंतरंग को

समृद्ध करने और आत्म संतुष्टि की दृष्टि से बच्चों में धार्मिक और सांस्कृतिक परंपराओं के पालन की आदत डालने पर जोर देना भी समान रूप से जरूरी है। केवल प्रतिष्ठित व्यवसाय या पद से भौतिक सुख तो मिल सकता है पर जीवन में सच्ची और सम्पूर्ण समृद्धि तो जीवन के अंतरंग को समृद्ध करने पर ही आती है जिसमें धर्म अध्यात्म और संस्कृति की महती भूमिका सदैव से रही है। हमारे समाज में व्यक्ति और समाज के बीच द्वन्द्व न बढ़े इसके लिए भी बच्चों में धार्मिक शिक्षा और सांस्कृतिक आदान प्रदान के उत्सवों में सहभागिता की आदत बचपन से सिखाना जरूरी है। डाक्टर बांगा ने इस पर जोर देकर पेरेंटिंग के लिए एक मार्गदर्शी कार्य किया है।

निष्कर्ष यह है कि डाक्टर बांगा दंपति की यह पुस्तक आज के तेजी से बदलते हुए सामाजिक वातावरण में बच्चों के पालन पोषण में आने वाली समस्याओं का पूरा लेखजोखा रखते हुए माता-पिता और अभिभावकों के लिए एक अंतरंग मित्र जैसी भूमिका निभाएगी। तकनीकी विषय पर देवनागरी लिपि में लिखी गई इस पुस्तक से हिंदी का एक भाषा के रूप में शब्द भंडार बढ़ेगा और ज्ञान कोश भी समृद्ध होगा। हिंदी भाषा-भाषी वर्ग भी अंग्रेजी भाषा में उपलब्ध उच्च कोटि का ज्ञान इस पुस्तक से अर्जित कर सकते हैं।

डाक्टर बांगा दम्पत्ति की इस पुस्तक में संकलित पालन-पोषण से जुड़े चिन्तनपरक दूरदर्शी लेखन से और इसमें वर्णित देश देशांतर में किए गए शोधपरक कार्य से बाल सामाजिक विज्ञान भारत में एक स्वतंत्र विधा बनने की ओर अग्रसर होगा ऐसा मेरा भविष्य का अनुमान है।

कार्तिक कृष्ण चतुर्थी संवत 2080

1 नवम्बर 2023 बंगलौर

ब्रजेन्द्र श्रीवास्तव

लेखक-समीक्षक, साहित्य एवं कला, विज्ञान एवं आध्यात्म, ज्योतिष

एवं वास्तु, ब्राह्म विद्या , ब्रह्मांड विज्ञान जैसे विविध विषयों पर

निरंतर लेखन। दो पुस्तकें एवं 50 से अधिक शोधपत्र प्रस्तुत।

विश्व विद्यालय में अतिथि अध्यापन का सुदीर्घ अनुभव।

कोरा के बेहतरीन लेखक।

सदस्य ग्वालियर एकेडमी आफ मैथमेटिकल साइन्सेज भोपाल।

संदर्भ

थोड़ा भी लिखने के लिए बहुत खोजना और पढ़ना होता है। इस पुस्तक के विभिन्न विषयों पर जानने के लिए सैकड़ों अध्याय विभिन्न माध्यमों पर पढ़कर कुछ जाना, समझा और शब्दों में पिरोकर प्रस्तुत करने का प्रयास किया। बहुत सी वेबसाइट और बच्चों के पालन-पोषण से जुड़े बहुत से संगठनों के न्यूजलेटर/सूचना-पत्र बहुत ज्ञानवर्धक थे और हमारे काम आए। इन विषयों पर अधिकांश साहित्य विदेशों से है और अंग्रेजी में, पर बच्चों और माता-पिता की समस्याएं और उनके समाधान तो सारी दुनिया में लगभग एक से ही हैं। उन सभी ज्ञान-स्रोतों को धन्यवाद के उपरांत कुछ महत्वपूर्ण की जानकारी यहाँ प्रस्तुत है, जिनको आप चाहें तो अधिक जानकारी के लिए प्रयोग कर सकते हैं।

कुछ पुस्तकें:

OUR BABIES, OVERSELVES

by Meredith F. Small

संदर्भ

PROACTIVE PARENTING

GUIDING YOUR CHILD FROM TWO TO SIX

From Faculty of Tufts University's Eliot Pearson department of child development.

HOW TO RAISE AN ADULT

By Julie Lythcott Haims

THE ART OF TALKING WITH CHILDREN

By Rebecca Rolland EdD

संदर्भ

PARENTING OUTSIDE THE LINES

By Meghan Leahy

TIME TO PARENT

By Julie Morgenstern

UNCONDITIONAL PARENTING

By Alfie Kohn

संदर्भ

CALMER EASIER HAPPIER PARENTING

By Noel Janis Norton

HOW TO TALK WHEN KIDS WONT LISTEN

By Joanna Faber & Julie King

81 QUESTIOS FOR PARENTS

By Kristen J. Amundson

संदर्भ

YOU YOUR CHILD AND SCHOOL

By Sir Ken Robinson

THE BOOK YOU WISH YOUR PARENTS HAD READ

By Philippa Perry

THE POWER OF PRESENCE

By Joy Thomas Moore

HOW TO RAISE SUCCESSFUL PEOPLE

By Esther Wojcicki

कुछ लेख, रिसर्च पेपर तथा वेबसाइट:

1. Yerkes National Primate Research Center researchers Larry Young, PhD, and James Rilling, PhD, in their review article about the biology of mammalian parenting, published in this week's issue of *Science.*
2. Wildhood: The Astounding Connections between Human and Animal Adolescents *by Barbara Natterson-Horowitz and Kathryn Bowers. Published by Scribner, an imprint of Simon & Schuster, Inc. Copyright © 2019 Barbara Natterson-Horowitz and Kathryn Bowers.*
3. *Baumrind's Parenting Styles* is an adaptation of Child, Family, and Community (*Chapter 6: A Closer Look at Parenting*) by Laff & Ruiz (2019), licensed CC BY 4.0 and *Social and Personality Development in Childhood* by Ross Thompson, licensed CC BY NC SA.
4. Baumrind, D. (2013). Authoritative parenting revisited: History and current status. In R. E. Larzelere, A. Sheffield, & A. W. Harrist (Eds.), *Authoritative parenting: Synthesizing nurturance and discipline for optimal child development.* Washington, DC: American Psychological Association.
5. Maccoby, E. E. (1992). The role of parents in the socialization of children: An historical overview. *Developmental Psychology, 28*(6), 1006–1017.
6. Baumrind, D. (1991). Parenting styles and adolescent development. In J. Brooks-Gunn, R. M. Lerner, & A. C. Petersen (Eds.), *The encyclopedia on adolescence* (pp. 746-758). New York: Garland Publishing.
7. Baumrind, D. (1991). The influence of parenting style on adolescent competence and substance use. *Journal of Early Adolescence, 11*(1), 56-95.
8. Weiss, L. H., & Schwarz, J. C. (1996). The relationship between parenting types and older adolescents' personality, academic achievement,

adjustment, and substance use. *Child Development, 67*(5), 2101-2114. EJ 539 840.

9. Miller, N. B., Cowan, P. A., Cowan, C. P., & Hetherington, E. M. (1993). Externalizing in preschoolers and early adolescents: A cross-study replication of a family model. *Developmental Psychology, 29*(1), 3-18. EJ 461 700.

10. Darling, N. (1999). Parenting style and its correlates. *ERIC digest.* Retrieved from https://www.ericdigests.org/1999-4/parenting.htm

11. Dmitrieva, J., Chen, C., Greenberger, E., & Gil-Rivas, V. (2004). Family relationships and adolescent psychosocial outcomes: Converging findings from Eastern and Western cultures. *Journal of Research on Adolescence, 14*, 425-447.

12. .https://vikaspedia.in/social-welfare/women-and-child-development/child-development-1/child-adoption/overview-of-child-adoption-process-in-india

13. https://consideringadoption.com/adopting/parenting-an-adopted-child/five-essential-thoughts-of-raising-an-adopted-child/

14. https://www.webmd.com/parenting/features/essential-tips-for-adoptive-parents

15. https://raisingchildren.net.au/grown-ups/family-diversity/parents-like-me/raising-adopted-children

16. भारत में एकल माँ के अधिकार: वह सब कुछ जो आपको जानना आवश्यक है / कानूनी लेख / कानूनी उपनिषद द्वारा / 8 सितंबर 2022 / भारत में कानून, एकल माँ के अधिकार

17. Aber, J.L., Morris, P.A., & Raver, C. (2012). Children, families, and poverty: Definitions, trends, emerging science and implications for policy. *Social Policy Report, 26* (3).

18. Bailey, M.J. & Dynarski, S. M. (2011). Inequality in post-secondary education. In G. Duncan & R. Murnane (Eds.), *Whither opportunity: Rising inequality, schools, and children's life chances* (pp. 117-132). New York, NY: Russell Sage Foundation.

19. Brooks-Gunn, J., Duncan, G.J. & Aber, J.L. (1997). *Neighborhood poverty: Context and consequences for children.* (Vol. 1). New Youk, NY: Russell Sage Foundation.

20. Bedford VH, Volling B. A dynamic ecological systems perspective on emotion regulation development within the sibling relationship context. In: Lang F, Fingerman K, editors. *Growing together: Personal relationships across the lifespan.* NY: Cambridge University Press; 2004. pp. 76–101. [Google Scholar]

21. Blake J. The only child in America: Prejudice versus performance. *Population and Development Review.* 1981;7:43–54. [Google Scholar]

22. Blake J. *Family size and achievement.* Berkeley: University of California Press; 1989. [Google Scholar]

23. Blake J. Number of siblings and personality. *Family Planning Perspectives.* 1991;23:272–274. [PubMed] [Google Scholar]

24. Indian Academy of Pediatrics Guidelines on Screen Time and Digital Wellness in Infants, Children and Adolescents

25. Ryan, R., O'Farrelly, C., & Ramchandani, P. (2017). Parenting and child mental health. London journal of primary care, 9(6), 86–94. https://doi.org/10.1080/17571472.2017.1361630

26. Post, R. M., Altshuler, L. L., Kupka, R., McElroy, S. L., Frye, M. A., Rowe, M., Leverich, G. S., Grunze, H., Suppes, T., Keck, P. E., Jr, & Nolen, W. A. (2015). Verbal abuse, like physical and sexual abuse, in childhood is associated with an earlier onset and more difficult course of bipolar disorder. Bipolar disorders, 17(3), 323–330. https://doi.org/10.1111/bdi.12268

27. Dereboy, Ç., Şahin Demirkapı, E., Şakiroğlu, M., & Şafak Öztürk, C. (2018). Çocukluk Çağı Travmalarının, Kimlik Gelişimi, Duygu Düzenleme Güçlüğü ve Psikopatoloji ile İlişkisi [The Relationship Between Childhood Traumas, Identity Development, Difficulties in Emotion Regulation and Psychopathology]. Turk psikiyatri dergisi = Turkish journal of psychiatry, 29(4), 269–278.

28. Berber Çelik, Ç., & Odacı, H. (2020). Does child abuse have an impact on self-esteem, depression, anxiety and stress conditions of individuals?

29. The International journal of social psychiatry, 66(2), 171–178. https://doi.org/10.1177/0020764019894618

30. Coe, J. L., Davies, P. T., & Sturge-Apple, M. L. (2018). Family cohesion and enmeshment moderate associations between maternal relationship instability and children's externalizing problems. Journal of family psychology: JFP: journal of the Division of Family Psychology of the American Psychological Association (Division 43), 32(3), 289–298. https://doi.org/10.1037/fam0000346

खंड-1

1. बच्चों की परवरिश

बच्चे हमारे स्वयं के ही तो अंश हैं। वे जीन्स के पैकेट हैं जो हमारे डी.एन.ए. को आने वाली पीढ़ियों तक ले जाते हैं। मानव शिशु पूरी तरह से डिज़ाइन किया गया और काफी-कुछ प्रोग्राम किया गया जीव है लेकिन समस्या यह है कि उनकी जरूरतों के प्रति माता-पिता की प्रतिक्रिया की प्रोग्रामिंग नहीं की गई होती। अच्छी बात यह है कि हमारे पास काफी समय होता है जिसमें हम बच्चे के व्यक्तित्व व स्वभाव को सही दिशा में ले जाने का प्रयास कर सकते हैं।

बच्चे के पालन-पोषण के विषय में हमारे विचार, हमारे अपने माता-पिता और हमारे विचारों के साथ हमारे अनुभवों का एक मिलाजुला रूप है जो बताता है कि हमारी संस्कृति और अतीत के अनुभवों से वर्तमान स्थिति को कैसे सुधारा जा सकता है? पेरेंटिंग को प्रभावित करने वाले इतने सारे कारणों की वजह से पेरेंटिंग की कई शैलियाँ विकसित हो गई हैं। पर एक मुश्किल यह है कि हर व्यक्ति अपने ही विचारों को सही मानता है।

सचमुच सभी बच्चे अलग-अलग पेरेंटिंग शैलियों/तरीकों से पाले गए होते हैं और अधिकांश बच्चे ठीक-ठाक ही बड़े होते हैं बिना यह जाने या समझे कि शैली कौन सी थी और उसका क्या प्रभाव हुआ होगा। सारे प्रयत्न करने के बाद भी सबसे भरोसेमंद माता-पिता भी इस बात को लेकर चिंतित रहते हैं कि वे अपने बच्चों की सही परवरिश कर रहे हैं या नहीं।

पालन-पोषण की कला (Parenting skill) विरासत में मिलती है या सीखना होती है?

दोनों बातें सही हैं।

प्राकृतिक रूप से बच्चे अपने माता-पिता से मिलते-जुलते हैं क्योंकि उनके जीन उन्हें माता-पिता से ही मिले हैं और वे उसी वातावरण में बड़े हो रहे होते हैं जिसमें माता-पिता हैं। इस प्रकार विरासत और पालन-पोषण के प्रभाव आपस में जुड़ जाते हैं। यह बच्चे के व्यक्तित्व को भी प्रभावित करता है, इसको 'आनुवंशिक पोषण' कहा जाता है।

माता और पिता, अपने जीन के आधे हिस्से को अपने बच्चों को देते हैं, लेकिन उनके आधे जीन आगे बच्चे में नहीं जाते, किन्तु वे माता-पिता के जीवन को प्रभावित करना जारी रखते ही हैं और अंततः दोनों मिलकर बच्चों के जीवन को प्रभावित करते हैं। उदाहरण के लिए,किसी परिवार में पढ़ने लिखने वाले माता-पिता /दादा-दादी, नाना-नानी अपने बच्चों में पढ़ने जैसी गतिविधियों में अधिक रुचि पैदा कर सकते हैं। अध्ययनों से यह भी पता चला है कि किसी व्यक्ति को विरासत में मिले जीन उसकी शिक्षा, योग्यता और उस की उपलब्धियों को प्रभावित करते हैं।

माता-पिता ने कैसे शिक्षा प्राप्त की है, बाद में उनके बच्चों को पालने की जीवन शैली और पारिवारिक वातावरण, सभी महत्वपूर्ण हैं, और ये सभी बातें यह निर्धारित करती हैं कि कोई बच्चा स्कूल और उसके बाद कितना अच्छा कर पाता है।

यदि जीन ही सब तय करते हैं तो हमारे करने का क्या बचा?

वैज्ञानिक, प्लाशेट मर्फी कहते हैं, "जीन हमारे जीवन में महत्वपूर्ण स्थान रखते हैं, लेकिन घर प्यार पर बनाया जाना चाहिए। भले ही हम यह मान लें कि डी.एन.ए. हमारे चारित्रिक गुणों व स्वभाव को 70% प्रभावित करते हैं, फिर भी ये बाकी 30% भी पूरे 100% को प्रभावित करता है। माना कि एक बच्चे की शैक्षिक सफलता में बड़ा भाग जीन का है लेकिन फिर भी सिर्फ जीन ही सब कुछ नहीं हैं, पालन-पोषण भी मायने रखता है।"

यह माना जाता है कि पालन-पोषण (Parenting) केवल माता-पिता से बच्चे तक, एक ऊपर से नीचे तक चलने वाली प्रक्रिया है, यानी माँ-पिता ही बच्चे के व्यक्तित्व का निर्माण करते हैं। माता-पिता निश्चित रूप से बच्चे के

व्यवहार को आकार देते हैं, लेकिन बच्चे का पालन-पोषण बच्चे के व्यवहार से भी प्रभावित होता है। हर बच्चा एक अलग व्यक्ति होता है। हम यह न भूलें कि परवरिश माता-पिता और बच्चे के बीच एक दोनों तरफ से होने वाली घटना है जहां वातावरण व आनुवंशिकी दोनों ही बच्चे के विकास में लंबे समय तक प्रभाव डालते हैं।

पालन-पोषण में बहुत सी बातें मायने रखतीं हैं जिनमें से कुछ ऐसी हैं जिन्हें बदला नहीं जा सकता, जैसे बच्चे की लंबाई, कद-काठी, कुछ आनुवंशिक बीमारियाँ, कुछ रिश्ते। कुछ ऐसी बातें हैं जिन्हें कोशिश कर के बदला जा सकता है, जैसे वातावरण, घर और स्कूल।

दूसरी तरह से कहें तो हम यह मानेंगे कि सिर्फ जीन ही सब कुछ नहीं हैं। जीन और परवरिश के प्रभाव आपस में जुड़े हुए हैं और इसीलिए परवरिश (Parenting) को बेहतर बनाकर हम बच्चों का जीवन बेहतर बना सकते हैं। बहुत कुछ है जो हम कर सकते हैं। इसीलिए जरूरी है कि पेरेंटिंग/परवरिश/पालन-पोषण का वैज्ञानिक अध्ययन किया जाए और विभिन्न स्थितियों में पालन पोषण की समस्याएं और उनके सुलझाने के तरीके सीखे जाएं।

हमें बेहतर पालन-पोषण के लिए अपने तरीकों में बदलाव करना चाहिये। हमारे बच्चे जब पैदा होते हैं, वे जैसे भी हों, लेकिन माता-पिता के रूप में यह हमारा काम है कि हम उन्हें प्यार करें, उनका साथ दें, उन्हें स्वीकार करें और उनका आनंद लें। पालन-पोषण (Parenting) मायने रखता है, बेशक. यह तो हमें करना ही होता है, पर हमें इस काम को अत्यधिक कठिन, प्रतिस्पर्धी (होड़), चिंता-ग्रस्त तरीके से नहीं करना चाहिए। हमें परवरिश का आनंद लेना चाहिए।

माता-पिता के अपने बचपन के कड़वे-मीठे अनुभव होते हैं। उसके अतिरिक्त वे अपने बच्चे के व्यवहार और विकास में योगदान दे रहे होते हैं। हमें देखना यह है कि इस सीखने की दो-तरफा प्रक्रिया में पालन-पोषण का कौन सा तरीका सही है। हम कोई भी तरीका अपनाएं यह ध्यान रखें कि बच्चा उससे संतुलन बना पा रहा है या नहीं। इसमें बदलाव लाते समय यह ध्यान रखें कि हम सही दिशा में जा रहे हैं या नहीं। फिर यह भी ध्यान रहे कि बच्चों का पालन-पोषण दशकों तक चलने वाली एक निरंतर प्रक्रिया है, जिसमें बच्चे और हम भी रोज नए अनुभवों

से गुजरते हैं और नई बातें सीखते हैं, कुछ गलत से, कुछ सही से। यही जीवन है, इसमें कोई हार या जीत स्थायी नहीं होती।

बस अपना कर्तव्य पूर्णता से करें।

बच्चों के सामने किया गया हर कार्य एक बीज है, सोच कर करें कि इस पर भविष्य में फूल उगेंगे या कांटे!

पालन-पोषण का सबसे चुनौती पूर्ण कार्य यह है कि हम अनजानी बातों से सामना कर रहे होते हैं|

2. पालन पोषण (पेरेंटिंग) के उद्देश्य और कर्तव्य

पेरेंटिंग

बच्चों के बचपन से वयस्क होने तक उनके शारीरिक, भावनात्मक, सामाजिक, बौद्धिक, नैतिक और आध्यात्मिक विकास को बढ़ावा देने और मदद करने की प्रक्रिया है। इस प्रक्रिया में हम एक नन्हे जीव को एक परिपक्व, समझदार, जिम्मेदार युवा के रूप में तैयार करते हैं।

पालन-पोषण का उद्देश्य

पालन पोषण के तीन मुख्य उद्देश्य हैं:

1. बच्चों का स्वास्थ्य और सुरक्षा
2. बच्चों को उत्पादक वयस्कों के रूप में जीवन के लिए तैयार करना, और
3. सांस्कृतिक मूल्यों की रक्षा करना

पालन-पोषण के कर्तव्य

1. शारीरिक सुरक्षा प्रदान करना:

   माता-पिता की प्राथमिक जिम्मेदारी है अपने बच्चे को शारीरिक सुरक्षा प्रदान करना। माता-पिता सुरक्षा प्रदान करते हैं, रहने की जगह , कपड़े और पोषण की व्यवस्था करते हैं, और बच्चे के शारीरिक स्वास्थ्य का ध्यान रखते हैं।

   एक बच्चे को शारीरिक रूप से विकसित करने का अर्थ है हम बच्चे को ऐसा घर देते हैं जहां बच्चे के शारीरिक स्वास्थ्य की सही देखभाल हो। जहां

खेल और व्यायाम की व्यवस्था हो। अच्छे स्वास्थ्य में सहायक आदतों को विकसित करने में बच्चे की सहायता करना, और नियमित टीका करण और स्वास्थ्य संबंधी जाँचें कराते रहना माता-पिता का प्रमुख कर्तव्य है।

2. बौद्धिक सुरक्षा प्रदान करना:

बौद्धिक सुरक्षा का अर्थ है बच्चे को ऐसा वातावरण देना जिस में बच्चे का दिमाग सही तरीके से विकसित हो सके। जिन परिवारों में बच्चे के आत्मसम्मान का ध्यान रखा जाता है वहां बच्चा शारीरिक और भावनात्मक रूप से सुरक्षित महसूस करता है और ज्यादा सीखने में सक्षम होता है। माता-पिता को चाहिए कि परिवार में शांति और न्याय का माहौल हमेशा बना रहे और भय, धमकी और मौखिक दुर्व्यवहार/ गलत भाषा का प्रयोग बिलकुल नहीं हो।

बौद्धिक विकास, जिसका अर्थ है एक बच्चे को विभिन्न तरीकों से नए-नए विषयों को सीखने का अवसर देना। ज्यादातर हम लोग पढ़ने, लिखने और गणित पर ध्यान देते हैं, हालांकि अतिरिक्त "बुद्धिमत्ता", जैसे साहित्य में रुचि, चित्रकारी, अभिनय और खेलकूद बच्चे के विकास के लिए उतने ही महत्वपूर्ण होते हैं जितनी कि किताबी शिक्षा। जो माता-पिता अपने बच्चे को पूर्ण रूप से विकसित करने का प्रयास करते हैं, उनके बच्चे अधिक बुद्धिमान निकलते हैं।

3. नैतिक और आध्यात्मिक विकास प्रदान करना

अधिकांश माता-पिता अपने बच्चों को अपने धार्मिक विश्वास, आध्यात्मिक परंपराओं, सांस्कृतिक परंपराओं, विश्वास और नैतिक मूल्य, हर विषय पर अपने विचारों के अनुसार शिक्षित करते हैं।

माता-पिता के प्रति आज्ञाकारिता केवल माता-पिता में विश्वास व प्रेम होने से ही उत्पन्न होती है। यदि माता पिता ईमानदारी से अपने कर्तव्य पूरे करते हैं तो बच्चों में भी बाद में कृतज्ञता (अहसानमंद), सहानुभूति और न्याय पूर्ण व्यवहार जैसे गुण पनपते हैं। बच्चों को अपने माता-पिता के आदेशों को स्वीकार करने, बात मानने में सक्षम बनाने के लिए, बच्चे को बिना शर्त प्यार करें। जैसे यह न कहें कि तुम ये काम कर लोगे तो हम तुम्हें बहुत

प्यार करेंगे। इससे बच्चा उलझन में पड़ा रहता है कि आज मेरे माता पिता मुझे प्यार करेंगे या नहीं, आज तो मैंने कोई विशेष अच्छा काम नहीं किया है।

4. भावनात्मक सुरक्षा प्रदान करना:

बच्चे को भावनात्मक सुरक्षा के लिए एक सुरक्षित प्रेमपूर्ण वातावरण वाला परिवार प्रदान करना माता-पिता की जिम्मेवारी होती है। उन के लिए बच्चे को प्रोत्साहन, लगाव, दुलारने, गले लगाने, और इसी तरह से प्यार करने, और स्वागत करने का स्वभाव बनाना एक आनंद दायक क्रिया है। माता-पिता खेल और अन्य कार्यों से बच्चे के भावनात्मक विकास का पोषण करते हैं। जैसे हमारा शरीर मजबूत होना चाहिए उसी तरह हमारा मन भी स्वस्थ व मजबूत होना चाहिए।

मन को स्वस्थ रखने के लिए बच्चे को अन्य लोगों से प्यार करने, दूसरों की देखभाल करने और उनकी सेवा करने का मौका देना चाहिए। प्रेम करने का स्वभाव स्वस्थ आत्मा या स्वस्थ मन का गुण है। एक बच्चा अपने आप में स्वार्थी नहीं होता और किसी दूसरे व्यक्ति से प्यार करना उसे खुशी देता है। परिवार प्रेम की पाठशाला है और वह स्थान है जहाँ बच्चे चरित्र का विकास करते हैं और भविष्य के सम्बन्धों की नींव बनाते हैं।

उन्हें सही समय पर सामाजिक शिष्टाचार सिखाएं, स्वयं भी उसी अनुरूप व्यवहार करें।

5. माता-पिता के अन्य कर्तव्य

माता-पिता की जिम्मेवारी बनती है कि वे अपने बच्चों के रहन सहन, कपड़े व पढ़ाई की व्यवस्था करें और उन पर होने वाले खर्चों की भी। इसके अलावा माता-पिता अपने बच्चों के स्वास्थ्य की देखभाल और उस पर होने वाले खर्चे के लिए भी जिम्मेवार हैं।

माता-पिता अपने बच्चों की चिकित्सा संबंधी निर्णयों के लिए कानूनी रूप से जिम्मेदार हैं, उदाहरण के लिए यदि किसी बच्चे के लिए कोई जांच आवश्यक है और यदि वे ऐसा करने के लिया अनुमति नहीं देते हैं, तो कुछ अनहोनी

होने पर इसकी पूरी जिम्मेवारी माता पिता की होती है। जरूरी वैक्सीन न लगाना भी पालकों की लापरवाही मानी जाती है। बहुत से देशों में, जैसे सिंगापूर में, बच्चे को स्कूल न भेजने पर पालकों पर कानूनी कार्यवाही होती है। उन्हें अपने बच्चों द्वारा किए गए गलत कामों के लिए भी उत्तरदायी ठहराया जा सकता है, यदि वे अठारह साल से छोटे हैं। जैसे कि कोई बच्चा अठारह साल की उम्र से पहले वाहन से कोई एक्सीडेंट कर देता है तो उसके लिए माता-पिता के विरुद्ध कानूनी कार्यवाही की जा सकती है।

बच्चों के लिये सुरक्षा भी, फलने-फूलने का वातावरण भी और आजादी भी

हमारे माता-पिता हमारी ताकत और हमारी बाहरी सुरक्षा प्रणाली हैं; वे जो बाहरी ताकतों और बीमारियों को हमें स्थायी रूप से हराने से बचाते हैं और छोटी-छोटी चुनौतियों को बड़ा होने से रोकते हैं। वे हमारे शेर और शेरनियां हैं जो अपने गौरव (हम) की रक्षा के लिए पूरी लगन से तत्पर हैं। वे हमारे हवाई यातायात नियंत्रक हैं, जिनकी सलाह हमें यह समझने की क्षमता देती है कि संभावित मुश्किलें कब सामने आने को हैं और उस उथल-पुथल से कैसे निपटना है। वे हमारे लिए रोज ईश्वर के प्रेम के प्रतीक हैं।

3. क्या पशु-पक्षी भी इनसान के समान पालन-पोषण करते हैं?

प्रकृति ने सभी प्राणियों के लिए जीवन की मूल आवश्यकताओं के लिए एक जैसी ही व्यवस्था बनाई है, बस इसमें विकास के साथ थोड़े-थोड़े परिवर्तन होते गए। इस बात के बहुत वैज्ञानिक प्रमाण हैं कि मानव और पशु, दोनों में, पालन-पोषण के लिए नर्वस सिस्टम (तंत्रिका-तंत्र) में कई समानताएं होती हैं। दोनों में, वही हॉर्मोन जो गर्भावस्था के लिए गर्भाशय को तैयार करते हैं, दूध उत्पादन को प्रारंभ करते हैं और प्रसव को शुरू करते हैं, वे ही तंत्रिका-तंत्र को भी सक्रिय करते हैं, ताकि माता-पिता को अपनी संतानों के पालन पोषण, और सुरक्षा के लिए प्रेरित किया जा सके।

दोनों के मस्तिष्क में माता-पिता और बच्चे के बंधन को मजबूत बनाने के लिए एक व्यवस्था होती है। ठीक से काम करते समय यह सुरक्षित लगाव और मानसिक स्वास्थ्य के विकास में सहायता करता है। यह व्यवस्था प्राकृतिक रूप से पीढ़ी दर पीढ़ी चलती रहती है।

जानवरों में पालन-पोषण

जानवरों में पालन-पोषण के अध्ययन से हम मनुष्यों के पालन-पोषण को ठीक से समझ पाए है। संतानों पर पालन-पोषण (और माता-पिता के दुर्व्यवहार/ बुरे व्यवहार या उपेक्षा) के आगे के जीवन पर प्रभाव और उन परिवर्तनों से होने वाले शारीरिक व मानसिक परिवर्तनों का भी पशुओं में अच्छा अध्ययन किया गया है।

जानवरों में माता-पिता के व्यवहार की विविधता

पशुओं के प्रजनन की विशेष स्थितियाँ जैसे बच्चों की संख्या और संतानों को भोजन पहुंचाने के उनके तरीके के आधार पर पालन-पोषण के कई अलग-अलग

तरीके मिलते हैं। स्तनधारियों में दूध पिलाकर शिशु को पालने की आवश्यकता होती है इसी कारण स्तन धारियों में माता का महत्व बढ़ जाता है. हालाँकि, कई पशु मिल जुल कर देखभाल ("एलोपेरेंटिंग" या "सहकारी पालन") करते हैं जिसमें रिश्तेदार या माता-पिता के अन्य साथी भी संतानों की देखभाल करने में मदद करते हैं।

पालन-पोषण के सबसे निचले स्तर पर हैं कई उभयचर (जल-थल दोनों में रहने वाले) और सरीसृप (सांप आदि) जो अपने बच्चों की बिल्कुल भी देखभाल नहीं करते। इसीलिए बुरी माताओं को नागिन कहा जाता है; असल में नागिन अपने अंडों को भी खा जाती है। दूसरी ओर, 80% से अधिक पक्षियों में माता-पिता, दोनों ही, बराबर से देखभाल प्रदान करते हैं। एक अन्य समूह पॉइज़न-डार्ट मेंढक है, जिनमें एकतरफा पिता, माता या माता-पिता दोनों देखभाल करते हैं।

अंत में, मनुष्यों की तरह जानवर भी, कभी-कभी खराब देखभाल करते हैं। पशुओं में भी बच्चों की उपेक्षा करने वाले माता-पिता भी होते हैं, जिन पर लगातार खोज चल रही है, आखिर वे ऐसा क्यों करते हैं?

केवल मनुष्य ही अपने वयस्क बच्चों की मदद नहीं करते हैं, जानवर भी ऐसा करते हैं

जिराफ़ माएं अपने बच्चों को दूसरी बड़ी जिराफ़ माओं के पास छोड़कर भोजन ढूँढने जाती हैं क्योंकि उनके पिता तो सुबह जल्दी ही खाने की तलाश में निकल गए होते हैं। फिर भी वह बीच- बीच में अपने बच्चे को दूध पिलाने वापिस आती हैं।

(अमेरिका के एक चिड़ियाघर में जिराफ़ का बाड़ा और उसका विवरण)

क्या आप जानते हैं कि मीरकेट वयस्क होने पर भी घर के करीब रहते हैं, ताकि मां के मरने पर वे इलाके को विरासत में पा सकें? इसी प्रकार उत्तर अमेरिकी लाल गिलहरी माताएं अपने बच्चों को अचल संपत्ति उपहार में देती है, भोजन के भंडार के साथ।

जीवविज्ञानी (Evolution Biologist) बारबरा नैटर्सन-होरोविट्ज़ और लेखक कैथरीन बोवर्स ने अध्ययन किया और बताया कि माता-पिता मनुष्य के हों या जानवरों के, संतानों के जीवन में लंबे समय तक साथ रहने से अच्छे परिणाम निकलते हैं जो परिवार व समाज के लिए लाभकारी हैं। पशु पक्षियों की तुलना में मनुष्य की संताने बचपन और किशोरावस्था में ज़्यादातर माता-पिता पर निर्भर रहते हैं। कई जंगली पशु अपनी संतानों के अलग चले जाने के बाद तुरंत उनसे संबंध समाप्त नहीं कर लेते। वास्तव में, कई जानवर उनकी सहायता करते हैं और जरूरत पड़ने पर उन्हें प्रशिक्षित भी करते हैं। यदि किसी बच्चे को ठीक से खाने में परेशानी हो रही है, तो पशु माता-पिता अक्सर उसे खिलाते हैं। यदि कोई युवा साथियों से नहीं मिल रहा है तो कई बार माता-पिता उन्हें साथ लेकर दूसरों से परिचय करवाते हैं। कुछ पशु पक्षी अपनी जगह और खाद्य भंडार भी उन्हें सौंप देते हैं जिन्हें वे अपने लिए इकट्ठा कर रहे होते हैं।

यह "माता-पिता की अतिरिक्त देखभाल" है। इस तरह का व्यवहार सभी प्रजातियों में समान हैं। असुरक्षित वातावरण, भोजन की कमी, रहने की जगह की कमी और एक अच्छे साथी का न होना जैसे कारणों से कई युवा अपने माता-पिता के साथ लंबे समय तक रहते हैं। जीव विज्ञानियों का मानना है कि इससे जीवन में सफलता पर असर पड़ता है और संतानों के अस्तित्व में सुधार आता है।

पक्षियों और स्तनधारियों की कई प्रजातियों में बच्चे जब तक बाहर जाने योग्य न हो जाएं या बाहरी दुनिया का सामना करने योग्य न हो जाएं वे माता

पिता के साथ ही रहते हैं। इस दौरान वे माता पिता की मदद भी करते हैं। कभी-कभी चाची-चाचा जीवन भर घर में रहते हैं। वे छोटे बच्चों की देख भाल करते हैं घर के अन्य कार्यों में भी सहयोग करते हैं। युवा वयस्क भोजन लाकर और संरक्षक के रूप में कार्य करके भाई-बहनों की देखभाल करते हैं उनके होने से छोटे बच्चों को अतिरिक्त सुरक्षा मिलती है।

परिवार से अलग होने से पहले अतिरिक्त समय के लिए घर/घोंसले में रहना लाभ दायक सिद्ध हुआ है। यदि पर्यावरण में बहुत अधिक खतरे हैं, तो बच्चे माता-पिता के साथ अधिक समय तक शारीरिक रूप से सुरक्षित रह सकते हैं। और एक बात; माता-पिता की मृत्यु हो जाने और उत्तराधिकार हासिल करने की स्थिति में वे वहीं मौजूद होते हैं,जिससे वह जगह विरासत में मिल जाती है। एक मीरकैट के लिए, अपनी जगह प्राप्त करने का सबसे अच्छा तरीका घर के करीब रहना और माँ के जाने की प्रतीक्षा करना है। इस तरह का व्यवहार चिम्पाँजियों में भी पाया जाता है,पर वे अपने माता-पिता की कुछ जगहों पर भी कब्जा कर लेते हैं। यह क्षेत्र उस चीज़ के साथ आता है (पौधे के स्टॉक जो इन पक्षियों के लिए आश्रय और भोजन के रूप में काम करते हैं) जिसे कॉर्नेल वैज्ञानिक "मिस्टलेटो वेल्थ" कहते हैं।

मनुष्य की तरह पशु पक्षी भी अपनी संतानों को संपत्ति देते हैं:

उत्तर अमेरिकी लाल गिलहरियां अपने क्षेत्र को संतानों के लिए छोड़ देती हैं, इस तरह का व्यवहार चिंपैंजी में भी देखा गया है। पश्चिमी ब्लूबर्ड के बच्चे जो माता या पिता के साथ सर्दियों में घर पर रहते हैं, वे खराब मौसम में भी जीवित रह पाते हैं। वे अतिरिक्त भोजन व अचल संपत्ति भी संग्रह कर छिपा कर रखते हैं। माता गिलहरी अपनी संपत्ति, मध्यम आयु के दौरान ही, जैसे ही उसके वयस्क बच्चे संपत्ति लेने के लिए तैयार हो जाते हैं, उन्हें दे देती है। खुद पैक-अप करती है और अपनी यात्रा पर निकल जाती है। शायद वानप्रस्थ आश्रम की हमारी परंपरा को वे बेहतर समझते हैं।

जानवर भी अपने बच्चों को घर छोड़ने से पहले उन्हें सही दिशा में प्रशिक्षित करते हैं:

कुछ स्तनधारियों और कई पक्षियों में माता-पिता का भ्रमण, देखा जाने वाला व्यवहार, एक माता-पिता को एक किशोर संतान के साथ दुनिया में यात्रा करना, भोजन की तलाश करना, क्षेत्र को सुरक्षित करना और संतान को समाज में पेश करना शामिल है। पारस मेजर नामक एक गाने वाला पक्षी अपने बच्चे को अन्य झुंडों के दौरे पर ले जाता है ताकि बच्चों को सर्वश्रेष्ठ और भले साथियों से मिलवाया जा सके।

कई प्रजातियों में देखा गया है कि माता-पिता की लंबे समय की देखभाल कमजोर युवा जानवरों को घोंसला छोड़ने के शुरुआती दिनों में मरने से बचाती है, लेकिन इसका एक नुकसान है, खुद के सीखने में देरी। एक सफेद पंखों वाली ऑस्ट्रेलियाई पक्षी के अध्ययन से पता चला कि वयस्कों के साथ घर पर रहने वाले युवाओं को अधिक भोजन मिला और वे बेहतर शारीरिक स्थिति में सर्दियों से उबरे लेकिन बाद में उन्हें अपने दम पर जीना सीखने में कठिनाइयों का सामना करना पड़ा। अनुभव के अभाव में, वे उन पक्षियों की तुलना में कमजोर थे जिन्हें कोई मदद नहीं मिली। जो पक्षी माता-पिता की देर तक देखभाल प्राप्त करते हैं, वे भी अपनी रक्षा करने में निपुण नहीं हो पाते। युवा मैक्सिकन जैस जो परिपक्व वयस्कों के साथ लंबे समय तक रहते हैं, वे महत्वपूर्ण कौशल नहीं सीख पाते।

जानवरों में माता-पिता द्वारा लंबे समय तक देखभाल करने के नुकसान भी हमने देखे हैं पर आज के माता-पिता भी कुछ इसी तरह का बर्ताव करते हैं; वे युवावस्था के समय अपने बच्चों के जीवन में ज्यादा ही शामिल रहते हैं या यूं कहें कि हावी रहते हैं और उनकी हर समस्या का समाधान स्वयं करने को तैयार रहते है। क्या यह उनके सीखने के रास्ते कम कर देना नहीं है?

यह व्यवहार मूलतः माता पिता की अपनी भलाई या विकास से जुड़ा हुआ है, भले ही इसमें प्यार की भावना भी जुड़ी है। इन बातों से यह पता चलता है कि पूरी पृथ्वी पर माता-पिता- मनुष्य और जानवर दोनों, अपने बच्चों की सुरक्षा, स्वास्थ्य और, खुशी के लिए समर्पित हैं और यथासंभव उनकी मदद करते ही रहते हैं।

4. नृवंशविज्ञान (Ethnopediatrics)

यह संस्कृतियों में शिशुओं और माता-पिता का अध्ययन है, और उन तरीकों का पता लगाने के लिए है जो शिशुओं के स्वास्थ्य और कल्याण को प्रभावित करते हैं।

समय के साथ-साथ बच्चे का माता-पिता से संबंध विकसित (Evolve) हुआ, इस संबंध में सामाजिक परिवर्तनों के साथ परिवर्तन आया है, देखा जाये तो बच्चों व माता-पिता का संबंध आपस में गुथा हुआ है।

सभी संस्कृतियां अपनी तरह से बच्चों की रक्षा और बेहतर पालन-पोषण करती हैं, न केवल इसलिए कि बच्चे अपनी रक्षा स्वयं नहीं कर सकते, बल्कि इसलिए भी कि वे प्रत्येक समाज की अमूल्य संपदा हैं।

सभी जानते हैं कि वे भविष्य की जिम्मेदारी संभालने के लिए बड़े होंगे। लेकिन बच्चे पैदा करने से लेकर सफल पालन-पोषण तक का रास्ता सीधा नहीं है। बच्चे सभी प्रकार के होते हैं और माता-पिता भी। यह रिश्ता सबसे जटिल रिश्तों में से एक है।

बच्चों के पालन-पोषण के लिए कोई संस्कृति जो नियम बनाती है, वे हमेशा आदर्श नहीं होते। इन्हें एक निश्चित प्रकार के नागरिक को ढालने के लिए डिज़ाइन किया जाता है। उनकी सभी शिक्षाएं कुछ अपेक्षाओं और उम्मीदों को लेकर हैं। हर संस्कृति अपने पालन-पोषण की शैली को सही मानती है। इसमें बच्चे कभी-कभी तब परेशान हो सकते हैं जब ये अलग-अलग सांस्कृतिक रूप से थोपे गए तरीके बच्चे के स्वभाव से मेल नहीं खाते।

अधिकांश जानवरों के पालन-पोषण में बच्चों को माता पिता की आवश्यकता थोड़े समय के लिए पड़ती है वहीं मनुष्य में पालन-पोषण जीवन भर चलने वाला काम है। बच्चे ऑपरेटिंग मैनुअल के साथ नहीं आते और हर बच्चे का अलग

व्यक्तित्व होता है। हर दिन हर माता-पिता को अपने बच्चों के साथ छोटे या बड़े निर्णय लेने होते हैं और ये निर्णय बच्चे के विकास को लगातार प्रभावित करते रहते हैं।

संस्कृति या संस्कृतियों को बनाने वाले लोगों के अपने बच्चों के लिए कई अनकहे लक्ष्य होते हैं जो अकसर पैसे व परंपराओं से जुड़े होते हैं।

यूं तो यह गलत नहीं है क्योंकि सभी माता-पिता अपने बच्चों के लिए सबसे अच्छा चाहते हैं लेकिन सभी लोग इस बात से एकमत नहीं हैं कि सबसे अच्छा क्या हो सकता है।

5. 21वीं सदी में पेरेंटिंग

पचास साल पहले बढ़ते बच्चों की चिंताएं आज की चिंताओं से अलग थीं। बच्चे तो वही हैं, उनका स्वभाव नहीं बदला है, लेकिन हमारा समाज बदला है, हम बदले हैं और बच्चों से हमारी अपेक्षाएं और उम्मीदें बदली हैं। सामाजिक मान्यताएं बदल चुकी हैं, अब नई समस्याएं हैं और बदला हुआ माहौल; साथ ही नए अवसर भी हैं। परिवार छोटे हो गए हैं और हर घर में बड़े ज्यादा हैं और बच्चे कम; यह सभी बदलाव माता-पिता के लिए नई चुनौतियां पेश करते हैं।

आज, हम और अधिक जागरूक हैं और समझते हैं कि अगर हमें बच्चों का अच्छी तरह से पालन-पोषण करना है, तो हमें ऐसा वातावरण बनाना होगा जो बच्चों की मदद करता है। हमें केवल मकान नहीं, ऐसे घर बनाने होंगे जो उत्साहवर्धक और सकारात्मक हों। जहां बच्चे उन्मुक्त हो कर फूल की तरह खिल सकें।

तकनीक में कई परिवर्तन हुए हैं और नई-नई चीजें आ गई हैं जिन्होंने माँ-बाप की नई चिंताओं को जन्म दिया है। टीवी, मोबाइल फोन और इंटरनेट सबसे बड़ी समस्या भी हैं और जरूरत भी। चिंता इस बात की है कि वह कितनी आसानी से बच्चे को बाहरी दुनिया से जोड़ देता है। सारी दुनिया की समस्याएं, समय से

पहले, इन के मस्तिष्क पर बोझ बन जाती हैं। इनकी वजह से बच्चा बचपन में ही वयस्कों की बातें सीख जाता है, वह असमय बड़ा हो जाता है और उसका बचपन खो जाता है। यह समझते हुए भी आज के समय में बच्चे को एक सुरक्षात्मक बुलबुले में रखना संभव नहीं है। उन्हें इन चीजों से बिल्कुल अलग भी नहीं रखा जा सकता। आपको अपने बच्चे और परिवार को उन तरीकों से मदद करनी आनी चाहिए जो पहली बार में ही समस्याओं को होने से रोकें यानी समस्या होने ही न दें। इसका मतलब है, आज के माता-पिता के सामने आने वाली अधिक चुनौतियों को देखते हुए, उन्हें अधिक समझदार, अधिक चतुर और अधिक सक्रिय होने की आवश्यकता है।

यह याद रखना महत्वपूर्ण है कि माता-पिता भी सामान्य इंसान हैं और बच्चों के पालन-पोषण को इंसान से इंसान के संबंध के रूप में ही देखा जाना चाहिए। हमें हर एक माता-पिता को चिकित्सक, प्रशिक्षक या अनुशासक के रूप में नहीं मानना चाहिए कि हम उन्हें पालन-पोषण के सिद्धांतों व तरीके बताते रहेंगे और वे उसका सही से पालन कर सकेंगे। केवल भाषण देने से काम नहीं बनेगा, सब की अलग -अलग समस्याओं के हिसाब से समय -समय पर मदद करनी होगी।

क्या माता-पिता और बच्चे एक जैसे ही होंगे?

हम कल्पना करते हैं कि हमारे बच्चे, माता और पिता, दोनों के सर्वोत्तम (सबसे अच्छे) गुणों को मिलाकर ही बनेंगे, लेकिन हमेशा ऐसा नहीं होता, वास्तविकता इससे कहीं अलग है। जो सामने आता है वह एक अलग व्यक्तित्व होता है। यदि आपके एक से अधिक बच्चे हैं, तो आपने देखा होगा कि सभी जीन्स और वातावरण समान रहने पर भी वे एक-दूसरे से अलग होते हैं। आपके बच्चे का व्यवहार भी कई स्रोतों से प्रभावित होता है जो परिवार के बाहर होते हैं, जैसे पास-पड़ोस, स्कूल, रिश्तेदार, उसके मित्र, अध्यापक आदि। आपका बच्चा कई उम्मीदों और आशाओं को पूरा कर सकता है, अप्रत्याशित रूप से उससे ज्यादा भी पर कुछ बच्चे अपने माता-पिता के सपने पूरे नहीं भी कर पाते। आपने अपने आसपास देखा होगा कई बहुत बुद्धिमान माता-पिता के बच्चे औसत निकलते हैं और कहीं पर औसत माता पिता के बच्चे मेधावी होते हैं और बड़ी सफलताएं प्राप्त करते हैं।

बच्चे का माता-पिता पर प्रभाव:

एक तरह से हर बच्चे की कुछ अनूठी विशेषताएँ होती हैं जो उसके माता-पिता को प्रभावित करती हैं। इस अर्थ में बच्चे भी अपने स्वयं के विकास के निर्माता हैं। यह जीवन का एक चक्र है। यह दो तरफ संबंध किशोरावस्था और यहां तक कि वयस्क होने तक जारी रहता है। इसी तरह, बच्चे और भाई-बहनों, दोस्तों, शिक्षकों व अन्य महत्वपूर्ण व्यक्तियों साथ भी इसी तरह का रिश्ता होता है।

स्वभाव में अंतर:

कोई भी दो बच्चे बिल्कुल एक जैसे नहीं होते यहाँ तक कि जुड़वां बच्चों में भी अंतर होता है। हमें व्यक्तिगत रूप से बच्चे के महत्व को समझना होगा। जीन और पर्यावरण, दोनों, स्वभाव को प्रभावित करते हैं और इसके समान होने के बाद भी भाइयों और बहनों, और यहां तक कि जुड़वा बच्चों के स्वभाव अलग-अलग हो सकते हैं।

माता-पिता और बच्चे का अच्छा जुड़ाव:

बच्चे की क्षमताएं, व्यक्तित्व और स्वभाव बच्चे के स्वस्थ मनोविज्ञान का प्रतीक है और यह देखना कि यह उसके पर्यावरण से और उसके माता-पिता के स्वभाव से कितनी अच्छी तरह मेल खाता है। इसी को अच्छा-जुड़ाव (Goodness of Fit) कहा जाता है।

परिवार में विवाद:

माता-पिता और बच्चे के संबंधों पर जिन बातों का प्रभाव पड़ता है वे हैं:

- माता-पिता का आपस में संबंध
- भाई-बहन का रिश्ता
- पारिवारिक दिनचर्या
- पारिवारिक मित्र
- सांस्कृतिक कारण जो आपके बच्चे को (ड्रग्स, हिंसा आदि के) खतरे में डालते हैं और वह जो रक्षा करते हैं (धार्मिक)।

परिवार में दिनचर्या:

दिनचर्या आपके जीवन को आसान बनाती है। दिनचर्या और रीति-रिवाज बच्चों को सुसंस्कृत बनाते हैं। यह परिवार में हर किसी को रोजाना के बदलावों को संभालने में मदद करता है,

विस्तारित परिवार और दोस्तों का प्रभाव:

दादा-दादी एक बच्चे को ज्ञान, स्वीकृति और शांति दे सकते हैं। वे बाहरी दुनियाँ और बच्चों के बीच संतुलन बिठाने का काम करते हैं।

समस्या तब आती है जब वे माता-पिता द्वारा नाती-पोतों की देखभाल के दौरान निर्धारित पारिवारिक नियमों का पालन नहीं करते हैं। कभी-कभी उनकी पुरानी आदतों पर अंकुश लगाना पड़ता है और कभी-कभी उनकी अस्वस्थता समस्या पैदा करती है।

करीबी दोस्त, छोटे बच्चों के माता-पिता के लिए एक अच्छे संसाधन हो सकते हैं। वे अक्सर पूरे परिवार को जानते हैं, यद्यपि वे आपके परिवार का बोझ नहीं उठाते हैं फिर भी अच्छे मददगार होते हैं। दोस्त चुने जाते हैं, परिवार नहीं और इसलिए यह सोचें कि अपने जीवन में दोस्तों को कब और कैसे शामिल करना है। लंबे समय से चली आ रही दोस्ती ज्यादा लाभदायक होती है।

> "साझा किया गया आनंद दोहरा आनंद है, साझा किया गया दुख आधा है।"
>
> - स्वीडन की एक लोकोक्ति

6. पालन-पोषण की शैलियाँ (पेरेंटिंग स्टाइल्स)

जब हम पालक बने, हमें तो पता ही नहीं था कि बच्चों के पालन पोषण की भी अलग- अलग शैलियाँ या तरीके होते हैं। न ही हमें इसकी बारीकियाँ पता थीं और न ही कोई बताने वाला था कि हमारे पालन पोषण में क्या सही है, क्या गलत। हमने जो किया शायद वही था जो हमारे माता-पिता ने हमारे साथ किया होगा। कुछ चाहे-अनचाहे की सलाह मिलीं, कुछ बुजुर्गों के दबाव और कुछ अपनी गलतियों से सीखा।

पेरेंटिंग के कई संभव तरीके हैं जो माता-पिता अपने बच्चे के पालन-पोषण में उपयोग करते हैं। बच्चों को पालने के सर्वोत्तम तरीकों पर विभिन्न सिद्धांत और अलग-अलग लोगों के अलग-अलग विचार हैं।

1980 के दशक के मध्य, शोधकर्ताओं ने यह पता लगाना शुरू किया कि पालन-पोषण की विशिष्ट शैलियाँ बच्चे के जीवन में बाद के विकास को कैसे प्रभावित करती हैं।

डायना बॉम्रिंड की पेरेंटिंग स्टाइल्स (बॉम्रिंड की पेरेंटिंग टाइपोलॉजी)

डायना बॉम्रिंड, एक प्रसिद्ध मनोवैज्ञानिक, ने पेरेंटिंग शैलियों के वर्गीकरण पर काम किया, जिसे अब बॉम्रिंड के पेरेंटिंग टाइपोलॉजी के रूप में जाना जाता है। अपने शोध में, उन्होंने पाया कि चार बुनियादी तत्व हैं जिनसे सफल पालन-पोषण के चार प्रकार बनते हैं: जवाबदेह या उत्तरदायी (Responsive) अथवा अनुत्तरदायी (Unresponsive) और

अपेक्षा रखने वाले (Demanding) अथवा अपेक्षा न रखने वाले (Undemanding)।

अपने अध्ययन के माध्यम से बॉम्रिंड ने तीन प्रारंभिक पेरेंटिंग शैलियों की पहचान की:

1. अथॉरिटेटिव यानि आधिकारिक पालन-पोषण,
2. अथॉरिटेरियन यानि अधिनायकवादी (धौंस, डांट देने वाले) पालन-पोषण और,
3. पर्मिसीबल या अनुमेय पालन-पोषण।

मैककोबी और मार्टिन ने इन पेरेंटिंग शैलियों को दो अलग-अलग श्रेणियों (अपेक्षा और अनपेक्षा) में रखकर बॉम्रिंड की तीन मुख्य पेरेंटिंग शैलियों पर विस्तार किया। इन भेदों के साथ, चार नई पेरेंटिंग शैलियों को परिभाषित किया गया:

मैकोबी और मार्टिन की चार पेरेंटिंग शैलियाँ बॉम्रिंड की तीन पेरेंटिंग शैलियाँ Maccoby and Martin's Four Parenting Styles Baumrind's Three Parenting Styles		
	Demanding (अपेक्षारत)	Undemanding (अनपेक्षा)
Responsive (उत्तरदायी)	Authoritative (अधिकारवादी)	Indulgent (कृपालु या अनुमोदक)
Unresponsive (अनुत्तरदायी)	Authoritarian (अधिनायकवादी)	Neglectful (लापरवाह)

[इन पेरेंटिंग शैलियों को पेरेंटिंग में सामान्य परिवर्तनों का वर्णन करने के लिए डिज़ाइन किया गया है]

चार पेरेंटिंग स्टाइल्स

1. आधिकारिक या अधिकारवादी [Authoritative]

   ये माता-पिता अपेक्षा रखने वाले और जिम्मेदार माता-पिता हैं। जब इस शैली को व्यवस्थित रूप से विकसित किया जाता है, तो यह लोकतांत्रिक और सकारात्मक पालन-पोषण है।

   आधिकारिक माता-पिता समझ सकते हैं कि उनके बच्चे कैसा महसूस कर रहे हैं और उन्हें सिखा सकते हैं कि भावनाओं को कैसे नियंत्रित किया जाए। परिपक्वता की उम्मीदों के साथ, माता-पिता आमतौर पर छोटी-छोटी कमियों को माफ देते हैं। वे समस्याओं को हल करने के लिए अपने बच्चों को जरूरी समाधान खोजने में मदद करते हैं। बातचीत और विचार-विमर्श का स्वागत किया जाता है, और माता-पिता बच्चे के प्रति प्यार भरे और मददगार होने की कोशिश करते हैं। आधिकारिक माता-पिता कठोर नियंत्रण नहीं करते जिससे बच्चे को अधिक स्वतंत्रता मिलती है और वे अपने स्वयं के तर्क के आधार पर अपने निर्णय ले सकते हैं। ये बच्चे बड़े होकर अधिक स्वतंत्र और आत्मनिर्भर होते हैं।

   यहाँ माता-पिता बच्चों को स्वतंत्र होने के लिए प्रोत्साहित करते हैं लेकिन सीमाओं के अंदर रह कर। वे बच्चों से परिपक्व, स्वतंत्र और आयु के अनुसार व्यवहार की भी अपेक्षा करते हैं। दुर्व्यवहार के लिए दंड नपे-तुले हैं और गलती के अनुसार होते हैं। वे क्रूर व मनमाने दंड या सजा नहीं देते और बच्चे को सजा देते समय, सजा के कारण को सही ढंग से बच्चे को उसकी बुद्धि के हिसाब से समझाते हैं। इससे बच्चे के मन मस्तिष्क पर गलत प्रभाव नहीं पड़ता।

   आधिकारिक माता-पिता के बच्चों के सफल होने की संभावना अधिक होती है, उनके आसपास के लोग उन्हें पसंद करते हैं, और वे उदार और सक्षम बनते हैं।

2. अधिनायकवादी [सख्त मात पिता मॉडल] [Authoritarian]

   माता-पिता बच्चों से अपेक्षा तो करते हैं लेकिन उनके प्रति उत्तरदायी नहीं हैं।

अधिनायक वादी (authoritarian) पालन-पोषण एक अत्यधिक रोकटोक वाली, बार-बार सजा देने से भरी पालन-पोषण शैली है जिसमें माता-पिता अपने बच्चों को बिना किसी स्पष्टीकरण या प्रतिक्रिया के उनके निर्देशों का पालन कराते है। वे बच्चे को बिना कारण बताए शारीरिक सजा, जैसे पिटाई, डांट फटकार का प्रयोग बहुत करते हैं।

अधिनायक वादी पालन-पोषण का बच्चों पर विपरीत प्रभाव पड़ता है:

- ऐसे बच्चों की सामाजिक क्षमता कम होती है क्योंकि माता-पिता बच्चे को स्वयं चुनने की अनुमति देने के बजाय बताते हैं कि क्या करना है, जिससे बच्चे में थोड़े समय में अधिक उपलब्धियां दिखाई देती हैं, लेकिन यह बच्चे के सम्पूर्ण विकास को रोकता है।
- ये बच्चे, अत्यधिक आज्ञाकारी, शांत और बहुत खुश नहीं होते हैं। वे कई बार अवसाद (डिप्रेशन) और अपराध बोध से ग्रस्त रहते हैं।
- इनमें से कुछ बच्चे बड़े होने पर भी इन्हीं समस्याओं से ग्रस्त रहते हैं।
- जो बच्चे ऐसे कठोर वातावरण में पले-बढ़े होने की वजह से दुखी या क्रोधित रहते हैं, वे किशोरावस्था और युवावस्था में विद्रोही हो जाते हैं।
- जो लोग क्रोध और आक्रोश का अनुभव करते हैं, आत्मविश्वास की कमी और हीनता के साथ कई बार पलायनवादी व्यवहार करने लगते हैं, जिसमें मादक द्रव्यों का सेवन शामिल है, और आत्महत्या जैसे विचार भी उनमें हो सकते हैं।

इस शैली के समर्थक मानते हैं कि इसका लक्ष्य, बच्चे को क्रोध और आक्रामकता जैसी नकारात्मक प्रतिक्रियाओं के लिए तैयार करके एक कठोर और क्षमा-विहीन समाज में एक वयस्क के रूप में व्यवहार करना, जीवन बिताना और पनपना सिखाना है। इसके अलावा, वे मानते हैं कि बाहरी दुनिया के किसी व्यक्ति के बुरे व्यवहार से ये बच्चे कम प्रभावित होंगे क्योंकि वे माता-पिता द्वारा दिए गए बुरे व्यवहार के आदी हैं।

पुराने समय में कई माता-पिता आधिकारिक के बजाय अधिनायक वादी पालन-पोषण की शैली अधिक अपनाते थे। बच्चों से अपेक्षा की जाती थी कि

वे बिना किसी प्रश्न के अपने माता-पिता के नियमों का पालन करें। यह शैली अब बदलती नजर आ रही है।

3 कृपालु या अनुमोदक [उत्तरदायी लेकिन अपेक्षा नहीं] [Indulgent/ permissive]

इस पालन-पोषण की शैली को उदार या उदारवादी शैली भी कहा जाता है। यहां, माता-पिता अपने बच्चों के साथ लगभग बराबर से पेश आते हैं और उन पर थोड़ा ही नियंत्रण रखते हैं। ऐसे माता-पिता उत्साह से पालन-पोषण करते हैं, और बच्चे की जरूरतों और इच्छाओं को पूरी करने की जिम्मेवारी खुशी-खुशी उठाते हैं। अनुमति देने वाले माता-पिता अपने बच्चे के साथ "दोस्त" बनने की कोशिश करते हैं, और माता-पिता की भूमिका नहीं निभाते। बच्चे से अपेक्षाएँ व उम्मीदें बहुत कम होती हैं। ये बच्चे कम अनुशासित होते हैं। ऐसे माता-पिता बच्चों को एक मित्र के रूप में सलाह देते हुए अपने निर्णय लेने की अनुमति देते हैं। इस तरह का पालन-पोषण बहुत ही ढीला होता है, जिसमें बहुत कम दंड या नियम होते हैं। वे अपने बच्चों को वह सब कुछ देते हैं जो वे चाहते हैं और उम्मीद करते हैं कि उनकी इस तरह की शैली के लिए उनकी सराहना की जाएगी। इस तरह के माता-पिता बच्चों के रूप में जो कुछ स्वयं उन्हें नहीं मिला, वह सब बच्चों को देने की कोशिश करते हैं चाहे वह स्वतंत्रता हो या वस्तुएं, जिनकी उनके बचपन में कमी थी। इस तरह से पाले गए बच्चे अपरिपक्व होते हैं, उनमें अपने को नियंत्रित करने की कमी होती है और वे गैर-जिम्मेदार वयस्क बन सकते हैं।

ऐसे माता-पिता के बच्चे अपने स्वयं के व्यवहार को नियंत्रित करना नहीं सीखते हैं और हमेशा अपनी मनमानी करना चाहते हैं। वे जल्दी आवेशित हो जाते हैं और किशोरवय में नशीली दवाओं के उपयोग में लिप्त हो सकते हैं।

4. लापरवाह [Neglectful]

इस शैली में माता-पिता खाना, कपड़ा और मकान के अतिरिक्त बच्चे की कोई भी अलग जरूरत या इच्छा के प्रति लापरवाह होते हैं

बच्चों की उपेक्षा करने वाले माता-पिता अपने बच्चों को वह सब कुछ करने देते हैं जो वे चाहते हैं। लापरवाह माता-पिता ऐसा इसलिए करते हैं क्योंकि वे

अपने बच्चों की ज़रूरतों से अलग हो जाते हैं। वे इस बात से अनजान होते हैं कि उनके बच्चे क्या कर रहे हैं, और यदि उन्हें पता भी चलता है तो भी वे उदासीन रहते हैं। कभी-कभी माता-पिता उन तनावों के कारण लापरवाह हो सकते हैं जो वे अपने जीवन में अनुभव कर रहे हैं।

कुछ माता पिता इतने उदासीन होते हैं कि वे बच्चे को खाना, कपड़ा और रहने की जगह तक मुहैया नहीं करवाते। यहाँ तक कि वे कभी-कभी बच्चों को त्याग देते हैं या दूसरे लोगों की देख रेख में छोड़ देते हैं।

इस तरह से पाले गए बच्चे बहुत बार एकाकी, उदास, और अपरिपक्व होते हैं। उनके अपमानजनक संबंधों के समाप्त होने की संभावना रहती है। ये बच्चे कई बार माता पिता से दूर हो जाते हैं। इन बच्चों में जरूरत से ज्यादा जोखिम उठाने की आदत होती है जिससे उन्हें बार-बार शारीरिक या मानसिक चोट लगा करती है।

पालन-पोषण की अन्य शैलियाँ

वैसे विषय को समझने के लिए मैकोबी और मार्टिन की चार पेरेंटिंग शैलियाँ और बॉम्रिंड की तीन पेरेंटिंग शैलियाँ ही महत्वपूर्ण हैं किन्तु बहुत सारे लोगों ने अलग-अलग समय पर थोड़े-थोड़े फर्क के साथ विभिन्न शैलियों के नामकरण किये हैं। इनके बारे में भी कुछ जान लीजिए।

लगाव पैदा करने वाला (Attachment) पालन पोषण

विलियम सियर्स ने बताया कि बचपन के दौरान माता-पिता के साथ एक मजबूत भावनात्मक बंधन बनता है, इन बच्चों का वयस्क होने पर भी अपने माता -पिता से मजबूत संबंध बने रहते हैं।

लगाव के चार मुख्य प्रकार हैं: सुरक्षित, असुरक्षित, प्रतिरोधी (रोकने वाला) और असंगठित।

अटैचमेंट पेरेंटिंग में माता-पिता मजबूत भावनात्मक बंधन बनाने की कोशिश करते है और शारीरिक सजा से बचते हैं; बच्चे के स्वभाव के अनुसार बातचीत के माध्यम से अनुशासन पूरा किया जाता है। ये माता पिता प्रशंसा और सजा दोनों

को बच्चों के लिए हानिकारक मानते हैं और उनके साथ समझौते तक पहुंचने के लिए अन्य तरीकों की वकालत करते है। इसमें "टाइम-आउट" के माध्यम से बच्चों को अनुशासित किया जाता है, साथ ही साथ बच्चों पर निगरानी रखी जाती है। इस शैली के माता-पिता प्यार, मेल-मिलाप, प्रेरणा और जिम्मेवारी को पालन-पोषण के लिए जरूरी मानते हैं।

बाल-केंद्रित पालन-पोषण

ब्लाइथ और डेविड डैनियल द्वारा समर्थित एक पेरेंटिंग शैली है, जिसमें बच्चे को केंद्र में रख कर परवरिश की जाती है, इसमें बच्चे की जरूरतों व रुचि के हिसाब से पालन पोषण किया जाता है इसमें माता पिता की जरूरतें व रुचियाँ पीछे छूट जाती हैं। शोध से पता चला है कि चाइल्ड-सेंटर्ड पेरेंटिंग सही होना मुश्किल है और इसमें असफल होने की संभावना अधिक होती है। इस तरह के बच्चे भी सेल्फ सेंटर्ड , आत्ममुग्ध और कुछ हद तक स्वार्थी बन जाते हैं। जिससे उन्हें भावी जीवन में कठिनाइयों का सामना करना पड़ता है।

समेकित साधना (Concerted Cultivation) पालन-पोषण

यह एक शैली है जिसे एनेट लारेउ ने परिभाषित किया। यह पालन-पोषण शैली माता-पिता द्वारा अपने बच्चों के जीवन में बहुत सारी गतिविधियों को शामिल करके अपने बच्चे की प्रतिभा को बढ़ावा देने के अत्यधिक प्रयासों पर आधारित है। कंसर्टेड कल्टीवेशन सकारात्मक पेरेंटिंग का एक रूप है, जिसमें संगीत पाठ, खेल/एथलेटिक्स और शैक्षिक योग्यता जैसी अतिरिक्त गतिविधियों के माध्यम से अपने बच्चे की प्रतिभा को बढ़ावा दिया जाता है। अक्सर इसमें स्पोर्ट्स क्लब, आर्ट क्लब, संगीत क्लब आदि की सहायता ली जाती है। ये बच्चे आर्थिक व शिक्षा के क्षेत्र में अधिक सफल होते हैं। जापान के मध्यम और उच्च वर्ग में यह ज्यादा प्रचलित है।

जैसे कि हर शैली के कुछ अप्रिय नतीजे होते हैं, ये बच्चे भी मनोवैज्ञानिक रूप से थक जाते हैं व अत्यधिक प्रयासों की वजह से वे अलग से कुछ करने की सृजन की क्षमता कम पाई गई है।

नार्सिसिस्टिक (आत्ममुग्ध) पेरेंटिंग

एक नार्सिसिस्टिक माता-पिता वे हैं जो आत्ममुग्धता या नार्सिसिस्टिक पर्सनैलिटी से ग्रस्त रहते हैं, वे सिर्फ अपने आप से प्रेम करते हैं। ऐसे माता पिता समझते हैं कि उनके बच्चों का जन्म केवल उनकी जरूरतों व इच्छाओं की पूर्ति के लिए हुआ है।

इस तरह की पेरेंटिंग में बच्चे को कंट्रोल में रखने के लिए माता-पिता धमकियों व गाली गलौज की भाषा का भी इस्तेमाल करते हैं। परवरिश की इस शैली में बच्चों का मानसिक विकास भी ठीक से नहीं हो पाता। माता-पिता की आकांक्षाओं पर खरा उतरने के लिए ये बच्चे तथ्यों को तोड़-मरोड़ते हैं। आत्ममुग्ध माता पिता बहुत सख्त होते हैं, ये बच्चे के लिए भावहीन होते हैं, और बच्चे की भावनाओं को समझने में असमर्थ होते हैं। बच्चे से अपमान जनक व्यवहार करते हैं।

पोषक (Nurturant) पालन-पोषण

यहाँ माता-पिता उत्तरदायी और सहानुभूति पूर्ण होते हैं। यह एक पारिवारिक मॉडल है जहां बच्चों से अपेक्षा की जाती है कि वे अपने माता-पिता से सुरक्षा के साथ-साथ अपने वातावरण के बारे में ज्यादा से ज्यादा जानकारी प्राप्त करते हैं। पालन-पोषण की यह शैली उत्साहजनक है और बच्चे और उनके स्वभाव के लिए विकास के अवसर प्रदान करने में मदद करती है। एक बच्चे की आत्म-छवि, सामाजिक कौशल और शैक्षणिक प्रदर्शन में सुधार होता है। आमतौर पर ये बच्चे बड़े होकर परिपक्व, खुश, संतुलित व्यक्तित्व वाले बनते हैं।

ओवरपेरेंटिंग

माता-पिता जो अपने बच्चे के जीवन के हर पहलू में खुद को शामिल करने की कोशिश करते हैं, उनकी सभी समस्याओं को हल करने का प्रयास करते हैं और बच्चे की स्वतंत्र रूप से कार्य करने या अपनी समस्याओं को हल करने की क्षमता को दबा देते हैं। **हेलीकॉप्टर पेरेंटिंग:** हेलीकाप्टर माता-पिता-यह नाम इसलिए रखा गया है क्योंकि वे हेलीकॉप्टर की तरह बच्चे के ऊपर मंडराते रहते हैं। उनका यह अति का पालन-पोषण एक बच्चे की स्वतंत्रता के लिए आवश्यक विकास

को रोकता है। ये माता-पिता अपने बच्चों को सेल फोन, ईमेल और उनकी पढ़ाई लिखाई की ऑनलाइन माध्यम से निगरानी करते रहते हैं। **बुलडोजर पेरेंटिंग** इस से भी बढ़ कर है। ये माता-पिता अपने बच्चों के अनुभवों और समस्याओं पर बेहद ध्यान देते हैं और विशेष रूप से शैक्षणिक संस्थानों में, बच्चे के सामने आने वाली सभी बाधाओं को बुलडोजेर की तरह हटाकर दूर करने का प्रयास करते हैं। ऐसे पालक बच्चे को कभी हार का मुंह देखने नहीं देते और समस्याओं को स्वयं हल कर देते हैं। सोचिए कि ऐसा बच्चा जब भावी जीवन में समस्याओं और असफलताओं का सामना करेगा तो उनसे कैसे निपट पाएगा।

स्नेह रहित नियंत्रण

इसमें माता -पिता बच्चे पर कठोर अनुशासन और अत्यधिक नियंत्रण रखते हैं, अति-नियंत्रण की वजह से इनमें गर्मजोशी और देखभाल की कमी होती है। चीन की एक **'टाइगर मॉम'** का नाम इसीलिए जाना जाता है।

ऐसा देखा गया है कि माता-पिता का स्नेह हीन नियंत्रण बच्चों में आत्मघाती व्यवहार को बढ़ावा देता है।

धीमा पालन-पोषण

माता-पिता बच्चों के लिए कोई विशेष योजना नहीं बनाते हैं इसके बजाय उन्हें अपने बचपन का आनंद लेने और अपनी गति से दुनिया को देखने देते हैं। इलेक्ट्रॉनिक खिलौने कम देते हैं, और सरल खिलौने देते हैं।

आइडल पेरेंटिंग, स्लो पेरेंटिंग का एक विशिष्ट रूप है जिसके अनुसार बच्चे ज्यादातर समय खुद की देखभाल करते हैं माता-पिता ज्यादा खुश होते हैं यदि वे खुद की देखभाल आराम-आराम से करते हैं।

विषाक्त पालन-पोषण (Toxic parenting)

खराब पालन-पोषण, माता-पिता और बच्चे के बीच एक विषाक्त संबंध बनाता है। ये माता-पिता बच्चे से इस हद तक दुर्व्यवहार करते हैं कि बच्चा अपनी खुद की पहचान खो बैठता है। बच्चे की जरूरतों की उपेक्षा होने से बच्चा अपना आत्म-सम्मान भी खो बैठता है। विषाक्त और/या अपमानजनक माता-पिता वाले बच्चे

अक्सर मनोवैज्ञानिक समस्याओं से पीड़ित रहते हैं। इसमें बच्चे की बात-बात में आलोचना की जाती है, माता- पिता बच्चे के बारे में नकारात्मक विचार रखते हैं।

डॉल्फिन पालन-पोषण

इस तरह के माता-पिता बच्चों के प्रति ओवरप्रोटेक्टिव नहीं होते किन्तु उनकी सुरक्षा का पूरा-पूरा ख्याल रखते हैं। वे हर समय निर्देश नहीं देते पर वे बच्चों को गाइड करते हैं व कुछ नियम भी बनाते हैं। वे बच्चों की हर उम्र की आवश्यकता के अनुरूप अपने को ढाल लेते हैं। वे कड़ी सजा नहीं देते, इस वजह से बच्चे गलती होने पर माता-पिता के पास आने में हिचकिचाते नहीं हैं।

इस तरह की पेरेंटिंग में बच्चे को पूरी स्वतंत्रता होती है। अपनी रुचियों को चुनने के साथ ही साथ माता-पिता ऐसे लक्ष्य देते हैं जिन्हें हासिल किया जा सकता है।

इन बच्चों को मेहनत करने के लिए प्रेरित किया जाता है

एलोपेरेंटिंग (समुदाय द्वारा) पालन-पोषण

इसमें माता-पिता के स्थान पर परिवार या समुदाय के सदस्यों द्वारा बच्चे का पालन किया जाता है। इस प्रकार का पालन-पोषण मध्य अफ्रीकी देशों में सबसे अधिक प्रचलित है, जैसे कांगो लोकतांत्रिक गणराज्य और मध्य अफ्रीकी गणराज्य। एलोपेरेंटिंग में माता-पिता के बोझ को कम करने और माता-पिता को काम करने या सामाजिक कार्यक्रमों में भाग लेने के लिए अधिक समय दिया जाता है।

उप-सहारा अफ्रीका में बच्चों के एक से अधिक मुख्य देखभाल कर्ता होने के कारण एक से अधिक भाषा सीखने का अवसर मिलता है।

बिना शर्त पालन-पोषण

बिना शर्त पेरेंटिंग शैली वह है जहां माता-पिता अपने बच्चों को प्यार और समर्थन प्रदान करते हैं, चाहे कोई भी स्थिति हो। इस प्रकार के पालन-पोषण में पुरस्कार या दंड शामिल नहीं है, बल्कि यह अपने बच्चे के साथ एक मजबूत संबंध बनाने पर केंद्रित है।

कमांडो पेरेंटिंग

एक और शैली है जहां माता-पिता अनिवार्य रूप से बच्चों को उनके अपने मनमाने तरीके से पालने के लिए जो कुछ भी करना पड़ता है, करते हैं।

ईसाई पालन-पोषण

ईसाई पालन-पोषण इवेंजेलिकल और कट्टरपंथी ईसाई माता-पिता के बीच लोकप्रिय है, जो इसे पालन-पोषण के लिए बाइबिल के सिद्धांतों को लागू करने में भरोसा करते हैं। जबकि कुछ ईसाई पेरेंटिंग मॉडल बहुत सख्त होते हैं।

पालन-पोषण की शैलियों में विभिन्न संस्कृतियों में अंतर

अलग-अलग शैलियाँ होने की वजह से अलग-अलग देशों में अलग-अलग तरीके से बच्चों की परवरिश होती है? अप्रवासी भारतीय माता-पिता अपने नए देश में अपनी संस्कृति को बचाने के लिए प्रयास करते रहते हैं। वे संरक्षित करने के लिए पारंपरिक भारतीय संस्कृति पर अधिक जोर देते हैं। वे ज्यादा नियम से अपने त्योहार मानते हैं ताकि उनके वहाँ पैदा हुए बच्चे अपने देश की संस्कृति और परंपराओं से जुड़े रहें।

बेटियों और बेटों के पालन-पोषण में अंतर

लगभग हर देश व समाज में लड़के व लड़कियों की परवरिश अलग-अलग तरीकों से की जाती है। माता-पिता अपने बच्चे के लिंग के आधार पर अलग-अलग व्यवहार करते हैं। भेदभाव भरा पालन-पोषण (Differential Parenting) तब होता है जब माता-पिता एक बेटे और बेटी से व्यक्तिगत रूप से अलग-अलग व्यवहार करते हैं। ऐसे में भाई-बहनों के एक ही घर में बड़े होने पर भी अलग-अलग अनुभव होते हैं।

पिता बेटियों के लिए कम सजा का इस्तेमाल करते हैं। कई माताएँ अपनी बेटियों पर अधिक आधिकारिक (authoritarian) शैली का उपयोग करती हैं। माताएँ अपनी बेटियों को कठोर अनुशासन में रखती हैं और अपने बेटों का पक्ष लेती हैं।

कई संस्कृतियों में बेटियों की उपेक्षा एक प्रमुख मुद्दा है, बहुत से भारतीय परिवारों में यह समस्या अधिक है। बचपन से ही लड़के व लड़की को अलग तरह से पाला जाता है। लड़कों को कठोर व शक्तिशाली माना जाता है, जबकि लड़कियों को नाजुक व कमजोर। उन्हें बचपन से ही अलग खिलौने और खेल के सामान दिए जाते हैं। घरेलू कामों में भी ज्यादा मेहनत का काम लड़कों को व कम मेहनत का काम लड़कियों को दिया जाता है, जबकि बचपन में उनके शारीरिक शक्ति में ज्यादा फर्क नहीं होता है। इस तरह के बर्ताव से उनके मन में यह भावना बैठ जाती है कि आगे चलकर उन्हें लिंग के आधार पर अलग-अलग रोल निभाने पड़ेंगे।

इस विषय में पढ़कर सवाल यह उठता है कि हमें अपने बच्चों के पालन पोषण के लिए आखिर किस शैली को अपनाना चाहिए? कौन सी शैली आदर्श शैली है और क्या सभी के लिए वह आदर्श अपनाना संभव होता है?

अगर संभव होता तो लोग अलग-अलग शैलियाँ अपनाते ही क्यों? बस यूं समझ लीजिए कि यहाँ अच्छा भी है, गलत भी और बुरा भी; बस जानकार बनें, समझदार बनें और अच्छा सीखते चलें, बुरा छोड़ते चलें।

बच्चे जीवन में विभिन्न चरणों से गुजरते हैं और अपने स्वयं के व्यक्तित्व को विकसित करना शुरू करते हैं। इसलिए माता-पिता समय के साथ विकसित होने वाले तरीकों के संयोजन से अपनी स्वयं की पेरेंटिंग शैली बनाते हैं क्योंकि बच्चे के स्वभाव और माता-पिता के रहन-सहन का भी बच्चे पर प्रभाव पड़ता है।

हम आदर्श माता-पिता भले न बन सकें, अच्छे पालक बनने का प्रयत्न तो कर ही सकते हैं। इस प्रयास में मदद के लिए अब हमारे पास इस विषय में कुछ जानकारी, कुछ पुस्तकें और कुछ विशेषज्ञ उपलब्ध है, क्यों न उनसे सीख लें।

निष्कर्ष के तौर पर

वास्तव में, कभी-कभी आपको यहाँ बताए गए प्रत्येक पालन-पोषण शैली को अपनाना होगा। कभी-कभी आपको कठोर बनने की आवश्यकता होती है ताकि आपका बच्चा सीख सके कि उसकी सीमाएँ कहाँ तक हैं। कभी-कभी, आपको प्रेममय, दयालु माता-पिता बनने की आवश्यकता होती है ताकि वे जान सकें कि वे कितने खास हैं, और कभी-कभी ऐसा समय भी होता है जब आपको पीछे हटकर खुद के लिए सीखने का मौका देने की आवश्यकता होती है। किसी एक ही भूमिका को अपनाने और सभी अवसरों पर एक से माता-पिता होने की जिद न करें।

अपने बच्चों के साथ बिताए जाने वाले हर पल को प्यार करें, हर पल से सीखें, जिससे आप हर दिन एक बेहतर माता-पिता बनेंगे।

7. स्वस्थ और उचित पालन-पोषण: सिद्धांत एवं संभावनाएं

सामाजिक विज्ञान के क्षेत्र में पेरेंटिंग पर सबसे अधिक शोध किये गए हैं। लारेंस स्टाइनबर्ग ने अपनी पुस्तक, 'द टेन बेसिक प्रिंसिपल्स ऑफ गुड पेरेंटिंग' में लगभग 75 वर्षों के सामाजिक विज्ञान अनुसंधान के आधार पर माता-पिता के लिए अत्यंत महत्वपूर्ण दिशा निर्देश दिए गए हैं। हाल के वर्षों में कई समाज विज्ञानियों ने इस क्षेत्र में बहुत काम किया है। उनके बताए सिद्धांतों पर चलकर हम बच्चों के पालन-पोषण को आसान बना सकते ह।

बच्चों की परवरिश दुनिया में सबसे कठिन और सबसे कम पूरा होने वाले कामों में से एक है और जिसके लिए आप सबसे कम तैयार होते हैं। फिर भी आप प्यार और समझदारी के साथ अच्छे माता-पिता बन सकते हैं।

अच्छे पालन-पोषण के सिद्धांत क्या हैं?

आप क्या करते हैं मायने रखता है

आपके बच्चे वही सीख रहे हैं जो आप करते हैं, चाहे वह आपका स्वास्थ्य संबंधी व्यवहार हो या जिस तरह से आप अन्य लोगों के साथ व्यवहार करते हैं. "यह सबसे महत्वपूर्ण सिद्धांतों में से एक है," स्टाइनबर्ग बताते हैं. "आप जो करते हैं उससे फर्क पड़ता है...

आप उनके पहले रोल मॉडल हैं, एक अच्छे रोल मॉडल बनें

कभी आपको गुस्सा आए और आप अपने बच्चे के सामने डांट-फटकार करें या अपना आपा खोएँ तो इस बारे में सोचें: क्या आप चाहते हैं कि आपका बच्चा भी

गुस्से में ऐसा ही व्यवहार करे? आप लगातार अपने बच्चों द्वारा देखे जा रहे हैं। छोटे बच्चे अपने माता-पिता को देखकर बहुत कुछ सीखते हैं, जितने छोटे उतने ही अधिक।

अपने बच्चों में आप जो गुण देखना चाहते हैं, सम्मान, मित्रता, ईमानदारी, दया, सहनशीलता, निःस्वार्थ व्यवहार आदि, तो आप स्वयं भी इन गुणों को अपने में प्रदर्शित करें। बिना किसी अपेक्षा के दूसरे लोगों के लिए काम करें। लोगों के प्रति अहसानमंद होने में व प्रशंसा करने में पीछे न रहें। बच्चों के साथ वैसा ही व्यवहार करें जैसा आप दूसरों से अपने साथ चाहते हैं। बच्चे को प्यार के स्थान पर चीजें देने या नियमों में ढील देने से बच्चे के बिगड़ने कि संभावना रहती है।

अपने बच्चे के जीवन में शामिल हों

आप यथासंभव अपने बच्चे के मानसिक और शारीरिक रूप से साथ रहें। पर साथ होने का मतलब बस बच्चे का होमवर्क करना या उसे सुधारना नहीं है। इसके लिए आप को अपनी प्रथमिकताएं बदलनी पड़ेंगीं, अपनी दिनचर्या बदलनी पड़ेगी।

बच्चों के अच्छे कामों पर ध्यान दे,

समय-समय पर हमें बच्चे के प्रति अपनी प्रतिक्रिया के बारे में सोचना चाहिए, हम अपनी बातचीत में बच्चे से क्या कहते हैं, कहीं हम बहुत नकारात्मक बातें तो नहीं करते? हम ऐसे किसी व्यक्ति को पसंद नहीं करेंगे जो बार-बार हमें टोकता हो, भले ही वह हमारी भलाई चाहता हो। हमें बच्चे के अच्छे कामों की प्रशंसा करनी चाहिए। जैसे, "आपने आज दादी का बिस्तर ठीक किया सबको बहुत अच्छा लगा या तुमने आज अपनी माँ से हेल्प के लिए पूछा। इस तरह बच्चा अच्छे व्यवहार के लिए उत्साहित होगा।

हर दिन प्रशंसा करने के लिए कुछ खोजने का प्रयास करें। प्यार, आलिंगन और तारीफ अद्भुत काम करते हैं। किसी वस्तु के बजाए इस तरह का इनाम ज्यादा विवेकशील है, वस्तुएं रिश्वत लगती हैं।

पालन-पोषण के तरीके को बच्चे की आवश्यकता के अनुरूप ढालें

अपने बच्चे के विकास के साथ तालमेल रखें। आपका बच्चा बड़ा हो रहा है इसलिए विचार करें कि उम्र बच्चे के व्यवहार को कैसे प्रभावित कर रही है। गांधी जी ने एक बार कहा था बच्चे के सामने 'नहीं' शब्द नहीं आना चाहिए, हर बात के लिए मना करने की बजाय, बच्चे को बताएं कि वह क्या करे। जैसे कि बच्चों को मोबाईल या टेलिविज़न को पूर्णतः न देखने की बजाए समय निर्धारित करें फिर अपने निर्णय पर टिके रहें।

नियमों का पालन सिखाएं - बच्चों के साथ बैठकर नियम बनाएं

बच्चों को बचपन से ही नियम कायदे सिखाएं क्योंकि बड़े होने पर सीखना मुश्किल होता है। जब वह बड़ा होगा और माता-पिता आस-पास नहीं होंगे तो वह खुद को कैसे प्रबंधित कर पाएगा। बच्चे ने आपसे जो नियम सीखे हैं, उसे उन्हें खुद पर लागू करने कि आदत डालें।

घर के नियम स्थापित करने से बच्चे को यह पता चलता है कि आप उससे क्या चाहते हैं कुछ नियम बनाने में वे भी शामिल हो सकते हैं, जैसे होमवर्क पूरा होने तक कोई टीवी नहीं देखेगा, घर में और कोई मार-पीट, गाली-गलौज नहीं करेगा।

माता-पिता को माइक्रोमैनेज करने की आवश्यकता नहीं है, इससे आप थक जाएंगे और बच्चा भी घुटन महसूस करेगा। एक बार जब वे मिडिल स्कूल तक आ जाएं तो आपको बच्चे को अपना होमवर्क करने देना चाहिए, अपनी पसंद खुद तय करने देनी चाहिए और ज्यादा हस्तक्षेप नहीं करना।

संचार/बातचीत भी प्राथमिकता है

माता-पिता को बच्चों को अपना मन्तव्य स्पष्ट करना चाहिए, वे हर काम का कारण जानना चाहते हैं, और उन्हें इसका हक है। बच्चों से केवल इसलिए सब कुछ करने की अपेक्षा नहीं की जा सकती क्योंकि आप "ऐसा कहते हैं"। कुछ माता पिता बच्चे से कहते हैं कि चुपचाप इस काम को करो, ज्यादा सवाल करने की जरूरत नहीं है। अपनी अपेक्षाएं स्पष्ट करें। यदि कोई समस्या है,

तो उसे समझाएं, अपनी भावनाओं को व्यक्त करें, और अपने बच्चे को अपने साथ समाधान पर काम करने के लिए आमंत्रित करें। परिणामों को शामिल करना सुनिश्चित करें, सुझाव दें और विकल्प प्रदान करें। अपने बच्चे के सुझावों के लिए भी खुला दिमाग रखें। मोल-भाव करना सिखाएं। जो बच्चे निर्णय लेने में भाग लेते हैं वे उन्हें पूरा करने के लिए अधिक प्रेरित होते हैं।

बच्चे की स्वतंत्रता को बढ़ावा दें

सीमा निर्धारित करने से आपके बच्चे को आत्म नियंत्रण करने में मदद मिलती है। स्वतंत्रता को प्रोत्साहित करने से बच्चा अपने जीवन की दिशा को स्वयं निर्धारित करने की कोशिश करता है। स्वतंत्रता व अनुशासन दोनों ही सफल जीवन के लिए आवश्यक हैं।

बच्चों के लिए स्वतंत्रता की मांग करना प्राकृतिक है। माता-पिता स्वतंत्रता की मांग को विद्रोह या अपना अनादर मानने लगते हैं। स्वतंत्रता मानव का स्वभाव है। वह अपने को किसी के आधीन नहीं करना चाहता।

निरन्तरता

यदि आपके नियम दिन-प्रतिदिन बदलते हैं या यदि आप उन्हें केवल रुक-रुक कर लागू करते हैं, तो आपके बच्चे का गलत व्यवहार सीखना आपकी गलती है, उसकी नहीं। आपका सबसे महत्वपूर्ण अनुशासित करने का तरीका है कि नियम बार-बार न बदले जाएं। कुछ नियम ऐसे भी हों जिनका उल्लंघन कभी स्वीकार्य न होगा, यानी कुछ नियम कभी भी तोड़े नहीं जाएंगे। आपका अधिकार जितना अधिक ज्ञान व सच्चाई के आधार पर होगा न कि शक्ति के आधार पर आपका बच्चा उसे उतना ही कम चुनौती देगा और आपके अधिकार को मानेगा।

कठोर अनुशासन से बचें, लचीले बनें

यदि आप अक्सर अपने बच्चे के व्यवहार से "निराश" महसूस करते हैं, तो शायद आपकी अपेक्षाएँ अवास्तविक हैं। माता-पिता जो "चाहिए" में सोचते हैं (उदाहरण के लिए, "मेरे बच्चे को अब तक अच्छे से गणित आ जाना चाहिए")

को अन्य माता-पिता या बाल विकास विशेषज्ञों से बात करने से मदद मिल सकती है।

बच्चों के वातावरण का उनके व्यवहार पर प्रभाव पड़ता है, इसलिए आप पर्यावरण को बदलकर उस व्यवहार को बदलने में सफल हो सकते हैं। यदि आप अपने 2 साल के बच्चे को लगातार "नहीं" कहते हुए पाते हैं, तो अपने परवरिश के तरीकों की समीक्षा करें और देखें कि गलती कहाँ है। इससे आप दोनों की निराशा कम होगी। जैसे-जैसे बच्चा बड़ा होता है, आपको धीरे-धीरे अपनी पेरेंटिंग शैली बदलने की आवश्यकता हो सकती है। संभव है, जो तरीका अभी आपके बच्चे के साथ काम करता है वह एक या दो साल में काम नहीं करे।

बड़े होते हुए, रोल मॉडल के लिए किशोर अपने माता-पिता की ओर कम और अपने साथियों की ओर अधिक देखते हैं। लेकिन मार्गदर्शन, प्रोत्साहन और उचित अनुशासन देना जारी रखें और अपने किशोरों को अधिक स्वतंत्रता से जीने की अनुमति दें और अच्छे संबंध बनाने के लिए हर उपलब्ध क्षण का लाभ उठाएं!

माता-पिता को कभी भी किसी भी परिस्थिति में बच्चे को मारना-पीटना नहीं चाहिए। जिन बच्चों को मारा-पीटा जाता है, वे अन्य बच्चों के साथ लड़ने के लिए अधिक तैयार होते हैं, बुली होने और करने की अधिक संभावना रखते हैं और दूसरों के साथ विवादों को सुलझाने के लिए आक्रामकता या मारपीट का उपयोग अधिक कर सकते हैं।

एक बच्चे को अनुशासित करने के कई अन्य तरीके हैं, वे अपनाएं।

अपने नियमों और फैसलों की व्याख्या करें

माता-पिता की अपेक्षा होती हैं कि बच्चे सुरक्षित रहें। आम तौर पर, माता-पिता छोटे बच्चों को अधिक समझाते हैं और किशोरों को कम। आपके लिए जो स्पष्ट है वह हो सकता है कि 12 साल के बच्चे के लिए स्पष्ट नहीं हो। उसके पास प्राथमिकताएं, निर्णय या अनुभव नहीं है जो आपके पास है, उसे समझाएं। आप जो भी नियम बनाएं या निर्णय लें बच्चे को बताएं कि आपने ऐसा क्यों किया।

बच्चे के साथ सम्मान से पेश आएं

जब बच्चे अपने आप को अपने माता-पिता की आंखों से देखते हैं तो वे अपने आप को विकसित करना शुरू कर देते हैं। आपकी आवाज का लहजा, हावभाव और हर अभिव्यक्ति आपके बच्चों द्वारा आत्मसात कर ली जाती है। माता-पिता के रूप में आपके शब्द और कार्य उनके विकासित होते आत्म-सम्मान को किसी भी अन्य चीज़ से अधिक प्रभावित करते हैं।

उपलब्धियों की प्रशंसा करना, चाहे वह कितनी भी छोटी क्यों न हो, उन्हें गर्व का अनुभव कराती है; बच्चों को स्वतंत्र रूप से काम करने देना उन्हें सक्षम और मजबूत महसूस कराएगा। इसके विपरीत, उन्हें नीचा दिखाना या किसी बच्चे के साथ प्रतिकूल तुलना करना बुरा महसूस कराएगा।

अपने बच्चे से सम्मानजनक व्यवहार पाने का सबसे अच्छा तरीका है कि उसके साथ सम्मानपूर्वक व्यवहार किया जाए। आपको अपने बच्चे को वही शिष्टाचार देना चाहिए जो आप किसी और को देते हैं। उससे विनम्रता से बात करें, उसकी राय का सम्मान करें और जब वह आपसे बात कर रहा हो तो ध्यान दें। उसके साथ अच्छा व्यवहार करें और जब आप कर सकते हैं तो उसे खुश करने की कोशिश करें। आपके बच्चे के साथ आपका रिश्ता दूसरों के साथ उसके रिश्तों की नींव है आपसे मजबूत रिश्ता बना कर वह औरों से रिश्ता बनाना सीखता है।

बोझिल बयान देने या शब्दों को हथियार के रूप में इस्तेमाल करने से बचें। यह शारीरिक आघातों की तरह क्षति पहुँचाता है। शब्दों की चोट शरीर पर की गई चोट से अधिक हानिकारक है

अपने शब्दों को ध्यान से चुनें और दयालु बनें। अपने बच्चों को बताएं कि हर कोई गलती कर सकता है और आप तब भी उनसे प्यार करते हैं, भले ही आप उनके व्यवहार से प्यार न करें।

अपने बच्चों के लिए समय निकालें

माता-पिता और बच्चों के लिए भोजन पर हर दिन एक साथ बैठना कठिन होता है, एक साथ गुणवत्ता पूर्ण समय बिताना तो दूर की बात है। लेकिन यह

शायद ऐसा कुछ है जिसे बच्चे ज्यादा पसंद करेंगे। सुबह 10 मिनट पहले उठ जाएं ताकि आप अपने बच्चे के साथ नाश्ता कर सकें या बर्तन सिंक में छोड़कर रात के खाने के बाद टहल सकें। जिन बच्चों को अपने माता-पिता से वह ध्यान नहीं मिल पा रहा होता जो वे चाहते हैं, वे ध्यान आकर्षित करने के लिए गलत व्यवहार करने लगते हैं।

छोटे बच्चों की तुलना में किशोरों को अपने माता-पिता से पूरा-पूरा ध्यान कम मिल पाता है क्योंकि माता-पिता और किशोरों को एक साथ मिलने के अवसर कम मिलते हैं। जब उनका किशोर बात करने या पारिवारिक गतिविधियों में भाग लेने की इच्छा व्यक्त करता है, माता-पिता को उन्हें समय देने की पूरी कोशिश करनी चाहिए। अपने किशोर के साथ संगीत कार्यक्रम, खेल और अन्य कार्यक्रमों में भाग लेने से संबंध जुडते हैं और आपको महत्वपूर्ण तरीकों से अपने बच्चे और उसके दोस्तों के बारे में अधिक जानकारी मिलती है।

माता-पिता अपने बच्चों के साथ समय बिताने को फायदेमंद पाते हैं। कनेक्ट करने के नए तरीकों की तलाश करें। यदि आप कामकाजी माता-पिता हैं तो दोषी महसूस न करें। बहुत सी छोटी चीजें हैं जो आप बच्चों के साथ करते हैं जैसे उन्हें स्कूल बस तक छोड़ने और लेने जाना, साथ खाना बनाना, ताश खेलना, विंडो शॉपिंग, जो बच्चों को याद रहेंगी। आप उन्हें बताएं कि हर व्यक्ति का आत्मनिर्भर होना उसका कर्तव्य है, इसलिए आपका काम पर जाना जरूरी है।

दिखाएँ कि आपका प्यार बिना शर्त है

माता-पिता के रूप में, आप अपने बच्चों को सही करने और उनका मार्गदर्शन करने के लिए जिम्मेदार हैं, लेकिन आप अपने सुधार व मार्गदर्शन को कैसे अभिव्यक्त करते हैं, उससे फर्क पड़ता है कि एक बच्चा इसे कैसे स्वीकार करता है।

जब आपको अपने बच्चे का सामना करना हो, दोष देने, आलोचना करने, या दोष निकालने से बचें, जो आत्म-सम्मान को ठेस पहुँचाता है और नाराजगी पैदा कर सकता है। इसके बजाय, अपने बच्चों को अनुशासित करते हुए भी पोषण और प्रोत्साहित करने का प्रयास करें। सुनिश्चित करें कि वे जानते हैं कि यद्‌यपि आप अगली बार बेहतर चाहते हैं और कठोर हो सकते हैं, फिर भी आप सदा उन्हें प्यार ही करेंगे, परिणाम जो भी हो।

माता-पिता के रूप में अपनी जरूरतों और सीमाओं को जानें

यह स्वीकार करें कि संभवतः आप एक अपूर्ण माता-पिता हैं। एक परिवार के लीडर के रूप में आपके पास ताकत भी है, कमजोरियां भी। अपनी क्षमताओं को पहचानें- "मैं प्यार करता हूँ और समर्पित हूँ"। अपनी कमजोरियों पर काम करने का संकल्प लें - "मुझे अनुशासन के साथ और अधिक सुसंगत (सही) रहने की आवश्यकता है"। अपने, अपने साथी और अपने बच्चों के लिए यथार्थवादी उम्मीदें रखने की कोशिश करें। आपके पास सभी उत्तर हों, जरूरी नहीं-अपने आप को क्षमा भी करें।

पालन-पोषण को एक प्रोजेक्ट जैसा कार्य बनाने का प्रयास करें। उन क्षेत्रों पर ध्यान केंद्रित करें जिन पर सबसे अधिक ध्यान देने की आवश्यकता है, न कि सभी चीजों को एक साथ हल करने का प्रयास करें। जब आप कभी हार गए हों, इसे स्वीकार करें। पेरेंटिंग से समय निकालकर ऐसे काम करें जिससे आपको खुशी मिले।

अपनी जरूरतों पर ध्यान देने से आप स्वार्थी नहीं हो जाते। इसका सीधा सा मतलब है कि आप अपनी भलाई के बारे में परवाह करते हैं, जो आपके बच्चों के लिए मॉडल का एक और महत्वपूर्ण मूल्य है। अगर आप मानसिक व शारीरिक रूप से स्वस्थ नहीं होंगे तो आप बच्चों की परवरिश ठीक से नहीं कर पाएंगे।

बच्चे वही सीखते हैं जो वे जीते है

– डोरोथी लॉ नोल्टे की 1955 में लिखी एक प्रसिद्ध कविता

यदि कोई बच्चा आलोचना के साथ रहता है तो वह निंदा करना सीखता है।

यदि कोई बच्चा शत्रुता के साथ रहता है तो वह लड़ना सीखता है।

यदि कोई बच्चा उपहास के साथ रहता है, तो वह शर्मीला होना सीखता है।

यदि कोई बच्चा शर्म के साथ रहता है, तो वह दोषी महसूस करना सीखता है।

यदि कोई बच्चा सहनशीलता के साथ रहता है, तो वह धैर्य रखना सीखता है।

यदि कोई बच्चा प्रोत्साहन के साथ रहता है तो वह आत्मविश्वास सीखता है।

यदि कोई बच्चा प्रशंसा के साथ रहता है, तो वह सराहना करना सीखता है।

यदि कोई बच्चा निष्पक्षता के साथ रहता है, तो वह न्याय सीखता है।

यदि कोई बच्चा सुरक्षा के साथ रहता है, तो वह विश्वास रखना सीखता है।

यदि कोई बच्चा अनुमोदन के साथ रहता है, तो वह खुद को पसंद करना सीखता है।

यदि कोई बच्चा स्वीकृति और मित्रता के साथ रहता है, तो वह दुनिया में प्यार ढूंढना सीखता है

8. जीवन की विभिन्न अवस्थाओं में पालन-पोषण

जीवन के अलग-अलग समय में अलग-अलग आवश्यकताएं होती हैं, अलग समस्याएं और अलग समाधान। आइए इन्हें संक्षेप में जानें।

गर्भावस्था और प्रसव पूर्व पालन-पोषण

बहुत से लोग मानते हैं कि पालन-पोषण जन्म के साथ शुरू होता है, लेकिन माँ बच्चे के जन्म से पहले ही उसका लालन-पालन करना शुरू कर देती है। वैज्ञानिक बताते हैं कि गर्भ में पाँचवें महीने के बाद, बच्चा सुनने लगता है और गति को महसूस कर सकता है। ये बच्चा अपने माता-पिता की आवाज़ से परिचित हो जाता है और सातवें महीने तक, बाहरी हलचल गर्भ में बच्चे की नींद की आदतों को प्रभावित करती है।

गर्भावस्था के दौरान माता-पिता द्वारा लिए गए कई निर्णयों से भ्रूण प्रभावित होता है, विशेष रूप से जो उनकी खान पान, रहन सहन और जीवनशैली से जुड़े हों। माँ के स्वास्थ्य और खान पान का बच्चे पर सकारात्मक या नकारात्मक प्रभाव पड़ सकता है।

शैशव अवस्था (जन्म के बाद पहला साल)

एक शिशु का माता-पिता होना एक बड़ी जिम्मेदारी है। शिशुओं को निरंतर देखभाल की आवश्यकता होती है, जिसमें खिलाना, नहलाना और स्वास्थ्य की देखभाल शामिल है।

एक शिशु बड़ों की मदद के बिना बिल्कुल असहाय है विशेष रूप से शिशुओं को अपने माता-पिता से बिना शर्त प्यार मिलना सबसे बड़ी जरूरत है।

स्कूल-पूर्व का समय

स्कूल पूर्व उम्र के बच्चे के लिए माता-पिता की जिम्मेदारियों में अकसर खाना खिलाना, नहाना, शौचालय प्रशिक्षण, उनकी सुरक्षा सुनिश्चित करना और उनकी भलाई में भाग लेना शामिल है। इस समय माता-पिता को चाइल्ड-केयर और शिक्षा के बारे में सही निर्णय लेना आवश्यक है।

इस उम्र में, बच्चे के दोस्त बनने लगते हैं, ज्यादातर अपने भाई-बहनों से शुरुआत करते हैं। यदि उनके कोई भाई-बहन नहीं हैं, तो माता-पिता को उनके लिए अन्य बच्चों के साथ बातचीत करने के उपाय खोजने चाहिए। भाई-बहनों और साथियों के साथ ये महत्वपूर्ण रिश्ते एक तरह से भविष्य की तैयारी हैं।

प्राथमिक और मिडिल स्कूल के वर्ष

स्कूल के वर्षों के दौरान माता-पिता की जिम्मेदारियों में भोजन व शिक्षा में सहायता करना, उन्हें सुरक्षा देना, और सुखद घरेलू वातावरण देना है। जब बच्चा बड़ा होता है और उच्च कक्षाओं में जाता है, शिक्षा एक महत्वपूर्ण मुद्दा होता है।

इस आयु वर्ग में, दोस्त बच्चे के लिए महत्वपूर्ण हो जाते हैं।

किशोरावस्था

किशोरावस्था के दौरान बच्चे अपनी स्वयं की पहचान बनाना शुरू करते हैं। जब वे स्कूल से कॉलेज की दुनिया में प्रवेश करते हैं, तो वे व्यवहार करने के तरीके परिवार के बाहर के साथियों और वयस्कों से सीखते हैं। फिर भी, माता-पिता का महत्व विकास में हमेशा बना रहता है। इसीलिए माता-पिता को अपने किशोरों की गतिविधियों व आचरण के बारे में जागरूक रहना चाहिये। माता पिता को समय- समय पर मार्गदर्शन और परामर्श देते रहना चाहिए। किशोरावस्था बच्चों के लिए एक खतरों से भरा समय है, इस समय गलत निर्णय होने की संभावना रहती है। बच्चों के साथ दैनिक बातचीत से अवसाद (डिप्रेशन), संकीर्णता, मादक द्रव्यों (नशीले पदार्थ) के सेवन और स्कूल से अनुपस्थिति और कभी आत्महत्या के जोखिम को कम किया जा सकता है।

अपने बच्चों से रोजाना बातचीत करते रहने से हमें उनकी मानसिक स्थिति के बारे में, उनकी पढ़ाई लिखाई और उनके दोस्तों के बारे में पता चलता रहता है, जिससे बच्चे अपने आप को सुरक्षित महसूस करते हैं।

युवावस्था

युवा वयस्कों का अपने माता-पिता के घर में अधिक समय तक रहना और कई लोगों के लिए अलग रहने के बाद घर लौटना भी कोई नई बात नहीं है। माता-पिता को चाहिए है कि वे अपने युवा बच्चों को "बच्चे" के रूप में न देखें बल्कि उन्हें वयस्कों के रूप में देखें। बच्चों से रुपये-पैसे, घरेलू कामकाज, अन्य सदस्यों से व्यवहार आदि जैसी बातों पर खुल कर बातचीत करें।

जब घर का वातावरण परस्पर सहयोग पूर्ण होता है तो युवा वयस्कों/बच्चों के घर पर रहने या घर लौटने की संभावना अधिक होती है। हमारे सहित दुनिया की कई संस्कृतियों में, तीन पीढ़ियों का एक साथ रहना काफी आम है।

इस समय युवा अपने कॉलेज में होते हैं, कुछ कामकाज को शुरू करते हैं, कुछ कोई व्यवसाय सीख सकते हैं, और काम से संबंधित महत्वपूर्ण जिम्मेदारियों के साथ करियर शुरू कर सकते हैं। कुछ युवा इस समय विवाह करते हैं। एक युवा व्यक्ति के अपने परिवार में अनुभव, माता-पिता का प्यार, अपने भाई-बहनों से संबंध, और अपने माता-पिता के आपसी रिश्ते, इन सब का बच्चे/युवा के अपने जीवन पर अच्छा या बुरा दोनों असर हो सकते हैं। उसके अपने जीवन साथी से संबंध इन्हीं बातों से प्रभावित होते हैं।

वयस्कता

जब बच्चा घर छोड़ देता है और स्वतंत्र रूप से रहता है तो पालन-पोषण समाप्त नहीं हो जाता। माता-पिता हमेशा के लिए माता-पिता होते हैं। नाती-पोते आ जाने के बाद उनके जीवन में एक दूसरी पारी शुरू हो जाती है जिसे वे भूल चुके थे। साथ ही बच्चों के सुख-दुख के साथ उनका जुड़ाव बना ही रहता है। इसी को मोह कहा जाता था।

महिलाओं के बीच सबसे आम भ्रांति यह है कि केवल बच्चे पैदा करने से ही एक माँ बन जाती है, जो उतना ही बेतुका है जितना कि यह मानना कि पियानो होने से कोई संगीतकार बन जाता है।

- ओ सिडनी जे. हैरिस, वेस्टमिंस्टर जॉन नॉक्स प्रेस: (2001), पी। 253

खंड-2

9. जीवन के पहले 1000 दिन: स्वास्थ्य और मस्तिष्क का प्रारंभिक विकास

मजबूत नींव पर ही एक मजबूत इमारत खड़ी हो सकती है। एक शारीरिक एवं मानसिक रूप से स्वस्थ माँ एक स्वस्थ बच्चे को जन्म देगी। एक खुशहाल परिवार में शिक्षित माता-पिता की संतान के जीवन में सफल होने की संभावना अधिक होती है। यह सब सुखी जीवन की गारंटी तो नहीं देते पर एक अच्छी शुरुआत अच्छे भविष्य की आशा तो देती ही है।

बच्चे के जीवन के शुरुआती वर्ष बाद के स्वास्थ्य और विकास के लिए बहुत महत्वपूर्ण होते हैं। सबसे महत्वपूर्ण होते हैं जीवन के पहले 1000 दिन; 9 माह गर्भावस्था के और बाकी जन्म के बाद। कारण यह है कि जन्म से पहले मस्तिष्क बहुत तेजी से बढ़ता है और बचपन में बढ़ना जारी रहता है। तीन वर्ष की आयु तक मस्तिष्क का लगभग 80% भाग तक बन जाता है और 5 वर्ष की आयु तक लगभग 90% भाग बन जाता है।

मस्तिष्क मानव शरीर का कमांड सेंटर है। एक नवजात शिशु में मस्तिष्क की सभी कोशिकाएं (न्यूरॉन्स) होती हैं जो उसके जीवन भर के लिए होती हैं, लेकिन यह इन कोशिकाओं के बीच संयोजक (Synapses) यानी न्यूरल कनेक्शन हैं जो वास्तव में मस्तिष्क का काम करते हैं। ये ब्रेन कनेक्शन हमें सोचने, संवाद करने (बातचीत) और काम करने में सक्षम बनाते हैं। इन को बनाने के लिए बचपन के शुरुआती वर्ष महत्वपूर्ण हैं।

जन्म से ही, बच्चे अपने रोजाना के अनुभवों के माध्यम से ब्रेन कनेक्शन विकसित करते हैं। ये कनेक्शन अपने माता-पिता और देखभाल करने वालों के साथ सकारात्मक बातचीत के माध्यम से और दुनिया के साथ बातचीत करने के लिए अपनी इंद्रियों जैसे नाक, आँख, कान का उपयोग करने से निर्मित होते हैं।

एक छोटे बच्चे के रोजाना के अनुभव निर्धारित करते हैं कि कौन से मस्तिष्क संबंध विकसित होते हैं और कौन से जीवन भर के लिए रहेंगे। अपने शुरुआती वर्षों में उन्हें मिलने वाली देखभाल, प्रोत्साहन और बातचीत की मात्रा और गुणवत्ता, सभी से फर्क पड़ता है। बच्चे से उचित प्रकार की बातचीत बहुत प्रभाव डालती है।

जीवन के पहले आठ वर्ष भविष्य की शिक्षा, स्वास्थ्य और जीवन की सफलता के लिए एक नींव का काम करते हैं। तंत्रिका विज्ञान और व्यवहार संबंधी विज्ञान के अध्ययन से सिद्ध हो चुका है कि बच्चों का विकास, विशेष रूप से जन्म से लेकर पांच साल तक, एक सशक्त और टिकाऊ समाज की नींव है।

आइए पहले इसका विज्ञान समझ लें।

मस्तिष्क के विकास का विज्ञान

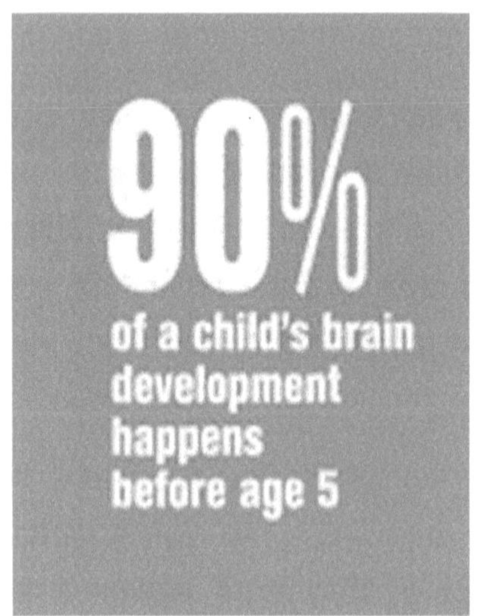

1. गर्भावस्था के पांचवे सप्ताह के आसपास मस्तिष्क बनना शुरू हो जाता है। विकास की प्रक्रिया में मस्तिष्क तीन अलग हिस्सों में बंट जाता है और यहां से आगे विकास होता जाता है। प्रसवपूर्व विकास काफी हद तक आनुवंशिक प्रक्रियाओं (Genetic processes) द्वारा संचालित होता है, जिनमें से कई माँ के शरीर के बायो-कैमिकल परिस्थितियों के प्रति संवेदनशील होते हैं, उदाहरण के लिए, यह सर्वविदित है कि पोषण की कमी (जैसे फोलिक एसिड) और विषाक्त पदार्थों की उपस्थिति (जैसे शराब और निकोटिन) दोनों ही विकासशील मस्तिष्क को हानिकारक रूप से प्रभावित कर सकते हैं। जन्म के बाद विकास में, वातावरण एक महत्वपूर्ण भूमिका निभाता है, और इसलिए अधिकांश विकास के लिए आनुवंशिकी और अनुभव, दोनों जिम्मेवार होते हैं।

जब बच्चा पैदा होता है तो मस्तिष्क पूरी तरह विकसित हो जाता हैं और इसमें अनुमानित 8600 करोड़ न्यूरॉनस होते हैं। लेकिन तंत्रिका-तंत्र के जिन

न्यूरल कनैक्शन (Synapses) से बच्चे को हिलने-डुलने, सोचने, और बात करने में मदद मिलती है उनका विकास शुरुआती वर्षों में होता है। इस समय हर सेकेंड लाखों नए न्यूरल कनैक्शन बनते जाते हैं।

मस्तिष्क का विकास एक एक बारी-बारी से होने वाली प्रक्रिया है, जिसमें उच्च स्तर की प्रक्रियाएँ निम्न स्तर की प्रक्रियाओं की नींव पर बनती हैं। शुरुआत में देखने और सुनने का सिस्टम विकसित होता है। इसके बाद बोलने और सोचने-समझने का भाषा कौशल और फिर बुद्धि (Higher Cognitive Functions) का विकास होता है।

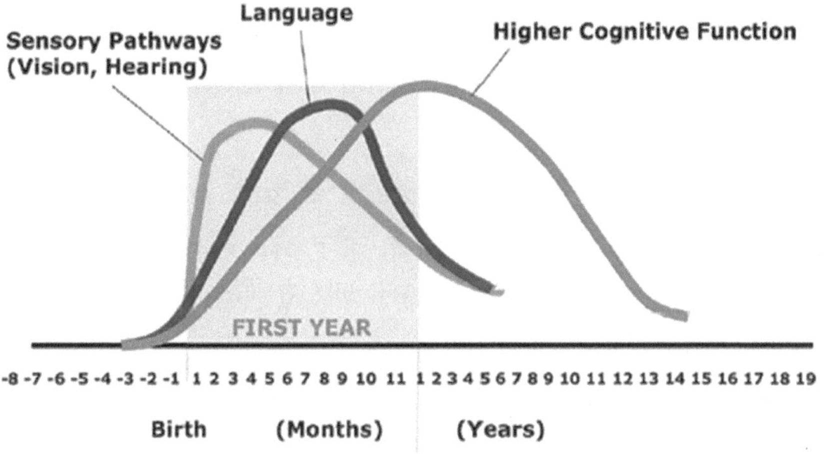

स्रोत: सीए नेल्सन (2000)। साभार: सेंटर ऑन द डेवलपिंग चाइल्ड, Harvard university

2. **मस्तिष्क को विकास के लिए पोषक तत्वों की आवश्यकता होती है:** प्रोटीन, पॉलीअनसेचुरेटेड फैटी एसिड, आयरन, जिंक, कॉपर आयोडीन, कोलीन, फोलेट और विटामिन-ए, बी-6 और बी-12 सहित कुछ पोषक तत्व विशेष रूप से

महत्वपूर्ण हैं। इनमें से आयरन, मस्तिष्क की पूर्ण क्षमता विकसित करने के लिए पर्याप्त मात्रा में उपलब्ध होना चाहिए।

आयरन की कमी दुनिया में सबसे ज्यादा पाई जाने वाली पोषक तत्वों की कमी है। विश्व स्तर पर, अनुमानित 40% गर्भवती महिलाएं एनीमिक हैं, जिनमें से लगभग आधी आयरन की कमी के कारण है। इनमें से आधी में प्रोटीन की भी कमी है जो माइलिन न्यूरोट्रांसमीटर और न्यूरोनल ऊर्जा उत्पादन के लिए आवश्यक है। आयरन, प्रोटीन के बिना खून नहीं बना सकता।

3. **सिर्फ जीन ही नहीं अनुभव भी विकासशील मस्तिष्क को प्रभावित करते हैं:** वैज्ञानिक बताते हैं इस विकास की प्रक्रिया में बच्चों और उनके माता-पिता के बीच खेल के “serve and return” जैसा संबंध है। छोटे बच्चे स्वाभाविक रूप से कुछ आवाजें निकालकर और चेहरे के भाव और इशारों के माध्यम से कुछ कहना चाहते हैं, और बड़े लोग बोल कर और इशारों के साथ प्रतिक्रिया करते हैं। यदि बड़े लोग प्रतिक्रिया न दें या बच्चे के साथ समय न बितायें तो मस्तिष्क का विकास ठीक से नहीं हो पाता जिससे सीखने में गड़बड़ी हो सकती है।

   इसलिए छोटे बच्चों के जन्म के दिन से ही उनके साथ बात करना, गाना, पढ़ना और खेलना बहुत महत्वपूर्ण है, ताकि उन्हें अपने आसपास की दुनिया का पता लगाने का अवसर मिल सके और सुरक्षित बुद्धि का विकास करने वाला वातावरण मिल सके।

4. **मस्तिष्क की बदलाव की क्षमता उम्र के साथ घटती जाती है:** जीवन की शुरुआत में सीखने की क्षमता व इच्छा सबसे अधिक होती है इस समय मस्तिष्क लचीला होता है, किंतु जैसे-जैसे मस्तिष्क कठिन कार्यों को करने लगता है, नये कार्यों को सीखने में कठिनाई आने लगती है। इसलिए हमें बच्चे के शुरुआती वर्षों में सूझ बूझ की आवश्यकता होती है ताकि इस सर्वश्रेष्ठ समय और क्षमता का सदुपयोग हो सके। उसे जरूरी खिलौने व खेल का सामान देना चाहिये।

5. **संज्ञानात्मक बुद्धि संबंधी (cognitive), भावनात्मक और सामाजिक क्षमताएं जीवन भर आपस में जुड़ी रहती हैं:** प्रारंभिक वर्षों में बनने वाले भावनात्मक

स्वास्थ्य, शारीरिक स्वास्थ्य, सामाजिक ज्ञान और भाषा का ज्ञान, स्कूल में और फिर व्यवसाय तथा समाज में सफलता के लिए आवश्यक हैं।

7. **तनाव पूर्ण वातावरण बच्चे के मानसिक विकास के लिये घातक होता है:** इससे बच्चे के मन व शरीर दोनों पर बुरा प्रभाव पड़ता है।

   वैज्ञानिक बताते हैं कि बचपन में अत्यधिक गरीबी, बार-बार होने वाले दुर्व्यवहार, या माँ/पिता की मृत्यु के कारण होने वाला पुराना तनाव (Distress) विकासशील बढ़ते हुए मस्तिष्क के लिए घातक होता है जबकि सकारात्मक तनाव (Eustress) स्वस्थ विकास का एक महत्वपूर्ण और आवश्यक पहलू है। इसके माने यह भी हुए कि बच्चे के लिये अच्छा, प्रेम पूर्ण, अभाव रहित वातावरण एक मानसिक रूप से स्वस्थ बच्चे का निर्माण करता है।

8. हमें कोशिश करनी चाहिये कि बच्चे के जीवन में कोई अप्रिय प्रसंग न आये। घटना घटने के बाद उसको ठीक करना उतना लाभदायक नहीं होता जितना कि बचाव।

मस्तिष्क के विकास के लिए बचपन के प्रारंभिक अनुभवों का महत्व

बच्चे सीखने के लिए तैयार होकर ही पैदा होते हैं, और कुछ वर्षों में उन्हें जीवन के कई कौशल सीखने होते हैं। वे स्वतंत्र बनने और स्वस्थ और सफल जीवन जीने के लिए अपने पहले शिक्षकों के रूप में माता-पिता, परिवार के सदस्यों और अन्य देखभाल करने वालों पर निर्भर होते हैं। मस्तिष्क का विकास अन्य लोगों और दुनिया के साथ बच्चे के स्वयं के अनुभवों से अत्यधिक प्रभावित होता है। मस्तिष्क के विकास के लिए मन की देखभाल महत्वपूर्ण है। बच्चे एक सुरक्षित वातावरण में बढ़ते और सीखते हैं जहां उन्हें उपेक्षा से और अत्यधिक तनाव से बचाया जाना चाहिए।

माता-पिता और परिवार के अन्य लोग अपने बच्चे से बात करके, खेल के और उसकी देखभाल करके स्वस्थ मस्तिष्क के विकास में सहायता कर सकते हैं। बच्चे सबसे अच्छा तब सीखते हैं जब माता-पिता बारी-बारी से बात करते और खेलते हैं। बच्चों की जरूरतों को समझकर उनका पालन-पोषण करना और संवेदनशीलता व समझदारी से प्रतिक्रिया देना उन के दिमाग को तनाव से बचाने

में मदद करता है। इस कार्य को शांति के साथ करना चाहिये। बच्चों के साथ बात करना और उन्हें किताबों, कहानियों और गीतों को सुनाना उनकी भाषा को सुधारता है, बातचीत की कला को विकसित करता है और स्कूल में सफल होने की राह पर ले जाता है। विकास के चरणों में निम्नलिखित बिन्दुओं का ध्यान रखें।

- विकास के मील के पत्थर/विकास के चरणों पर नज़र रखना (mile stones of development)
- दुर्व्यवहार और उपेक्षा को रोकना
- सकारात्मक पालन-पोषण
- स्वस्थ शिशु की देखभाल

मस्तिष्क के लिए एक स्वस्थ शुरुआत

उचित रूप से सीखने और बढ़ने के लिए, बच्चे का मस्तिष्क स्वस्थ होना चाहिए और बीमारियों और अन्य खतरों से सुरक्षित होना चाहिए। स्वस्थ मस्तिष्क के विकास को बढ़ावा देना गर्भावस्था से पहले ही शुरू होना चाहिए। उदाहरण के लिए, स्वस्थ आहार और पर्याप्त फोलिक एसिड जैसे सही पोषक तत्व एक स्वस्थ गर्भावस्था और बढ़ते बच्चे में एक स्वस्थ तंत्रिका तंत्र को बढ़ावा देंगे। रूबेला और अन्य टीकाकरण गर्भवती महिलाओं को उन संक्रमणों से बचा सकता है जो गर्भ में बच्चे के मस्तिष्क को नुकसान पहुंचा सकते हैं।

गर्भावस्था के दौरान, मस्तिष्क कई प्रकार के खतरों से प्रभावित हो सकता है, जैसे कि साइटोमेगालो वायरस या ज़िका वायरस जैसे संक्रामक रोगों से, विषाक्त पदार्थों के संपर्क में आने से, धूम्रपान या शराब से, या जब गर्भवती माताओं को तनाव, अनुभव होता है। गर्भावस्था के दौरान नियमित स्वास्थ्य देखभाल से इन ख़तरों से माँ की रक्षा होती है।

गर्भावस्था के दौरान माँ को एक स्वस्थ और तनाव रहित वातावरण देना, संगीत, पढ़ना और धार्मिक वातावरण भी बच्चे के मानसिक विकास को प्रभावित करता है, यह भी सिद्ध हो चुका है।

जीवन के पहले सप्ताह में थायरॉइड की जांच करना आवश्यक है। पहले वर्ष में स्वस्थ मस्तिष्क का विकास सही देखभाल और सही पोषण पर निर्भर करता है। इस समय बच्चे विशेष रूप से सिर की चोटों, संक्रमण, या जहरीले पदार्थों जैसे कि सीसा (Lead) के प्रति संवेदनशील होते हैं। बच्चे के खून की जाँच सीसे की मात्रा देखने के लिये करवाना चाहिये। बचपन का टीकाकरण, जैसे कि खसरा, हिब और मेनिन्जाइटिस का टीका, बच्चों को मस्तिष्क की सूजन जैसी खतरनाक बीमारियों से बचा सकता है।

माता-पिता और देखभाल करने वालों के पास स्वस्थ भोजन हो और रहने और खेलने के लिए जगह होनी चाहिये जो उनके बच्चे के लिए स्वस्थ और सुरक्षित हो।

देखभाल के बिंदु

- गर्भावस्था से पहले
- गर्भावस्था के दौरान
- जन्म के आसपास
- शैशवावस्था (1 से 6 वर्ष तक कि आयु) के दौरान
- प्रारंभिक बचपन के दौरान

हम फिर दोहराएंगे कि मस्तिष्क कितनी अच्छी तरह विकसित होता है यह सिर्फ जीन्स ही नहीं अन्य कारकों पर भी निर्भर करता है। गर्भावस्था से पहले और इस दौरान माँ की सही देखभाल, फिर बच्चे की सही देखभाल, जन्म से पहले शुरू करना और बचपन तक जारी रखना, बच्चे के मस्तिष्क के विकास के लिये महत्त्वपूर्ण है।

> याद रखिए जीवन के पहले 1000 दिन अगले 100 साल की यात्रा को सुगम और सुखद बना सकते हैं। यह भी न भूलें कि इन 1000 दिनों में जो करना है, वो माता-पिता को और परिवार को ही करना है, क्योंकि बच्चा तो कुछ करने योग्य बाद में ही होता है।

10. यह सब होगा जब आप माता-पिता बनोगे

आपका पहली बार माता-पिता बनना नई दुनिया में प्रवेश करने जैसा है। जो कुछ आप नहीं चाहते वह भी होगा, कुछ भी समय देखकर नहीं होगा और हर बार आपको अलग-अलग तरह से आश्चर्यचकित करेगा। आपको बरसों तक कुछ खाली समय के लिए तरसना पड़ सकता है। आपको अपना बहुत सारा पैसा डायपर और आया पर खर्च करना पड़ सकता है। क्या आप इस सबके लिये तैयार हैं?

ज़रा रुकिए - अभी बहुत कुछ और भी तो है।

अवांछित सलाह (बिन मांगे की सलाह)

एक बार जब आप माता-पिता बन जाते हैं, तो हर कोई आपकी परवरिश शैली के बारे में राय रखने लगता है और आपको चाहे-अनचाहे सलाह देने लगता है। आपको अकसर बिन माँगी सलाह मिलेगी, और मानने के लिये दबाव भी डाला जाएगा।

आप इसके बारे में क्या कर सकते हैं? उनको नज़र अंदाज कर सकते हैं; हाँ यदि कोई सही सलाह हो तो उसे ग्रहण कर लें। माता-पिता के रूप में, आप जल्द ही सीखेंगे कि ऐसी कोई सलाह नहीं है जो 100 प्रतिशत सही हो या सभी पर एक ही तरह से लागू हो।

'सोना' महंगा है

जब सोने की बात आती है तो पेरेंटिंग परीक्षाओं के समय की याद दिलाती है जब कोर्स बड़ा था और पढ़ने का समय कम। जब तक बच्चे छोटे रहते हैं तब तक नींद पूरी नहीं होती, जब बच्चे बड़े होने लगते हैं तो यह बेहतर होता जाता है।

वे लोग जिनके कई बच्चे हैं, पूरी तरह से जानते हैं कि उनके सोने का कार्यक्रम कभी पहले जैसा नहीं रहा; लेकिन अगर आप नींद को महत्व देते हैं तो आपको गंभीरता से विचार करना होगा कि अब सोना आपकी प्राथमिक आवश्यकताओं की सूची में बहुत नीचे रहेगा।

बच्चों को पालना बहुत महंगा है

बच्चे होने का विचार तब तक अद्भुत लगता है जब तक आपको एहसास नहीं होता कि यह कितना महंगा है। बच्चे के जन्म से पहले और जन्म की प्रक्रिया पर ही बहुत खर्च है। छोटे बच्चे के डायपर पर ही हजारों खर्च हो जाते हैं। बच्चे खाते हैं - बहुत कुछ, खासकर जब वे बड़े हो जाते हैं। उनके वैक्सीनैशन का खर्च, बार-बार डॉक्टर के पास जाने का खर्च।

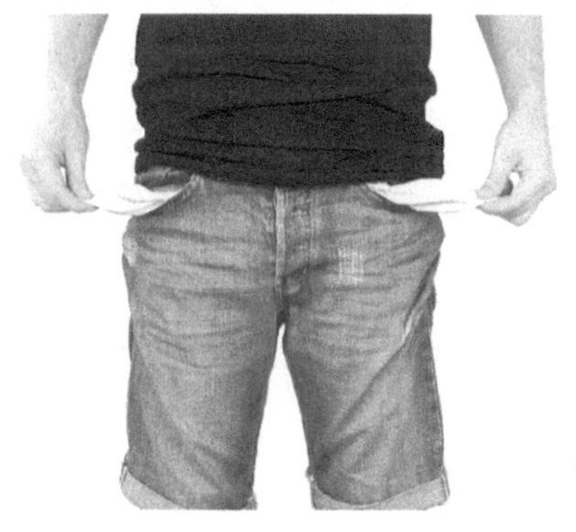

उसके ऊपर, बहुत सारे अन्य खर्चे हैं, जैसे स्कूल की फीस, कपड़े और बहुत कुछ। मूल रूप से, आप जो कुछ भी अपने लिए खरीदते हैं, आपको शायद अपने बच्चों के लिए भी खरीदना होगा। एक ठोस आय और सावधानीपूर्वक बजट के बिना यह कर पाना मुश्किल होता है। इस सब के बावजूद अचानक आ खड़े होने वाले कई खर्चे भी आपको चिंता में डाल सकते हैं, जैसे बीमारी का खर्च, कोई दुर्घटना, बच्चों की स्कूल ट्रिप आदि।

वर्किंग मदर को डे-केयर की योजना अग्रिम रूप से करनी होती है

जब आप को अपनी नौकरी के साथ-साथ पालन-पोषण से जूझना है और आपके पास बहुत समय नहीं है तो आपको डे-केयर सेवाओं का उपयोग करना पड़ेगा, या तो घर में किसी बुजुर्ग अथवा आया को साथ रखना होगा। इसमें खर्च भी होगा, समस्या भी। बच्चे बड़े हो जाएं तो उनके स्कूल की छुट्टियों में वे क्या करें और कहाँ रहें, इसकी भी व्यवस्था देखनी होगी।

आप अधिक बार बीमार हो सकते हैं

बच्चे रोगाणु (कीटाणु) घर में लाते हैं- यह एक सच्चाई है। वे उन्हें स्कूल में उनके दोस्तों से मिलते हैं। उनकी प्रतिरक्षा प्रणाली (इम्युनिटी) अभी विकसित हो रही होती है और इसीलिए वे जल्दी बीमार हो जाते हैं। उनके साथ कभी-कभी आप भी बीमार होंगे, यद्यपि इससे आपकी प्रतिरक्षा प्रणाली मजबूत होगी।

अपने घर में प्राथमिक चिकित्सा के लिए कुछ दवाओं और आवश्यक चीजों का स्टॉक रखना होगा।

घर व्यवस्थित रखना प्राथमिकता नहीं रह पायेगा

जब आपके बच्चे छोटे हों तो घर को व्यवस्थित रखना संभव ही नहीं। सभी माता-पिता अपने बच्चों को व्यवस्थित घर रखने के बारे में सिखाने की भी कोशिश करते हैं, लेकिन उनमें से ज्यादातर हार मान लेते हैं, क्योंकि यह एक दिन बाद यह फिर से गड़बड़ हो जाता है। घर व्यवस्थित करने में आपकी मदद करने के लिए किसी को काम पर रखना होगा। घर अव्यवस्थित भले ही हो पर गंदगी नहीं होनी चाहिये ताकि बच्चों को इन्फेक्शन न हो।

बच्चा कब बिफर जाए, पता नहीं

अगर आपको लगता है कि आपको ठीक-ठीक पता है कि आपका बच्चा कब बिफरने वाला है तो आपको कुछ नहीं पता। अधिकतर यह बहुत छोटी सी चीज से होगा। हो सकता है आपका बच्चा सिर्फ भूखा हो या उसे सोना हो। यह अप्रत्याशित और अक्सर असुविधाजनक समय पर होगा खासकर जब आप उनके साथ घर से बाहर हैं और अन्य लोगों के बीच।

वे बहुत जल्दी प्रभावित हो जाते हैं

माता-पिता के रूप में, आपको हमेशा इस बात का ध्यान रखना चाहिए कि आप उन्हें क्या कह रहे हैं क्योंकि बच्चे बहुत जल्दी उन बातों को अनजाने में ही दिल में बिठा लेते हैं।

जिस तरह से आप अनुशासन को लागू करते हैं, आपका अपने जीवनसाथी से व्यवहार तथा बातचीत करने के तरीके और जैसा आप सहायक लोगों के साथ

व्यवहार करते हैं, उसे देखकर ही आपके बच्चे दुनिया के बारे में अपना नजरिया बनाते हैं। इसलिए उनके सामने वह व्यवहार करें जो आप चाहते हैं कि आपके बच्चे सीखें। वे जाने-अनजाने में आपके गुणों और तौर-तरीकों को ही अपनाते हैं।

आपकी गलत आदतें और व्यक्तिगत कमज़ोरियों के नकारात्मक परिणाम भी हो सकते हैं अतः अपने स्वयं के व्यवहार के प्रति जागरूक होना महत्वपूर्ण है।

आप अन्य लोगों के साथ जैसा व्यवहार करते हैं, वे भी उनके साथ वैसा ही व्यवहार करेंगे

बहुत घरों में बच्चे पीड़ित (बुली) किये जाते हैं ओर फिर वही बाहर जाकर दूसरों को बुली करते हैं। वे यही सीखते हैं, इसलिए यही करते हैं।

अपने जीवनसाथी से लड़ाई होने पर जो अपशब्द आप प्रयोग करते हैं, आपका बच्चा भी गुस्सा आने पर उसी भाषा का उपयोग करे तो आश्चर्यचकित न हों।

जातिभेद और लिंगभेद जैसी बड़ी समस्याओं पर भी उनके विचार इसी प्रकार बनते हैं।

अच्छे माता-पिता का अर्थ है अपने स्वयं के व्यवहार और कार्य के बारे में गंभीर रूप से सोचें। वे आपका उदाहरण देखकर सीखेंगे न कि सिर्फ आपके आदेश पर।

जैसे *"पर उपदेश कुशल बहुतेरे, जे आचरहि ते नर न घनेरे"*

कभी-कभी आपको कठिन निर्णय लेने होंगे

माता-पिता होना कठिन है। आप हमेशा अपने बच्चे का सबसे अच्छा दोस्त बनना चाहते हैं पर आपको इस बात को मानना होगा कि वे हमेशा आपको पसंद नहीं करेंगे। सच तो यह है कि उनका आपसे नाराज होना ठीक है, अब आप उन्हें समझाएँ कि आपने यह निर्णय क्यों किया और बताएँ कि आप उनके सर्वोत्तम हित में कार्य करने के लिए प्रयास कर रहे हैं, भले ही आप उनसे सहमत न हों।

कई बार आपको अपनी स्वतंत्रता की कमी महसूस होगी

कम से कम पहले कुछ वर्षों के लिए लगातार उन बच्चों से घिरे रहना जो हर समय आप पर निर्भर रहते हैं, किसी और चीज़ पर ध्यान केंद्रित करना मुश्किल

है। यदि आप अपने अधिकांश जीवन में एक स्वतंत्र व्यक्ति रहे हैं, तो आप माता-पिता बन कर खुद को बंधनों में बंधा महसूस करेंगे।

आपकी खाने की आदत उनकी खाने की आदत बन जाएगी

यदि आप बहुत अधिक कोल्ड-ड्रिंक पीने या मिठाइयां खाने के आदी हैं, तो बच्चा भी वही करेगा। उचित पोषण कभी न खत्म होने वाली लड़ाई है, लेकिन इसे अपने बच्चे के जीवन में अधिक से अधिक शामिल करना आपका कर्तव्य है। आखिरकार, अब आप ही उनकी भलाई और स्वास्थ्य के प्रभारी हैं। स्वस्थ भोजन करना कुछ ऐसा है जिसे कई परिवार कभी नहीं सीख पाते। अच्छा हो यदि आप बच्चे पैदा होने से पहले पोषण/ भोजन की मूल बातें समझ लें और अपने लिए खाने की अच्छी आदतें डाल लें।

जो कुछ भी आप उन्हें खिलाओगे, वह उन्हें एक स्वस्थ मनुष्य के रूप में आकार देगा।

लॉन्ड्री कभी खत्म नहीं होगी

बच्चे बार बार गंदे होते हैं और इसलिए आपके पास हमेशा धोने के लिए कपड़ों के ढेर होंगे। आपको ज्यादा कपड़े धोने का तरीका सीखना होगा। बच्चे जल्दी ही बड़े होते जाते हैं और कपड़े छोटे। आपको बार बार नए कपड़े और जूते खरीदने होंगे।

उन्हें बीमार या चोट लगते देखकर आपका दिल टूट जाएगा

अपने बच्चे को दर्द में देखने से ज्यादा दुखद कुछ नहीं है, चाहे वह जवान हो जाए। उन्हें रोते हुए देखना बिल्कुल दिल दहला देने वाला होगा, लेकिन आपको यह समझना होगा कि ऐसा भी कभी-न-कभी होगा ही।

आप को उनके साथ रहना है और हर संभव तरीके से उनकी मदद करनी है। कुछ चीजें आपके नियंत्रण से बाहर हो सकती हैं, लेकिन उन्हें यह बताना होगा कि आप हमेशा उन की मदद के लिए वहाँ रहेंगे। कभी-कभी आप कुछ नहीं कर पायेंगे किंतु उन्हें विश्वास होना चाहिये की आप उनकी मदद के लिये हमेशा तैयार हैं।

वे सोशल मीडिया से प्रभावित होंगे ही

जब हम बड़े हो रहे थे तब इंटरनेट था ही नहीं पर अब तो यह जीवन के हर क्षेत्र में आवश्यक रूप से समा गया है। बच्चे समय बिताने के लिए यू-ट्यूब, टिकटॉक और ऐसी अनगिनत चीज़ें देखते हैं और उससे प्रभावित होते हैं। उसमें सब कुछ सही और अच्छा नहीं होता, यही माता-पिता की चिंता का विषय है।

आप का नियंत्रण एक हद तक ही मदद कर सकता है, लेकिन सबसे महत्वपूर्ण बात यह है कि अपने बच्चे के साथ सहज संबंध होने चाहिये ताकि वे आपको अपने अनुभव बताते समय सहज महसूस करें। उन्हें छोटी उम्र से ही सोशल मीडिया का सही प्रयोग करना और उसके खतरों के बारे में आगाह करना चाहिये।

हर चीज आपके नियंत्रण में नहीं रहेगी:

आज की दुनिया में सफलता के लिए इतनी बाधाओं के बीच आपकी यह सोच हो सकती है कि आपके बच्चे के जीवन में आगे बढ़ने का एकमात्र तरीका यह सुनिश्चित करना है कि वे हर जगह सर्वोत्तम ही पाएं। लेकिन यह सदा संभव भी नहीं है और इसका उलटा भी हो सकता है।

माता-पिता अपने बच्चे के जीवन में हर एक चीज को नियंत्रित करने की कोशिश करते हैं। इससे शुरुआत में लाभ हो सकता है पर यह आपके बच्चे को अनुभव और दक्षता, होशियारी जो खतरों से मुकाबला करने से आती है, से वंचित

करता है। आपके प्रयासों से बच्चे शायद कुछ असफलताओं से बचे रहें, किंतु असफलताओं से जो सीखते हैं वह नहीं सीख पाते।

क्या होगा जब वे 'नहीं' कहना सीख जाएंगे?

एक समय ऐसा आता है जब बच्चे आपको 'ना' कहना सीख जायेंगे। वे आपके बच्चे हैं इसका मतलब यह नहीं है कि उन्हें हमेशा आपसे सहमत होना होगा। सच तो यह है कि उन्हें खुद की प्राथमिकताओं के अनुसार फैसला करने की पूरी अनुमति होनी चाहिये।

उन्हें ना कहने के लिए सजा न दें। वास्तव में, आपको उनकी बात माननी चाहिए। हालाँकि, अगर आपको ऐसा लगता है कि वे ऐसा कुछ कह रहे हैं जो उनके लिए नुकसानदायक होगा तो उनसे बात करें, समझाएं कि क्यों उन्हें आपकी बात सुननी चाहिए। शांत रहें और उनसे सम्मान के साथ बात करें।

हर मुद्दे पर उनकी अपनी राय होगी और वे उसका उपयोग करेंगे:

एक बार जब बच्चे बड़े हो जाते हैं तो वे अपनी खुद की राय विकसित कर लेते हैं, उनके अपने विचार बन जाते हैं जो कि आप की राय से अलग हो सकती है। ऐसा होने पर घबराएं नहीं, और याद रखें कि आप एक और व्यक्तित्व वाले इंसान को पाल रहे हैं, अपने क्लोन को नहीं।

कुछ माता-पिता के लिए यह स्वीकार करना सबसे कठिन चीजों में से एक है। अपनी राय रखना ठीक है पर दूसरों को नुकसान पहुँचाना या उनका अनादर करना ठीक नहीं। बच्चे कभी- कभी कभी-कभी भूल जाते हैं कि उनके कटु शब्दों का दूसरों पर (माता-पिता पर) क्या प्रभाव पड़ता है, इसलिए आप उन्हें सम्मानजनक, परिपक्व व्यवहार का मॉडल बन कर सिखाएं।

उनकी भावनाएँ अलग भी होंगी और कभी-कभी आपको आहत भी करेंगी:

कभी-कभी भावनाओं की वजह से बच्चे गलत निर्णय कर सकते हैं लेकिन अपने बच्चे को बतायें कि आप उनकी भावनाओं को समझते हैं और उनको विश्वास दिलायें कि आप हमेशा उनके साथ हैं।

माता-पिता अकसर अपने बच्चों की भावनाओं पर ध्यान नहीं देते क्योंकि वे सोचते हैं कि उन्हें पता है कि बच्चों के लिए सबसे अच्छा क्या है। उन्हें ऐसा लगता है कि इससे कोई फर्क नहीं पड़ता कि उनका बच्चा क्या सोचता है। यह आपके और आपके बच्चे के बीच एक विषाक्त और बुरे संबंधों की शुरुआत है। वे आपको देख कर ही तो सीख रहे होते हैं।

बच्चे की भावनाओं को हवा में न उड़ायें, इससे बच्चा दुःखी हो सकता है।

आप उनसे नाराज हैं तब भी आप उनसे बिना शर्त प्यार करें:

एक बच्चे की परवरिश करना बहुत मुश्किल होता है, सभी भावनात्मक संघर्षों और एक अनजाने डर के साथ, फिर भी, माता-पिता और बच्चे के बीच का समय अद्भुत और सहेजने लायक होता है। बच्चों का अपने माता-पिता से नाराज होना स्वाभाविक है और माता-पिता का बच्चों से। वे कभी-कभी माता-पिता/ बड़ों की सलाह को अनदेखा कर देते हैं। यहां तक कि ऐसी बातें कह देते हैं जिनका उन्हें पछतावा हो, लेकिन अगर आप हमेशा उनके साथ खड़े रहेंगे तो वे हमेशा आपके साथ रहेंगे।

उनके मानसिक स्वास्थ्य की परेशानियाँ आप हमेशा समझ नहीं पायेंगे:

थोड़े बड़े हो जाएं तब बच्चे का मानसिक स्वास्थ्य एक महत्वपूर्ण विषय है जिसके बारे में हर माता-पिता को ध्यान रखना चाहिए। लेकिन यह जानना भी उतना ही महत्वपूर्ण है कि मानसिक स्वास्थ्य की समस्याएं हमेशा दिखाई नहीं देतीं - आप शायद यह नहीं समझ पाएं कि आपका बच्चा डिप्रेस्ड है या किसी और मानसिक समस्या से गुजर रहा है।

उन्हें यह बताएं कि वे आपको बेझिझक हमेशा सब कुछ बता सकते हैं, खासकर जब उनका मानसिक स्वास्थ्य अच्छा नहीं हो। अगर स्थितियाँ बिगड़ जाती हैं, तो उन्हें टालें नहीं, उन्हें पूरी तरह से सुनें, अपना समर्थन प्रदर्शित करें और विचार करें।

यदि आपको लग रहा है कि यह सब आप से नहीं सँभलेगा तो आप काउन्सेलर की मदद लेने में न हिचकिचायें। कॉग्निटिव बिहेवियर थेरेपी के प्रभावी परिणाम निकलते हैं। इसके लिए वे प्रशिक्षित किये गए होते हैं, वे अपनी तरह

से बच्चे को समझाते हैं। उसकी सलाह हो तो मनोचिकित्सक से भी मिलें। आज कल अच्छी और कारगर दवाइयाँ हैं।

मुझे एक पिता की कही हुई बात याद आ रही है, उन्होंने अपने बेटे से कहा " तुमसे चाहे कितना ही बड़ा अपराध क्यों न हो जाये, तुम मेरे पास आओ। तुम कितनी ही बड़ी समस्या से घिर जाओ, घर के दरवाजे हमेशा खुले रहेंगे।"

जीवन तेजी से चलता है वास्तव में तेजी से:

बच्चे पलक झपकते ही बड़े हो जाते हैं।

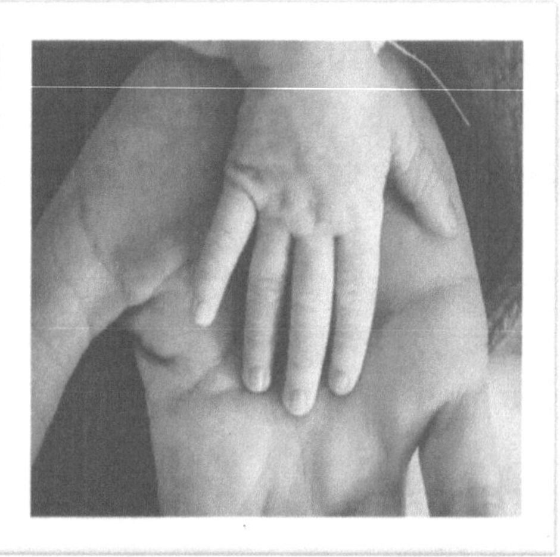

बच्चों के बचपन के पलों को संजोएं, माता-पिता होने का आनंद इन्हीं पलों में है।

जीवन के कुछ चरण दूसरों की तुलना में अधिक कठिन हो सकते हैं, यह याद रखें। आपको प्रत्येक बच्चे के साथ अच्छे समय का केवल एक बार अनुभव करने को मिलता है। बुरा समय भी आता है उसका भी सामना हिम्मत से करिये।

पितृत्व या मातृत्व की भूमिका एक आनंददायक चुनौती है, जिसमें कभी खुशी, कभी गम होता है। कभी-कभी आप निराश भी होंगे *बट ऑल दैट इज पार्ट ऑफ़ द गेम।* लेकिन समय के साथ इस के लाभ भी सामने आते हैं। आपको एक मौका मिलता है दूसरे इंसान के विकास को देखने का और साथ ही मिलता है जीवन में साहचर्य का स्रोत। दूसरी बात यह है कि आपके बच्चे हमेशा के लिए जरूरतमंद नहीं हैं और न ही आप पर निर्भर रहने वाले हैं।

इसका मतलब यह नहीं है कि आपको इसे अकेले सामना करने की ज़रूरत है। ज़ाहिर है, पति-पत्नी, दोस्त या एक काउंसलर आपकी भावनाओं का पता लगाने में आपकी मदद कर सकते हैं। वे आपको बच्चे की जरूरतों और भावनाओं को

समझने में सक्षम बनायेंगे, अपने विचारों और जरूरतों को बेहतर ढंग से समझने के लिए और जिससे आप बच्चों को वह मदद दे पायेंगे जो उन्हें चाहिये।

उन्हें बड़ा होने देना आपके विचार से कठिन हो सकता है, क्योंकि आपका बच्चा सालों या दशकों तक आप पर निर्भर होने के बाद, हर कदम पर स्वतंत्रता की ओर बढ़ता जाता है। वह माता-पिता की हर प्रवृत्ति के खिलाफ जा सकते हैं और आपको उन्हें जाने देना होगा। इससे कोई फर्क नहीं पड़ता कि आप कितने हताश हैं, आप उन्हें अपने साथ नहीं बांध सकते।

वे पंछी है, उड़ जाएंगे और कल कहीं और अपना घोंसला बनाएंगे।

11. पालन-पोषण के कुछ अनकहे सामाजिक नियम और वर्जनाएं

पेरेंटिंग के लिए कुछ सामाजिक सोच या नियम व कुछ अनकही बातें हैं जिन पर यूं तो बात नहीं की जाती न ही सिखाये जाते है, लेकिन फिर भी उनका पालन किया जाता है।

सामाजिक सोच या नियम -

- पिता का सफल होना जरूरी है
- पिता ही कमाने वाले हैं
- माताएं घर चलातीं हैं
- पुरुषों को भावुक नहीं होना चाहिए
- पिता बच्चों को बिगाड़ने वाले होते है
- वर्किंग मॉम्स - एक स्टीरियोटाइप
- महिलाओं की रक्षा करने के लिये पुरुषों की आवश्यकता होती है, और महिलाएं कमजोर होती हैं
- बेटों को खेलकूद में होना चाहिए, और बेटियों को घर का काम और सिलाई-बुनाई सीखना चाहिए।

वर्जनाएं -

यहां, हम उन विषयों को देखेंगे जिनके बारे में बच्चे या माता-पिता बात नहीं करते हैं।

- प्रेम संबंध
- सेक्स
- गलतियाँ
- उन्हें क्या परेशान कर रहा है
- पैसों की समस्या
- दोस्तों की बुरी आदतें
- मानसिक स्वास्थ्य

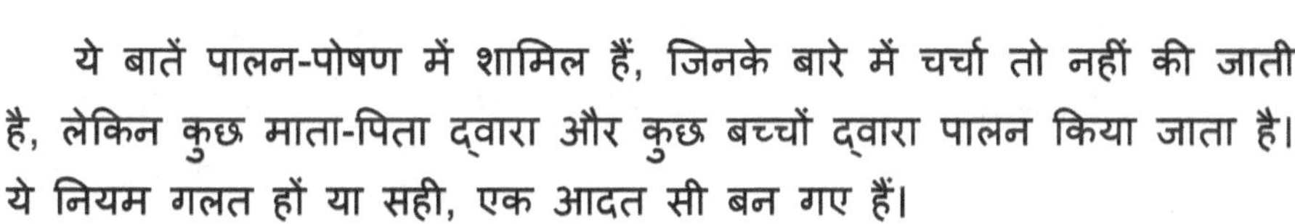

ये बातें पालन-पोषण में शामिल हैं, जिनके बारे में चर्चा तो नहीं की जाती है, लेकिन कुछ माता-पिता द्वारा और कुछ बच्चों द्वारा पालन किया जाता है। ये नियम गलत हों या सही, एक आदत सी बन गए हैं।

12. पेरेंटिंग की समस्याओं से कैसे पार पायें?

मुझे याद है, जब मेरी बेटी होने वाली थी तो सब ने मुझे डराया कि अब तो तुम्हें बहुत सी समस्याओं का सामना करना पड़ेगा। पर मेरी माँ ने समझाया, समस्याएं होंगी तो समाधान भी होंगे। तुम से पहले भी तो करोड़ों माता-पिता अपने बच्चों को पाल चुके हैं, उनके अनुभवों से सीखना और कुछ नए समाधान खोजना।

यह सच ही था, परेशानियां तो हुई, हल मिले, मदद मिली और वह कठिन समय बीत गया।

आइये, कुछ उपायों पर चर्चा करें जिनसे आप बच्चों के साथ होने वाली आपसी समस्याओं का सामना कर सकेंगे।

1. संवाद/ आपसी बातचीत

विशेष रूप से अपने बच्चों के साथ एक स्वस्थ संबंध के लिए सबसे महत्वपूर्ण है संवाद यानी बातचीत करना। हम कभी-कभी उनकी समझ के स्तर को पहचानने में असफल हो जाते हैं, जिससे आपसी टकराव होता है। माता-पिता होने के नाते, यह पूरी तरह से आपका कर्तव्य है कि आप सभी चीजों के बारे में बात करें। आपके बच्चे अचानक अजीब व्यवहार क्यों कर रहे हैं, इसका कोई कारण होना चाहिए। सिर्फ टोका-टाकी करना या सिर्फ उन्हें चिड़चिड़े होने के लिए कहना या डांटना पर्याप्त नहीं होता। इसके बजाय, आपको उन्हें सुनने समझने की आवश्यकता होगी और उनकी झुंझलाहट की वजह जाननी होगी।

2. आप की उपलब्धता/ उन्हें समय देना

ऐसी दुनिया में जो पैसा कमाने में बहुत व्यस्त है, अपने बच्चों के साथ थोड़ा समय निकालना मुश्किल हो जाता है पर है यह बहुत आवश्यक। ऐसे में संभव है कि बच्चे खुद को आप से अलग करना शुरू कर दें। इससे आपस में खाई पैदा हो जाती है, जिसे बाद में पाटना लगभग असंभव हो जाता है। यहां तक कि अगर आप के पास केवल कुछ मिनट हैं, तो आपको उस समय को पूरी तरह से अपने बच्चों को अपने पालन-पोषण के लिए और उनकी उम्मीदों के लिए समर्पित करना आवश्यक है। इससे उन्हें ये महसूस होता है कि वे आपके लिए खास हैं और वे आपको अपनी दुनिया में वापस जोड़ सकते हैं।

3. दूरियाँ घटायें- दरारें भरें

आपने एक अभिभावक के रूप में स्पष्ट रूप से जीवन में बहुत कुछ देखा है और बहुत सी चीजों का अनुभव किया है लेकिन आपके बच्चों को अभी उनका सामना करना है। आपके पास अपने बच्चे को कोई भी गलती करने से रोकने का पूरा अधिकार है, किंतु यह इस तरह करना चाहिये की बच्चों का विकास न रुके। अपने बच्चों के सोच के लिए कुछ गुंजाइश रखें और उन्हें कुछ छोटी-छोटी बातों पर निर्णय लेने दें, जिनके असफल होने पर कोई खास फर्क नहीं पड़ेगा। इन्हें उनके विकास के लिए छोटे कदमों के रूप में गिना जा सकता है लेकिन इससे उनके आत्मविश्वास को बढ़ावा मिलेगा। वे स्वतंत्र रूप से स्वयं निर्णय ले कर आगे बढ़ने की कोशिश करेंगे और वे जो भी रास्ता चुनेंगे, उसकी जिम्मेदारी लेने को तैयार रहेंगे। यह पालन-पोषण की राह में एक मील का पत्थर साबित होगा।

4. उनकी पीढ़ी को जानें

बदलते समय और तकनीक के साथ लोगों का नजरिया भी बदलता है। जिस तरह से हम बड़े हुए, वह तरीका बहुत तरह से बदल चुकेगा, जब हमारे बच्चे बड़े हो रहे होंगे। इसलिए आपको सभी लोकप्रिय रुझानों के साथ तालमेल रखने की जरूरत है, कम से कम जो आपके आसपास प्रचलित हैं। माता-पिता की अपेक्षाओं को शामिल करते हुए सकारात्मक/सही और नकारात्मक /गलत परिवर्तनों के बीच अंतर करने का प्रयास करें। हो सकता है कि आप एक विशेष परवरिश का तरीका

न सीखें, लेकिन निश्चित रूप से आपको यह पता चल जाएगा कि आपके बच्चे क्या कर रहे हैं।

5. उनसे दोस्ती करने की कोशिश करें

यह केवल इसलिए है कि माता-पिता की तुलना में दोस्त मज़ेदार और सरल होते हैं। आपको केवल सहायक और स्वीकार करने वाला होना चाहिए। छोटी सी शरारत से परेशान होने के बजाय उसको हंस कर टाल दें।

6. बच्चों से गलतियाँ होंगी- स्वीकार करें

माता-पिता से बढ़कर कभी कोई नहीं होगा, जो अपने बच्चों के गलत करने के बाद भी साथ देगा। उन्हें शुरू से ही सही और गलत के बारे में बताना होगा। उनके गलती करने के बाद यदि आप उन्हें सुधारते हैं, तो आप माता-पिता के रूप में विफल हो सकते हैं। कभी-कभी आपको अपने दिल को बड़ा करने और उनकी गलतियों को स्वीकार करने की आवश्यकता होती है। इसके अलावा, जब वे पहले से ही अपराध-बोध का सामना कर रहे हों, तो उन्हें बार बार अपराधी न कहें। उनके गलती करने पर उन्हें और नीचा न दिखाएं, क्योंकि वे पहले ही से गलती करने पर उदास हो सकते हैं। अगर बच्चा उदास है तो समझ लीजिए कि वह इस गलती को नहीं दोहराएगा फिर आपको उससे कुछ कहने की आवश्यकता नहीं है।

7. बहुत ज्यादा केयरिंग न बने- हर चीज आप बदल नहीं पाएंगे

किसी भी चीज में हद से ज्यादा ध्यान देना बच्चों को बर्दाश्त नहीं होता है। यदि आप बहुत अधिक परवाह करते हैं और उनकी सभी गतिविधियों पर नज़र रखने के लिए उनके व्यक्तिगत बातों पर दखल जारी रखते हैं, तो परिणाम अच्छे नहीं होते। उन्हें कभी असफल भी होने दें। उन्हें अपनी ओर से बड़ी-बड़ी अपेक्षाओं में न डालें क्योंकि यह अच्छे पेरेंटिंग के विपरीत है।

आपको उन्हें वही रहने देना चाहिए जो वे हैं। अपने बच्चों के बारे में चिंतित होना ठीक है, लेकिन यह बेहतर है कि आप अपनी चिंताओं को उन पर न थोपें।

इसलिए, यह आपको तय करना है कि इसे कब कस कर पकड़ना है और कब ढील देना है।

ज्यादा केयरिंग या सख्त बनने से बच्चे वही काम करना चाहेंगे जिसे आपने मना किया है, वही काम वह अक्सर छुप्-छुपकर करेंगे जो एक सही परवरिश का तरीका नहीं होगा। अनावश्यक चिंता करने से वे आपको अपनी समस्यायें बताना बंद कर देंगे।

8. बच्चों को अपने निर्णय का हिस्सा बनाएं

जब बच्चे बड़े हो रहे हैं, उन्हें जागरूक करने के लिए यह एक सही कदम है। आप किसी निश्चित चीज़ के बारे में अपने विचार उन्हें बताकर उनकी सहमति व विचार जान सकते हैं। पैसे का प्रबंधन, बैंक संबंधित दस्तावेज, अपने निवेश और व्यावसायिक निर्णय और करों (टैक्स) के बारे में आप उन्हें कुछ महत्वपूर्ण जानकारी दे सकते हैं। इस तरह का व्यवहार आपके और आपके बच्चे के बीच में अच्छे संबंध बनाने में सहायक होगा।

जहां तक हो सके अपने युवा बच्चों को अपने बैंक संबंधी, रुपये-पैसे के बारे में, कितना टैक्स देते हैं, कहाँ पैसा निवेशित है, कितनी संपत्ति है, के बारे में मोटी- मोटी जानकारी होनी चाहिये। इससे वे जिम्मेवारी समझने लगते हैं और कभी आप न हों तो सब संभाल भी सकें।

9. अपनी गलतियों को स्वीकार करें

अपनी गलती स्वीकार करना और उसके लिए माफी मांगना, वह भी अपने बच्चों के सामने, आपके अहंकार पर चोट कर सकता है, लेकिन इस तरह आप उनके लिए एक उदाहरण पेश करेंगे, साथ ही उन्हें यह भी सिखाएंगे कि हर समय परफेक्ट होना संभव नहीं है। आप भी अपनी गलतियों से सीखें और उन पर काबू पाएं। यह पालन-पोषण का एक महत्वपूर्ण हिस्सा है। याद रखें, आप जो कुछ भी करते हैं उसका असर आपके बच्चों पर पड़ता है। इसलिए, यदि आप उन्हें सिखा सकते हैं कि इससे कैसे निपटना है, तो आपकी गलतियाँ गलत दिशा की ओर नहीं ले जाएंगी।

दयालु और प्यार करने वाले माता-पिता होना एक ऐसी चीज है जिसकी एक बच्चे को सब से पहले जरूरत होती है। पालन-पोषण के सही मानदंडों और अपेक्षाओं के साथ, आप अनिवार्य रूप से अपने बच्चों को जीवन के बारे में सही और गलत के बारे में सिखा सकते हैं। इसलिए उनके दोस्तों को दोष देने के बजाय उनके मन को प्यार और भरोसे से काबू में करें। इस से आप हमेशा उनके दिल और दिमाग पर भी जीत हासिल करेंगे।

13. अति पालन-पोषण के जाल से मुक्त हों

ओवरपेरेंटिंग या अतिपालन-पोषण तब होता है जब एक माता-पिता समझते हैं कि पालन पोषण में वही 'सबसे अच्छा' है जो वे अपने बच्चे के जीवन के लिए सोचते है और फिर यह सब उन पर बहुत बारीकी से लागू करने का प्रयास करते हैं (यहाँ तक कि उनके निर्णयों, उनके व्यवहार और हर कार्य पर अपना कंट्रोल रखना चाहते हैं)। पेरेंटिंग की इस शैली को कभी हेलीकॉप्टर पेरेंटिंग, आउट-ऑफ-कंट्रोल पेरेंटिंग, लॉनमॉवर पेरेंटिंग, ओवरप्रोटेक्टिव पेरेंटिंग, और इंटेंसिव पेरेंटिंग कहा जाता है। एक 'टाइगर मॉम' की कहानी भी इसी प्रकार की है।

बच्चों के जीवन में माता-पिता की भागीदारी और हस्तक्षेप में आश्चर्यजनक वृद्धि हुई है। अब बहुत अधिक माता-पिता बच्चों की पढ़ाई-लिखाई, पाठ्येतर (पढ़ाई के अलावा) (extracurricular) प्रशिक्षण और देखभाल पर अपना नियंत्रण बढ़ा रहे हैं। हर परिवार में बच्चों की संख्या कम होने से उन पर नियंत्रण बढ़ना स्वाभाविक था, पर कितना? क्या हम अपने बच्चों को अपने मन से कुछ भी नहीं करने दे सकते और उन्हें कभी भी गलती कर के सीखने का खतरा नहीं उठा सकते? कहाँ से आएगा उनमें लचीलापन, प्रयास कुशलता और आंतरिक दृढ़-संकल्प जो उनकी सफलता के लिए आवश्यक है? क्यों हम हर बार अपने बच्चे को मुश्किल में डालने के बजाय मामलों को अपने हाथ में लेना चाहते हैं? हम क्यों नहीं कभी-कभी उन्हें असफलता का सामना करने देते?

तभी तो हम देखते हैं बच्चों की बड़ी संख्या, जिसमें पालकों के अतिनियंत्रण के परिणामस्वरूप स्वयं की एक मजबूत भावना का अभाव है और वयस्क जीवन की समस्याओं का सामना करने की तैयारी भी अधूरी है। इससे बड़े पैमाने पर बच्चे, माता-पिता और समाज, सभी तनाव ग्रस्त हो रहे हैं।

ऐसी पालन शैली का आपके बच्चे के व्यक्तित्व के विकास पर गंभीर परिणाम हो सकता है। बच्चा अपने माता-पिता पर अत्यधिक निर्भर हो सकता है, विशेष रूप से छोटी-छोटी चीजों के लिए जिसके लिए उसे स्वतंत्र और आत्मनिर्भर होना चाहिए, उदाहरण के लिए स्कूल की फीस भरना। आपका बच्चा असफलता को स्वीकार नहीं करना चाहता और उन कठिनाइयों का सामना करने के लिए उसमें विपरीत परिस्थितियों के अनुसार ढलने की क्षमता (Resilience) का अभाव होता है, जिसकी उन्हें अभी या बाद में जरूरत पड़ सकती है। अति संरक्षण आपके बच्चे को अपने कौशल व योग्यता को पहचानने से रोक सकता है और वह नहीं सीख पाता कि कैसे खुद की रक्षा करें और बहादुरी से खुद के लिए खड़े हों। क्या आपके बच्चे को स्वयं के कार्यों के परिणामों की जिम्मेदारी लेना नहीं सीखना चाहिए? यदि आप अपने बच्चे के साथ एक स्मार्ट इंसान की तरह व्यवहार नहीं करते हैं, तो आप उन्हें अपनी पूरी क्षमता तक पहुँचने से रोक रहे हैं।

पालकों को चाहिए कि अपनी सोच को बदलें और उन तरीकों पर ध्यान दें जिनसे अति-पालन-पोषण से बच्चों को हानि पहुँचती है। यह सोचें कि कैसे नई पीढ़ी आत्मविश्वास और पूरी क्षमता के साथ अपने स्वयं के जीवन का भार उठा सकती है।

हमें अपने आप से पूछना है कि एक विकसित होते मन को कितनी स्वतंत्रता की जरुरत है? उनकी भावनाओं की रक्षा करना तो उचित है पर मिलेनियल्स, जिन्हें 'एवरीवन गेट्स ए ट्रॉफी' जनरेशन भी कहा जाता है, को आहत भावनाओं से बचाने का यह एक गुमराह करने वाला प्रयास लगता है। आपने देखा होगा कि आजकल स्कूल में हर बच्चे को कुछ न कुछ इनाम दिया जाता है, इससे बच्चे को हर बात के लिये इनाम की आदत हो जाती है और वह असफलता को सहन नहीं कर पाता।

खेल के मैदान पर सुरक्षा होनी चाहिए, पर इक्कीसवीं सदी के माता-पिता ने अच्छे और सुरक्षित का मतलब बच्चे को कभी भी छोटी-मोटी कमी का अनुभव न हो- न कोई दर्द न कोई कष्ट, समझ लिया है। सुरक्षा संबंधी चिंताएँ सार्थक खेल के मैदान पर हावी हो रही हैं। क्या हमें लगातार ऐसा करना चाहिये सिर्फ इसलिए कि लगातार संपर्क में रहना संभव है? माता-पिता का यह बर्ताव बच्चे के आत्म निर्भर होने में कठिनाई पैदा करता है।

चेकलिस्टेड बचपन:

बच्चे के स्कूल जाना शुरू करते ही, स्कूल की गतिविधियों में उसकी क्या उपलब्धियां हों, हमारी लिस्ट बन जाती है। जैसे कि बच्चे को हमेशा फर्स्ट आना चाहिये- खेल में, चित्रकारी में,संगीत में सब में।

कहते हैं सपनों की कोई सीमा नहीं होती, लेकिन वास्तविकता में, अक्सर हम ऐसे पैरामीटर, सीमाएँ और शर्तें बनाते हैं जिनमें हमारे बच्चों को सपने देखने की अनुमति तो है, पर एक हमारे बताये गये रास्ते पर और हमारे द्वारा तय की गई गति से और हमारी सीमाओं के भीतर ही।

उन्हें छोटी-छोटी सफलता प्राप्त करते देख कर हम सोचते हैं कि हम उनके जीवन के लिए पूर्व निर्धारित चेकलिस्ट द्वारा एक अच्छे भविष्य का निर्माण कर रहे हैं, लेकिन हम भूल जाते हैं कि हम उन्हें स्वयं के सपने देखने की और स्वयं का रास्ता खोजने की स्वतंत्रता नहीं दे रहे। इसीलिए शायद लंबे समय में हमारे मददगार इरादों के सही व अपेक्षित परिणाम नहीं निकलते। इसके लिए हमें सोच समझ कर बीच का रास्ता निकालना चाहिए।

हम यह भी ना भूलें कि ओवरपेरेंटिंग से माता-पिता को भी तनाव होता है। उनके लिए पालन-पोषण सिर्फ आनंद नहीं रह जाता, वह एक प्रोजेक्ट बन जाता है, यह आधुनिक परवरिश का अनचाहा परिणाम है। माता-पिता आज भयभीत, थके हुए, चिंतित और उदास हैं। इससे कमजोर मानसिक स्वास्थ्य वाले माता और पिता को मानसिक स्वास्थ्य संबंधी समस्याएँ भी हो सकती हैं। अधिकांश बच्चे समझते हैं कि माता-पिता उनके कारण तनाव में हैं और वे बच्चे कामना करते हैं कि माता-पिता कम थकें और तनाव मुक्त रहें।

क्या आप लगातार अपने बच्चे के ऊपर मंडराते रहते हैं कि वे "सही" निर्णय ले रहे हैं, उन्हें किसी भी परेशानी से बचा रहे हैं, और यहां तक कि उन्हें अपने व्यवहार और कार्यों के परिणामों का सामना करने से भी रोक रहे हैं? यदि इनमें से किसी भी प्रश्न का उत्तर 'हां' है तो आप ओवरपेरेंटिंग कर रहे हैं। हो सकता है आपकी परवरिश का तरीका आपकी समझ से आपके बच्चे के लिए सबसे अच्छा है, लेकिन हो सकता है यह ओवरपेरेंटिंग आपके बच्चे के लिए सही न हो। आपके लिए एक कदम पीछे हटने का समय आ गया है।

बच्चे भी इंसान हैं, आपके खरीदे हुए रोबोट नहीं। उन्हें अपने घर के भीतर आवाज उठाने का अधिकार मिलना चाहिए। माता-पिता को हमेशा अपने बच्चों के साथ सम्मान, रुचि और लिहाज के साथ व्यवहार करना चाहिए न कि सिर्फ उनके हर क्रियाकलाप पर नियंत्रण करना।

दरअसल ओवरपेरेंटिंग की समस्या हमारी इस दुनिया के बारे में चिंताओं में निहित है। हमें चिंता है कि हमारे बच्चे हमारे बिना इन परिस्थितियों में कैसे सफल होंगे? मुझे लगता है कि हम, हमारे बच्चे के लिए अच्छे से ज्यादा नुकसान कर रहे हैं। बच्चे को भी और खुद के लिए भी हमें इस डर से होने वाले अत्यधिक पालन-पोषण को रोकने की जरूरत है। समुदायों, घरों और स्कूलों में एक अधिक स्वस्थ और अधिक बुद्धिमानी से प्यार करने वाला सरल-सहज दृष्टिकोण व वातावरण वापस लाना चाहिए।

ठीक है पालकों, यह आत्म-मूल्यांकन का और अपने को परखने का समय है। आइए वापस बैठें और आत्म निरीक्षण करें। हम माता-पिता के रूप में बच्चे के लिए जो कर सकते हैं वह है प्यार, सुरक्षा, समर्थन और मार्गदर्शन, एक मजबूत सुरक्षा जिससे हमारे बच्चे आत्मविश्वास से भरे हों और स्वतंत्र रूप से ज़िन्दगी का अनुभव कर सकें।

बच्चे समस्या नहीं हैं

पर कभी-कभी बच्चे का पालन-पोषण समस्या बन जाता है।

14. सकारात्मक पालन-पोषण

हम माता-पिता के जीवन में सबसे कीमती हैं बच्चे, हम सभी चाहते हैं कि बच्चों से हमारे संबंध मजबूत व प्रेम से भरे हों। यूं तो बच्चों को पालना आनंददायक है किंतु इसमें चुनौतियाँ और परेशानियाँ भी बहुत हैं। आपको इस कार्य में डॉक्टरों, परिवार, दोस्तों और यहां तक कि अजनबियों से बहुत सारी सलाह मिलेंगी। हर माता-पिता व उसके बच्चे अलग हैं इसीलिए हर बच्चे की समस्याएँ भी अलग हैं और उनकी समस्याओं को सुलझाने के तरीक़े भी अलग-अलग हैं।

एक संवेदनशील माता-पिता को अपने बच्चों की आवश्यकताओं पर ध्यान देने की जरूरत हर उम्र में होती है पर शिशुओं और छोटे बच्चों की जरूरतें सबसे अधिक होती है। मजबूत भावनात्मक, प्रेम से परिपूर्ण संबंध जिनमें संवेदनशीलता व जिम्मेवारी का भाव हो, बचपन में ही बनते हैं और लगातार पालन-पोषण के माध्यम से फलते-फूलते हैं।

सकारात्मक पालन-पोषण

विश्व स्वास्थ्य संगठन एक सुरक्षित, आकर्षक वातावरण सुनिश्चित करने पर जोर देता है। इसमें शामिल है:

1. सीखने का माहौल प्रदान करना
2. सही अनुशासन का उपयोग करना
3. बच्चे की योग्यता के अनुसार अपेक्षा/उम्मीदें रखना
4. माता-पिता के रूप में अपना ख्याल रखना।

यहां आपके लिए उपयोगी कुछ बातें बताई गई हैं।

आपसी सम्मान:

आमतौर पर माता-पिता का रवैया एक सरकारी अधिकारी जैसा होता है जहां उनसे छोटे कर्मचारी उनके आदेशों का पालन करते हैं। माता पिता अपने बच्चों से उन कर्मचारियों जैसे व्यवहार की आशा करते हैं। यदि हम अच्छे परिणाम चाहते हैं तो हमें एक-दूसरे के प्रति सम्मान की भावना रखनी होगी। यदि हम बच्चों को सुनाना चाहते हैं, तो पहले हमें बच्चों की बातें सुननी समझनी होंगी। अपने बच्चे के साथ एक व्यक्ति के रूप में व्यवहार करें। हमें उनको सुन कर, उनकी बात समझ कर उन्हें विश्वास दिलाना होगा कि हम उनकी बात हमेशा सुनेंगे। उन पर साथियों के दबाव व उनकी जरूरतों को समझें तभी कोई प्रतिक्रिया दें।

लचीलापन (Resilience):

कुछ माता-पिता सख्त नियमों में विश्वास करते हैं पर अत्यधिक कठोरता बुमरेंग कर सकती है। बहुत से बच्चे नियमों में बंधना पसंद नहीं करते, वे अपने को असुरक्षित महसूस करते हैं और परेशान हो सकते हैं। सही बात करें और विनम्र रहें, (सत्य, प्रिय, हितकर बोलें), खासकर यदि आप किशोरों के साथ व्यवहार कर रहे हैं, जिनके पास दुनिया को देखने का एक बिल्कुल अलग दृष्टिकोण व नजरिया है, वे एक अलग सोच रखते हैं। उनमें साथियों का दबाव (पीअर प्रेशर) ज्यादा मायने रखता है। आप अपने विचारों को उदाहरणों के साथ उन्हें समझाएँ। अपनी बात कहने के लिए किसी घटना या फिल्म का सहारा ले सकते हैं। अपनी बात को उसी समय मनवाने पर न अड़ें।

यथार्थ वादी बनें:

बच्चे आपके गुलाम नहीं हैं और न ही रोबोट इसलिए यह उम्मीद करना गलत है कि वे आपके निर्देशों व आज्ञा का आँख बंद करके पालन करेंगे। माता-पिता के रूप में हमें याद रखना चाहिए कि बच्चा सवाल कर सकता है, बहस कर सकता है और कभी-कभी विद्रोह भी कर सकता है। असहमति को सौहार्दपूर्ण ढंग से हल करने का प्रयास करें। प्रेम पूर्वक अपनी बात रखें, धैर्य न खोएं। उनकी बातों को निरर्थक न बताएं। उनकी भावनाओं के प्रति सहानुभूति रखें और उचित प्रतिक्रिया दें।

तुलना से बचें:

हर बच्चा हमारी तरह एक व्यक्ति होता है, हमारी ही तरह ही कुछ कमजोरियाँ व कुछ खूबियाँ लिए। अपने बच्चे की खूबियों को पहचाने और उन्हें बढ़ावा दें। अपने बच्चे की किसी से तुलना न करें, अपने दूसरे बच्चे से भी नहीं। हर बच्चा अलग है और शायद, आपके बच्चे के पास वह कला और प्रतिभा हो जो अन्य बच्चों के पास न हो। और यदि आपका बच्चा हर चीज में औसत हो तब भी उसको प्यार दें, उतना ही।

घर पर सकारात्मक माहौल बनाएं:

कई विशेषज्ञ घर को एक 'comfort zone' बनाने की सलाह देते हैं, एक ऐसी जगह जहां बच्चे को बिना शर्त सहारा मिले; ऐसा न होने पर बच्चे कभी-कभी घर के बाहर ऐसी जगह ढूंढते हैं और गलत हाथों में पड़ जाते हैं या नशे का सहारा लेने लगते हैं। डेवलपमेंटल-बिहेवियरल पीडियाट्रिक्स (चौथा संस्करण, 2009) के अनुसार, बच्चों के लिए अप्रिय या उपेक्षा से भरा वातावरण हानिकारक परिणाम दे सकता है, जिसमें असफलता या निष्क्रियता, अति सक्रियता, आक्रामकता, अवसाद (डिप्रेशन), कम आत्मसम्मान, घर से भागना, नशा करना, और कई अन्य भावनात्मक समस्याएं हो सकती हैं। वे समाज व परिवार से दूर हो जाते हैं।

माता-पिता बच्चों के लिए उपलब्ध हों:

आधुनिक जीवन उन तमाम कामों और व्यस्तता से भरा हुआ है जो आपके बच्चे के प्रति आपके कर्तव्य में बाधा डालती हैं। इनमें आपसी होड़, काम का बोझ, नींद की कमी और मोबाइल /टीवी जैसी चीजें शामिल हैं। लेकिन आपके बच्चे को हर दिन आपकी जरूरत होती है, अगर आप आज इसे टालते हैं तो याद रखें कि यह बीता हुआ 'आज' फिर कभी नहीं आने वाला।

यदि माता-पिता नियमित रूप से बच्चों के पास नहीं रहते हैं तो शुरूआत में वे दुखी होंगे लेकिन धीरे-धीरे वे माता-पिता को अनदेखा करने लगते हैं। ज्यादा हो जाने पर वे अपने माता-पिता का ध्यान आकर्षित करने की कोशिश करना भी बंद कर देते हैं और माता-पिता से उनका भावनात्मक संबंध समाप्त होने लगता है, कभी-कभी वे किसी अन्य व्यक्ति या रिश्तेदार से भावनात्मक रूप से जुड़ जाते हैं। वह व्यक्ति कभी-कभी इसका अनुचित फायदा उठा सकता है।

बच्चे तीन साल की उम्र के आसपास अपनी भावनाओं और व्यवहार को नियंत्रित करना सीख जाते हैं। उससे पहले, वे चाहे उन्हें शांत करना हो या उत्तेजित, मदद के लिए माता-पिता पर निर्भर रहते है। माता-पिता को अच्छे व शांत होने की आवश्यकता है क्योंकि इस समय न केवल वे अपनी भावनाओं को नियंत्रित करने की कोशिश कर रहे हैं, बल्कि अपने बच्चे को उनकी भावनाओं और व्यवहार को सुधारने में मदद कर रहे हैं।

तीन साल के बाद बच्चा अपनी भावनाओं को काबू करना सीख जाता है।

इस समय माता-पिता को उन्हें समस्याओं से मुकाबला करने की कला सिखानी चाहिए।

हमें हर समय उनका कवच बनने की आवश्यकता नहीं है। यदि वे आपको कठिन या प्रतिकूल परिस्थितियों का सामना करते नहीं देखते, तो वे भी समस्याओं का सामना करना नहीं सीख पाते।

अच्छा हो कि हम अपने बच्चों को कठिन अनुभवों से गुजरने दें। और फिर आने वाली समस्याओं को हल करने के तरीके सीखने में उनकी मदद करें।

जरूरतों को पूरा करना:

जरूरत पूरी करना और सब कुछ देने के फर्क को समझिए। बच्चे हमेशा सही गलत का फैसला करना नहीं जानते, उन्हें कुछ भी देने से पहले सोचें कि ऐसा करना आपके बजट में है या नहीं और इस वस्तु की उन्हें वास्तव में जरूरत भी है या नहीं।

सभी माता-पिता बच्चों को आत्मविश्वासी बनने में मदद करना चाहते हैं, पर कुछ बहुत ऊंचे लक्ष्य नहीं रखना चाहते जहाँ बच्चे पहुँच ही न सकें और न ही बहुत कम जहाँ वे पहले से ही उसमें महारत हासिल कर चुके हैं।

माता-पिता को चाहिए कि किसी विशेष पालन-पोषण की शैली से चिपके रहने के बजाय अपने बच्चे की वास्तविक जरूरतों पर ध्यान केंद्रित करें क्योंकि हर बच्चा अलग होता है।

अगर कभी आपके अपने बच्चे से किसी कारण वश संबंध तनाव पूर्ण व खराब हो गए हों तब भी कोई बात नहीं, आप फिर से शुरूआत करें। बच्चों को बताएं कि आप वास्तव में उनके साथ मजबूत संबंध बनाने और उन्हें सफल होने में मदद करने के लिए हमेशा तैयार हैं।

15. अपने बच्चे के साथ क्वालिटी टाइम (सार्थक समय) बिताएँ

हाँ, हम स्वीकार करते हैं कि जीवन व्यस्त है! काम और जीवन की जिम्मेदारियों के बीच पलक झपकते ही दिन बीत जाते हैं। कई माता-पिता चिंता करते हैं कि वे अपने बच्चों के साथ पर्याप्त समय नहीं बिता पाते और पूरे समय काम करने के लिए अपने आप को दोषी महसूस करते रहते हैं। उन्हें लगता है उनके बच्चे का विकास रुक जाएगा।

लेकिन निराश मत होइए! जर्नल ऑफ मैरिज एंड फैमिली में हाल ही में किए गए एक अध्ययन से पता लगा है कि बच्चे के साथ किस तरह समय बिताया गया ये ज़्यादा महत्वपूर्ण है बजाय इसके कि कितनी देर बिताया गया। बच्चों को माता-पिता और देखभाल करने वालों के साथ उच्च गुणवत्ता वाले सार्थक समय की आवश्यकता होती है। यदि आप बच्चे के पास हैं पर अपनी ही दुनिया में खोये रहते हैं या मोबाइल, टीवी पर समय बिता रहे है, फिर यह समय बिताना या न बिताना एक बराबर है।

क्वालिटी टाइम या सार्थक समय से अर्थ है हम बच्चे से बात करें, उसके साथ खेलें, किताब पढ़ें, और खाना खायें।

व्यस्त माता-पिता के लिए कुछ सुझाव

1. बच्चे के साथ रोजाना "कनेक्ट" समय बिताएं- यदि संभव हो तो इसे आमने-सामने करें; लेकिन अगर ऐसा न हो पाये तो अन्य तरीकों से ऐसा करने के लिए एक रूटीन बनाएं, जैसे कि अपने बच्चे के स्कूल-बैग में एक चिट्ठी रख देना या घर में एक बोर्ड पर एक उत्साहजनक प्रेमपूर्ण संदेश लिख देना।
2. अपने और बच्चे के लिए एक खास रस्म बनाएं– कुछ ऐसा जो हर दिन किया जा सकता है। उदाहरण के लिए, सोते समय अपने बच्चे के साथ एक किताब पढ़ें।

3. बच्चे को हर दिन बताएं कि आप उससे प्यार करते हैं और उसे बताएं कि वह आपके लिए कितना महत्वपूर्ण है और वह आपको कैसा महसूस कराता है।
4. सकारात्मक व्यवहार को बढ़ाएं: उदाहरण के लिए, यदि आपका बच्चा आपके पूछे बिना अपना काम पूरा करता है, तो उसे प्रशंसा के शब्द बोलें।
5. जब भी संभव हो अपने बच्चों के साथ खाना बनाएं और खाएं। यदि समय सीमित है, तो ऐसे भोजन की तलाश करें, जिसके लिए बहुत कम तैयारी की आवश्यकता होती है, या भले फल ही काटें-खाएं। कुछ मिनटों के लिए बैठें और बच्चे के साथ बातचीत करें।
6. बच्चे की पसंद के खेलकूद या कोई अन्य क्रिया जैसे पौधों में पानी देना, करने के लिए समय निर्धारित करें।
7. बच्चे के साथ खेलें, भले ही वह स्नान के समय हो या स्कूल के रास्ते में। हर छोटा सा साथ बिताया समय सकारात्मक प्रभाव डालता है!
8. अपने बच्चे के साथ हंसें।
9. जब आप अपने बच्चे के साथ समय बिताएं तो फोन को बंद कर दें और टीवी न देखें।

सार्थक समय, समय की गुणवत्ता के बारे में हैं, समय की मात्रा के बारे में नहीं। इसे सरल रखें और अपने बच्चे के साथ इस तरह जुड़ें जो आपके जीने के तरीके और रिश्ते के लिए मायने रखता हो। प्रत्येक कनेक्शन का स्थायी प्रभाव होता है और वह सहायता, संतुष्टि और प्रोत्साहन प्रदान करता है, जिसकी आपके बच्चे को हमेशा आवश्यकता होती है।

इन सब बातों से आपके व आपके बच्चे के आपसी संबंध मधुर होंगे।

16. एक गोद लिए बच्चे की परवरिश

गोद लेना क्या है?

जब आप एक बच्चे को गोद लेते हैं, तो आप बच्चे के कानूनी माता-पिता बन जाते हैं और बच्चा आपके परिवार का सदस्य बन जाता है।

आपके गोद लिये बच्चे के पास किसी भी अन्य बच्चे के समान अधिकार हैं। उदाहरण के लिए, वे आपका उपनाम धारण करते हैं और उन्हें आपकी संपत्ति के उत्तराधिकार का अधिकार है। बच्चे के जन्मदाता परिवार पर बच्चे का कोई अधिकार नहीं रह जाता। उस परिवार को बच्चे के लिए सभी कानूनी अधिकारों और जिम्मेदारियों को छोड़ना पड़ता है। गोद लेना एक कानूनी प्रक्रिया है, और यह स्थायी है।

कई मायनों में, गोद लिए बच्चे की परवरिश एक जन्म लिए बच्चे के पालन-पोषण से बहुत अलग नहीं है। सभी बच्चों को, चाहे गोद लिए गए हों या नहीं, एक सुरक्षित, पालन-पोषण करने वाले घर और प्यार करने वाले परिवार की जरूरत होती है। लेकिन गोद लिए गए बच्चों की परवरिश भी एक विशेष और अनूठा अनुभव है। गोद लिये बच्चे को पालने की अलग समस्याएं व आनंद है।

चाहे आपका बच्चा आपके जीवन में एक शिशु के रूप में आया हो या बड़े होकर और चाहे आपने उसे किसी भी माध्यम से अपनाया हो, गोद लेना एक जीवन भर की प्रक्रिया है।

अपने गोद लिए हुए बच्चे को घर लाना

जब आप गोद लेने की तैयारी कर रहे हों, तो प्रक्रिया लंबी और कठिन हो सकती है। फिर आप सोचते हैं कि बच्चे को घर लाने में कैसा लगेगा? गोद लेने की

प्रक्रिया में आगे बढ़ने में आपकी और आपके परिवार की मदद करने के लिए यहां कुछ उपाय दिए गए हैं।

1. पता करें कि आपके बच्चे का जीवन कैसा था:

यदि बच्चा बड़ा है, तो आप ने उसके जीवन का पहला भाग नहीं देखा है। पालक माता-पिता, अनाथालय के लोग या बच्चे के जैविक माता-पिता से बात करें कि अभी तक उसका जीवन कैसा रहा है।

यदि आपके पास बच्चे की देखभाल करने वालों से मिलने की सुविधा है, तो अच्छा होगा आप उसके बारे में उनसे बच्चे की खान-पान, सोने, खेलने की आदतों के बारे में पता कर लें ताकि आप बच्चे को वह सब शुरू में उसी तरह से दे पाएं और जिससे बच्चा अपने नए घर में अधिक सहज महसूस करेगा। यदि आप अपने शहर के बाहर से बच्चे को घर ला रहे हैं, तो संभावना है कि आपको वहाँ कुछ दिन बिताने होंगे। इस तरह आप अपने और नए बच्चे के बीच लगाव पैदा करने में आसानी महसूस करेंगे।

2. बच्चे के कमरे को सादा (सिम्पल) व सुरुचिपूर्ण रखें:

अति उत्साह में बच्चे के नए कमरे की सजावट को बहुत अधिक करना, इसे चमकीले रंगों और खिलौनों से भरना आपको अच्छा लग सकता है पर ध्यान रहे कि कमरा शांत हो, उत्तेजक न हो। अपने बच्चे को सोते समय नए पालने में अलग से सुलाने की अपेक्षा न करें। हो सकता है बच्चा एकदम से अलग कमरे में न सो पाए। एक बच्चा जो अभी-अभी पिछली दुनिया से अलग हुआ है, उसे आराम और निकटता की जरूरत है।

शिशुओं और बच्चों को जो अनाथालय में रहे हैं, वे कई बच्चों के साथ कमरे में सोने के आदी होते हैं, उनके लिए एकदम से अकेले में रहना मुश्किल होता है।

3. रिश्तों को विकसित होने में समय लगता है:

यदि आप जन्म देने वाले माता-पिता के संपर्क में हैं, तो उनसे एक नया व आजीवन रहनेवाला रिश्ता बन सकता है। यदि आपने निकट संबंधी से बच्चा गोद लिया है तो बच्चे के जन्मदाता माता-पिता के साथ आपको अच्छे संबंध रखने

चाहिए जो आपके व बच्चे के हित में है। हो सकता है कि आपने पहले ही इस बारे में एक योजना बना ली हो कि वह रिश्ता कैसे काम करेगा -- पत्र, फोन कॉल या मुलाक़ातें होंगी या नहीं, इत्यादि। लेकिन याद रखें कि यह पत्थर की लकीर नहीं है। इस रिश्ते में लचीलापन होना चाहिए।

इस बारे में संवेदनशील रहें कि जन्म देने वाले माता-पिता किस दौर से गुजर रहे होंगे। वे भी एडजस्ट कर रहे होंगे। हमारे यहाँ कृष्ण व कर्ण का चरित्र गोद लिए जाने का बढ़िया उदाहरण है। ऐप्पल के संस्थापक स्टीव जॉब्स को भी गोद लिया गया था।

4. एक सहायता प्रणाली (support system) स्थापित करें:

जब आपका बच्चा घर आए तो परिवार और दोस्तों की मदद लें। सहायता स्वीकार करें, जैसे भोजन लाना या कपड़े धोना। मदद लेने व देने में कभी शर्म महसूस न करें। कोई ऐसा व्यक्ति होना चाहिये जो आधी रात भी आपकी मदद के लिए तैयार हो। संभव हो तो अन्य गोद लेने वाले परिवारों का एक स्वसहायता समूह (सेल्फ हेल्प ग्रुप) बनायें। वे आपको सहानुभूति पूर्ण सलाह व मदद दे सकते हैं।

आपके नए बच्चे का गृह-प्रवेश

1. ज्यादा धूम-धाम ना करें:

आप अपने बच्चे का घर में स्वागत करने के लिए रोमांचित होंगे लेकिन अच्छा हो आप कुछ समय के लिए बड़े जश्न का इंतजार करें, क्योंकि नए गोद लिए गए बच्चे के लिए पार्टियां भारी हो सकती हैं। अगर बड़ा बच्चा है तो हो सकता है वह उदास हो और अभी पार्टी के मूड में न हो। परिवार और दोस्त जो आपके घर आने के बाद आपके लिए अपनी खुशी दिखाना चाहते हैं, उन्हें आने दें।

2. बच्चे को अपने पास रखें:

एक बच्चा जो आपसे पैदा हुआ है, नौ महीने गर्भ में रहते हुए अपने माता-पिता की आवाज़, गंध और लय को जानने में बिताता है। एक छोटे बच्चे को जिसे गोद लिया जाता है, उसे नए माता-पिता के रूप में आपके साथ सुरक्षित और

सहज महसूस करने के लिए उसी तरह के घनिष्ठ संबंध की आवश्यकता होती है। इसलिए पहले हफ्तों और महीनों में, अपने बच्चे को जितना हो सके अपने करीब रखें।

3. अपने बच्चे को एडजस्ट करने में मदद करें:

आप बहुत खुश हैं कि आपका नया बच्चा आपके साथ घर आ रहा है - लेकिन आपके बच्चे को ऐसा महसूस करने में थोड़ा समय लग सकता है। ध्यान रखें कि बच्चे को अपने जाने पहचाने परिवेश से अलग किया जा रहा है, शुरूआत के पहले दिन, सप्ताह और महीने कभी-कभी मुश्किल हो सकते हैं, इसके लिए तैयार रहें।

यदि आप एक बड़े बच्चे को घर ला रहे हैं, तो आप मिलने से पहले बच्चे को कुछ गिफ्ट और आपके परिवार का एक फोटो एलबम भेजें ताकि बच्चा उन चेहरों से कुछ परिचित हो जाए।

4. प्रेम पनपने के लिए समय दें:

आप अपने बच्चे से पहली बार में ही प्यार की उम्मीद नहीं रख सकते। आप स्वयं भी तुरंत उस बंधन को महसूस नहीं कर सकते। आप अपने बच्चे को पसंद तो कर सकते हैं लेकिन तुरंत प्यार नहीं कर सकते और न ही बच्चा आपको कर सकता है।

जब कोई माता-पिता अपने बच्चे को जन्म देता हैं, तब भी कभी-कभी वे हमेशा प्यार का ज्वार महसूस नहीं कर पाते।

रिश्ते बनने में समय लगता है। इसके लिए अपने आप को दोषी न ठहराएं यह सब नॉर्मल है।

5. अपने आप को तनाव मुक्त रखें:

जब आप अपने बच्चे की देखभाल कर रहे हों, तो अपना ख्याल रखना न भूलें। कभी खुद को भी ब्रेक दें।

जिन चीज़ों की आप बहुत चिंता करते हैं, कई बार वैसा कुछ होता ही नहीं है। आप कितनी भी तैयारी कर लें हैं, आपको कुछ और नई समस्या का सामना

करना पड़ सकता है, आपको उन्हें सुलझाना होगा। पेरेंटिंग में अप्रत्याशित बातें होती ही रहती हैं।

गोद लेने के संदर्भ में विशेष परिस्थितियाँ: चिंतन के कुछ महत्वपूर्ण विषय

1. बच्चा/बच्चे होने के बाद बच्चा गोद लेना या गोद लेने के बाद अपना बच्चा पैदा हो जाना

आप अपने जाये बच्चे और गोद लिये बच्चों को समान रूप से प्यार करते हैं - वे सभी आपके बच्चे हैं, चाहे वे आपके परिवार में कैसे भी आए हों। लेकिन यह एक आम चिंता होती है कि गोद लेने से आपके प्राकृतिक बच्चों पर क्या प्रभाव पड़ सकता है, या आपके घर में प्राकृतिक बच्चे होने से आपके गोद लिए बच्चों पर क्या प्रभाव पड़ सकता है? ऐसी स्थिति में आपको कुछ बातों का ध्यान रखना चाहिए:

- गोद लेते समय आपके जाये बच्चे का और गोद लिए बच्चे का जन्म क्रम भी एक महत्वपूर्ण विषय है। आप इस बात पर अवश्य ध्यान दें कि एक बड़े बच्चे को गोद लेने से आपके बड़े बच्चे पर कोई अप्रिय प्रभाव तो नहीं पड़ रहा। ऐसी स्थिति में बड़ा बच्चा अपने को अलग-थलग महसूस कर सकता है। उसे व्यवहार संबंधी समस्याएं (बेहवियर डिसऑर्डर) हो सकती हैं। अपने सभी बच्चों की ज़रूरतों पर ध्यान दें, उनमें आपस में प्रतिद्वंदिता न हो, वे एक दूसरे के विरोधी न बन जाएं।
- अपने बच्चों को समझाएं कि उन्हें एक भाई/बहन मिल रहा है, हो सकता है कुछ समय के लिए आप उन पर पहले जितना ध्यान न दे सकें। उन्हें यह विश्वास होना चाहिए कि आप पहले की तरह जरूरत पड़ने पर उनके लिए हमेशा तैयार रहेंगे। उन्हें बताएं कि हम सब को मिलकर एक नए बच्चे को अपनाना है क्योंकि उसके लिये सब कुछ नया है। हमें उसका प्यार जीतना है।
- आपके बच्चे आप पर कभी न कभी पक्षपात का आरोप लगाएंगे। आपके जाये बच्चे भी ऐसा करते हैं, फिर यहाँ तो स्थिति भिन्न है। सभी बच्चों

के साथ समान और उचित व्यवहार करें, और उनकी ज़रूरतों का ध्यान रखें। यदि परिवार का कोई सदस्य पक्षपात पूर्ण व्यवहार करता है तो उनसे इसका कारण पूछें और उन्हें समझाएं कि इस तरह के व्यवहार से उनके दोनों बच्चों पर बुरा असर पड़ेगा जो इंसानियत नहीं है। यदि फिर भी समस्या न सुलझे तो, उनसे मेलजोल कम रखें।

2. जन्मदाता माता-पिता से संबंध

आजकल, गोद लेने में बच्चे के जन्मदाता परिवार के साथ कुछ हद तक खुलापन शामिल है। आपके बच्चे के जन्म देने वाले माता-पिता के साथ संबंध बनाए रखना आपके बच्चे के पालन-पोषण का एक महत्वपूर्ण हिस्सा होगा।

आजकल खुला और अर्ध-खुला गोद लेना अच्छा माना जाता है। एक-दूसरे से मेलजोल रखने से जन्म देने वाले माता-पिता में अपराध बोध कम होता है और उन्हें भी सुकून मिलता है। गोद लेने वाले माता-पिता को बच्चे के परिवार की महत्वपूर्ण स्वास्थ्य (Health issues) जानकारी मिल जाती है जो बच्चे के अच्छे शारीरिक विकास के लिये जरूरी है।

अध्ययन से पता चलता है कि अधिकांश गोद लेने वाले और जन्म देने वाले परिवार अपने खुले या अर्ध-खुले अडाप्शन से खुश हैं किन्तु कभी दोनों परिवारों के रिश्तों में समस्याएं भी आ सकती हैं। यह एक बहुत ही नाज़ुक रिश्ता है, इसे बहुत सावधानी के साथ सहेजना पड़ता है। संभव हो तो आपको गोद लेने वाले सलाहकार (Adoption Consultant) से सलाह करना चाहिए और गोद लेने के बारे में अपनी समस्याओं पर खुलकर चर्चा करनी चाहिए।

निम्नलिखित बातों को ध्यान में रखें:

- जैसे-जैसे आपका रिश्ता विकसित होता है, हमेशा बच्चों का हित सर्वोपरि रखें
- रिश्ते के लिए अपनी उम्मीदों के बारे में खुलकर और ईमानदारी से चर्चा करें
- जब आवश्यक हो तो समस्याओं को सुलझाने के लिए विशेषज्ञ (Adoption consultant) की मदद लें

- बच्चे के जन्म देने वाले माता-पिता के साथ सहानुभूति रखें, उनके बारे में भी सोचें।
- अपने रिश्ते को बढ़ने दें और समय के साथ स्वाभाविक रूप से बदलें।

3. अनुचित प्रश्नों और टिप्पणियों का जवाब देना

दुर्भाग्य से, गोद लेने वाले परिवारों के लिए दोस्तों, परिवार के सदस्यों और यहाँ तक कि अजनबियों से भी नासमझी भरी, असंवेदनशील और कभी-कभी आपत्तिजनक टिप्पणियों का सामना करना पड़ता है। अक्सर, लोग कौतूहल वश सवाल पूछते हैं और नुकसान पहुंचाने का इरादा नहीं रखते हैं, लेकिन फिर भी उनके शब्दों से आप को चोट पहुँच सकती है।

कोई भी जानकारी सोच समझ कर ही लोगों को बताएं। आपको जो प्रश्न अनुचित लगते हैं उन्हें मुस्कुरा कर टाल दें, विषय बदल दें या वहाँ से चले जाएं। यदि आप उनके सवालों का जवाब देना चाहते हैं, तो दूसरों को गोद लेने के बारे में शिक्षित करने का एक सबसे अच्छा तरीका गोद लेने के बारे में सकारात्मक भाषा का उपयोग करना; उदाहरण के लिए, किसी को याद दिलाना कि आप अपने बच्चे के माता-पिता हैं, लेकिन उनके जन्मदाता माता-पिता भी आपके बच्चे के जीवन का एक महत्वपूर्ण हिस्सा हैं आप उनसे भी मेलजोल रखते हैं।

क्योंकि आप हमेशा अपने बच्चे के साथ नहीं रह सकते, आपको बच्चों को भी यह सिखाना चाहिए कि वे कैसे प्रतिक्रिया दें। उन्हें कभी भी ऐसे सवालों का जवाब नहीं देना चाहिए जिससे वे असहज महसूस करें। जब वे गोद लेने के बारे में बात करते हैं, तो उन्हें सकारात्मक गोद लेने वाली भाषा का उपयोग करना सिखाएं और उन्हें कुछ सरल प्रतिक्रियाएं दें, जिनका उपयोग वे तब कर सकते हैं जब कोई आपत्तिजनक टिप्पणी करता है। उन्हें इस तरह की परिस्थितियों से निपटना सीखना पड़ेगा।

4. बच्चे की नस्लीय या सांस्कृतिक पहचान

जब गोद लिया बच्चा माता-पिता से और दूसरे बच्चों से बहुत अलग दिखता है, तब इस तरह के सवाल उठते हैं, खास कर तब जब बच्चा अलग नस्ल का है। आज के परिवार पहले से कहीं अधिक खुले विचारों वाले हैं, और अधिकतर लोग

गोद लेते समय बच्चे की जाति नहीं देखते। किन्तु, यदि आप अलग नस्ल या संस्कृति के बच्चे को गोद लेना चाहते हैं तो आपको उसकी नस्ल / जाति के बारे में पढ़ना चाहिए। उनकी सांस्कृतिक पहचान के बारे में आपसे लोग सवाल पूछेंगे। गोद लेने वाले परिवारों को विभिन्न प्रकार के वयस्कों और बच्चों, जो उनके बच्चे की नस्ल या सांस्कृतिक पृष्ठभूमि के हो, उनसे मेलजोल रखना चाहिए।

अपने दत्तक बच्चे के माता-पिता के रूप में, निम्नलिखित सुझावों पर विचार करें:

- खेल और अन्य सांस्कृतिक गतिविधियों, त्योहारों में हिस्सा लें जिन में अलग- अलग तरह के परिवार शामिल हों
- अपने बच्चे को सांस्कृतिक रूप से भिन्न-भिन्न प्रकार के खिलौने मुहैया करवाएं
- नस्ल वाद का सामना करने के लिए अपने को तैयार रखें।
- अपने बच्चे के साथ उसकी संस्कृति और अलग धर्म के बच्चे को गोद लेने के बारे में किताबें पढ़ें
- सांस्कृतिक उत्सवों या कार्यक्रमों में भाग लेकर, पारंपरिक व्यंजन पकाकर, अपने बच्चे की भाषा सीखकर या सांस्कृतिक परंपराओं में भाग लेकर अपने बच्चे की संस्कृति को अपने जीवन में शामिल करें।

इससे बच्चा अपने को सहज महसूस करेगा।

5. पालक के नए रोल के साथ सामंजस्य बिठाना

अंत में, पालन-पोषण बच्चे के साथ-साथ आपको भी प्रभावित करता है। अपने परिवार में एक बच्चे को जोड़ना जीवन की एक प्रमुख घटना है और यह कई बार कठिन और तनाव पूर्ण हो जाता है। गोद लेने में माता-पिता व बच्चे दोनों को आपसी सामंजस्य और तालमेल बिठाने में थोड़ा समय लगता है। जिस तरह प्राकृतिक माताओं को प्रसव के बाद अवसाद (डिप्रेशन) का अनुभव हो सकता है, उसी तरह आप गोद लेने के बाद डिप्रेशन का शिकार हो सकते हैं, जिसे पोस्ट-एडॉप्शन डिप्रेशन सिंड्रोम (PADS) कहते हैं। गोद लेना और पालन-पोषण करना रोलर कोस्टर राइड (ऊंचे-नीचे रास्ते पर यात्रा) की तरह रोमांचक व कभी-कभी

डरावना होता है किन्तु राइड /यात्रा के बाद आप संतुष्ट व आनंदित महसूस करेंगे। इस दौरान अपने को न भूलें और जरूरत पड़ने पर गोद लेने वाले कार्यकर्ता, परामर्शदाता, दोस्तों तथा परिवार से मदद मांगें।

> "कभी आप को गोद लिए बच्चे में कोई कमी लगे और मन में विचार आए कि इस बच्चे को गोद लेकर गलती तो नहीं कर दी तो सोच कर देखना कि यही बात आपके पैदा हुए बच्चे में भी तो हो सकती थी।"
>
> एक गोद लिए बच्चे की दादी

[विकासपीडिया के लोगो से साभार]

17. जीवन के पाठ और मंत्र

दुनिया में माता-पिता और बच्चे का ही एक ऐसा रिश्ता होता है जिसमें एक दूसरे की प्रगति देख कर वे खुश होते है। हर माता पिता का सपना होता है कि उनकी संतानें जीवन में उनसे भी ज्यादा प्रगति करें। माता-पिता आजीवन इसके लिए प्रयासरत रहते हैं।

जीवन के महत्वपूर्ण पाठ पीढ़ी दर पीढ़ी लगभग समान ही होते हैं बस समय के साथ उनमें कुछ बदलाव आता जाता है। माता-पिता अपने बच्चों को वही सबक सिखा रहे होते हैं जो उन्होंने अपने माता-पिता से सीखे होते हैं। साथ ही आज के माता-पिता वह हर चीज अपने बच्चों को सिखाना चाहते हैं जो उन्हें सीखने के अवसर नहीं मिले। समय के साथ कौशल/ कला सीखने की आवश्यकताएं भी बदलीं, जैसे पहले बेटियों को सिलाई-कढ़ाई सिखाना एक आवश्यकता थी, अब नहीं रही। अब साइकिल, स्कूटर और कार चलाना सीखें ये ज्यादा जरूरी हो गया है। पहले खाना बनाना सिर्फ बेटियों को सीखना होता था, अब बेटे के लिए भी सीखना जरूरी है। आत्मरक्षा सीखना सभी के लिए जरूरी है। ऑनलाइन सुरक्षित रहना भी आज की बड़ी जरूरत है। बच्चों को शुरूआत से ही सोशल मीडिया के खतरों से सावधान रहना सीखना चाहिए।

हमारा बचपन हमारे बच्चों की तुलना में बिल्कुल अलग था। अब बहुत सारे बच्चों को कम उम्र से ही पढ़ाई के लिए और फिर रोजगार के लिए घर से बाहर अकेले रहना पड़ रहा है, सुविधाएं और समस्याएं दोनों एक साथ बढ़ी हैं। सोशल मीडिया और समाज की बदलती जरूरतों ने सामाजिक कौशल सीखना अधिक चुनौती पूर्ण बना दिया है।

सत्तर प्रतिशत माता-पिता मानते हैं कि, उनका स्कूल और समुदाय उनके बच्चों के विकास के अवसर प्रदान करता है। ज्यादातर माता-पिता मानते हैं कि

उनका निवास एक अच्छे रिहायशी स्थान पर होना बहुत मायने रखता है (चाहे यह उनके लिए संभव ना हो) क्योंकि बच्चे बहुत कुछ अपने पड़ोस से सीखते हैं।

जीवन के 10 महत्वपूर्ण सबक जो माता-पिता अपने बच्चों को सिखाना चाहते हैं

1. सम्मान से रहो
2. जो तुम्हारे पास है उसके लिए शुक्रगुजार हो
3. ईमानदारी सबसे अच्छी नीति है
4. कभी हार न मानना
5. अपनी गलतियों से सबक लेना
6. लोगों को समझने में जल्दबाजी न करें
7. गलतियाँ स्वीकार करें
8. अपने शारीरिक स्वास्थ्य का ध्यान रखें
9. बोलने से पहले सुनें
10. उन लोगों के साथ समय बिताएं जिन्हें आप प्यार करते हैं

माता-पिता चाहते हैं कि उनके बच्चे ये शीर्ष 10 जीवन कौशल अवश्य सीखें:

1. खाना बनाना
2. स्वास्थ्यप्रद भोजन को प्राथमिकता देना
3. स्वच्छता
4. साइकिल, बाइक और फिर कार चलाना; लड़का-लड़की दोनों के लिए।
5. कपड़े धोना
6. धन प्रबंधन / रुपये पैसे की साज-सम्हाल
7. अपने आसपास को लेकर जागरूक रहना
8. घर सम्हालना (हाउसकीपिंग)

9. समय प्रबंधन
10. पठन बोध (Reading and comprehension), पढ़ने की आदत डालना

कौन सी उम्र सीखने के लिए सबसे अच्छी है?

विकास और सीखने के सबसे महत्वपूर्ण व अच्छा समय जन्म से पांच वर्ष की आयु तक है।

जीवन जीने की कला (लाइफ स्किल) सबसे अधिक माता-पिता द्वारा, फिर स्कूल में और / या शिक्षकों द्वारा और परिवार के अन्य सदस्यों द्वारा सिखाई जाती है।

बच्चे किस से आदतें सीखते हैं?

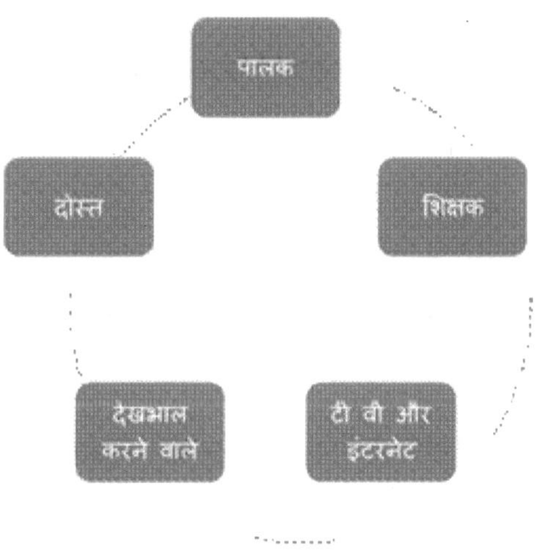

बच्चे अपने आस-पास के लोगों से सीखते हैं- पालक, शिक्षक, देखभाल करने वाले, और दोस्त; इस लिस्ट में टेलिविज़न और इंटरनेट और जुड़ गया है। सबसे पहले वे अपने माता-पिता की नकल करते हैं। माता-पिता के रूप में, आप अपने बच्चों के सबसे बड़े प्रेरणास्रोत (रोल मॉडल) हैं, इसलिए उन्हें अच्छी आदतें सिखाने के लिए सबसे अच्छा तरीका एक अच्छा उदाहरण स्थापित करना है और आप से अच्छा उदाहरण कोई हो नहीं सकता।

इस विषय पर दो पिताओं के पत्र:

मैं सकारात्मक, बुद्धिमान, सफलता उन्मुख बच्चों का पालन-पोषण कैसे करूँ?

- हेक्टर क्विंटानिला (4 बच्चों का पिता, बिजनेस कोच और लेखक)

मैं **बुद्धिमत्ता** को अच्छी मिट्टी के रूप में सोचता हूँ।

"अच्छी मिट्टी" महत्वपूर्ण है क्योंकि यह पोषक तत्वों से भरपूर है। बच्चों को अच्छी स्वास्थ्य संबंधी आदतों के साथ बड़ा करना सबसे अच्छा आधार है जो उन्हें नई चीजें सीखने की सुविधा प्रदान कर सकता हैं।

अब, मैं **शिक्षा** को बीज के रूप में देखता हूं।

बीज पौधों की शुरुआत हैं, जैसे शिक्षा ज्ञान का शुरुआती बिंदु है।

लेकिन अगर बीज मिट्टी के ऊपर रखे रहें तो वे पौधे नहीं बनेंगे, है ना?

यहीं पर आपका कार्य शुरू होता है।

अब, मैं सकारात्मक, बुद्धिमान, सफलता उन्मुख बच्चों का पालन-पोषण कैसे करूँ?

कार्रवाई करना मिट्टी में बीज बोने और उन्हें नियमित रूप से पानी देने जैसा है।

मेरे लिए, सफलता उन्मुख बच्चों का मतलब उन्हें **सीखने के भरपूर अवसर प्रदान करना**

(कई बीज बोना) है, लेकिन यह केवल तभी होगा जब वे उस ज्ञान का प्रयोग करेंगे, जिससे वे सफल होने के रास्ते पर चलना शुरू करेंगे।

दूसरे शब्दों में, यह ज्ञान का दैनिक जीवन में प्रयोग है जो हमारे जीवन में परिवर्तन और प्रगति लाता है। सफल होने वाले बच्चे एक विकास मानसिकता के निर्माण का परिणाम होते हैं - हमारे बच्चों को हमेशा नई चीजों का परीक्षण करने और कार्य करने के लिए तैयार रहना चाहिए क्योंकि सीखना केवल बेकार डिग्रियों पर ध्यान केंद्रित करना या अपनी प्राकृतिक बुद्धि पर भरोसा करना नहीं है।

क्या एक खुश बच्चा अच्छे पालन-पोषण की निशानी है?

- अरविन्द शिवप्रसाद (कृषि वैज्ञानिक)

ख़ुशी हमारे जीन्स और मस्तिष्क के रसायनों की क्रिया है। इस पर आसपास के वातावरण का प्रभाव महत्वपूर्ण है, जिसे बदला जा सकता है।

अच्छे पालन-पोषण का अर्थ है अच्छा वातावरण प्रदान करना।

बच्चे बीज की तरह होते हैं। बीज जीन्स हैं, पर्यावरण (पालन-पोषण) मिट्टी, पानी, उर्वरक और सूरज की रोशनी हैं। यहां तक कि सबसे अच्छे बीज भी खराब पर्यावरणीय परिस्थितियों में विकसित नहीं होते। और अगर सही पोषण मिले तो कमजोर बीज भी पनप सकता है।

खुशी का एक निश्चित बिंदु होता है जो हममें से प्रत्येक के लिए अलग होता है। पर्यावरण हमारी मदद कर सकता है, और एक बहुत बुरा वातावरण (पालन-पोषण) बहुत नुकसान पहुंचा सकता है।

कोई भी व्यक्ति आदर्श माता-पिता नहीं होता। हमें बस कम से कम “काफ़ी अच्छा” होने की ज़रूरत है। इसका मतलब है अपने बच्चों को बिना शर्त प्यार, उचित पालन-पोषण (सत्तावादी या अनुदार नहीं), पौष्टिक भोजन, आश्रय, साफ पानी, जरूरत पड़ने पर अच्छी चिकित्सा और देखभाल करना है। बच्चों को यथासंभव खुश रहने के लिए ये स्थितियाँ आवश्यक हैं।

18. बच्चे का स्कूल कैसा हो?

पालन पोषण का यह एक मुश्किल पड़ाव है। बच्चे के स्कूल जाने के दिन तक तो सिर्फ आप उसके भले-बुरे और विकास के लिए ही जिम्मेदार थे, अब आप उसके जीवन का एक भाग दूसरों के हाथ में सौंपने जा रहे हैं जिनका बच्चे के जीवन-निर्माण पर निर्णायक प्रभाव होने वाला है।

बच्चों की शिक्षा को लेकर आज माता-पिता, परिवार और समुदाय, सभी चिंतित हैं, न सिर्फ इसलिए कि वे अपने बच्चों के लिए बेहतरीन शिक्षा चाहते हैं बल्कि इसलिए भी कि शिक्षा बहुत महंगी हो गई है और अच्छे और बहुत अच्छे स्कूल के बीच का चुनाव कठिन लगता है। फिर शिक्षा में क्या हो रहा है इसका तनाव। बच्चे पढ़-पढ़ कर और टेस्ट दे-देकर परेशान हैं। ट्यूशन और कोचिंग के बाजार खुले हैं और उनसे बचना मुश्किल है। बच्चे को एक इनसान न समझकर रटने की एक मशीन समझ लिया जा रहा है। क्या स्कूल में बच्चों में सीखने की उत्सुकता, रचनात्मकता और उसकी विशेष क्षमता को बढ़ाने मदद मिल रही है? फिर इस सारी शिक्षा के बाद बच्चे का भविष्य क्या होने वाला है? इस शिक्षा का बच्चे के रोजगार पर व उच्च शिक्षा पर क्या प्रभाव पड़ने वाला है।

दूसरी मुश्किल है यह सोचना कि हम अपने बच्चे की शिक्षा में क्या चाहते हैं? क्या हमारे बच्चे का स्कूल उसके लिए सही है? अगर नहीं तो हम अब क्या कर सकते हैं? फिर यही सवाल कालेज में भी होंगे।

परिवार और उनके आसपास की दुनिया बहुत तेजी से बदल रही है और इसलिए शिक्षा को भी उसी गति से बदलना होगा। क्या यह संभव होगा और क्या ऐसा होता लग रहा है?

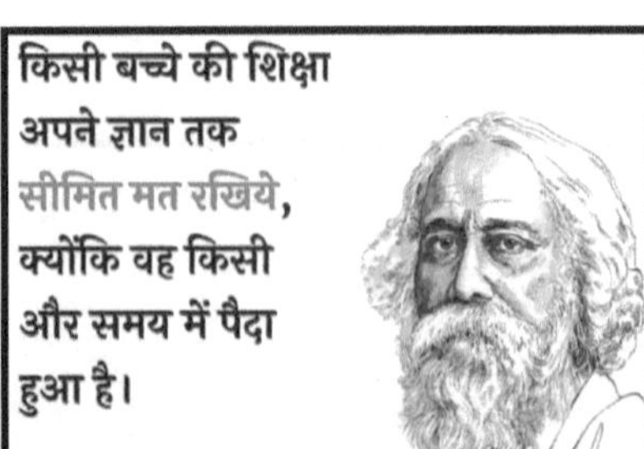

सभी बच्चे सीखना चाहते हैं पर कुछ को सीखने की प्रक्रिया में आनंद नहीं आता और कुछ तो स्कूल से डर ही जाते हैं। फिर आपको उनकी मदद करने में क्या मुश्किलें आती हैं और उन मुश्किलों का हल कहाँ मिलेगा? आपके पास क्या विकल्प हैं और क्या संभव है यह सब बदल पाना?

पहले इन तीन शब्दों का भावार्थ समझ लें:

Learning / सीखना = नई क्षमता या नई समझ प्राप्त करना

Education / शिक्षा = शिक्षा एक प्रशिक्षण कार्यक्रम है

School / विद्यालय = स्कूल शिक्षार्थियों का समुदाय है

Learning या सीखना बच्चे के लिए स्वाभाविक है। वे बहुत तेज गति से सीखते हैं। सिर्फ रोने की आवाजें निकालने वाला बच्चा 2 साल के होने तक बड़ी-बड़ी बातें करने लगता है और यह सब सिर्फ आपके किए से नहीं हुआ, बच्चे के सीखने से भी हुआ है। इसी प्रकार जीवन में वे कई और बातें जानेंगे और कई काम करना सीखेंगे।

Education या शिक्षा सीखने के लिए एक संगठित और व्यवस्थित रूप से बनाई गई व्यवस्था है। शिक्षा अनौपचारिक भी है औपचारिक भी। हजारों वर्षों तक तो बच्चे स्वयं ही प्रकृति से और अपने वातावरण से सीखते रहे। यदि उन्हें अभी भी उचित मौके मिलें तो वे अभी भी वह सब कर सकते हैं।

School या विद्यालय व्यक्तियों का समूह या संगठन है जो शिक्षा के लिए एक साथ जुडते हैं। यहीं हमने सब के साथ और सबसे बहुत कुछ सीखा है। सीखना व्यक्तिगत के साथ सामाजिक प्रक्रिया भी है।

शिक्षा एक विस्तृत क्षेत्र है और इसके हर एक पक्ष के बारे में जानना बहुत समय साध्य व हर के लिए संभव नहीं है। इसीलिए अच्छा स्कूल चुनना भी बहुत कठिन है।

हर बच्चे के बारहवीं क्लास तक स्कूल और कोचिंग में लगभग 22000 घंटे बीतते हैं। इस समय और ऊर्जा के खपाने से (अभी पैसे की तो बात ही नहीं की) आप क्या पाने की अपेक्षा करते हैं? हमारी समझ से तो अभिभावक चाहते हैं कि बच्चा सीखे कि उसके आसपास की दुनिया कैसी है, अपनी स्वाभाविक क्षमताओं

का विकास करे, और ज्ञान तथा क्षमता हासिल करे जो उसे अच्छे नागरिक के रूप में जीवन योग्य बनाए। साथ ही बहुत महत्वपूर्ण होता है उसका किसी रोजगार के योग्य बनना जिससे वह सम्मानपूर्वक अपना जीवन-यापन कर सके। इन्हें हम हर माता-पिता की मुख्य उम्मीद मानेंगे। हमारी विडंबना है कि हमारी शिक्षा सिर्फ रोजगार-मूलक होती जा रही है। क्यों कि आज हर हाथ के लिए रोजगार नहीं है, उस की खातिर हम बच्चे का पूरा बचपन और पूरी क्षमता शिक्षा के रूप में उड़ेलने में लगे हैं।

दूसरी बात, शिक्षा का रूप बदलता रहेगा क्योंकि परिवार बदल रहे हैं, बच्चे बदल रहे हैं, तकनीक बदल रही है और इसलिए काम बदल रहे हैं, सच पूछो तो दुनिया में सब पहले से तेज गति से बदलता जा रहा है। हमें फैसले इसी परिपेक्ष्य के अनुसार करने होंगे।

हम बहुत से फैसले अपने जैसे ही दूसरे माता-पिता से सलाह लेकर कर लेते हैं जो कई बार स्वयं भी हमारे जितने ही अनजान होते हैं। कभी हम शिक्षक से पूछते है जो अपने अनुभव (सही या गलत) के आधार पर राह दिखा सकता है। शिक्षा विशेषज्ञ बड़े स्तर पर सोचते हैं, एक माता-पिता या हर एक बच्चें के अनुसार नहीं। आज यह अच्छा है कि हजारों लोगों के अनुभव और विचार इंटरनेट पर विभिन्न वेबसाइट के माध्यम से जानना संभव है।

फिर भी सबसे पूछें, पढ़ें, जानें, समझने का प्रयास करें और फिर फैसले करें।

19. अपने बच्चे की रुचियों (पैशन) को तलाशने में मदद करें

आज यह विषय "पैशन" बहुत फैशन में है और चर्चा में भी। आप बहुत पढ़ते होंगे "Find your passion", "Follow your passion" (अपनी रुचियों का पता करें और अपनी रुचि का काम करें आदि-आदि।

हमारा सारा बचपन खोज के बारे में है। यह वह समय है जब बच्चे अपने आस-पास की दुनिया का पता लगाते हैं और उन चीजों के बारे में सीख सकते हैं जो उनकी रुचि की हैं। इसका मतलब यह नहीं है कि उस खोज यात्रा के दौरान 4 साल के बच्चे के रूप में वे जो रुचि रखते हैं वह उनका आजीवन जुनून बनने वाला है।

क्या आपको याद है जब आपको एहसास हुआ कि आप क्या करना पसंद करते हैं? एक वयस्क के रूप में आपकी रुचि आपके बचपन के अनुभवों से सबसे अधिक उपजती है।

माता-पिता के रूप में, हमारे पास अपने बच्चों की रुचियों का पता लगाने और प्रोत्साहित करने का एक अनूठा और रोमांचक अवसर है। आइए जाने क्यों और कैसे?

बच्चों को उनके शौक विकसित करने में मदद करना क्यों महत्वपूर्ण है?

निम्न लिखित बातें आपकी मदद करेंगी।

1. आत्मसम्मान

जब आप किसी बच्चे को उसकी पसंद की किसी चीज़ में शामिल होने का अवसर और प्रोत्साहन देते हैं, तो आप उसे स्वतंत्र होने में मदद कर रहे होते हैं। भले ही यह आपकी रुचि से मेल नहीं खाती, तो भी इसे आगे बढ़ाने की अनुमति देना यह बताता है कि बच्चे की खुशी आप के लिए महत्वपूर्ण है। शौक विकसित करने से बच्चों को खुद को अभिव्यक्त करने में भी मदद मिलती है और इससे उनका आत्म-सम्मान भी बढ़ता है। शौक बच्चे की भावनाओं, स्वभाव व पहचान को और कुछ हद तक प्रकृति को भी ढालने में मदद करते हैं। कुल मिलाकर यह बच्चे के व्यक्तित्व को आकार दे सकता है ताकि वह एक ऑलराउंडर / हरफनमौला बन सके।

2. दोस्ती

जब बच्चों को अपनी रुचि के काम के लिये प्रोत्साहित किया जाता है, तो वे ऐसे अन्य लोगों से मिलेंगे जो समान चीजों का आनंद लेते हैं। इससे बच्चों के बीच बंधन बनते हैं जो कभी-कभी आजीवन रहते हैं।

3. कौशल

हां, किसी खेल में शामिल होना या डांस क्लास या कोई शौक अपनाना आपके बच्चे को किसी खास खेल या गतिविधि के बारे में सिखा सकता है, जिसमें उसे आनंद आता है; लेकिन इसके अलावा भी बच्चा बहुत कुछ सीखता है। इससे उन्हें अभ्यास, मजबूती और समस्या का समाधान जैसे महत्वपूर्ण सबक सीखने को मिलते हैं। खेल, नृत्य और यहां तक कि कला भी बच्चे के मोटर कौशल (मास पेशियों का इस्तेमाल), शक्ति और उसकी शारीरिक क्षमताओं का विकास कर सकती है।

शौक भी उद्देश्य को प्राप्त करने में, उसके प्रति काम करने, अपनी उपलब्धियों का आनंद लेने, समस्या को सुलझाने, करुणा, धैर्य और सकारात्मक होने जैसे मूल्यों का निर्माण करने में मदद करते हैं।

4. तनाव से मुकाबला करने के उपाय

जब बच्चों को कम उम्र से ही शौक पूरा करने के लिए प्रोत्साहित किया जाता है तो वे ऐसी चीजें सीखते हैं जो उन्हें पसंद हों, और जिनसे तनाव कम होता है। यह करके, माता-पिता अपने बच्चों को जीवन में बाद में भी तनाव और कठिनाई से निपटने में सक्षम बनाते हैं। रुचियों पर ध्यान देने और व्यवहार में लाने से बच्चों को एकाग्रता और सही सोच विचार विकसित करने में मदद मिलती है।

5. सीखने का उत्साह

सभी शिक्षा कक्षा में नहीं होती है। बहुत सारे माता-पिता यह नहीं समझते हैं कि खेल बच्चों के लिए सीखने का एक अनिवार्य रूप है। यहां तक कि लेगो ब्लॉकस के साथ निर्माण या चित्र बनाने जैसी सरल चीज भी बच्चे के मस्तिष्क के विकास और समस्या को सुलझाने की कला सीखने में सहायता करती है। शिक्षा व पढ़ाई लिखाई में सफलता के लिए ये दोनों पहलू आवश्यक हैं।

आप कैसे मदद कर सकते हैं?

1. आपका बच्चा आपकी प्रतिकृति/ कॉपी है। वे उत्सुकता से आपकी ओर देखते हैं और आपके पद चिन्हों पर चलने की कोशिश करते हैं। उदाहरण के रूप में ऐसे कोई भी कार्य करना चाहिए, जैसे कि पढ़ना, लिखना, खेलना, कसरत करना या गाना, तो बच्चे भी आपसे सीखेंगे।
2. आप उसे अपने किसी शौक में शामिल करके शुरुआत कर सकते हैं जिसे आपने विकसित किया है।
3. यदि आप रचनात्मक हैं और किसी भी गतिविधि में आनंद लेते हैं, तो यह बहुत स्वाभाविक है कि आपके बच्चे में निश्चित रूप से रुचि पैदा होगी। लेकिन ध्यान रहे, अगर उसे इसमें कुछ दिलचस्प नहीं लगता है, तो कभी भी उसपर दबाव न डालें।
4. बच्चे की उम्र के अनुसार ही शौक या गतिविधि होना चाहिए।

5. बाद में नए शौक आजमाएं और ध्यान से देखें कि आपके बच्चे को बिना तनाव लिए किस में आनंद आ रहा है और फिर उसी शौक को आगे बढ़ाने में उसकी मदद करें, उसके लिए आवश्यक उपकरण दिलाएं।

माता-पिता क्या करें, क्या नहीं?

- हमेशा अपने बच्चे को एक नई कला या शौक विकसित करने के लिए प्रोत्साहित करें।
- कभी भी हड़बड़ी न करें या बच्चे को कोई शौक अपनाने के लिए मजबूर न करें।
- बच्चे को किसी भी कला या शौक /हॉबी को सीखते समय हमेशा धैर्य रखने के लिए कहें।
- यदि वह अपने लक्ष्यों को प्राप्त करने में सफल नहीं हो पाता तो कभी आलोचना न करें।
- उसे बताएं कि असफल होना और फिर से प्रयास करना जीवन का हिस्सा है।

हमारे पास कुछ सलाह है:

1. अपने जुनून को अपने बच्चों पर थोपने से बचें

माता-पिता के रूप में, हम चाहते हैं कि हमारे बच्चे भी उन्हीं चीजों का आनंद लें जो हम पसंद करते हैं। यह स्वाभाविक है, लेकिन जरूरी नहीं। आपके बच्चे आपके जैसे दिख सकते हैं, लेकिन वे आप नहीं हैं!

भले ही आपका सपना हो कि आपका बच्चा सफल क्रिकेटर बने या कि उसे संगीत से प्यार हो जाए, लेकिन आप अपने बच्चे पर अपना जुनून नहीं थोप सकते। अपने बेटे या बेटी को ऐसी कला, खेल या शौक के लिए प्रोत्साहित करने में कोई बुराई नहीं है जिसमें आप भी रुचि रखते हैं, लेकिन अपने से ज्यादा उनकी रुचियों पर ध्यान केंद्रित करने से वे अपना सच्चा जुनून पा लेंगे।

2. जल्दी शुरुआत करें

अपने बच्चे की खूबियों का पता लगाना शुरू करना कभी भी जल्दी नहीं होता। आप इसे घर पर या औपचारिक कक्षाओं के माध्यम से कर सकते हैं। उदाहरण

के लिए, यदि आपका बच्चा संगीत के प्रति प्रेम प्रदर्शित करता है, तो आप उसे संगीत क्लास में भर्ती कर सकते हैं, या आप घर पर गायन और संगीत में एक साथ समय बिता सकते हैं। जब आप किसी बच्चे को छोटी उम्र में खोज करने के लिए प्रोत्साहित करते हैं, तो आप उन्हें सिखाते हैं कि दुनिया खोज के लिए खुली है। जीने का मजा नई चीजों को आजमाने में है और अपने बच्चे की रुचियों के बारे में पता लगाना उसी का एक हिस्सा है।

अपने बच्चों को उनकी रुचियों का पता लगाने के लिए मार्गदर्शन करें, यदि उनके पास पहले से ही एक प्राकृतिक प्रतिभा है तो उन्हें ऐसे कौशल को सुधारने में मदद करें।

3. जिज्ञासा को प्रोत्साहित करें

यदि आपका बच्चा किसी शौक या विषय में रुचि दिखाता है, तो उसे बहुत सारी जानकारी से लाद देने की कोशिश न करें। आप उससे प्रश्न पूछें ताकि पता लग सके कि उसकी रुचि किस हद तक है, वह क्या उसे केवल पसंद करता है या खुद उस कला या शौक को पूरा करना चाहता है। आप उन्हें यह भी सिखाएं कि नई चीजों को जांचना परखना और उनके आसपास की दुनिया की खोज करना आनंददायक है।

कोई भी दूसरा कैसे आपके बच्चे के जुनून के बारे में बेहतर जानकारी देने में सक्षम होगा। उसी से पूछें कि स्कूल में उसे किस विषय में सबसे ज्यादा दिलचस्पी है तो उसे उस विषय के बारे में और जानकारी दे सकते हैं। जब वह स्कूल से घर आता है तो वह किस बारे में बात करता है? वह पुस्तकालय में किस प्रकार की पुस्तकें देख रहा है? वह किस प्रकार के टेलीविजन शो देख रहा है? उस को सुनें, देखें और समझें।

4. अति-प्रतिबद्धता से बचें

बस अपने बच्चे को कई तरह की चीजों से परिचित कराते चलें इससे उन्हें बेहतर ढंग से समझने में मदद मिलेगी कि उनकी रुचि क्या है। अपने बच्चों को उनके सुविधा क्षेत्र (कम्फर्ट ज़ोन) से बाहर जाने के लिए प्रोत्साहित करें। उदाहरण के लिए, यदि वे कला में रुचि रखते हैं, तो उन्हें वह करने दें, लेकिन उनसे खेल में

भी प्रयास करने का आग्रह करें। यह भी ध्यान दें वे सारा दिन स्कूल में बिताने के बाद क्लब, खेल, संगीत पाठ और अन्य गतिविधियों के बीच दौड़ते न रहें। कभी-कभी यह सब बच्चों के लिए बहुत थका देने वाला हो जाता है। हमारा उद्देश्य वहाँ सब कुछ आज़माना नहीं है। आपको केवल ऐसी चीजों पर ध्यान देना है जिन्हें आपका बच्चा वास्तव में पसंद करता है और उन्हें करने का सबसे अच्छा तरीका ढूंढता है।

5. अति-भागीदारी से बचें

माता-पिता के रूप में, हम यात्रा के हर कदम पर अपने बच्चे की मदद करना और साथ देना चाहते हैं लेकिन अच्छा हो हम यह सब उन्हें अपने दम पर करने दें। गतिविधियों के लिए सख्त टाइम टेबल बनाना या अपने बच्चे के शौक में खुद को शामिल करना वास्तव में मदद के बजाय नुकसान पहुँचा सकता है।

माता-पिता को यह सुनिश्चित करना चाहिए कि वे अपने बच्चों पर मंडराते नहीं रहते और उनकी पसंद तय नहीं करते हैं। उन्हें अकेले काम करने की जगह और अवसर दें।

6. यात्रा का आनंद लें

एक बच्चे को कुछ ऐसा खोजते हुए देखना जिससे वे प्यार करते हैं, पालन-पोषण के सबसे सुखद क्षणों में से एक है। मंजिल पर इतना ध्यान केंद्रित न करें कि आप उस यात्रा का आनंद लेना भूल जाएं जिस पर आप एक साथ हैं। उस के आनंद को सराहें।

7. उनके पिछले गौरवपूर्ण पलों पर चिंतन करें

अपने बच्चे से उनकी पिछली उपलब्धियों पर विचार करने के लिए कहें, जो उनके पसंदीदा अनुभव और सबसे शानदार उपलब्धियां थीं। अतीत के अच्छे अनुभव सकारात्मक भावनाओं को जगाते हैं और आगे बढ़ने के लिए महत्वपूर्ण हैं।

बच्चे को ताकत और जुनून का पता लगाने में मदद करने के लिए गतिविधियां

1. स्कूल और बाहर के क्लब और गतिविधियाँ

इन दिनों सारे अच्छे विद्यालय पढ़ाई के अतिरिक्त बहुत सी गतिविधियों के अवसर प्रदान करते हैं, जैसे स्कूल में होने वाली बाल सभा, स्पोर्ट्स मीट, वार्षिक उत्सव, स्कूल मैगजीन और कई प्रतियोगिताएं। माता-पिता स्कूल के बाहर भी उनके लिए यह सब उपलब्ध करवा सकते हैं।

2. खेल

खेल खेलने के शारीरिक लाभों के अलावा, संगठित खेल बच्चों में सामाजिकता, मित्रता और आत्मविश्वास बढ़ाने में सहायक होते हैं। कभी-कभी, बच्चे विशेष रूप से एक खेल का आनंद लेते हैं, तो वह उस खेल को बड़े होने पर भी जारी रखते हैं। जब बच्चा एक खेल में पारंगत हो जाता है तो उसे अन्य कोई कला आज़माने के लिए कहें। खेल टीम में भाग लेने से बच्चे जीवन कौशल, जिंदगी जीने की कला भी सीखते हैं जो उन्हें जीवन भर अन्य शौक और रुचियों में काम आएंगे।

3. एस टी ई एम गतिविधियाँ

विज्ञान, प्रौद्योगिकी, इंजीनियरिंग और गणित (STEM- Science, Technology, Engineering, Maths) गतिविधियाँ, जैसे लेगो कार्यक्रम, बच्चों के लिए रचनात्मक शौक (कुछ बनाने की प्रक्रिया) सीखने में और उनकी रुचियों को आगे बढ़ाने का एक बढ़िया तरीका है। अधिकांश माता-पिता आपको बताएंगे कि उन्हें जल्दी पता चल जाता है कि उनके बच्चे को निर्माण और खोज का शौक है।

4. नृत्य, कला और संगीत

यदि आपके बच्चे ने कलाओं में कुछ रुचि दिखाई है, तो यह पता लगाने का प्रयास करें कि वह किस प्रकार की कला में भाग लेना चाहता है। नृत्य, कला और

संगीत सभी एक बच्चे के लिए गहराई तक गोता लगाने और कला व जीवन में सुंदरता का पता लगाने के बेहतरीन तरीके हैं। संगीत मस्तिष्क के कई हिस्सों को एक साथ जोड़ता है, और जब कोई बच्चा अपने स्कूल के ऑर्केस्ट्रा या कोरस में शामिल होता है तो यह समाज में घुलने मिलने का अवसर भी प्रदान करता है।

मस्तिष्क को व्यस्त करने के अलावा, कला बच्चों को पेन, ब्रश, मार्कर और कैंची के उपयोग के माध्यम से उनके मोटर कौशल विकसित करने में भी मदद करती है।

5. बाहरी गतिविधियाँ

क्या आपका बच्चा सूर्योदय से सूर्यास्त तक बाहर रहने के लिए कहता है? फिर साइकिल चलाने, चढ़ाई और लंबी पैदल यात्रा जैसी गतिविधियों को प्रोत्साहित करें। बाहरी व्यायाम सभी बच्चों के लिए बहुत अच्छे होते हैं क्योंकि वे इन गतिविधियों को समूहों में या स्वयं ही कर सकते हैं। क्लब या जिम में भाग लिये बिना भी बच्चे बाहरी मनोरंजन में शामिल हो सकते हैं।

6. खाना बनाना

यदि आपका बच्चा खाना बनाना पसंद करता है और टेलीविजन पर कुकरी-शो को देखने में बहुत समय व्यतीत करता है तो उसे किचन में हाथ आजमाने के लिए प्रोत्साहित करें। आप पुस्तकालय से बच्चों के अनुकूल रसोई की किताब ला सकते हैं या उन्हें खाना तैयार करने में मदद करने के लिए कह सकते हैं। समय के साथ, उन्हें और अधिक जिम्मेदारी दें इससे उनका शौक पूरा होगा और आपको भी मदद मिलेगी।

7. कल्पनाशील खेल

जब बच्चे कल्पनाशील खेल खेलते हैं, तो वे अपने वातावरण को समझना शुरू कर देते हैं। घर, रसोई, परिवार या कोई अन्य कल्पनाशील खेल खेलने से बच्चे उन चीजों को सीखते हैं जो वे घर के सदस्यों को करते हुए देखते हैं। जैसे ही बच्चे इन चीजों को अपनी तरह से प्रयोग करते हैं, वे उनके आसपास की दुनिया के बारे में समझ विकसित करते हैं।

शुरू में आपको उनके खेल,गुड़ियों से खेलना, बिल्डिंग-ब्लोक्स से खेलना, गाना आदि बहुत साधारण क्रिया लग सकती है, पर यही क्रियाएं उन्हें जीवन के बहुत से पाठ पढ़ाएंगी।

माता-पिता के रूप में, निश्चित ही आप चाहते हैं कि आपके बच्चे को एक ऐसा जुनून मिले जो उन्हें कड़ी मेहनत करने के लिए प्रेरित करें और उन्हें पूर्ण जीवन जीने में मदद करे।

देखिए, आप उस चिंगारी को खोजने में अपने बच्चे की मदद कैसे कर सकते हैं?

20. बच्चे की रचनात्मकता को बढ़ाने वाला माहौल प्रदान करें

माता-पिता अपने बच्चों के लिए सबसे अच्छा चाहते हैं। इसके लिए यह महत्वपूर्ण है कि वे अपने बच्चों को उनकी रचनात्मक प्रतिभा को उजागर करने में मदद करने के अवसर प्रदान करें। रचनात्मक गतिविधियां वास्तव में आपके और आपके बच्चे के सर्वश्रेष्ठ को बाहर ला सकती हैं।

छोटे बच्चे जिज्ञासु होते हैं और जब वे इस विशेषता का उपयोग करते हैं तो जादू होता है। सीखने और तलाशने की उनकी प्यास उनकी कल्पना और रचनात्मकता को उजागर करने में मदद करती है। रचनात्मक गतिविधियाँ बच्चे की विशिष्टता को पहचानने और उसका जश्न मनाने में मदद करती हैं।

एक बार आपको उनकी रुचि का अंदाज हो जाए, या फिर उसकी प्रक्रिया के दौरान भी, तो यहां हैं कुछ पेरेंटिंग टिप्स जिनका उपयोग आप अपने बच्चे की रचनात्मकता को विकसित करने के लिए कर सकते हैं:

1. आवाजाही और अन्वेषण की अनुमति दें

अपने बच्चे को कुछ खिलौनों और औजारों के साथ एक सुरक्षित, व्यवस्थित, खाली जगह दें और फिर उन्हें खेलने और घूमने दें। उन्हें एक स्थान पर बिठाकर कोई काम करने के लिए न कहें। अन्वेषण/ खोजबीन के लिए भरपूर जगह और अवसर प्रदान करें। बच्चे स्वाभाविक रूप से बहुत कुछ सीखते हैं।

घर में ऐसी जगह हो जहाँ उसे "चीजों को गड़बड़ाने" की अनुमति हो। अस्त-व्यस्तता होती है तो होने दो। उनके लिए, यह उनके खेलने और बनाने का तरीका है, भले ही बाद में सफाई करना पड़े। इससे एक रचनात्मक माहौल को बढ़ावा मिलता है, बल्कि जब भी संभव हो, उन्हें ऐसा करने दें।

2. परिणाम के बजाय प्रक्रिया पर ध्यान दें

इसका वैसे ही आनंद लें जैसे वे ले रहे होते हैं।

3. उन्हें प्रयोग और समस्या-समाधान करने दें

उन्हें चीजों से भरी एक पूरी ट्रे या बॉक्स यह बता कर न दें कि आप चाहते हैं कि वे इसका क्या करें। उन्हें यह बताने का प्रयास न करें कि कैसे खेलना है या चीजों को एक साथ कैसे रखना है। यदि वे सलाह मांगें, तो थोड़ी सी दें लेकिन उन्हें अपनी समस्या-समाधान करने के लिए प्रोत्साहित करना जारी रखें। हम अलग-अलग विचारों को प्रोत्साहित करें और उन्हें अपने से अलग राय रखने की अनुमति दें।

4. उन्हें साधारण खिलौने दें

हम अगर हर 10 दिनों में एक ही खिलौने दुबारा दें तो हम देखेंगे कि वे हर बार उनका अलग तरह से उपयोग करते हैं। शोर करने वाले, बैटरी से चलने वाले और महंगे खिलौनों से बचें और इसके बजाय बहु-प्रयोग वाले सादा खिलौने लाएं। अपने बच्चे को ज्यादा ऐसे खिलौने दें जिनके लिए उनको निर्देशों का पालन करने की आवश्यकता नहीं है। उन्हें अपनी कल्पना से कुछ बनाने के लिए ब्लॉक, छड़ें, पत्थर, कागज, गोंद, कैंची, साधारण कारें, लेगोज, पोशाक या कपड़े दें। आपको वे नई-नई चीजें बनाकर आश्चर्य में डाल देंगे।

5. उन्हें 'असफल' होने दें

हो सकता है कि आपका बच्चा चीजों को आजमाने की कोशिश न करे क्योंकि उसे डर है कि वह कुछ अच्छा नहीं कर पाएगा। अपने बचपन की घटना बताएं

जब आपने वास्तव में गड़बड़ की थी। याद रखें कि यह 'विफलता' वास्तव में आविष्कार में बदल सकती है!

6. उनसे जुड़ें

भले ही आप चित्रकारी में अच्छे न हो, बच्चे के साथ चित्र बनाएं, उसके खेल में और प्रयोगों में शामिल हों। ये पल आपको जीवन भर खुशियां देने वाले होंगे।

7. स्क्रीन के बजाय उन्हें पुस्तकें पढ़ने के लिए प्रोत्साहित करें

स्क्रीन टाइम मदद करता है या नुकसान? शायद दोनों, थोड़ा-थोड़ा। यह इस बात पर निर्भर करता है कि इसका उपयोग कैसे किया जा रहा है। बच्चों को नई बातें सिखाने के लिए तकनीकी ज्ञान एक बेहतरीन संसाधन हो सकता है पर ध्यान रखें कि वह इसकी वजह से अन्य लोगों के साथ समय बिताना या उनके आसपास की प्रकृति की खोज करना न छोड़ दे। पिक्चर बुक्स से शुरूआत करें। उन्हें पढ़कर सुनाना और फिर उन्हें पढ़ाना उनकी कल्पना को पोषित करने का एक खूबसूरत तरीका है। पढ़ना सीखने से पहले ही बच्चा उन पुस्तकों से प्यार करने लगता है।

सृजनात्मक शिक्षा स्पाइरल पांच घटक

स्पाइरल को जारी रखना

लर्निंग स्पाइरल एक चक्र के साथ समाप्त नहीं होता है। जैसे-जैसे बच्चे प्रक्रिया के माध्यम से आगे बढ़ते हैं, उन्हें नए विचार मिलते हैं और वे एक और चक्र के साथ, स्पाइरल की अगले पुनरावृत्ति को जारी रखते हैं। स्पाइरल की हर पुनरावृत्ति के साथ आपके लिए बच्चों को उनकी रचनात्मक शिक्षण में सहायता करने के नए अवसर हैं।

कल्पना करना
बनाना
खेलना
साझा करना
प्रतिबिंबित करना

अपने बच्चे को उद्देश्य खोजने में मदद करें

जब बच्चों के सामने कोई मुख्य व उनकी पसंद का उद्देश्य होता है तो वे उसमें सफल होने के लिए अधिक मेहनत करते हैं, वे अधिक उत्साहित होते हैं और बेहतर प्रदर्शन करते हैं। बच्चे के अपने उद्देश्य पर डटे रहने की संभावना भी अधिक होती है।

माता-पिता को चाहिए कि वे बीच-बीच में इस बारे में बातचीत करते रहें और उसे अपने विचार भी बताते रहें। यदि आपका बच्चा छोटा है, तो ड्रीम बोर्ड या विज़न बोर्ड बनाएं। पोस्टर बोर्ड पर आपका बच्चा ऐसी तस्वीरें या टेक्स्ट पोस्ट करता है जो उनके जुनून, आशाओं और लक्ष्यों को दिखाता है। इसके अलावा, यह आप दोनों के लिए एक साथ करने के लिए एक मजेदार गतिविधि होगी!

उन्हें तलाशने के अवसर दें, उनके रचनात्मक पक्ष में तल्लीन होने के लिए एक वातावरण दें और फिर उनकी रचनात्मकता का आनंद लें।

21. बच्चों की खेल में रुचि और माता-पिता की भूमिका

आप जानते ही हैं कि माता-पिता की रुचियों का अपने बच्चों पर बहुत प्रभाव पड़ता है। माता-पिता चाहते हैं कि उनके बच्चे को एक संपूर्ण व्यक्तित्व बनाने के लिए कई अलग-अलग गतिविधियों में शामिल होना चाहिए। ज्यादातर माता-पिता अपने बच्चों को खेलों में शामिल होने के लिए उत्साहित करते हैं। उनकी जिम्मेदारी है कि अपने बच्चों को शारीरिक या खेल शिक्षा के लिए आवश्यक उपकरण व जगह उपलब्ध कराएं।

यह आवश्यक नहीं कि हर बच्चा बहुत बड़ा खिलाड़ी बनेगा, फिर भी हर बच्चे के लिए खेल स्वस्थ जीवन का आधार होने के साथ-साथ उन्हें अनुशासित करते हैं और उनका चरित्र भी बनाते हैं।

ध्यान दें:

- हर खेल में चोट लगने की संभावना होती है, बच्चे की सुरक्षा के लिए जो आवश्यक हो, दिलाएं
- धैर्य रखें, सीखने में समय लगता है।
- बच्चों की टीम की मदद करें।

अपने बच्चों को खेलों से कैसे जोड़े?

- आप स्वयं खेलें; आपको खेलते देख बच्चे ज्यादा प्रेरित होंगे बनिस्बत सिर्फ बातें करने के
- खेल को मज़ेदार बनाएं
- खेलों में से अपने खुद के मिनी-गेम बनाएं

- बच्चे को अपने दोस्तों के साथ खेल खेलने के लिए आमंत्रित करना सिखाएं
- खेलों के बारे में आशावान रहें – निराशा को जाहिर न होने दें
- याद रखें कि बच्चों की ध्यान-अवधि कम होती है।
- हर बच्चे की रुचियाँ अलग होती हैं, उसकी रुचि पहचानने का प्रयत्न करें। बिना दबाव डाले बच्चे की सहायता करें। बर्नआउट और ड्रॉपआउट को रोकने के लिए और अभ्यास को सुविधाजनक बनाने के लिए माता-पिता को खेल शिक्षक से सलाह लेनी चाहिए।

बच्चों को खेल सीखने और उनमें बेहतर करने के लिए माता-पिता को कुछ सलाह

याद रखें, बच्चों के खेल खेलने का सबसे बड़ा कारण मौज-मस्ती करना है, इसलिए माता-पिता को चाहिए कि वे खेल के अनुभव को बच्चों के लिए रोमांचक व मनोरंजक बनाने में मदद करें।

यहां दी गई युक्तियाँ किसी भी बच्चे, किसी भी खेल और किसी भी आयु वर्ग के साथ काम कर सकती हैं।

- माता-पिता का रवैया: खेलों में शामिल होने के दौरान अपने बच्चों के लिए सकारात्मक और आशावादी रवैया चुनना, और वास्तविक प्रशंसा और प्रोत्साहन देना; झूठी प्रशंसा न करें। जब आप ऐसा करते हैं तो आप पाएंगे कि बच्चे इस रवैये को न केवल आपके लिए, बल्कि उनके कोच और साथी साथियों के प्रति भी यही रवैया रखेंगे।
- प्रशंसा बच्चे की करें, न कि केवल परिणामों की: हम क्या सिर्फ अंतिम लक्ष्यों तक पहुंचने पर सकारात्मक सुदृढीकरण (Positive reinforcement) करते हैं; बच्चे के प्रयासों के कारण हुए सभी सकारात्मक परिणाम (अर्थात टीम-केमिस्ट्री और सामंजस्य में सुधार) की भी तो प्रशंसा करें। जब माता-पिता कड़ी मेहनत और प्रयास की सराहना करते हैं, तो बच्चे

के फोकस, प्रेरणा और लचीलेपन में सुधार होता है, इसलिए इन शिक्षण योग्य क्षणों को व्यर्थ न जाने दें।

- भावनाओं के लिए समय दें, विशेषकर जब वे हारकर लौट रहे हों। अपने बच्चे के खेल कौशल में सुधार करने की कोशिश करने और मदद करने का सबसे खराब समय खराब खेल के तुरंत बाद कोचिंग शुरू करना। जब बच्चे भावुक होते हैं तो वे आपकी सलाह और आपकी प्रतिक्रिया, निराशा, उदासी और संभवत: शर्मिंदगी से और आहत होंगे। सामान्य नियम अगले दिन तक इंतजार करना है ताकि भावनाएं अपना काम कर सकें और आपका बच्चा भविष्य में सुधार के बारे में एक ईमानदार, महत्वपूर्ण बातचीत करने के लिए बेहतर ढंग से तैयार हो सके।
- भविष्य में सुधार के लिए मिलकर काम करें: यह हो सकता है कि माता-पिता के पास बेहतर विशेषज्ञता हो। ओपन-एंडेड प्रश्नों का उपयोग करने का प्रयास करें (अर्थात "आपके पास कौन से विचार हैं जो मदद कर सकते हैं?") और ध्यान से सुनें कि आपका बच्चा क्या कहता है -शायद आप उसके सभी विचारों से सहमत नहीं हों, फिर भी योगदान को मान्य करना महत्वपूर्ण है।

कुछ माता-पिता अपने बच्चों को बहुत कम उम्र में सिर्फ एक खेल में विशेषज्ञता हासिल करने के लिए प्रोत्साहित करते हैं। वे चाहते हैं कि उनके बच्चे बहुत कुशल और प्रतिस्पर्धी बनें। क्या यह एक अच्छा विचार है?

हाँ, यदि बच्चे की भी इसमें रुचि है। इससे परिष्कृत होने का अधिक समय मिलता है। कभी-कभी आगे चलकर यह रुचि बदल भी जाती है। प्रयास करें, दबाव न डालें।

खेल में उत्कृष्ट प्रदर्शन करने वाले बच्चे असली सितारे कैसे बनते हैं?

कुछ बच्चे कम उम्र में ही खेलों में उल्लेखनीय प्रतिभा का प्रदर्शन करते हैं। उनमें से कुछ बाहर हो जाते हैं, जबकि अन्य बड़े स्तर पर पहुंच जाते हैं। माता-पिता सोच सकते हैं कि उनके बच्चे में बहुत प्रतिभा है, लेकिन वे काफी पक्षपाती होते हैं। कुछ लोग हैं जो एक खेल प्रतिभा को देखते ही पहचान जाते हैं। एक प्रतिभाशाली बच्चा अपने आयु वर्ग में सबसे अच्छी शारीरिक क्षमता होने से अलग ही दिखता है। उसके पास प्रशिक्षण के लिए शारीरिक सहनशक्ति होती है और इसे पसंद किया जाता हैं। वास्तविक प्रतिभाओं में कुछ अन्य मानसिक क्षमताएँ भी होती हैं। वे जीत और हार, दोनों में स्वयं को संभाल सकते हैं। खिलाड़ी की सिर्फ शारीरिक स्थिति ही सफलता की निर्धारक नहीं होती। कोच और माता-पिता बहुत मायने रखते हैं, लेकिन शोध से पता चलता है कि कुंजी युवा खिलाड़ी के अंदर ही है।

सफलता के तीन कारक बार-बार देखे गए हैं: ये तीन विशेषताएं हैं जिनके आधार पर कुछ खिलाड़ी दूर तक जाने का मौका पाते हैं:

1. संगठित प्रशिक्षण के अलावा, वे अपने दम पर बहुत अभ्यास करते हैं
2. उन्होंने पुराने खिलाड़ियों के साथ प्रशिक्षण लिया है और खेल खेले हैं
3. इनका जन्म साल की शुरुआत में होता है। यह तथ्य अजीब है पर सत्य है।

एक टॉप खिलाड़ी बनने के लिए 10 वर्षों में 10,000 घंटे की ट्रेनिंग की जरूरत होती है, वह भी अपनी पसंद और इच्छा से। स्व-प्रेरणा (Self-motivation) बिना यह संभव नहीं।

हाँ, यदि माता-पिता स्वयं अच्छे खिलाड़ी रहे हैं तो वे निश्चय ही अपने बच्चे को इस राह पर चलना बेहतर सिखा सकते हैं और उसके लिए खेलों में बेहतर संभावनाएं तलाश सकते हैं।

AND SKILL ALSO.

22. यदि माता-पिता में संगीत की प्रतिभा है तो क्या बच्चे भी संगीत में अच्छा करेंगे?

माता-पिता डॉक्टर हों तो उनके बच्चे अधिकतर उसी प्रोफेशन को चुनते हैं। यदि माता-पिता वैज्ञानिक हों तो उनके बच्चों की रुचि विज्ञान में होना स्वाभाविक माना जाता है। ऐसा इसलिए कि बच्चे स्वाभाविक रूप से प्रारंभ से ही अपने माता-पिता से और अपने वातावरण से न सिर्फ प्रभावित होते हैं, बहुत कुछ सीख रहे होते हैं। इसी प्रकार आपने अक्सर देखा होगा कि कलाकारों के बच्चे कलाकार बनते हैं, न सिर्फ संगीत, बल्कि हर कला और स्पोर्ट्स में भी यही देखा गया है। यदि कलाकार पालक अपने बच्चे को कम उम्र में ही कला की बारीकियाँ सिखाना शुरू कर दें, उसकी ट्रेनिंग की व्यवस्था करें और उसकी रुचि को प्रोत्साहित करें तो अच्छे परिणाम होते हैं। वैसे भी बच्चे अपने पालकों से स्वतः भी बहुत कुछ सीख रहे होते हैं।

आज के परिदृश्य में बच्चे ज्यादातर दिन भर अपने ई-गैजेट्स के साथ समय बिताते हैं और हम उन्हें ऑनलाइन कक्षाएं और असाइनमेंट प्रदान करके इसे और भी उलझा रहे हैं। इसलिए, यह बहुत महत्वपूर्ण है कि आप उन्हें एक ऐसे शौक को अपनाने के लिए प्रोत्साहित करें जो उन्हें बाहरी गतिविधियों से परिचित कराए, उन्हें प्रकृति से जुड़ने में मदद करे और उन्हें अपनी रुचियों, रचनात्मकता और प्रतिभा को बाहर लाने का अवसर दे।

पिछले 30 वर्षों के दौरान, बच्चों के मनोविज्ञान को समझने के क्षेत्र में उल्लेखनीय प्रगति हुई है। बच्चों के विकास के अन्य क्षेत्रों की तरह, प्रारंभिक संगीत-काल के विकास में एक बच्चे की सफलता के लिए घर का वातावरण महत्वपूर्ण है। कम उम्र से ही, बच्चों में संगीत सीखने की उनकी क्षमता के बारे में लचीला दृष्टिकोण, विश्वास और उम्मीदें विकसित हो जाती हैं जो उनके माता-पिता के साथ बातचीत के माध्यम से उनमें डाली गई हैं। माता-पिता से शिक्षा के सभी क्षेत्रों में और विशेष रूप से संगीत में यह सच है क्योंकि इस विषय में विशेष रूप से गहन ट्रेनिंग शामिल हैं।

संगीत बच्चे के मस्तिष्क को कैसे प्रभावित करता है?

संगीत शरीर और दिमाग को एक साथ काम करने में मदद करता है। छोटे बच्चों को संगीत से शब्दों की ध्वनि और अर्थ सीखने में मदद मिलती है। संगीत बाल विकास के सभी क्षेत्रों में मदद करता है, विशेष रूप से कोई भी भाषा सीखने और पढ़ने में सहायक होता है। देखने में आया है कि वाद्य बजाना सीखने से गणित में क्षमता बढ़ती है।

संगीत सभी उम्र के बच्चों के मोटर स्किल को बढ़ाता है। सारा जीवन, संगीत रिलैक्सैशन और मेडिटेशन का काम करता है। यह रोजगार बनकर जीवन का सहारा भी बन सकता है, परिष्कृत हुआ तो प्रसिद्धि की बुलंदियों पर भी बिठा सकता है।

ALWAYS DO
YOUR BEST
NO MATTER
THE SIZE
OF YOUR
AUDIENCE.

23. क्या बेहतर है - संयुक्त या एकल परिवार?

माता-पिता के रूप में, आप हमेशा अपने बच्चे के विकास और वृद्धि के लिए उपलब्ध सर्वोत्तम संसाधनों की तलाश में होंगे। हालाँकि, कभी-कभी हम यह भूल जाते हैं कि सर्वोत्तम संसाधन हमारे आसपास के लोग ही हैं। सभी माता-पिता अपनी संतान के लिए अच्छे से अच्छा वातावरण चाहते हैं। संयुक्त परिवार आपके बच्चे की वृद्धि और विकास के लिए अच्छा वातावरण हो सकता है यद्यपि इस में भी कमियाँ होती हैं। हमें परिस्थितियों के अनुसार व अपने बच्चे की जरूरत के हिसाब से इसका चयन करना चाहिए।

परिवार बच्चों को सामाजिक बनाने के लिए एक महत्वपूर्ण पायदान है। वे बच्चे को उसके आसपास की दुनिया के प्रति सही समझ विकसित करने में मदद करते हैं। परिवार समाज का बुनियादी निर्माण स्थल है, कहना चाहिए ये पहली जरूरत है। बचपन के दौरान यह हमारा परिवार है जो हमें समाज में रहने के नियमों से परिचित कराता है।

संयुक्त परिवार एक शानदार इकाई है। हमारे दिमाग में संयुक्त परिवार की छवि ऐसी होती है जिसमें सब साथ खाते हैं, साथ हंसते हैं और अच्छे-बुरे वक्त में एक-दूसरे का साथ देते हैं। संयुक्त परिवार की किसी भी अन्य सामाजिक संस्था की तरह,

ताकत और कमियां हैं। बहुत से लोग संयुक्त परिवार के महत्व को पहचानते हैं और आज भी संयुक्त परिवार मौजूद है और महत्वपूर्ण है।

संयुक्त परिवार आपके बच्चे के लिए सर्वश्रेष्ठ क्यों है?

1. साहचर्य/साथ

संयुक्त परिवारों में पले-बढ़े बच्चे उन लोगों के बीच बड़े होते हैं जो अपने ही आयु वर्ग और उसके आसपास के होते हैं, और इससे वे कभी भी अकेला महसूस नहीं करते।। आज के बच्चे कभी-कभी बुरी संगत में पड़ जाते हैं, सिर्फ इसलिए कि वे एक साथ चाहते हैं। संयुक्त परिवार साथी की इस कमी को पूरा करते हैं।

2. अपनेपन की भावना:

चचेरे भाई, चाचा-चाची, बुआ, मामा-मामी, मौसी, नाना-नानी और दादा-दादी के बीच बड़े होने से शिशुओं को हर किसी के साथ बातचीत करने और गहरे रिश्ते बनाने का मौका मिलता है। विशेष रूप से महत्वपूर्ण दादा-दादी के साथ जो संबंध है जो जीवन में हर बच्चे के लिए आनंददायक व महत्वपूर्ण है। एक संयुक्त परिवार की सबसे महत्वपूर्ण बात है, कि एक बड़े परिवार को काम पूरा करने के लिए एक बड़ी टीम के रूप में काम करना होता है। इस तरह के माहौल के साथ, उन्हें कभी भी घर के अन्य कार्यों के बारे में तनाव नहीं होता है क्योंकि ज्यादातर समय परिवार के अन्य सदस्य मदद के लिए होते हैं।

3. परिवार आपके बच्चे को बाहर की बड़ी दुनिया के लिए तैयार करता है

संयुक्त परिवार सहजीवन देते हुए, समाज के लिए एक संस्कृति भी विकसित करते हैं, जो आपके बच्चे को बाहर की बुरी दुनिया का सामना करने के लिए

तैयार करती है। एक संयुक्त परिवार में रहने से आपके बच्चे को जीवन के विभिन्न अनुभव मिलते हैं।

इस व्यवस्था में बच्चों के पालन-पोषण में आपसी तालमेल व एक दूसरे के अनुभव से सीखने का अवसर मिलता है। इसके अलावा, जो बच्चे संयुक्त परिवारों में पले-बढ़े हैं, उनके सामाजिक रूप से अनुकूल और उत्तरदायी होने की अधिक संभावना है।

एक संयुक्त परिवार में बहुत सारे लोग होते हैं, और लोगों से भरा घर संघर्षों से भरा घर होता है। इसलिए, इन परिवारों में रहने वाले बच्चे संघर्षों का सामना करना और उनका समाधान करना सीखते हैं।

4. पारिवारिक मूल्यों को सीखना:

एक संयुक्त परिवार एक पुरातन व्यवस्था है जहां कई सिद्धांत जो माता-पिता अपने बच्चों में डालने की इच्छा रखते हैं उन्हें अच्छी तरह से और भरोसेमंद माहौल में सिखाया जाता है। बच्चे परिवार के सदस्यों के बीच बड़े होने पर सुख-दुख साझा करने और दूसरों के प्रति सहानुभूति रखना सीखते हैं।

5. सामूहिक मदद का माहौल:

यह पारिवारिक संरचना विशेष रूप से कामकाजी माता-पिता के लिए जीवन रक्षक की तरह है, जिन्हें अपने बच्चों की अनुपस्थिति में बच्चों के आस-पास रहने के लिए किसी भरोसेमंद व्यक्ति की आवश्यकता होती है। कोई भी अन्य केयरटेकर, एक मौसी-मौसा, चाची- चाचा और दादी-दादा, नाना-नानी की भूमिका को पूरा नहीं कर सकते हैं।

6. सम्मान की भावना

सम्मान सबसे महत्वपूर्ण गुण है जो संयुक्त परिवारों में स्वाभाविक रूप से विकसित होता है। आपके आस-पास रहने वाले बहुत से बुजुर्गों के लिये सबके मन में एक भावनात्मक सम्मान होता है। सम्मान एक ऐसी चीज है जिसकी हर कोई लालसा करता है। इसलिए, आपका बच्चा किसी भी उम्र के लोगों का सम्मान करना सीखेगा।

7. सुख दुख बांटना

संयुक्त परिवार का दूसरा महत्वपूर्ण पहलू खुशियों को बांटना है। कहते हैं खुशियां बांटने से बढ़ती है। बहुत अच्छा लगता है जब आपकी जीत का जश्न मनाने के लिए आपके पास इतने बड़े लोग हों। एक संयुक्त परिवार में ही इस तरह का आनंद मिल पाता है।

संयुक्त परिवार खुशियों को कई गुना बढ़ा देते हैं और स्पंज की तरह खराब समय को सोख लेते हैं।

8. अच्छी शिक्षा प्राप्त करना

बच्चे के लिए अच्छी शिक्षा किसी भी माता-पिता के लिए प्रमुख चिंताओं में से एक है। स्कूल के अलावा, एक बच्चे को पढ़ाई के लिए अतिरिक्त ध्यान देने की जरूरत होती है। संयुक्त परिवार में यदि दादा-दादी या नाना-नानी शिक्षित हों तो वे बच्चे की शिक्षा-दीक्षा में मदद करते हैं। कभी-कभी शिक्षा के लिए अतिरिक्त धन की आवश्यकता होती है जिसमें घर के अन्य सदस्य मदद कर सकते हैं।

9. देने और बांटने की कला

आजकल, किसी बच्चे को दूसरों के साथ, भावनाएं और अपनी प्यारी वस्तुएं साझा करते हुए देखना बहुत मुश्किल है। संयुक्त परिवार साझा/शेयर करने और देने के गुण को विकसित करने में मदद करते हैं जो बच्चे के पूरे व्यक्तित्व के विकास के लिए बहुत महत्वपूर्ण है। यह चीजों और लोगों पर अकेले कब्जा करने की भावना पर काबू करने में मदद करता है। संयुक्त परिवार मिल बाँट कर जीवन बिताने की कला सिखाता है।

10. आप अपने बच्चे को अधिक समय दे सकते हैं

समय की कमी से हम सभी जूझते हैं, जब व्यस्त और भागदौड़ भरी जीवनशैली के साथ तालमेल बिठाने की कोशिश करते हैं। संयुक्त परिवार में बहुत सारी जिम्मेदारियाँ साझा होने की वजह से आप अपने बच्चे को अधिक समय दे पाते हैं।

11. पेरेंटिंग सपोर्ट

संयुक्त परिवार में रहने से डे-केयर और बेबी-सिटर्स की जरूरत खत्म हो जाती है। यह पेरेंटिंग को आसान बनाता है। माता-पिता के रूप में, आपको इस बारे में चिंता करने की ज़रूरत नहीं होगी कि आपके दूर रहने के दौरान आपके बच्चे की देखभाल कौन कर रहा है। आपका बच्चा घर पर कभी अकेला नहीं होगा; इसके बजाय, उनकी देखभाल प्यार और गर्मजोशी से की जाएगी, और वे सुरक्षित हाथों में होंगे। आपको अपने बच्चे के बारे में लगातार चिंता किए बिना अपना जीवन जीने, अपने दोस्तों के साथ जाने, अपने शौक आदि पूरा करने के लिए भी अधिक समय मिलेगा। इसका आर्थिक पहलू भी न भूलें। बहुत से खर्चे जैसे मकान का किराया, कार, सहायक का खर्च, इंटरनेट का बिल आदि सब मिलजुल कर करते हैं जिससे आपको पैसे अन्य जरूरी बातों जैसे पढ़ाई, दवाई आदि के लिए बच जाते हैं। घर का ड्रॉइंग रूम, टी वी, फ्रिज आदि सभी प्रयोग करते हैं।

12. संयुक्त परिवार एक सहायता प्रणाली के रूप में

इस बात से कोई इनकार नहीं कर सकता कि संयुक्त परिवार बच्चों के लिए एक लगभग आदर्श सहायक घर की व्यवस्था प्रदान करते हैं। एक आदर्श दुनिया में, आपके बच्चे के लिए संयुक्त परिवार एक स्वस्थ संस्था है। इस अर्थ में, एक संयुक्त परिवार को विकास की अंतहीन संभावनाओं वाले एक सुरक्षित घोंसले के रूप में देखा जा सकता है। संयुक्त परिवारों में बड़े होने वाले बच्चों में अकेलेपन, चिंता, अवसाद, अलगाव आदि की भावनाओं से पीड़ित होने की संभावना कम होती है। बच्चे परिवार में किसी से भी मदद ले सकते हैं। यह आज और भी महत्वपूर्ण हो जाता है क्योंकि न्यूक्लीयर फॅमिली में तो बस अब 3 या 4 लोग बचे हैं (माँ, पिता और 1 या 2 बच्चे)।

क्या संयुक्त परिवार के कोई नुकसान भी हैं?

दुनिया में मौजूद कोई भी पारिवारिक संरचना दोषरहित नहीं है। संयुक्त परिवारों में कलह और संघर्ष का सामना करना आम बात है। कम गोपनीयता और कम स्वतंत्रता भी कुछ लोगों को पसंद नहीं आता। प्राइवेसी व स्वतंत्रता से समझौता

करना पड़ता है। कभी-कभी विचार न मिलने से वातावरण खराब हो जाता है ,जो बच्चे के विकास में बाधा बनता है।

कभी लगता है कि बड़े परिवार में बच्चे को शिक्षा देने वाले ज्यादा ही लोग हैं और टू मेनी कुक्स स्पॉइल द ब्रॉथ (फूड)।

यदि सभी सदस्यों का आर्थिक स्तर बहुत अलग हो तो भी मुश्किलें आती हैं।

संयुक्त परिवार में एक बच्चे की परवरिश एकल परिवार में उनकी परवरिश से अलग होती है।

एक संयुक्त परिवार बनाम एक एकल परिवार में बड़े होने का कोई सही या गलत पक्ष नहीं है। एक बच्चे को पालने के सर्वोत्तम तरीके पर विचार करते समय, अंतिम निर्णय माता-पिता के पास होता है। इसका कोई सीधा जवाब नहीं है कि आपके बच्चे के लिए किस प्रकार का परिवार बेहतर होगा। यदि आप संयुक्त परिवार में सही तालमेल बिठा कर रह पा रहे हैं तो इससे अच्छा कुछ भी नहीं है। किन्तु यदि यह संभव नहीं है तो आप अलग व्यवस्था करने में न हिचकें। हर व्यक्ति का स्वभाव अलग होता है और हर व्यक्ति संयुक्त परिवार में सामंजस्य नहीं बैठा पाता।

एकल परिवार में बच्चे के पालन-पोषण के लाभ

1. स्वतंत्रता

स्वतंत्र होना अकेला या अलग-थलग होना नहीं है। स्वतंत्रता एक सकारात्मक गुण है जो हर बच्चे का पहला अधिकार है। यह जीवन का एक तरीका है, यह वह ताकत है जो आपको हर सुबह उठने में आनंदित करती है और आप अपने जीवन को आपकी मनचाही दिशा में ले जा सकते हैं। संयुक्त परिवारों में पाले गए बच्चे अकसर अपनी स्वतंत्रता की भावना खो देते हैं। दूसरी ओर, एकल परिवारों में बच्चे अधिक व्यक्तिवादी और सकारात्मक होते हैं। ये बच्चे अपने भविष्य की जिम्मेदारी लेना सीखते हैं और आत्म-जागरूक बनते हैं।

2. नैतिकता में अंतर

यदि आप एक रूढ़िवादी कठोर नियमों द्वारा चलने वाले परिवार में पले-बढ़े हैं तो आपको अपने बच्चों को एकल परिवार में पालना बेहतर लगेगा। हर आने वाली पीढ़ी पिछली पीढ़ी से बिल्कुल अलग है, और नैतिकता एवं विचारों में अंतर परिवार में असंतुष्टि पैदा कर सकती है। परिवार का गलत माहौल बच्चे की सही परवरिश में मुश्किल पैदा करता है। बदलते समय और बदलते मूल्यों के साथ, माता-पिता को परिवार के सदस्यों से अनुचित सलाह और निर्णय को स्वीकार किए बिना अपने बच्चों की परवरिश करनी चाहिए। माता पिता को अनुचित सलाह को न मानने का साहस रखना चाहिए।

21वीं सदी में एक बच्चे का पालन-पोषण 20वीं सदी के पालन-पोषण से अलग है। इसलिए, अपने रिश्तेदारों की बात सुनने के बजाय, अपने व्यक्तिगत नैतिकता और अपने विचारों को अपने बच्चे में डालें। उन्हें एक खुले दिमाग का विकास करना सिखाएं। उन्हें सही को स्वीकार करना व गलत को अस्वीकार करना सिखाएं।

3. स्व्-पहचान और संचार (संवाद या बातचीत)

कोई भी परिवार परिपूर्ण (Perfect) नहीं होता है और ज्यादातर मामलों में, संयुक्त परिवार निरंकुश और दबंग होते हैं। ऐसा हो तो यह एक बच्चे के बड़े होने के लिए सही वातावरण नहीं है। कभी-कभी कुछ सदस्य दूसरे कमजोर सदस्यों पर हावी रहते हैं। संयुक्त परिवारों में बच्चों के पास बहुत कम जगह होती है और एक से अधिक लोग एक कमरे में रहते हैं। संयुक्त परिवार में प्रायवेसी (निजता) की कमी होती है। उनको अलग अस्तित्व बनाने में मुश्किल होती है, वे अपनी पहचान खो सकते हैं। यदि आपकी पालन-पोषण शैली आपको अपने बच्चे को बेवजह रोकटोक से दूर रख कर अपनी पूरी क्षमता के साथ पालने की है, तो संयुक्त परिवार से बाहर रहने का विकल्प चुनें।

एकल परिवारों में आपसी संवाद रोकटोक के बिना बहुत सहज तरीके से होता है। बच्चे अपने माता-पिता पर विश्वास करते हुए बड़े होते हैं, जो उनके बीच घनिष्ठ संबंध को मजबूत करता है। इसके अलावा, एकल परिवार में माता-पिता को अपने बच्चों के साथ घुलने-मिलने के ज्यादा मौके होते हैं।

एकल परिवार, और यहां तक कि एकल माता-पिता वाले परिवार के बच्चे, बिना किसी हिचक के अपनी बात रखने और बेहतर संवाद कौशल (बातचीत) में निपुण होते हैं। एकल परिवार में बच्चा बिना किसी बाधा के अपना विकास कर सकता है। और यही वे बातें हैं जो आज की दुनिया में एक बच्चे में होनी चाहिए।

अंतिम फैसला

हम सभी इस बात से सहमत होंगे कि पालन-पोषण कभी भी आसान नहीं होता चाहे वह संयुक्त परिवार में हो या एकल परिवार में।

21वीं सदी के मूल्यों पर विचार करें तो परिवार अब आपके खून के रिश्तों तक सीमित नहीं रह गए हैं। परिवार सबसे संबंधों से बनते हैं और जीवन पर्यंत रहने वाले बंधन बनाते हैं। ऐसे में हमें यह देखना चाहिए कि हमारे घर का माहौल हमारे बच्चे के विकास को कैसे प्रभावित कर सकता है। यह सच है कि आर्थिक विकास, शहरीकरण, शिक्षा में रुझान और सांस्कृतिक परिवर्तन के साथ संयुक्त परिवार खत्म होना शुरू हो गये है।

किसी भी पारिवारिक सेटिंग में बच्चे को पालने के अपने फायदे और नुकसान हैं। इस प्रकार, यहाँ कोई सही या गलत उत्तर नहीं है। प्रत्येक माता-पिता अपने बच्चों के लिए सबसे अच्छा चाहते हैं और आप अपने बच्चे को किस परिवार में पालना चाहते हैं, यह चुनना आपकी व्यक्तिगत पसंद और परिस्थितियों पर निर्भर करता है। यह याद रखना चाहिए कि संयुक्त परिवार में रहने पर 'समझौता' और सभी सदस्यों का आपसी तालमेल अत्यावश्यक है।

संयुक्त परिवार में बच्चों को पालने में महत्वपूर्ण कुछ बातें:

कामकाजी माता-पिता के लिए संयुक्त परिवार में रहना एक वरदान है। इसमें लाभ हैं तो कुछ कठिनाइयाँ भी। बच्चे को पालने में कभी-कभी पुरानी पीढ़ी के सदस्यों से आपस में विरोधी विचार या अलग विचारधारा की वजह से कई

चुनौतियाँ उत्पन्न हो जाती हैं। घर पर दादा-दादी को जो पोते-पोतियों को लाड़ प्यार करते हैं इस समय माता-पिता द्वारा हस्तक्षेप/सलाह देना और दादा-दादी के ज्ञान पर सवाल उठाना समस्या बन जाता है। यह सब संयुक्त परिवार में रहने वाले अधिकांश माता-पिता को महसूस होता है। इस तरह की बार-बार होने वाली बातें सदस्यों के बीच के बीच मनमुटाव का कारण बन जाती हैं और संयुक्त परिवार टूट जाता है।

संयुक्त परिवार में किस तरह रहना चाहिए इसके लिए कुछ सलाह:

1. स्वीकृत सीमाएं

माता-पिता और दादा-दादी को एक बच्चे की सामाजिक बुद्धिमत्ता को कम नहीं आंकना चाहिए। बच्चों को ठीक-ठीक पता होता है कि वे जो चाहते हैं उसे पाने के लिए किसके पास जाएं। परिवार में कुछ नियम तय करने होंगें, नियमों पर सबकी सहमित होनी चाहिए। बच्चों को सभी नियमों की जानकारी होनी चाहिए। उदाहरण के लिए: सोने का समय और उठने का समय तय करना।

2. बंद कमरे में चर्चा:

कई बार, माता-पिता या उनके और दादा-दादी/अन्य वयस्कों के बीच असहमति हो सकती है। यानि कि सबको कोई बात नहीं जंच रही हो तो यदि समय के साथ, इन असहमतियों को दूर नहीं किया जाता है, तो परिवार में आनंदमय वातावरण नहीं रह पाता। माता-पिता और दादा-दादी/ सभी वयस्कों को पता होना चाहिए कि बच्चे सहज होते हैं, अक्सर सब कुछ समझ जाते हैं और फलस्वरूप, वे एक दूसरे के खिलाफ माता-पिता व दादा-दादी का इस्तेमाल करने लगते हैं, जो बड़े होने पर जीवन पर्यंत उनका स्वभाव बन जाता है। इसलिए, माता-पिता और दादा-दादी/ वयस्कों को जो भी समस्या हो, बच्चों की अनुपस्थिति में उस पर चर्चा करनी चाहिए और समस्या का सौहार्द पूर्ण समाधान करना चाहिए। जब तक समस्या का समाधान नहीं हो जाता, तब तक वयस्कों को "एक टीम" के रूप में बच्चों के सामने आना चाहिए। जब एक वयस्क अपने बच्चे को सुधार रहा है, तो दूसरे सदस्यों को हस्तक्षेप और विरोध नहीं करना चाहिए। अकसर घरों में दादा-दादी व नाना-नानी बच्चों की तरफ हो जाते हैं चाहे उसका पक्ष गलत ही क्यों न हो। ऐसी

स्थिति में बच्चा अपने माता-पिता को नापसंद करने लगता है जो आगे चलकर दुखदायी हो सकता है। घर में सभी को एक ही बात बोलनी चाहिए। अलग-अलग चॉइस देने पर बच्चा भ्रमित (कन्फ्यूज़) हो जाता है।

3. बच्चे के लिए एक ही बॉस हो:

संयुक्त परिवार में माता-पिता घर के अन्य सभी लोगों को बताएं कि "बच्चे के लिए एक बॉस" है और यह माता-पिता में से कौन है? यानी कि बच्चा परिवार के एक सदस्य से अनुमति या सलाह ले। यह जिम्मेवारी लेना युवा माँ के लिए एक कठिन और तनाव पूर्ण काम हो सकता है और उसे इसमें अपने जीवनसाथी के समर्थन की आवश्यकता होती है। यह माता-पिता या ससुराल वालों के साथ विशेष रूप से मुश्किल और चुनौती पूर्ण है। अच्छा हो सभी लोग पेरेंटिंग के बारे में सही जानकारी जुटायें। आज के समय में यह कतई मुश्किल नहीं है। ऑनलाइन जानकारी किसी भी अच्छे साइकोलॉजिस्ट या बालरोग विशेषज्ञ से ली जा सकती हैं। सभी को बिना किसी मतभेद के, मुक्त, प्रेम से परिपूर्ण वातावरण में खुशी-खुशी बच्चों की परवरिश करने के लाभों के बारे में बताया जाए तो इन अप्रिय स्थितियों से बचा जा सकता है।

4. दादा-दादी भी कभी माता-पिता थे

याद रखें कि आपके माता-पिता ने आपको पाला है। इसलिए बच्चों को पालने में दादा-दादी के ज्ञान और अनुभव का लाभ उठायें। वे नाती-पोतों के जीवन में बहुत लाभदायक बदलाव ला सकते हैं। माता-पिता को उन्हें बच्चों के पालन पोषण करने वाली टीम का हिस्सा बना लेना चाहिए और समाधान खोजने के लिए उनकी सलाह लेनी चाहिए। दादा-दादी को बताएं कि बच्चों की परवरिश में वे महत्वपूर्ण हैं और उनकी सलाह को हमेशा महत्व दिया जाएगा, जहां तक संभव होगा, उनकी बात मानी जाएगी। उनसे आपसी मशविरा करके बच्चों के सामने एक यूनिट के रूप में देखभाल करें। अक्सर वे एक उपयोगी समाधान बताएंगे, और माता-पिता को स्वतंत्र रूप से काम करने देंगें।

बाल विकास में परिवार की भूमिका

संयुक्त राष्ट्र का अंतर्राष्ट्रीय परिवार दिवस प्रत्येक वर्ष 15 मई को मनाया जाता है, जो समाज में परिवारों के महत्व को पहचानने का अवसर प्रदान करता है। COVID-19 के प्रकोप ने जो हर किसी के दिमाग में है, परिवार के महत्व और हमारे जीवन में इसकी भूमिका को याद दिलाने का काम किया है।

भले ही परिवार की परिभाषा बदल गई हो, इसका मूल्य आज भी उतना ही महत्वपूर्ण है जितना पहले था। आखिर परिवार के सदस्य ही हैं जो भोजन, रहने की जगह और पालन-पोषण जैसी मुख्य जरूरतें प्रदान करते हैं। लेकिन परिवार की भूमिका जरूरतों से आगे तक है, जो बच्चे के जीवन में अपनेपन सुरक्षा और शिक्षा की भावना पैदा करने में मदद करती है।

25 साल पहले कोपेनहेगन में परिवार को समाज की महत्वपूर्ण इकाई के रूप में मान्यता दी गई थी, समाज में परिवारों की भूमिका आज पहले से कहीं अधिक महत्वपूर्ण है।

24. बच्चे के जीवन में दादा-दादी का महत्व

अच्छे माता-पिता सिद्ध होने के लिए न सिर्फ अच्छी बातें सीखना होंगी किन्तु अच्छा बनकर दिखाना भी होगा क्योंकि बच्चे वह सीखने वाले हैं जो वे आप को जीवन में करता देखते हैं।

वे भावी जीवन में आपके साथ वह व्यवहार करेंगे जो उन्होंने आपको अपने माता-पिता के साथ करते देख कर सीखा होगा। यूं भी आपको माता-पिता के ऋण से उऋण होने के लिए उनके प्रति कृतज्ञ होना ही चाहिए। किसी को भी माता-पिता का अहसान नहीं भूलना चाहिए।

आपका उनसे सहयोग, उनको दिया आदर और सम्मान आपको ब्याज सहित जीवन भर वही दिलवाएगा। दादा-दादी का आपके बच्चे के जीवन में एक विशिष्ट स्थान है। याद रखें सभी लोग इतने भाग्यशाली नहीं होते कि वे नाना-नानी, दादा-दादी का प्यार मिल पाए।

यह बच्चे उनके जीन्स के वाहक हैं और भविष्य में उनके कुल को आगे ले जाने वाले हैं। जब हम दादी और दादाजी और नाना -नानी के बारे में सोचते हैं, तो बहुत से अच्छे जुड़ाव और मधुर स्मृतियाँ मन में आती हैं। अधिकांश परिवारों में, वे मुख्य स्तंभ होते हैं, पारिवारिक परंपराओं के रखवाले, यादों के भंडार और- सबसे महत्वपूर्ण, वह कड़ी जो परिवार के सभी सदस्यों को एक साथ बांधती है। दादा-दादी परिवार का वह हिस्सा हैं जो सबको एकजुट करते है और आने वाली पीढ़ियों को एक साथ लाते हैं। इसीलिए लोग पोते-पोतियों के पालन-पोषण में दादा-दादी की भूमिका पर जोर देते हैं। दादा-दादी, नाना-नानी और पोते-पोतियाँ व नाती -नातिने विशेष रूप से महत्वपूर्ण पारिवारिक संबंध बनाते हैं, जो हमारी संस्कृति की विशेषता है।

भारत में पीढ़ियों से परिवार हमेशा साथ-साथ चले हैं हालांकि, नौकरी पेशा बच्चों के शहरों में रहने आने की वजह से देश भर में एकल परिवारों की संख्या बढ़ी है और अपने माता-पिता के साथ रहने की व्यवस्था दिन पर दिन कम होती जा रही है। सच्चाई यह है कि आपके बाद, केवल उनके दादा-दादी, नाना-नानी ही हैं जो वास्तव में आपके बच्चों से प्यार करते हैं और उनकी देखभाल करते हैं। आइए बच्चों के जीवन में उन के महत्व और भारतीय परिवार में उन की भूमिका पर करीब से नजर डालते हैं। कैसे उनमें आज की कठोर दुनिया में आपके बच्चे को ढालने की शक्ति है।

बच्चों को पालने में मदद

माता-पिता के बाद वे ही भरोसेमंद देखभाल करने वाले व्यक्ति हैं जिन्हें बच्चे स्वेच्छा से स्वीकार करते हैं। ऐसा इसलिए है कि वे अपने पोते-पोतियों के साथ उस समय से एक बंधन बना लेते हैं जब बच्चे दुनिया में आते हैं, इसलिए अपने दादा-दादी की देखभाल में रहना बच्चों के लिए उतना मुश्किल नहीं है जितना कि उन्हें पूरी तरह से किसी अजनबी के पास छोड़ना। एक और महत्वपूर्ण बात यह है कि उनके माता-पिता से करीबी रिश्ते होने की वजह से उनके पालन- पोषण के तरीके में समानता होती है। इस तरह के वातावरण में बच्चे की परवरिश आदर्श तरीके से हो सकती है।

दादा-दादी सलाह देते हैं

एक बच्चे का माता-पिता बनना खुशी की बात है, लेकिन यह हमेशा आसान नहीं होता है विशेषकर नए माता-पिता के लिए। और छोटे बच्चे इतनी तेजी से बढ़ते हैं कि पालन-पोषण की दिनचर्या जो एक दिन काम करती है वह अगले दिन नहीं करती। जब संदेह होता है, माता-पिता अकसर ऑनलाइन उत्तर ढूंढते हैं। लेकिन जानकारी के स्रोत जिन पर वे सबसे अधिक भरोसा करते हैं, वे हैं उनके अपने माता-पिता (आमतौर पर मां), दोस्त, और बाल रोग विशेषज्ञ। हताशा या घबराहट के क्षणों में दादा-दादी का जीवन का अनुभव और ज्ञान विशेष रूप से सहायक और शांतिप्रद होता है।

बेशक, दादी या दादाजी की कुछ सलाह बाल विकास के बारे में अब हम जो जानते हैं, उसके साथ मेल ना खाती हो लेकिन उनका ज्ञान और जीवन भर का अनुभव माता-पिता को दिलासा दे सकता है। दादा-दादी जानते हैं कि एक आदर्श माता-पिता जैसी कोई चीज नहीं होती और बच्चों के पालने के कोई मानक (नपे-तुले) तरीके नहीं होते, आपको हर समस्या का तात्कालिक समाधान ढूँढना ही होता है।

आपके बच्चे के लिए सार्थक समय

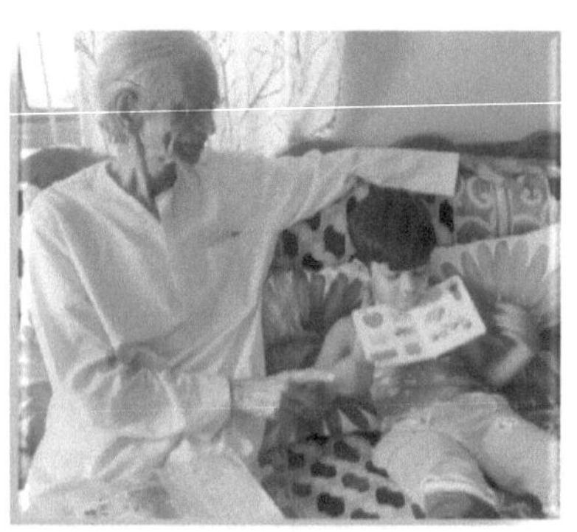

हम वर्तमान में एक तकनीकी दुनिया में रह रहे हैं जो पिछली पीढ़ी की तुलना में बहुत तेज और प्रगतिशील है। परिवार विकसित हो गए हैं, और माता-पिता पुराने समय की तुलना में अपने बच्चों के साथ उतना समय नहीं बिता पाते। तब दादा-दादी, नाना -नानी बच्चों को सार्थक पारिवारिक समय (Quality family time) दे सकते हैं। वे आपके बच्चे से जुड़े होने की भावना प्रदान करते हैं और दिन के व्यस्त घंटों के दौरान आपकी और आपके साथी की जगह भरने के लिए सबसे बढ़िया विकल्प हैं। चाहे वह आपके बच्चे को स्कूल के बाद के डे-केयर कार्यक्रम में छोड़ना हो या उन्हें व्यस्त रखने के लिए गर्मियों की मज़ेदार गतिविधियों में शामिल होना हो, वे आपके नन्हे-मुन्ने के जीवन का हिस्सा बनने के इच्छुक हैं। इसलिए हमारे भारतीय परिवार में दादा-दादी, नाना-नानी की भूमिका इतनी महत्वपूर्ण है।

ज्ञान और अनुभव का भंडार

दादा-दादी के महत्व को अक्सर कम करके आंका जाता है। वास्तव में वे हमारी तुलना में पेरेंटिंग में दशकों के व्यावहारिक अनुभव की वजह से आगे हैं। तुनुकमिजाज बच्चों से लेकर शांत किशोरों तक, वे इन सब

चीजों से गुजरे हैं। वे भी संयुक्त परिवार में रहे होते हैं और वहाँ आने वाली समस्याओं से वाक़िफ़ हैं।

सहारा और संबल

माता-पिता होने के नाते अपने बच्चे को अच्छे और बुरे, दोनों हालत में समर्थन देना माता-पिता बनने की पहली जरूरत है। प्यार करने वाले दादा-दादी, नाना-नानी की तुलना में बेहतर भावनात्मक और शारीरिक सहारा और कौन दे सकता है? वे हर हाल में अपने नाती पोतों के लिये कुछ भी करने को तैयार रहते हैं। आज की तेजी से भागती दुनिया में, बच्चों को अकसर जीवन में उलट-पलट वाली कई स्थितियों का सामना करना पड़ता है जैसे कि एक नए स्कूल में एडजस्ट होना या यहां तक कि किसी प्रियजन का अचानक चले जाना। (माता/ पिता / भाई/ बहन की मृत्यु हो जाना)। ऐसे में वे बड़ा सहारा बनते हैं।

कुछ जगह दादा-दादी प्राथमिक देखभालकर्ता हैं:

कुछ परिवारों में जहां माँ या पिता अकेले हैं और काम पर जाते हैं, बच्चों को पालने के लिए दादा-दादी का साथ होना बहुत मददगार बन जाता है। कभी तो परिस्थितियाँ, दादा दादी या इनमें से भी सिर्फ एक के कंधों पर पालन पोषण की पूरी जिम्मेदारी डाल देती हैं।

वे जीवन-ज्ञान (लाइफ स्किल) का एक उत्कृष्ट स्रोत होते हैं:

एक बुजुर्ग व्यक्ति का जीवन बच्चे के लिए एक महत्वपूर्ण सीख हो सकता है। वे अपने पोते-पोतियों को इस बात से अवगत कराते हैं कि जीवन में वास्तव में क्या महत्वपूर्ण है। वे उन्हें संवेदनशीलता और सम्मान देना सिखाते हैं। वे कठिन विषयों से निपटने में मदद करते हैं, जैसे रोजमर्रा की जिंदगी की कठिनाइयों से निपटना, समय का सदुपयोग करना और स्वास्थ्य संबंधी समस्याओं से जूझना। वे बताते हैं कि समस्याओं के बीच कैसे खुश रहना चाहिए। बच्चे अपने दादा-दादी के साथ क्या अनुभव करते हैं, दादी का पोते या पोती के लिए प्यार, दादा और बच्चों द्वारा एक साथ बिताया गया समय़, ये सभी भविष्य में बच्चों को अपने परिवारों के प्रति जिम्मेदारी का भाव रखने में सहायक होते हैं।

जीवन का महत्वपूर्ण पाठ सीखना

एक बच्चे के जीवन में दादा-दादी एक शिक्षक के रूप में बहुत महत्वपूर्ण होते हैं जब दान देने, विनम्र होने या अपने पड़ोसियों का सम्मान करने जैसे बुनियादी शिष्टाचार जैसे मूल्यवान सबक सीखने की बात आती है। वे अक्सर एक मूल्यवान सबक के साथ परिवार के इतिहास की कहानियों से और एक अच्छी हंसी और कभी-कभार खुशी के आंसू के साथ भी बच्चों का मनोरंजन करते हैं

तकनीकी वस्तुएं और गैजेट्स से एक विराम

बच्चे अक्सर अपने मनोरंजन के लिए स्मार्टफोन और टैबलेट जैसे डिजिटल गैजेट्स चाहते हैं जो कभी-कभी बच्चे के मानसिक विकास में रुकावट डालते हैं। माता-पिता भी उन्हीं डिजिटल गैजेट्स के माध्यम से अपनी शांति और अपने बच्चों से आराम लेने का सोचते हैं, किन्तु दादा-दादी बच्चों को बहुत अधिक तकनीक से दूर रखने में दृढ़ विश्वास रखने वाले माने जाते हैं। वे बच्चों को रचनात्मक तरीकों को अपनाने के लिए प्रोत्साहित करेंगे जैसे कि पेंटिंग करना, किचन में मदद करना, प्रकृति से जुड़ना या बस बातचीत करना।

माता-पिता के साथ बच्चों के बीच मध्यस्थता

पारिवारिक मध्यस्थ के रूप में, दादा-दादी सदियों से सफल रहे हैं। वे अक्सर युवा पीढ़ी और उनके माता-पिता के बीच अनबन को दूर करने में महत्वपूर्ण कार्य करते हैं, और बच्चों को उनके माता-पिता की बात को ठीक से समझने में मदद करने की कोशिश करते हैं।

सख्त और उदार पालन-पोषण के बीच संतुलन

अधिकांश परिवारों में, दादा-दादी, माता-पिता के ठीक बाद, बच्चों के जीवन में सबसे महत्वपूर्ण और अधिकार रखने वाले व्यक्ति होते हैं। उन की राय विवादों

और जीवन के मुद्दों में महत्वपूर्ण भूमिका निभाती है, पोते-पोतियों के पालन-पोषण में दादा-दादी की भूमिका माता-पिता से भिन्न होती है। माता-पिता का कार्य, सबसे ऊपर, उन बच्चों का उचित पालन-पोषण है जो सही आचरण और कर्तव्यों के नियम बनाए बिना संभव नहीं है। दूसरी ओर, दादा-दादी उन्हें थोड़ी रियायत के साथ लाड़ प्यार करते हैं। इस तरह वे आपके बच्चे के जीवन में एक संतुलन बनाने का प्रयास करते हैं।

दादा-दादी के लिए पालन- पोषण एक उद्देश्य बन जाता है, अन्यथा वे अपने आप को समाज के लिए गैर जरूरी समझने लगते हैं।

दादा-दादी आपके बच्चों में आपका रूप देखते हैं और उन्हें पालने में मदद करने में प्रसन्न होते हैं। यह सब उन्हें सक्रिय और ऊर्जावान भी रखता है। इसके अतिरिक्त, अपने बच्चे के साथ समय बिताने से उन्हें छोटे बच्चे को व्यस्त रखने के लिए रचनात्मक विचारों के लिए प्रेरणा मिलती है और इस प्रक्रिया में उनके स्वयं के मानसिक स्वास्थ्य को भी मदद मिलती है।

दादा-दादी का प्यार

सबसे महत्वपूर्ण चीज जो दादा-दादी अपने छोटों को देते हैं वह है प्यार। शिशु और छोटे बच्चे अपने जीवन में वयस्कों के साथ, देखभाल करने वाले संबंधों के माध्यम से सीखते और बढ़ते हैं। दादा-दादी (और माता-पिता) का ध्यान, बातचीत और बिना शर्त प्यार एक छोटे बच्चे को सुरक्षित महसूस करने में मदद करता है और स्वस्थ मस्तिष्क के विकास के लिए उन्हें यही चाहिए। यह छोटे बच्चे के भविष्य पर वास्तविक, स्थायी प्रभाव डालता है। शोध से यह भी पता चलता है कि दादा-दादी के लिए भी एक करीबी, सार्थक संबंध उनके स्वस्थ, खुश और संभवतः लंबे जीवन में योगदान देता है। एक साथ रहने में जो मज़ा आता है वह आनंददायक होता है। यह किसी ऐसे व्यक्ति के साथ बिताया गया समय है जो उसे प्यार करता है और आत्मविश्वास और संपूर्णता महसूस कराता है। आशा होती है कि वे जो यादें बना रहे हैं वे हमेशा जीवित रहेंगी।

बच्चे अपने दादा-दादी से समानुभूति और सहानुभूति सीखते हैं?

यह महत्वपूर्ण है कि बच्चे स्वयं को दूसरों की जगह रखने में सक्षम हों और जितनी जल्दी वे यह सीख लें, उतना अच्छा है। दादा-दादी के साथ वे उन कठिनाइयों को देखते हैं जिनका सामना वरिष्ठ नागरिक करते हैं और उनके साथ सहानुभूति रखना सीखते हैं।

पारिवारिक परंपराओं की देखभाल

दादा-दादी वास्तव में हमें अगली पीढ़ी के रूप में परिवार के सदस्य होने का एहसास कराते हैं, जिसकी बदौलत परिवार में निहित होने की हमारी भावना बढ़ती है। इसके अलावा, यही वरिष्ठ परिवार की परंपराओं का ख्याल रखते हैं, उन्हें ठीक से आगे चलाने में हमारी मदद करते हैं। वे सिखाते हैं कि छुट्टियां कैसे मनाई जाती हैं या त्योहार पर व्यंजन कैसे तैयार किए जाते हैं। वे पारिवारिक स्मृति चिन्ह, फोटो और किस्से कहानियों का खजाना होते हैं।

पारिवारिक स्थिरता प्रदान करना

दादा-दादी उस भूमिका को निभाते हैं जो परिवार के अलग-अलग सदस्यों को एक साथ जोड़ती है। उनकी वजह से परिवार अक्सर मिलते हैं, जो रिश्तों को पोषित करने में मदद करता है। यह सबसे कम उम्र के लोगों को पारिवारिक संबंधों को बनाए रखना जानने के साथ-साथ अपने प्रियजनों का सम्मान और देखभाल करना सीखने का अवसर देता है।

हमारी जड़ों के करीब

कहावत है "ब्याज मूलधन से अधिक कीमती है", दादा-दादी नाम ही 'प्यार' की एक विशाल भावना को जन्म देता है। अपने पोते-पोतियों के लिए उनका प्यार हर समय बिना शर्त होता है। बच्चे के जीवन में दादा-दादी की उपस्थिति अमूल्य होती है।

एक बच्चा जिसके पास माता-पिता के अलावा देखभाल करने वाले के रूप में दादा-दादी हैं, वह अधिक स्नेही होगा, संस्कृति और परंपराओं में अधिक गहराई से

जुड़ा होगा। परिवार की संस्कृति को खान-पान, मातृ भाषा, परंपरा, विरासत और ऐसी ही तमाम बातों से आगे बढ़ाया जाता है। दादा-दादी बच्चों को उन मूल्यों और परंपराओं को फलने फूलने के लिए प्रयत्न करके उनकी जड़ों के करीब रहने में मदद करते हैं।

इन सभी कारणों से, यह कहना सही है कि आपके बच्चे के जीवन में दादा-दादी का महत्व जितना आप समझ सकते हैं उससे कहीं अधिक है। एक संगठित संयुक्त परिवार से बड़ा कुछ नहीं है जिसमें माता-पिता और दादा-दादी दोनों ही बच्चों के जीवन में महत्वपूर्ण भूमिका निभाते हैं। पोते-पोतियों को पालने में उन की भूमिका अमूल्य होती है।

दादा और बच्चे एक ऐसे रिश्ते से जुड़े होते हैं जिसमें दादा सभी ज्ञान और अनुभव का स्रोत होकर वरिष्ठ, जीवन मार्गदर्शक के रूप में कार्य करते हैं। इस कारण से, दादा जी और बच्चे अक्सर जीवंत चर्चाओं में समय बिताते हैं, जिसके दौरान दादा जी अपने पोते-पोतियों के साथ वर्षों से प्राप्त ज्ञान को साझा करते हैं और उन्हें कितनी ही नई बातें सिखाते हैं। दादा जी की भूमिका भी रोजमर्रा की जिंदगी के कई मसलों पर सलाह देने की होती है, जैसे अध्ययन, काम या रुपये पैसे।

दादी बच्चों के सबसे बड़े रहस्यों की विश्वासपात्र के रूप में कार्य करती है, और समर्थन और समझ का स्रोत भी बन जाती है। कई बार उनके पोते-पोती ही अपने माता-पिता के बारे में शिकायत करते हैं या समस्याओं को सुलझाने में मदद मांगते हैं।

दादा-दादी हमें कम उम्र से ही विनम्र होने के महत्व के बारे में बताते हैं- और वे किसी भी गलती को बताने से डरते नहीं हैं। हालांकि यह कभी-कभी कठोर लग सकता है, यह सब हमारे हित में है।

पोते-पोतियों के साथ दादा-दादी का रहना: समकालीन समस्याएं

आज दादा-दादी वाले परिवार के मॉडल को भी दिक्कतों का सामना करना पड़ रहा है। पिछले कुछ वर्षों में देखे गए कई सामाजिक परिवर्तन जैसे देर से विवाह, महिलाओं की व्यापक व्यावसायिक भागीदारी, या आयु (लाइफ एक्सपेक्टेन्सी) में वृद्धि, आधुनिक दादा-दादी की आयु को लंबा बनाते हैं। इसलिए उन को सौंपी गई भूमिका और उनके और पोते-पोतियों के बीच संबंध लगातार बदल रहे हैं।

अब सामाजिक और व्यावसायिक जीवन में सक्रिय रूप से भाग लेने की वरिष्ठों की इच्छा के प्रति भी ध्यान देने की आवश्यकता है, जिससे वे छोटे बच्चों के लिए कम समय दे पाते हैं; पुराने समय में दादा-दादी अपने सारे कामों से मुक्त होकर सिर्फ यही जिम्मेवारी संभाल लिया करते थे।

दादी या दादा बनने से कभी-कभी उम्र के बीत जाने की आशंका से दादा-दादी में भी अवसाद की भावना आ सकती है। उन्हें लगता है हम अब तो दादा-दादी बन गए, अब हमारा जीवन खतम हो रहा है।

कभी स्वास्थ्य संबंधी समस्याओं के कारण उनमें छोटे बच्चों के पालन पोषण योग्य शक्ति नहीं बचती। कई परिवार अपने छोटे बच्चों के लिए नियमित, देखभाल और उनके कार्यों के लिए दादा-दादी से अपेक्षा करते हैं। कई बार दादा-दादी भी इसके लिए चुनौतियों का सामना करते हैं और यह हमेशा आसान नहीं होता। लगभग 50% दादा-दादी बच्चे की देखभाल के माता-पिता के विचारों से असहमति या तनाव महसूस करते हैं, कई बार दादा-दादी व माता पिता के विचार नहीं मिलते और 5 में से 2 का कहना है कि देखभाल करने का काम थका देने वाला है।

यह 10 बातें पोते-पोतियों को अपने दादा-दादी से सुनने को मिलें तो अच्छा होता है:

1. हम तुम से प्यार करते हैं और तुम्हारी कद्र करते हैं, चाहे कुछ भी हो

आपके संबंधों में जो सबसे ज्यादा मायने रखता है वह यह है कि वे जानते हैं कि आप उन्हें बिना शर्त प्यार करते हैं। यह उनके लिए एक महत्वपूर्ण अनुभव होगा।

2. गलतियां करना भी ठीक है

नाती-पोतों को यह जानने की जरूरत है कि गलतियाँ करना भी ठीक है। हम सभी गलतियाँ करते हैं- हाँ, दादा-दादी भी। यह जीवन का एक हिस्सा है, बस अपनी गलतियों से सीखते चलें।

जब अनुशासन सिखाने की बात हो तो उनके माता-पिता की प्राथमिकताओं को ध्यान में रखें। आखिरकार, बच्चों की परवरिश पर माता-पिता और दादा-दादी के बीच अनुशासन के मसले पर ही सबसे बड़ी असहमति होती है, इसलिए एक ही स्तर पर आना ही सबसे अच्छा है।

3. आप कुछ नया सीखने के लिए कभी भी बहुत बूढ़े या बहुत छोटे नहीं होते

सीखना कभी बंद न करें। दुनिया लगातार बदल रही है और जिज्ञासु और खुले विचारों वाला रहना महत्वपूर्ण है, चाहे कोई नया कौशल सीखना हो या कोई नया शौक आज़माना हो। बच्चों को हमेशा कुछ नया सीखने के लिए प्रोत्साहित करें और उन्हें उदाहरण के द्वारा दिखाएं। जितना अधिक वे आपको नई चीजें सीखने के लिए खुद को चुनौती देते हुए देखते हैं, उतना ही बेहतर है। आजीवन सीखते रहने का प्रयत्न करना बौद्धिक गिरावट (Cognitive decline) से बचने का एक अच्छा तरीका है।

4. हमें तुम पर गर्व है

पोते-पोतियों को यह सुनने की ज़रूरत है कि उनके दादा-दादी को उन पर गर्व है, चाहे कुछ भी हो। उन्हें बिना शर्त प्यार और समर्थन महसूस कराने की जरूरत है। यह न केवल उन्हें अपने बारे में अच्छा महसूस कराएगा और उन्हें चीजों को सही तरीके से करने के लिए प्रोत्साहित करेगा, बल्कि इससे भविष्य में उनके सलाह और समर्थन के लिए आपके पास आने की संभावना भी बढ़ेगी। अनुसंधान से पता चलता है कि अस्पष्ट प्रशंसा भी (जैसे कि हाई-फाइव देना), बच्चों को असफलता के बाद फिर से प्रयास करने के लिए प्रेरित करती है।

अपने पोते-पोतियों की तुलना अन्य लोगों, विशेषकर उनके भाई-बहनों या चचेरे भाई-बहनों से करने से बचें।

5. आप अपना दिमाग लगाएँ और परिश्रम करें तो कुछ भी कर सकते हैं

दादा-दादी आमतौर पर माता-पिता की तुलना में थोड़े अधिक सहज होते हैं। वे कई बार इन रास्तों से गुजर चुके होते हैं और जानते हैं कि आमतौर पर चीजों का खुद से काम करने का एक तरीका होता है।

बच्चों को हमेशा अपना सर्वश्रेष्ठ करने का महत्व सिखाएं हालाँकि हो सकता है कि चीजें हमेशा उनके अनुसार न हों। जब वे अपना सब कुछ झोंक देते हैं, वे परिणाम की परवाह किए बिना खुद पर गर्व कर सकते हैं।

6. तुम हमेशा मुझसे बात कर सकते हो

बातचीत की यह खुली रेखा आपको उनके साथ संबंध बनाने में मदद करती है। हालाँकि, पोते-पोतियों को पहले अपने माता-पिता से बात करने के लिए प्रोत्साहित करें, उनका स्थान लेने का प्रयत्न ना करें।

दुर्भाग्य पूर्ण मामले में जहां बच्चा परिवार टूटने का अनुभव करता है, तो दादा-दादी का अतिरिक्त समर्थन मददगार हो सकता है।

ध्यान दें कि आप उनकी निजता का भी सम्मान करें।

7. अपनी भावनाओं पर विश्वास करें

अपनी अंतरात्मा पर भरोसा करना और अपनी सहज भावनाओं के साथ चलना इसलिए अपने नाती-पोतों को सिखाएं कि वे उस आंतरिक मार्गदर्शन का पालन करने से न डरें।

छोटे बच्चों को डायरी लिखने के लिए प्रोत्साहित करें। भावनाओं को प्रकट करने और अंतर्ज्ञान विकसित करने के लिए चीजों को लिखना एक शानदार तरीका है।

8. ठीक नहीं होना भी ठीक है

जैसे-जैसे बच्चे बढ़ते हैं, उन्हें यह सिखाना महत्वपूर्ण है कि सभी भावनाएँ मान्य हैं। खुशी, दुख, क्रोध और प्रेम जैसी भावनाएँ जीवन का एक स्वाभाविक हिस्सा हैं, और आपके पोते-पोतियों के लिए यह सब महसूस करना ठीक है और उन भावनाओं के बारे में बात करना भी ठीक है।

उन्हें ऐसी पेरेंटिंग शैली के साथ समर्थन दें जो उनके माता-पिता की पेरेंटिंग शैली के अनुरूप हो।

शुरुआत में ही उन्हें यह सिखाकर, आप उन्हें आत्मविश्वास और भावनात्मक परिपक्वता की नींव बनाने में मदद कर सकते हैं, न केवल इसलिए कि वे अपनी भावनाओं को समझ सकें, बल्कि इसलिए भी कि वे दूसरों को अधिक समझ और स्वीकार कर सकें।

भावनात्मक ईमानदारी को खुद मॉडल करें। अपने नाती-पोतों को दिखाएं कि कमजोर होना भी स्वाभाविक है और भावनाओं को खुले तौर पर व्यक्त करें। यह उन्हें ऐसा करने के लिए प्रोत्साहित करेगा।

9. मुझे कर के दिखाने दो

उन्हें कुछ नया सिखाने के लिए कुछ समय निकालें। यह खाना बनाने से लेकर टपकने वाले नल को ठीक करने तक कुछ भी हो सकता है। चीजें कैसे काम करती हैं, इस बारे में बच्चों की समझ विकसित करने में पुरानी पीढ़ियां महत्वपूर्ण भूमिका निभाती हैं। मेरे दादा-दादी ने मुझे शतरंज खेलना, पुस्तकें पढ़ना डायरी रखना और हमेशा सही के लिए लड़ना सिखाया। और उनके साथ बिताए अनमोल पल मुझे आज भी याद हैं।

आपके नाती-पोते भी आपके साथ कुछ समय बिताना पसंद करेंगे, और आपको यह जानकर संतुष्टि मिलेगी कि आपने अपने कुछ ज्ञान को उनसे बाँट लिया है। बेहतर हो कि एक साथ कुछ नया सीखें। यह एक अविश्वसनीय रूप से जोड़ने वाला अनुभव होगा।

10. चलो मैं तुम्हें एक कहानी सुनाऊं

कहानी कहने के लिए हमेशा समय निकालें और इस तरीके महत्वपूर्ण ज्ञान और मार्गदर्शन भी साझा करें।

मैं हर हफ्ते अपनी दादी से मिलने जाता था और मुझे हमेशा उनके जीवन के बारे में अधिक जानना अच्छा लगता था। उन्होंने जिन चीज़ों का अनुभव किया और जो चीज़ें देखीं, उनके बारे में सुनना बहुत दिलचस्प है और भले ही मैं पहले से ही अधिकांश कहानियों को जानता हूं, फिर भी मुझे यह उनसे सुनना अच्छा लगता था।

तो अपनी कहानियों को अपने पोते-पोतियों के साथ साझा करें। उन्हें सुनना अच्छा लगेगा और आप उन्हें बताना पसंद करेंगे।

आपके दादा-दादी ने सबसे महत्वपूर्ण सबक क्या सिखाया है?

अपने उत्तम व्यवहार पर रहें।

दादा-दादी हमें कम उम्र से ही विनम्र होने के महत्व के बारे में बताते हैं- और वे किसी भी गलती को बताने से डरते नहीं हैं। हालांकि यह कभी-कभी कठोर लग सकता है, यह सब हमारे हित में है।

दादा-दादी के जीवन में पोते-पोतियों की भूमिका

आपको इस बात की जानकारी होनी चाहिए कि जिस तरह नाती-पोतों के जीवन में दादा-दादी की उपस्थिति महत्वपूर्ण होती है, उसी प्रकार दादा-दादी के जीवन में भी नाती-पोतों की उपस्थिति महत्वपूर्ण होती है। बेशक, बच्चों के विकास के शुरुआती चरणों में दादा-दादी उनके मददगार और देखभाल के स्रोत होते हैं।

हालाँकि, जैसे-जैसे समय बीतता है, जब बच्चे अधिक से अधिक स्वतंत्र हो जाते हैं, तब दादा-दादी को उनकी मदद की आवश्यकता हो सकती है, केवल समय बिताने और स्वास्थ्य समस्याओं के कारण।

किसी बिंदु पर ये बच्चे ही हैं जो कृतज्ञता और प्रेम के संकेत के रूप में, अपने प्यारे दादा-दादी की मदद करने और साथ देने का बीड़ा उठाते हैं। हालाँकि, पोते-पोतियों की भूमिका केवल यहीं तक सीमित नहीं है।

याद रखें कि सबके साथ दादा-दादी या नाना-नानी नहीं होते, फिर उनका साथ कितने समय का है, यह भी नहीं मालूम। वे एक मूल्यवान संसाधन (Asset) हैं। वे बच्चे की सांस्कृतिक विरासत और परिवार के इतिहास के लिए एक लिंक प्रदान करते हैं। जितना बच्चों को उनकी जरूरत है उतनी ही उन्हें भी बच्चों की। इन सभी कारणों से, यह कहना सही है कि आपके बच्चे के जीवन में दादा-दादी का महत्व जितना आप समझ सकते हैं उससे कहीं अधिक है। एक संगठित संयुक्त परिवार से बड़ा कुछ नहीं है जिसमें माता-पिता और दादा-दादी दोनों ही बच्चों के जीवन में महत्वपूर्ण भूमिका निभाते हैं। एक परिवार जो जीवन मूल्यों की नींव है, एक नैतिक रीढ़ है, साथ ही एक समर्थन का सुरक्षित आधार है। पोते-पोतियों को पालने में दादा-दादी की भूमिका अमूल्य होती है।

एक बहु-पीढ़ी वाले घर में रहना आपके बच्चे, आपके साथी, और दादा-दादी, सभी के लिए अत्यधिक फायदेमंद हो सकता है।

25. घर में धार्मिक वातावरण का बच्चे के विकास पर प्रभाव

आप ईश्वर को मानते हों या न मानते हों और किसी भी धर्म के अनुयायी हों, यह तो स्वीकारना ही होगा कि दुनिया के अधिकांश लोग इस आधार पर दूसरों से जुड़े हुए भी हैं, और बंटे हुए भी। यह कई तरह से हमारे व बच्चों के जीवन को प्रभावित करता है।

धर्म की जीवन में भूमिका

यह जीवन को अर्थ और उद्देश्य देता है और सामाजिक एकता और स्थिरता को मजबूत करता है। ऐसा माना जाता है कि धर्म समाज को नियंत्रित करने का काम करता है, मनोवैज्ञानिक और शारीरिक उन्नति को बढ़ावा देता है और समाज में सकारात्मक व अच्छे परिवर्तन लाने के लिए लोगों में उत्साह का संचार करता है।

धर्म की सकारात्मक भूमिका है। धर्म व्यक्तियों, परिवारों, राज्यों और राष्ट्र की बेहतरी के लिए काम करता है। यह हमारे अंदर स्वास्थ्य, सीखने, आर्थिक कल्याण, आत्म-नियंत्रण, और आत्म-सम्मान की भावना को बनाए रखने में हमारी सहायता करता है।

धर्म के लाभ

धर्म लोगों को विश्वास करने के लिए कुछ देता है, और आम तौर पर समान विश्वासों से जुड़ने के लिए लोगों का एक समूह बन जाता है, जो एक दूसरे की बेहतरी के लिए काम करता है। धर्म का मानसिक स्वास्थ्य पर बड़ा सकारात्मक प्रभाव देखा गया है। यद्यपि आधुनिक राजनीतिक समय में ये बातें कितनी सही बचने दी गई हैं इन पर दोबारा विचार करने कि आवश्यकता है।

धर्म के दो सकारात्मक प्रभाव हैं:

1. धर्म लोगों को यह विश्वास दिलाता है कि कोई (भगवान) उन्हें समझता है और उनसे प्यार करता है।
2. धर्म हमें दूसरों के प्रति दयालु होना सिखाता है।

   भारत एक धर्मनिरपेक्ष देश है जहां लोगों को अपनी पसंद के किसी भी धर्म का पालन करने की स्वतंत्रता है। यह वह देश है जहां विभिन्न धर्मों के लोग एक साथ रहते हैं। धर्म का लोगों पर सकारात्मक प्रभाव होता है (कभी- कभी नकारात्मक भी)। यह सबको साथ लाता है। एक ही धर्म के लोग एक समुदाय बनाते हैं और पवित्र अनुष्ठानों का पालन करते हैं। यह उन्हें नैतिक ढांचा प्रदान करता है, और शांति प्राप्त करने की दिशा प्रदान करता है। एक धार्मिक वातावरण वाले घर में बड़ा होना बचपन के विकास के लिए सहायक है, ऐसा कई अध्ययनों से पता चला है।

क्या कर्म-कांड ही धर्म है?

धर्म अलग है और कर्म-कांड अलग। यहाँ यह सच है कि हर धर्म के साथ जुड़ते गए बहुत से कर्म-कांड और कुरीतियां एक समस्या बन चुके हैं। कर्म-कांड सभी धर्मों में अलग-अलग होते हैं।

हम यहाँ सिर्फ धार्मिक वातावरण (spirituality, not religion) की बात कर रहे हैं, उनके कर्म कांडों की नहीं और न ही हम किसी धर्म की किसी और धर्म से तुलना कर रहे हैं। सही मायने में तो हम यहाँ एथिक्स की बात कर रहे हैं]

धार्मिक मान्यताओं में अंतर के कारण, विभिन्न संप्रदायों का एक दूसरे के खिलाफ लड़ना दूसरा गंभीर समस्या है जिसको राजनीति ने अपने निजी हितों के लिए सदा उपयोग किया है।

विकास पर धर्म के कुछ सकारात्मक व अच्छे प्रभाव

यह स्वास्थ्य, सीखने, आर्थिक कल्याण, आत्म-नियंत्रण, आत्म-सम्मान और सहानुभूति में सुधार करता है। यह सामाजिक समस्याएं जैसे विवाहेतर जन्म,

अपराध, नशीली दवाओं और शराब की लत, स्वास्थ्य समस्याएं, और चिंताओं को कम कर सकता है।

धर्म व्यक्ति के विकास को प्रभावित करते हुए उसके दैनिक जीवन में मदद कर सकता है।

धर्म हमें अपने जीवन को संचालित करना सिखाता है इसके लिए नियम और दिशानिर्देश देता है। आपको जान कर आश्चर्य होगा कि धर्म हमारे मानसिक व शारीरिक स्वास्थ्य को भी प्रभावित करता है। उनमें से 3 प्रमुख हैं:

1. **धार्मिक लोग खुश रहते हैं**: धार्मिक या आध्यात्मिक लोग नास्तिक लोगों की तुलना मैं ज्यादा खुश रहते हैं। इस पर कई अध्ययनों से पता चला है कि खुशी गैर-सांप्रदायिक है, और किसी विशेष धर्म के लिए कम या ज्यादा नहीं है।
2. **अधिक आत्मसम्मान**: खुशी के अतिरिक्त धार्मिक लोग उच्च आत्म सम्मान रखते हैं, यह केवल उन लोगों पर लागू होता है जो उन देशों में रहते हैं जहाँ धर्म को सम्मान दिया जाता है।
3. धार्मिक गतिविधियों में भाग लेने वालों में **अवसाद (डिप्रेशन) व चिंता की समस्या कम होती है।** वास्तव में प्रार्थना या ध्यान जैसी कुछ धार्मिक गतिविधियाँ तनाव को कम करती हैं और मस्तिष्क को बेहतर बनाती हैं।

अधिकांश धार्मिक समुदाय कठिन समय जैसे किसी प्रियजन की मृत्यु, नौकरी चले जाना या बीमारी में एक दूसरे की मदद करने में प्रसन्न होते हैं। किसी की मदद पाने का विश्वास हर व्यक्ति को सुकून देता है। धर्म समान विचारधारा वाले लोगों की नेट वर्किंग का काम करता है।

धर्म छोटे बच्चों में विकास को कैसे प्रभावित करता है?

शोधकर्ताओं ने प्रारंभिक बचपन की जांच की और पाया कि घरेलू धार्मिक वातावरण ने तीसरी कक्षा के बच्चों के विकास को प्रभावित किया। उन्होंने गणित और विज्ञान के धार्मिक विद्यार्थियों का मनोवैज्ञानिक विश्लेषण किया और पाया कि वे आत्म-नियंत्रण, पारस्परिक कौशल, समस्या सुलझाने में कुशल थे।

माता-पिता और बच्चे के बीच धर्म की अधिक व लगातार चर्चा से पढ़ने (Reading) के लिए अंकों में उल्लेखनीय सुधार हुआ। ऐसा लगता है कि शास्त्र अध्ययन या धार्मिक गीतों के रूप में अभ्यास से बच्चों की साक्षरता में वृद्धि हो सकती है। अध्ययन में पाया गया कि दंपति के बीच धार्मिकता से माता-पिता और बच्चों के बीच आपसी संवाद बेहतर हुआ जिसका बच्चे के बौद्धिक विकास सकारात्मक रूप से प्रभावित हुआ।

धर्म का बाल विकास पर नकारात्मक प्रभाव भी हो सकता है। धार्मिक भेदभाव का व्यक्ति के कल्याण पर हानिकारक प्रभाव पड़ सकता है। कुछ व्यक्ति चिंता, अवसाद या तनाव का अनुभव करते हैं। विभिन्न धर्मावलंबियों के बीच विवाद का भी बच्चों के विकास पर विपरीत प्रभाव होता है। धार्मिक हिंसा तो हम आए दिन सुनते हैं।

धर्म एक ऐसी प्रणाली है जो हजारों सालों से अस्तित्व में है। सामाजिक बंधनों को सुविधाजनक बनाने के लिए धर्म के शुरुआती रूपों की स्थापना की गई थी। लोग सही व्यवहार करें इसके लिए यह एक आचार संहिता है। एक नियम पुस्तिका है जो उसके मानने वालों को सही रास्ता दिखती है।

26. माता-पिता कैसे सामाजिक-भावनात्मक शिक्षा दे सकते हैं

वर्तमान समय चिंता, भय और अनिश्चितता से भरा है। यह एक ऐसी चुनौती है जिसकी हमें उम्मीद नहीं थी, और बाधाएं हर दिन बदल रही हैं। हमें पहले से कहीं अधिक सामाजिक और भावनात्मक कौशल की आवश्यकता है, और हम रोजमर्रा की घटनाओं में सीखने के अवसर पा सकते हैं ताकि हमारे बच्चे सीखें कि कैसे हम कई जिम्मेदारियों को निभाते हुए तनाव पूर्ण, विषम परिस्थितियों पर प्रतिक्रिया करते हैं।

परिवार भावनाओं की खोज और रिश्तों में बने रहने के लिए एक प्रशिक्षण का मैदान है। परिवार ही सामाजिक-भावनात्मक कौशल तक पहुंच और जागरूकता प्रदान करते हैं और युवाओं को विभिन्न परिस्थितियों में अनुभवों को प्रयोग करना सिखाते हैं।

दूसरों से जुड़ने के लिए सामाजिक-भावनात्मक कौशल आवश्यक हैं। वे हमारी भावनाओं को व्यवस्थित करने, स्वस्थ संबंध बनाने और सहानुभूति महसूस करने में हमारी मदद करते हैं।

सामाजिक-भावनात्मक शिक्षण कौशल क्या हैं?

हम सामाजिक भावनात्मक शिक्षा की पांच प्रमुख दक्षताओं का उपयोग करते हैं:

1. आत्म-जागरूकता। अपनी भावनाओं और विचारों को समझना और यह समझना कि ये कैसे आपके व्यवहार को प्रभावित करते हैं
2. आत्म प्रबंधन
3. जिम्मेदार निर्णय लेना

4. सामाजिक जागरूकता
5. संबंध कौशल

सामाजिक भावनात्मक विकास के 3 मुख्य पहलू:

1. भावना: दूसरों की भावनाओं को समझना और अपनी भावनाओं को सम्हालना
2. सोच: ध्यान और विचारों को सही रखना
3. क्रियान्वयन: सीखने को बढ़ावा देने वाले सामाजिक रूप से उचित तरीकों से व्यवहार करना।

कैसे हम बच्चों को सामाजिक-भावनात्मक शिक्षा दें

1. अपना ख्याल रखें, हमेशा: आपको अपने मानसिक, सामाजिक और भावनात्मक कल्याण का ख्याल रखना चाहिए। हमें शांत और यथार्थवादी रहना सीखना होगा।
2. दिनचर्या बनाएं; अपने और अपने बच्चों के लिए एक दिनचर्या तैयार करें जिससे वे जुड़े रहें। दिनचर्या हमें सुरक्षा की भावना प्रदान करती है। यह विशेष रूप से छोटे बच्चों और मानसिक कष्ट का अनुभव करने वाले बच्चों के लिए महत्वपूर्ण हैं।
3. सिर्फ भौतिक उपस्थिति ही काफी नहीं है: हममें से कई लोग खुद तनावग्रस्त हैं, जिससे वे शरीर से तो वहाँ उपस्थित होते हैं लेकिन मन कहीं और होता है। सब भूलकर थोड़ा समय बच्चों के साथ सिर्फ उनके लिए रखें (Quality time)। एक साथ खेलने, किताबें पढ़ने या गाने के लिए दैनिक समय निर्धारित करें।
4. दूसरों के लिए सेवा या दया का कार्य करें: दूसरों के लिए दयालुता करने से हमें अपने शारीरिक और मानसिक स्वास्थ्य में सुधार के अलावा, अपने स्वयं के जीवन और स्थितियों में सुधार करने में मदद मिलती है। दयालुता कर् के दिखाना भाषण देने से अधिक शक्तिशाली संदेश देता है।

5. मिलकर रचनात्मक काम करें: रचनात्मकता के उदाहरणों में एक साथ खाना बनाना या पकाना, पहेलियाँ पूछना, ड्रॉइंग या पेंटिंग करना, गेम खेलना या एक साथ कविता या गीत लिखना शामिल है। एक साथ कुछ नया करना एक-दूसरे से जुड़ाव, सहानुभूति और सामंजस्य को बढ़ाता है।

6. जो अच्छा हुआ उसका जश्न मनाएं: जब हम उलझनों में रहते हैं तो दिन लंबे लगते हैं। प्रत्येक दिन का जश्न मनाने के लिए चाहे कुछ छोटी उपलब्धियां खोजने की कोशिश करें। जब हम "अच्छी चीजों का स्वाद लेना" बंद कर देते हैं, तो हमारे जीवन में होने वाली नकारात्मक बातें हमारे ऊपर हावी होने लगती हैं।

7. ठीक से सुनने का अभ्यास करें: बच्चे की बात बिना व्यवधान के सुनें और समझें।

8. अपने बच्चे को भावनाओं को व्यक्त करने और नाम देने में मदद करें: इससे युवाओं को यह समझने में मदद मिलती है कि वे क्या महसूस कर रहे हैं। हो सकता है उनके पास उनकी भावनाओं को व्यक्त करने के लिए शब्दावली नहीं हो।

9. प्रतिदिन सामाजिक भावनात्मक शिक्षा का अभ्यास करें: महत्वपूर्ण आदतों के निर्माण के लिए दैनिक अवसरों में अभ्यास की आवश्यकता होती है। इसमें उनकी मदद करें।

10. मन लगाकर बदलाव करें; तनाव और चिंता के समय में, नकारात्मक विचारों और भावनाओं से दब जाना आसान होता है, और वर्तमान क्षण में बने रहना मुश्किल होता है। इसलिए मन को शांत करने की क्रियाओं का अभ्यास करें, जैसे कुछ क्षण तक गहरी सांस लेना।

अपने "भावनात्मक तापमान" को कम करें ताकि अपने शरीर और मन को शांत कर सकें और अधिक ध्यान के साथ अगले विषय पर जा सकें।

हम निश्चित रूप से हर दिन हर पल परिपूर्ण नहीं होंगे। लेकिन अपनी भावनाओं के बारे में एक ईमानदार संवाद शुरू करके और सीखने के तरीकों को

जीवन में शामिल करके, हम अभी और भविष्य के लिए अपनी और अपने बच्चों की मदद कर रहे हैं।

भावनात्मक जरूरतों को पूरा करने में परिवार क्यों महत्वपूर्ण है?

जब हम, माता-पिता के रूप में, अपने बच्चों की भावनात्मक ज़रूरतों को पूरा करने में मदद करते हैं, तो हम एक ऐसी नींव का निर्माण कर रहे होते हैं जो हमारे बच्चों को फलने-फूलने देती है। जिन बच्चों की भावनात्मक ज़रूरतें पूरी होती हैं, उनके संबंध मजबूत होते हैं, वे पढ़ाई लिखाई में बेहतर होते हैं, और जीवन भर अधिक लचीले और दृढ़ होते हैं।

27. क्यों और कैसे बच्चों को अधिक धैर्य रखना सिखाएं?

"धैर्य" बाल विकास और शिक्षा में एक मूलमंत्र है। मनोविज्ञान के अनुसार, धैर्य या दृढ़ता (Grit) एक निश्चित लक्ष्य को प्राप्त करने के लिए एक व्यक्ति के जुनून, प्रेरणा और दृढ़ संकल्प पर आधारित होता है। अमेरिकन साइकोलॉजिकल एसोसिएशन का कहना है कि धैर्य वह है जो 'बहुत अच्छे' को उन लोगों से अलग करता है जो केवल 'अच्छे' हैं।

एंजेला डकवर्थ, पेन्सिलवेनिया विश्वविद्यालय की एक मनोवैज्ञानिक, और **'ग्रिट: द पावर ऑफ़ पैशन एंड पर्सिवरेंस'** की लेखिका ने पहली बार सातवीं कक्षा के गणित शिक्षक के रूप में ग्रिट का अध्ययन करना शुरू किया। 2007 में, उन्होंने ग्रिट पर एक ऐतिहासिक अध्ययन प्रकाशित किया, और अब उन्हें इस विषय पर एक प्रमुख विशेषज्ञ माना जाता है।

डकवर्थ के शोध ने उन छात्रों पर ध्यान केंद्रित किया है जिन्होंने अपने शैक्षणिक और जीवन पथ में दीर्घकालिक सफलता दिखाई है। उसने पाया कि सिर्फ बुद्धिमत्ता के बजाय धैर्य और आत्म-नियंत्रण, आत्म निर्भरता और महत्वाकांक्षा का संयोजन एक सकारात्मक परिणाम के सबसे विश्वसनीय संकेतक थे। उदाहरण के लिए, जिन बच्चों ने स्पेलिंग-बी जीता , जरूरी नहीं कि वे अपने साथियों की तुलना में अधिक स्मार्ट हों; उन्होंने शब्दों का अध्ययन करने में बहुत अधिक मेहनत की।

डकवर्थ ने पाया कि बुद्धि, कौशल या यहां तक कि ग्रेड की तुलना में पूरी क्षमता तक पहुंचने के लिए धैर्य अधिक मायने रखता है।

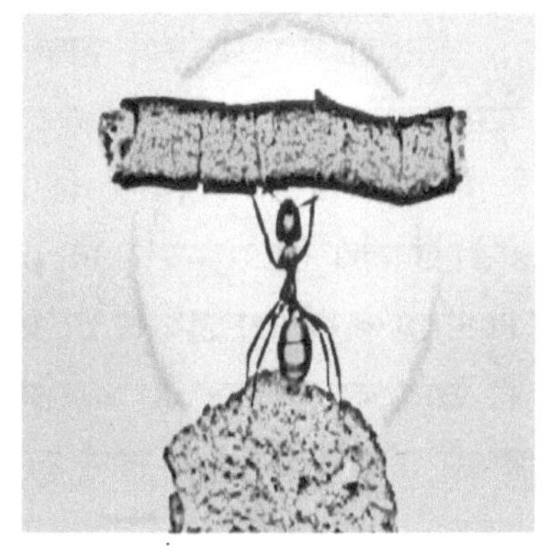

हर बच्चे का आईक्यू तो लगभग निश्चित होता है पर इस के विपरीत धैर्य, जो एक कौशल है, उसे कोई भी विकसित कर सकता है। कुछ बच्चों में स्वाभाविक रूप से दूसरों की तुलना में अधिक धैर्य हो सकता है, लेकिन आप अपने बच्चे को सफल होने के लिए धैर्य और दृढ़ता विकसित करने के लिए बहुत कुछ कर सकते हैं।

"धैर्य, दृढ़ता, आत्म-नियंत्रण, आशावाद, कृतज्ञता, सामाजिक बुद्धिमत्ता, उत्साह और जिज्ञासा" जैसे विकासशील कौशल IQ से अधिक महत्वपूर्ण हैं। इन क्षमताओं को बढ़ावा दिया जा सकता है यदि उनके माता-पिता उन्हें काम करने दें और चुनौतियों का सामना करने दें। उनका तर्क है कि बच्चे के विकास के लिए प्रतिकूलता और असफलता भी महत्वपूर्ण हैं।

इस दिशा में एक आदर्श माता-पिता के रूप में आप क्या कर सकते हैं:

1. अपने बच्चे को जुनून खोजने में मदद करें

अधिकांश छोटे बच्चों में "जुनून" नहीं होता है, हालाँकि आप उन शुरुआती वर्षों में उनकी रुचियों को विकसित करने में उनकी मदद कर सकते हैं। और जैसे-जैसे बच्चे बड़े होते हैं, उन्हें अपनी पसंद की रुचि को आगे बढ़ाने से उन्हें सफलता के लिए आवश्यक कड़ी मेहनत करने में मदद मिलेगी।

दृढ़-संकल्पित लोगों की विशेषताओं में से एक यह है कि वे निरंतर खुशी की तलाश करने के लिए प्रेरित होते हैं और अपने उद्देश्य के लिए प्रयास करते हैं।

2. बच्चे को उनके कम्फर्ट जोन से बाहर निकालें

बच्चों को उन गतिविधियों को आजमाने और जारी रखने के लिए प्रोत्साहित करना चाहिए जो चुनौतीपूर्ण हो सकती हैं। बच्चों को नई चीजें आजमाने के लिए प्रोत्साहित करने से उन्हें यह साबित करने का मौका मिलता है कि वे कुछ भी कर सकते हैं।

बहुत से लोग यह मान सकते हैं कि यदि वे किसी कौशल में अच्छे नहीं हैं, तो ऐसा इसलिए है कि वे इसी तरह पैदा हुए थे। इस विश्वास के साथ समस्या यह है कि यह कई बच्चे प्रयास को आसानी से छोड़ देते हैं, अगर वे तुरंत सफल नहीं होते। डकवर्थ का सुझाव है कि आप अपने बच्चे को कम से कम एक कठिन चीज़ का पीछा करने का अवसर दें; एक गतिविधि जिसके अभ्यास के लिए अनुशासन की आवश्यकता होती है। वास्तविक गतिविधि का उतना महत्व नहीं है जितना प्रयास और उसके साथ आने वाले सीखने के अनुभव का।

3. बच्चे को निराश होने दें

माता-पिता अपने बच्चों को संघर्ष करते देखना पसंद नहीं करते, लेकिन जोखिम उठाना और संघर्ष करना बच्चों के सीखने का एक महत्वपूर्ण तरीका है। जब आपका बच्चा किसी ऐसे कौशल, गतिविधि, या खेल में संघर्ष कर रहा हो, जिसमें महारत हासिल करना मुश्क़िल हो, तो छोड़ कर भाग जाने के आग्रह का विरोध करें और उसे असुविधा के पहले संकेत पर छोड़ने की अनुमति न दें। चिंता के अपने स्तर पर ध्यान दें। अपने बच्चे की उदासी या हताशा की भावनाओं से डरो मत इस तरह वे लचीलापन (विषम परिस्थितियों का मुकाबला करना) विकसित करते हैं।

4. पूछो, "कठिन भाग क्या है?"

जब आपका बच्चा निराश महसूस करता है या हार मानने लगता है, तो उससे पूछने की कोशिश करें, "इस काम में मुश्किल हिस्सा क्या है?" एक बार जब आपके बच्चे ने पहचान लिया कि उनके लिए क्या मुश्किल है, तो जानकारी को अपने शब्दों में दोहराएं। आप दोनों द्वारा चुनौती की पहचान करने के बाद, अपने बच्चे से पूछें कि वे "कठिन भाग" को ठीक करने के लिए क्या कर सकते हैं। वे संभावित रूप से एक उत्तर पर पहुंचेंगे और महसूस करेंगे कि यदि वे दृढ़ रहें और समस्याओं के बारे में सोचने के लिए समय निकालें तो समस्याओं को हल किया जा सकता है।

अपने बच्चे को उत्तर न दें, उसे उत्तर खोजने दें , बस मार्गदर्शन करें। यह सिखाने का एक शक्तिशाली तरीका है।

बच्चों में मुश्किल चीज में सफल होने की क्षमता से आत्मविश्वास विकसित होता है। उन्हें सिर्फ इसलिए वह काम ना छोड़ने दें क्योंकि उनका दिन खराब चल रहा है। यह उसे सिखाता है कि संघर्ष करना कड़ी मेहनत का ही हिस्सा है और अगर वे हार मान लेते, तो वे शायद कभी यह सफलता न देख पाते।

तो, क्या आपको अपने बच्चों को सभी गतिविधियों को पूरा करने के लिए मजबूर करना चाहिए जिनके बारे में वे शिकायत करते हैं और रोते हैं? आप सही फैसला करें और अगर वास्तव में आपका बच्चा वह नहीं करना चाहता है, तो उसे अनुमति दें। महत्वपूर्ण यह है कि उन्होंने बाधाओं को दूर करने का प्रयास किया, जो कुछ नया सीखने की प्रक्रिया का एक स्वाभाविक हिस्सा है।

5. ग्रोथ माइंडसेट या फिक्स माइन्ड्सेट?

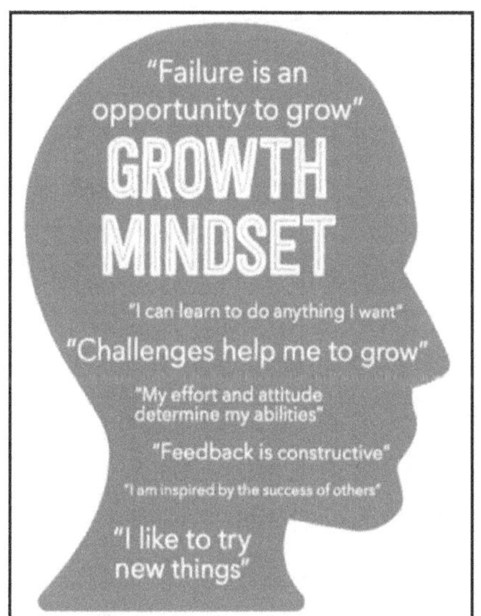

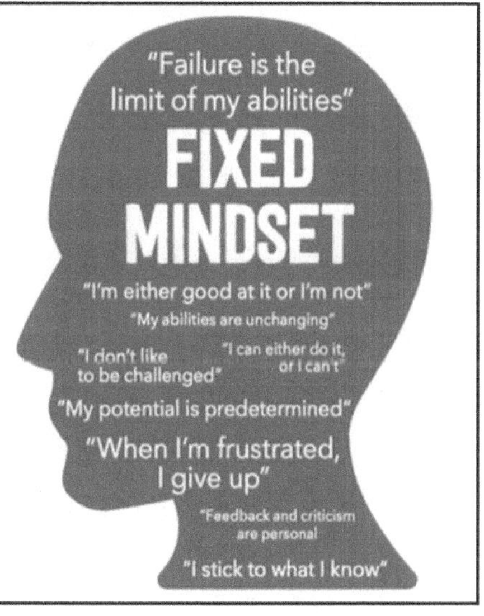

बच्चों में धैर्य बढ़ाने का सबसे अच्छा तरीका है जिसे "विकास मानसिकता" (Growth Mindset) कहते हैं। विकास की मानसिकता वाले लोग अधिक लचीले होते हैं और संघर्षों से आगे बढ़ते हैं, क्योंकि उनका मानना है कि कड़ी मेहनत उनके कार्य का हिस्सा है और वे यह नहीं मानते कि असफलता एक स्थायी स्थिति है। विकास मानसिकता या आगे बढ़ने की मानसिकता में, छात्र समझते

हैं कि उनकी प्रतिभा और क्षमताओं को प्रयास, अच्छे शिक्षण और दृढ़ निश्चय के माध्यम से विकसित किया जा सकता है। विकास मानसिकता के विपरीत एक "निश्चित मानसिकता" (Fixed mindset) है। एक निश्चित मानसिकता वाले बच्चे यह मान लेते हैं कि उनके पास एक निश्चित मात्रा में दिमाग और प्रतिभा है और कुछ भी इसे बदल नहीं सकता है।

विकास मानसिकता बड़ों द्वारा बच्चे से भाषा और व्यवहार के माध्यम से आकार लेती है। इसे प्रोत्साहित करने के लिए, पालकों की खुद की सोच, शब्द और कार्यों का महत्व है। इसलिए आप जो भी कुछ बोलें सोच समझ कर बोलें।

इसी तरह आप किताबें, कविताएँ, या लघु कथाएँ पढ़कर अपने बच्चे को धैर्य के बारे में सीखने में मदद कर सकते हैं।

आपका बच्चा उन प्रसिद्ध लोगों की कहानियों से भी सीख सकता है, जिन्होंने रास्ते में बार-बार मिलने वाली असफलताओं के बावजूद बड़े लक्ष्यों तक पहुँचने के लिए जुनून और दृढ़ता का इस्तेमाल किया और सफल हुए।

यदि इन प्रसिद्ध लोगों में से किसी ने असफलता का अनुभव होने पर हार मान ली होती, तो वे कभी भी अपनी प्रसिद्धि और सफलता हासिल नहीं कर पाते।

6. एक साथ मंथन करें

यदि आपका बच्चा उद्देश्य प्राप्ति के लिए संघर्ष कर रहा है, तो आप जो सबसे अच्छा काम कर सकते हैं, वह है उसे कमजोर पड़ने पर लक्ष्य को छोड़ने से रोकना। मंथन करें, रणनीतियों में मदद करें और योजना बनाएं कि वे क्या कार्य करेंगे और कैसे आगे बढ़ेंगे। उन्हें ही समाधान खोजने दें। इस यात्रा में कभी-कभी कुछ अप्रिय हो सकता है, जैसे कि भ्रमित होना, निराश होना, या पूरी तरह से ऊब जाना। इससे बच्चे यह समझ पाते हैं कि सीखना हर समय आसान नहीं होता और कठिन समय का मतलब यह नहीं है कि वे मूर्ख हैं; यहीं से लचीलापन और दृढ़ता विकसित होती है।

7. सिखाएं कि असफल होना असामान्य या बुरी बात नहीं है

अपने बच्चों के साथ नियमित रूप से बात करें कि आप कैसे दृढ़ रहे, या आप अधिक लचीला कैसे हो सकते थे। बच्चे अपने आस-पास के वयस्कों से सीखते

हैं, इसलिए यदि आप चाहते हैं कि आपके बच्चे असफलताओं को शालीनता और शांति से स्वीकारें और दृढ़ संकल्प लें तो आपको इसे स्वयं मॉडल करने की आवश्यकता है।

अपने बच्चों से अपनी असफलताओं के बारे में बात करने से उन्हें यह समझने में मदद मिलेगी कि असफल होना भी ठीक है, और वे देखेंगे कि लोग कैसे समस्या का समाधान कर सकते हैं और वापसी कर सकते हैं।

बच्चों को अपने रास्ते को बदलने, नई योजनाएँ बनाने और स्थितियों को देखने के विभिन्न तरीकों के बारे में सोचने में मदद करें। उन्हें दिखाएँ कि लचीला होना और समस्या को हल करना सीखना एक उपयोगी और परिपक्व गुण है।

8. प्रयास की प्रशंसा हो, सिर्फ उपलब्धियों की नहीं

हर कार्य पूर्णता को प्राप्त न भी कर सके तो प्रयास दिल से किया गया, यह देखना चाहिए। यात्रा भी महत्वपूर्ण है, सिर्फ मंजिल नहीं।

इस कार्य यात्रा में यदि आप लगातार हस्तक्षेप करते हैं, तो आपके बच्चे को यह एहसास होगा कि आपको उनकी क्षमताओं पर भरोसा नहीं है। नई चीजों को आजमाने के बारे में पारिवारिक चर्चाओं में शामिल हों, और परिवार के प्रत्येक सदस्य को उन चीजों के बारे में बात करने दें जो उनके लिए कठिन हैं। दीर्घकालिक (बाद का लक्ष्य) और अल्पकालिक (निकट का लक्ष्य) लक्ष्यों पर चर्चा करें और बताएं कि आप दोनों को कैसे प्राप्त करने की योजना बना रहे हैं। परिवार के सदस्यों को अपने संघर्षों को खुले तौर पर बताने दें और बताएं कि उन्होंने उन्हें कैसे पार किया। चुनौतियों के बारे में भावनाओं को आपस में समझें और उत्सव मनाएं जब परिवार के सदस्य कठिन कार्यों के माध्यम से दृढ़ रहने का प्रयास करते हैं।

स्मार्ट होने के लिए बच्चों की प्रशंसा करने से पता चलता है कि सहज प्रतिभा ही सफलता का कारण है, जबकि प्रक्रिया पर ध्यान केंद्रित करने से उन्हें यह देखने में मदद मिलती है कि उनका प्रयास सफलता की ओर कैसे ले जाता है। जब माता-पिता गलतियाँ करने के बारे में सकारात्मक बात करते हैं, तो बच्चे गलतियों को सीखने की प्रक्रिया का एक स्वाभाविक हिस्सा समझने लगते हैं।

9. एक दृढ़ माता पिता बनें

बच्चों के लिए धैर्य सीखने का सबसे अच्छा तरीका उनके माता-पिता के काम के तरीके, उन की असफलताएं और उनपर पार पाने के तरीकों को देखना है।

अपने बच्चे को लगातार प्रोत्साहित करें और आत्म-प्रोत्साहन सिखाएं। माता-पिता की आवाज अंततः उनके दिमाग की आवाज बन जाती है इसलिए जितना हो सके बातचीत सकारात्मक हो। हालाँकि आलोचना बच्चे को फिर से प्रयास करने से रोक सकती है, लेकिन कभी-कभी उनके विकास के लिए रचनात्मक आलोचना आवश्यक होती है।

अपने बच्चों को संघर्ष करने और बेचैनी महसूस करने दें। उन्हें निराशा और भ्रम की भावनाओं से गुजरने दें, और स्थिति को बेहतर और अधिक उत्पादक बनाने के लिए अगले कदमों का पता लगाने में उनकी मदद करें। सीखने की इस प्रक्रिया के तहत उनमें दृढ़ता, लचीलापन और सच्चे धैर्य का विकास होगा, जो उन्हें उनके भविष्य के लिए सफलता की दिशा में ले जाएगा।

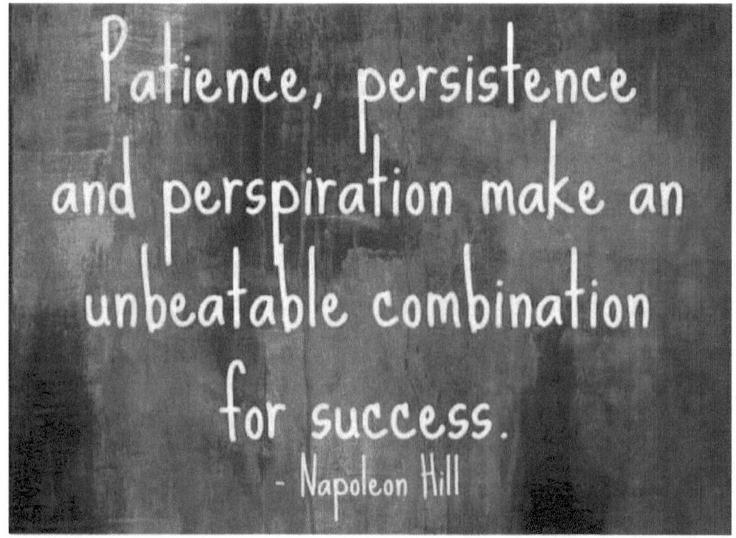

28. बच्चे कैसे सीखें सहानुभूति और हमदर्दी

अपने रिश्तों में सहानुभूति विकसित करें।

सहानुभूति एक शक्तिशाली भाव है जो सामाजिक व्यवस्था और सहयोग को बनाए रखने में मदद करती है। यह वह भावना है जो लोगों को दूसरों को समझने और उनसे संबंधित होने की क्षमता देता है। यह वह भावना भी है जो दूसरों की पीड़ा से आंखें मूंद लेना मुश्किल बना देती है।

सहानुभूति के प्रमुख घटकों का अभ्यास करने से आपको अपने जीवन में लोगों को बेहतर ढंग से समझने और उनसे बातचीत करने में मदद मिल सकती है।

हर माता-पिता अपने बच्चों को अच्छे संस्कार देना चाहते हैं जो उन्हें बेहतर वयस्क बनने में मदद कर सकें। यह सच है कि माता-पिता अपने बच्चे के पूरे व्यक्तित्व को नहीं बदल सकते लेकिन वे उन्हें यह सिखाने के लिए विभिन्न परिस्थितियों में यह कर के दिखा सकते हैं कि जीवन में सही चुनाव कैसे किया जाए।

सहानुभूति वह मानवीय भावना है जो आपके छोटे बच्चे के व्यक्तित्व को बेहतर बनाती है।

सहानुभूति (sympathy) और समानुभूति (empathy) दो मजबूत भावनाएँ हैं जिनमें थोड़ा सा ही फर्क है।

यदि सहानुभूति का अर्थ किसी कि भावनाओं को पहचानना है, तो समानुभूति का अर्थ उन भावनाओं को महसूस करना है। यह अंतर छोटा लगता है, लेकिन आपके बच्चे की भावनात्मक बुद्धिमत्ता के निर्माण में यह एक बड़ी भूमिका निभा सकता है। दोनों भावनाओं को बेहतर ढंग से समझें।

बच्चों के लिए **समानुभूति** क्यों महत्वपूर्ण है?

आप अपने आपको उस व्यक्ति की जगह रख कर तकलीफ का अनुभव करते हैं इससे बच्चा दूसरे लोगों की भावनाओं को समझने में सक्षम होता है। यह उन्हें अपने दोस्तों, भाई-बहनों, शिक्षकों आदि के साथ एक मजबूत रिश्ता बनाने में मदद करेगा।

सहानुभूति और समानुभूति की कई परतें हैं जो आपके बच्चे को एक अच्छा वयस्क बनने में मदद कर सकती हैं, जैसे:

- सामाजिक सद्भाव को बढ़ावा देना
- मानसिक स्वास्थ्य को मजबूत करना
- व्यक्तिगत और पेशेवर रूप से सफल होने में मदद करना
- बेहतर नेतृत्व कर पाना।
- तनाव के स्तर को कम करना
- संबंधों में संतुष्टि लाना।

अपने रिश्तों में सहानुभूति कैसे विकसित करें:

1. सुनने की आदत डालें

सुनना महत्वपूर्ण है–लेकिन हमेशा आसान नहीं होता। सहानुभूति तब शुरू होती है जब आप दूसरों की भावनाओं को धैर्य पूर्वक सुनते हैं। लोगों द्वारा दिए जा रहे संकेतों पर ध्यान देने का प्रयास करें हैं कि वे क्या महसूस कर रहे हैं। परेशान व्यक्ति के हाव-भाव से समझें कि वे क्या महसूस कर रहे हैं।

सक्रिय रूप से सुनने का प्रयास करें।

2. उनकी भावनाओं को साझा करें

एक बार जब आप किसी अन्य व्यक्ति में भावनाओं को पहचान लेते हैं, तो समानुभूति आपको उस व्यक्ति के स्थान पर खड़ा कर देती है। यह कुछ पलों के लिए उनकी भावनाओं को अपनाना है और उस व्यक्ति को महसूस करवाना कि हम इस कष्ट को लेने के लिए तैयार हैं। वे अकेले नहीं हैं।

3. अपने आप को दूसरे जैसा ही समझो

सहानुभूति पूर्ण कनेक्शन दो तरफा मार्ग हैं।

जब आप अपराध बोध, चिंता और शर्म जैसी अपनी खुद की भावनाओं के अनुभव साझा करते हैं, तो दूसरों में आपके प्रति सहानुभूति पैदा होती है।

दर्दनाक भावनाओं के बारे में बातचीत करना आसान नहीं है, पर सहानुभूति से आप दूसरों के साथ बातचीत में मुश्किल भावनाओं को संभालने में भी अधिक सक्षम बनते हैं।

4. कार्रवाई करें और मदद की पेशकश करें

किसी और के दर्द को महसूस करना, अपनेपन की भावना को बढ़ाता है और आप बेहतर ढंग से समझ सकते हैं कि कष्ट में दूसरे लोगों को क्या मदद चाहिए।

क्योंकि सहानुभूति का अर्थ है कि आप भावना को अपना रहे हैं, लेकिन आप वास्तव में मुश्किल में नहीं हैं तो आप मदद करने के लिए ज्यादा अच्छी स्थिति में होते हैं। आप बिना परेशान हुए ठंडे दिमाग से काम कर सकते हैं।

5. सहानुभूति-निर्माण के उपाय

- अन्य लोगों से बात करें। बातचीत में शामिल होते समय, इस बात पर विशेष ध्यान दें कि वह व्यक्ति क्या महसूस कर रहा है।
- शरीर की भाषा के संकेतों पर ध्यान दें (Body language) ।
- सुनने पर ध्यान दें। और अपनी स्वयं की भावनाओं को बीच में न आने दें।
- कार्यवाही करना। आप किसी और के जीवन में बदलाव लाने के लिए कई चीजें कर सकते हैं, चाहे वह कितनी ही छोटी क्यों न हो। छोटी-छोटी बातों से भी मदद हो सकती है।

सहानुभूति रखना आपके लिए लाभदायक होने के साथ-साथ दूसरों को समझने में भी मदद करती है। यह आपको अपने आसपास एक बदलाव लाने में मदद करती है। चाहे इसका मतलब किसी दोस्त को सांत्वना देना हो, किसी जरूरतमंद

के लिए एक छोटा सा उपहार खरीदना हो, या प्राकृतिक आपदा पीड़ितों की मदद करने के लिए दान करना हो।

जब आप किसी और को कठिन समय से गुजरते हुए देखते हैं, तो उसकी बात सुनें और देखें कि आप सहायता के लिए क्या कर सकते हैं। सहानुभूति के बारे में सुंदर बात यह है कि जब दूसरे फलने-फूलने लगते हैं, तो यह आपके अपने जीवन को भी बेहतर बनाता है।

विभिन्न आयु वर्ग के बच्चों को यह कैसे सिखाएं

क्योंकि भावनाओं की समझ अलग-अलग उम्र में अलग-अलग होगी?

3-5 साल

चूंकि 3-5 साल के बच्चे अधिक जिज्ञासु और सरल होते हैं, आप उनको सहानुभूति सिखाने के लिए यहाँ दिए गए तरीकों का उपयोग कर सकते हैं।

1. भावनाओं को समझना: ऐसा करने के लिए, आप उनसे इस तरह के प्रश्न पूछ सकते हैं:

- आप नाराज हैं?
- आप को किसने नाखुश किया है?
- किस चीज़ ने आपको खुश किया?

2. कहानियाँ पढ़ें: कहानियाँ छोटे बच्चों को अलग-अलग भावनाओं से परिचित कराने का सबसे अच्छा तरीका है।

3. एक केयर बॉक्स बनाएं: छोटे बच्चों की भावनाओं को अगर आप एक खेल में बदल दें, तो आप आसानी से बच्चों को समानुभूति सिखा सकते हैं। एक डिब्बे में कुछ टिश्यू, बैंड-एड्स और छोटे स्टफ्ड खिलौने रखें। अपने बच्चे को केयर बॉक्स की चीजों का उपयोग करके मुश्किल में पड़े हुए या चोट लगे हुए व्यक्ति की मदद करने के लिए कहें। इस तरह, आपका बच्चा सहानुभूति रखना व मदद करना सीखेगा।

4. उसी पल में सिखायें: बच्चे का ध्यान पलक झपकते ही बदल जाता है। इसलिए, आपको उन्हें उसी क्षण सहानुभूति सिखानी चाहिए जब आप उन्हें गुस्से में या किसी को नुकसान पहुंचते देखें। उदाहरण के लिए, यदि आपका बच्चा अपने दोस्तों का खिलौना छीन लेता है, तो उससे पूछें, "आपको क्या लगता है कि आपका दोस्त कैसा महसूस करता है?" इससे आपके बच्चे को अपने दोस्तों के दुख का एहसास होगा और उसके साथ सहानुभूति होगी।

5-7 साल

1. खेल के माध्यम से: बच्चों को मुश्किल भावनाओं और विषयों को सिखाने के लिए खेल और रोल-प्ले सबसे अच्छा तरीका होते हैं। इसलिए, आप बच्चों के साथ इमोशन क्विज़ खेल सकते हैं। आप उनसे प्रश्न पूछ सकते हैं और प्रत्येक सही उत्तर के लिए एक अंक दे सकते हैं जैसे:
   - जब कोई दुखी होता है तो हम उसकी मदद कैसे कर सकते हैं?
   - गुस्सा आने पर क्या करें?
2. चित्र के माध्यम से: आप भावनाओं को प्रदर्शित करने के लिए पत्रिकाओं या अखबारों से तस्वीरें काट सकते हैं और अपने बच्चों से उन्हें पहचानने के लिए कह सकते हैं। धीरे-धीरे, सरल भावनाओं जैसे उदास या खुश से शुरू करें और फिर जटिल भावनाओं जैसे निराश, डरा हुआ आदि पर जाएं।
3. विविधता द्वारा: अपने बच्चों को विभिन्न पृष्ठभूमि, लिंगों, नस्लों और संस्कृतियों के बच्चों के साथ खेलने और बातचीत करने का अवसर दें। इससे उन्हें यह समझने में मदद मिलेगी कि लोग दिखने में अलग-अलग हो सकते हैं किन्तु उनकी भावनाएं व तकलीफें एक सी होती हैं

बच्चों को यह सिखाना जरूरी है कि वे अपने आस-पास हर किसी की मदद नहीं कर सकते। उन्हें एक सीमा के भीतर ही किसी की मदद करनी चाहिए।

7-9 साल

7-9 वर्ष की आयु के बच्चे भावनाओं को व्यक्त करना जानते हैं। इसलिए, आप उन्हें समानुभूति सिखाने के लिए कुछ विशेष तरीकों का उपयोग कर सकते हैं।

1. आकर्षक बहसें: आप अपने बच्चों को किताबें या कोई घटना पढ़कर सुना सकते हैं और उनसे पूछ सकते हैं कि वे इसके बारे में क्या सोचते हैं। विषय पर एक स्वस्थ बहस करें और अपने बच्चे को स्वतंत्र रूप से अपने विचार व्यक्त करने दें।
2. करुणा प्रशिक्षण: इस उम्र में, आपके बच्चे को दुनिया भर में व्याप्त समस्याओं की एक झलक चाहिए। आप अपने बच्चे को अनाथालय, वृद्धाश्रम, या किसी अन्य स्थान पर ले जा सकते हैं जहाँ वे वास्तविक समस्याओं को देख सकें।

9-12 साल

1. एक अभिनय क्लास में शामिल हों: यदि आपके बच्चे रुचि रखते हैं, तो उन्हें एक ऐक्टिंग क्लास में शामिल करें। विभिन्न भूमिकाएँ निभाने से उनके समानुभूतिपूर्ण व्यक्तित्व का निर्माण होगा। यह उन्हें सहानुभूति, समानुभूति और करुणा के बीच के अंतर को समझने में भी मदद करेगा।

13+ वर्ष

किशोरावस्था माता-पिता के लिए अपने बच्चों में समानुभूति सीखने का अंतिम पड़ाव है। इसलिए, अपने किशोरों के साथ इन युक्तियों का उपयोग करें।

1. करंट-अफेयर्स पर चर्चा करें

समाचार पत्र पढ़ें या अपने किशोरों के साथ समाचार देखें और उनके साथ वर्तमान घटनाओं पर चर्चा करें। यह अभ्यास आपके बच्चों में सहानुभूति पैदा करने और स्पष्ट विचारों को बढ़ावा देने में मदद करेगा।

2. स्वयंसेवी कार्य चुनें

अपने बच्चे को उनकी पसंद का एक स्वयंसेवी कार्य चुनने के लिए प्रोत्साहित करें और इसके लिए कुछ घंटे तय करें, यह आपके बच्चे के सामाजिक विकास में भागीदारी को बढ़ाता है।

सहानुभूति अच्छे लोगों का निर्माण करती है और अच्छे लोग एक अच्छे समाज का निर्माण करते हैं। अगर आप चाहते हैं कि आपका बच्चा एक प्रगतिशील समाज में पले बढ़े तो आपको सहानुभूति प्रदर्शित करके अपने बच्चे को यह सब सिखाना होगा।

बच्चे वही सीखते हैं जो वे अपने माता-पिता को करते देखते हैं। इसलिए, आपको हमेशा अपने बच्चे और अन्य लोगों के प्रति सहानुभूति दिखानी चाहिए।

29. संस्कृति बच्चों के विकास को प्रभावित करती है

संस्कृति का अर्थ है आप अपना जीवन कैसे जीते हैं, किन चीजों में विश्वास करते हैं और किन्हें आप महत्व देते हैं, किन गतिविधियों में आप हिस्सा लेते हैं, क्या खाते हैं, और यहां तक कि आपके बोलने का तरीका भी। यह आपके जीवन को अर्थ देता है और आपको बताता है कि आप कौन हैं।

बच्चा जिस प्रकार के वातावरण में बड़ा होता है, उसको संस्कृति कहते हैं।

सांस्कृतिक प्रभाव स्थानीय, क्षेत्रीय या राष्ट्रीय हो सकते हैं और पीढ़ी-दर-पीढ़ी आगे जाते हैं। प्रत्येक समुदाय और राष्ट्रीयता की अपनी अनूठी संस्कृति होती है जो दशकों और सदियों में बनी होती है।

बच्चे शिक्षा, और खेल के माध्यम से संस्कृति को अपने में आत्मसात करते हैं।

संस्कृति के पांच महत्वपूर्ण पहलू हैं:

1. रीति-रिवाज: लोग जो भोजन करते हैं, जैसे कपड़े पहनते हैं, जिस परंपरा का पालन करते हैं और छुट्टियों और त्योहारों को मनाते हैं वह हमारी संस्कृति कहलाती है।
2. धर्म: कई लोगों के लिए विभिन्न रीति-रिवाज और मान्यताएं संस्कृति का एक महत्वपूर्ण हिस्सा हैं। धर्म कुछ सीमा निर्धारित करता है और एक दिशा देता है।
3. समय व्यतीत करना: लोगों द्वारा पसंद किए जाने वाले विशिष्ट खेल और शौक संस्कृति का एक बड़ा हिस्सा हैं। हर संस्कृति के तीज-त्योहार उस समाज को जोड़ने का तरीका होते हैं।

4. भाषाएँ: बोलचाल की भाषा (Dialects and slang) किसी समुदाय के लिए समान होती हैं। किसी भी संस्कृति में भाषा का बहुत बड़ा स्थान है। परिष्कृत भाषा और उसमें रचा गया साहित्य उस समुदाय / समाज के विकसित होने का परिचायक है।

5. कला: कला, संगीत, फिल्म और साहित्य का शक्तिशाली सांस्कृतिक प्रभाव होता है। कलाओं का विकास सांस्कृतिक उन्नति का परिचायक होता है।

संस्कृति बच्चों को कैसे प्रभावित करती है?

इसके दो मुख्य विचार हैं:

जब बच्चों को एक विशेष संस्कृति में पाला जाता है तो वे शुरूआत में इसके मूल्यों, विश्वासों और परंपराओं को सीखते हैं। जब वे बड़े होते जाते हैं तो वे कुछ बातों को नापसंद करने लगते हैं। वे अपनी मर्जी से कुछ परम्पराओं व मूल्यों को मानते हैं, कुछ को नहीं। लोगों को जीवन का वह तरीका चुनने की स्वतंत्रता है जो उन्हें सबसे अच्छा लगे।

जब हम पैदा होते हैं तो हमारे व्यक्तित्व और व्यवहार के कुछ पहलू पहले से ही हमारे अंदर प्रोग्रैम्ड होते हैं, लेकिन मस्तिष्क एक आश्चर्यजनक रूप से लचीला अंग है और वैज्ञानिकों ने पाया है कि यह अनुभव और शिक्षा के साथ अपने में परिवर्तन करता है और वास्तव में अपनी संरचना को बदल सकता है।

हमारी संस्कृति हमारे व्यक्तित्व को बनाती है। लेकिन ये हमारे ऊपर है कि उनमें से हम क्या चुनते हैं।

बच्चों के विकास पर संस्कृति का प्रभाव

माता-पिता अपने बच्चों को कैसे पालते हैं, सांस्कृतिक प्रभावों से तय होता हैं क्योंकि वे यह अपने माता-पिता से, अपने दोस्तों से, और अपने समाज से सीख रहे होते हैं।

हम सभ्य लोग हैं जो मानते हैं कि हम एक सुसंस्कृत समाज में रहते हैं। बच्चे भी, स्वाभाविक रूप से, उस 'संस्कृति' में पलते बढ़ते हैं। 'संस्कृति' किस

तरह से एक बच्चे को प्रभावित करती है, आइए हम इसके विभिन्न प्रकारों को समझें।

पारिवारिक संस्कृति: हर घर एक निश्चित संस्कृति का पालन करता है और यह पीढ़ी दर पीढ़ी समय के साथ बनी होती है। एक बच्चे की शुरुआती समझ और शिक्षा घर पर हो रही होती है और इसलिए घर में प्रचलित संस्कृति व तौर तरीके बच्चे को बहुत प्रभावित करते हैं चाहे वे अच्छे हों या बुरे।

धार्मिक/सामुदायिक संस्कृति: यह परिवार के धार्मिक विश्वास और रीति रिवाजों से बनती है। यदि कोई बच्चा धर्म, प्रार्थना, समारोहों के लिए बहुत समय देने वाले परिवार में बड़ा होता है तो वह भी धार्मिक बन सकता है। कोई इसके विपरीत इसे धर्म की अति मान कर विरक्त या विरुद्ध भी हो सकता है। इसी तरह, अपने समुदाय/समाज की सांस्कृतिक प्रथाएं भी बच्चे के जीवन का हिस्सा बनती हैं।

आसपास की संस्कृति: स्कूल एक संस्कृति को आकार देने में महत्वपूर्ण भूमिका निभाते हैं जिसे बच्चा अपने शेष जीवन के लिए अपनाएगा। स्कूल में जो बातें सिखाई जाती हैं उनका बच्चे पर सही व गलत कोई भी प्रभाव पड़ सकता है। कुछ शिक्षक अपने व्यक्तिगत धार्मिक विचारों को बच्चों पर थोपते हैं, माता-पिता को चाहिए कि इस बात का विशेष ध्यान रखें।

राष्ट्रीय: अपनी मातृभूमि से हमें एक संस्कृति और पहचान मिलती है। आज के बच्चे यह मानते हैं कि वे वैश्विक-नागरिक हैं यानी पूरी दुनिया उनका परिवार है, पर किसी न किसी रूप में वे ऐसी संस्कृति व रीति रिवाज को अपनाएंगे जो उनके जन्म स्थान से जुड़ी है। यूं तो दुनिया के नागरिकों में और विभिन्न संस्कृतियों में आपस में बहुत समानताएं हैं, फिर भी हर देश की अलग संस्कृति होती हैं जो हमें एक दूसरे से अलग बनाती है।

माता-पिता के रूप में हम बस इतना कर सकते हैं हमारे बच्चे घर और बाहर 'सही' प्रकार की संस्कृति व रीति रिवाज सीखें। हर संस्कृति में चावल भी हैं और कंकड़ भी, हमें चावल ले लेना है और कंकड़ छोड़ देना है।

कभी-कभी शिक्षक भी बच्चे की जाति, योग्यता तथा सामाजिक और आर्थिक स्थिति के अनुसार बच्चों से पक्षपात पूर्ण व्यवहार करते हैं। इसकी वजह उन शिक्षकों की गलत परवरिश रही होती है।

शिक्षकों, माता-पिता, देखभाल करने वालों और सामाजिक कार्यकर्ताओं को यह समझना चाहिए कि बच्चे सही सांस्कृतिक वातावरण में पलें बढ़ें। गलत परंपराओं का विरोध करना भी बच्चों को सीखना चाहिए।

खंड-3

30. बच्चे माँ-बाप की सुनते क्यों नहीं?

कितने ही माता-पिता शिकायत करते हैं कि बच्चा उन की सुनता ही नहीं।

कई बार यह सच होता है पर कभी अतिशयोक्ति भी। कई माता -पिता इसको बढ़ा चढ़ा कर भी कहते हैं

सबसे पहले देख लें कि बच्चे को कोई ऐसी कोई बीमारी तो नहीं है जिससे उसे सुनने समझने में मुश्किल हो रही हो और जिससे उसका विकास प्रभावित हो रहा हो।

जब बच्चों को सही तरीकों से अपने मन का काम करने नहीं दिया जाता है जैसे कौन से कपड़े पहनने हैं, क्या खाना है, कौन सा खेल खेलना है तो वे उलटे सीधे काम करने लगते हैं।

हम बहुत दुखी तब होते है जब बच्चे हमारे अनुरोधों की अवहेलना करने लगते हैं और हमारी बात न मानकर अपनी मनमानी करते हैं। इस तरह वे आपको जताना चाहते हैं कि वे अपने जीवन पर सिर्फ अपना नियंत्रण रखना चाहते हैं। कभी आपका बच्चा आपको अनदेखा कर देता है। यदि यह बार-बार होने लगे तो उस पर ध्यान दें, शायद वह थका हुआ है, भूखा है, या अच्छा महसूस नहीं कर रहा है या कोई बड़ी बात है जिससे वह आपसे दूर जा रहा है ..

बात कि तह में जाएं और देखें कोई चिंताजनक बात तो नहीं है।

आप अपने बच्चों को एक निश्चित मात्रा में स्वतंत्रता दे सकते हैं। इससे उनका व्यवहार बेहतर हो जाएगा और उनका 'न कहना' कम हो जाएगा।

क्या करें जो बच्चे हमारी सुनें

उनके स्तर पर उतरें: जब आपको अपने बच्चे के ध्यान की आवश्यकता हो, उसका ध्यान आकर्षित करें - इसका मतलब है कि आँखों में आँखें डालकर बात करना। इससे आप न केवल यह पक्का करते हैं कि वह आपको देखता और सुनता है, बल्कि आप बातचीत की शुरूआत करते हैं। दूर से बोलने या चिल्लाने का वह असर नहीं होता।

सकारात्मक संवाद करें: नकारात्मक आदेश, जैसे "यह नहीं करो" में बच्चों को दो सवालों के जवाब देने होते हैं:

-आप उससे क्या नहीं करवाना चाहते हैं?

-इसके बजाय आप उससे क्या करवाना चाहते है?

यह भ्रामक (कन्फ्यूज़िंग) है। उदाहरण के लिए, यदि आप कहते हैं कि "अपने भाई की पढ़ाई को डिस्टर्ब न करो", तो एक बच्चे को अपना व्यवहार रोकना होगा और आपको ये भी बताना होगा कि क्या करना है। आप अपने बच्चे को सीधे बताएं कि क्या करना है। जैसे, "अपने भाई को पढ़ने दो"। कोशिश करें कि बच्चे को न नहीं कहें उसकी जगह उसे क्या करना है ये बताएं।

कभी तो हां कहें: अपने बच्चे से हर दिन मिलने वाली हजारों अनुरोधों और फरमाइशों की बमबारी में उनकी मांगो को सही या गलत समझना मुश्किल होता है, इसलिए आप तत्काल न में जवाब दे देते हैं, फिर बच्चे आपके जवाब सुनना बंद कर देते हैं। जहां हाँ कहने में कोई मुश्किल न हो तो हाँ कहें आपके 'हाँ' उत्तर बच्चे को आश्चर्यचकित और प्रसन्न करने लगेंगे। जब आप हाँ करने लगेंगे तो बच्चा भी हाँ कहने लगेगा और आपकी बात मानेगा।

ज्यादा भाषण न दें: कई बार माता-पिता,छोटी सी बात के लिए एक लंबा चौड़ा भाषण देते हैं। अधिकतर नपे-तुले कुछ शब्द ही वह काम कर देते हैं जो लंबा भाषण नहीं कर पाता। हमें पालन-पोषण में भी ऐसा ही करना चाहिए। अपने बच्चे का ध्यान आकर्षित करने की कोशिश करते समय, थोड़ा बोलें ताकि वे सुने, क्योंकि आजकल ज्यादा बड़ी बात सुनने का किसी के पास समय नहीं है।

एडवांस में कृतज्ञता दिखाएं: बच्चों को सकारात्मक तरीके से प्रबंधित करें। उन्हें पहले से बता देना कि आप सही काम करने के लिए उन पर भरोसा करते हैं, तो वह आपका काम अवश्य पूरा करेंगे।

अपनी बात ठीक से समझाएं: एक बार जब आंखों में आँखें डाल कर थोड़े शब्दों में स्पष्ट रूप से समझाते हैं कि बच्चे को क्या करने की ज़रूरत है, तो शांति से अपने बच्चे से कहें कि वह अभी जो सुना है उसे दोहराये। इसे क्लोज्ड-लूप-कम्यूनिकेशन भी कहते हैं।

धैर्य के साथ अवलोकन करें: यदि बच्चे काम को अधूरा छोड़ देते हैं, तो सीधे डांट न लगाएं, बस पूछें, 'आपका ये काम कब तक पूरा होने की संभावना है?'

यह आपके बच्चे को गलती समझने और सम्मान खोए बिना उसे सुधारने का अवसर देता है,यह बेवजह की बहस से भी बचाता है। यदि उनके पास कोई प्लान है तो उनके प्लान का सम्मान करें और धन्यवाद करें।

और अगर माता-पिता अपने बच्चों की बात नहीं सुनते

अगर माता-पिता बच्चे की कोई बात नहीं सुनते, तो उन्हें लगता है कि उनकी इच्छा और भावनाएं आपके लिए कोई मायने नहीं रखती हैं, धीरे-धीरे वे अपने विचार व भावनाओं को आपको बताना छोड़ देंगे। उन्हें लगेगा कि दूसरे की बात सुनना कोई जरूरी नहीं है और वे आपकी बात सुनना भी छोड़ देंगे। फिर आपको बुरा लगेगा कि बच्चे आपकी बात नहीं सुनते।

अपने बच्चों की बातें सुनकर हम धैर्य, सहानुभूति और क्षमा करना सीखते हैं। हम अपने बच्चों से बहुत कुछ सीख सकते हैं।

यदि आपका बच्चा आपकी बात नहीं सुनता है तो इसे गंभीरता से लें हो सकता है यह किसी अंदरूनी समस्या का लक्षण हो, भले ही आप को यह उनकी ओर से अवज्ञा (बात न मानना) की तरह लग रहा हो। सुधार आपके हाथ में है।

31. मातृत्व और पितृत्व की बढ़ती आयु और बाल विकास

मुझे याद है कि जब मैं स्कूल में था तो मेरे कुछ दोस्तों के "बूढ़े" माता-पिता थे। कई बार ऐसा होता था कि बच्चे वास्तव में उनका मजाक उड़ाते थे या वे बच्चे अपने माता-पिता को दादा-दादी बताते थे। यह इन बच्चों के लिए हानिकारक और बहुत अनुचित था। कोई भी अपने माता-पिता की उम्र तो नहीं बदल सकता।

शोध बताते हैं कि जीवन में अलग-अलग उम्र में बच्चे होने के लाभ व कमियां हैं। दुनिया भर में, परिवार के आकार में कमी आई है और बच्चे पैदा करने की उम्र बढ़ रही है। जहां 1970 से पहले अमेरिका में जन्म देने वाली माँ की औसत उम्र 21.4 वर्ष थी, वहीं 2018 में यह बढ़कर यह 26.9 वर्ष हो गई है। सारी दुनिया में ऐसा ही परिवर्तन दिख रहा है।

माता-पिता की अधिक उम्र से माता-पिता और उनकी संतान दोनों के स्वास्थ्य पर असर पड़ सकता है। इस विषय पर लगातार शोध चल रही है।

माँ की आयु का प्रभाव

अधिक उम्र में माँ बनने पर बच्चे में शारीरिक बनावट में कमी, समय से पहले जन्म होना और उससे जुड़ी समस्याएं, शिशु के जन्म के समय कम वजन होना जैसी परेशानियाँ होती हैं।

यहाँ यह भी न भूलें कि बहुत कम उम्र के मात्रत्व से भी बहुत स्वास्थ्य संबंधी चिंताएँ हो सकती हैं।

पिता कि आयु का प्रभाव:

जबकि ध्यान अकसर माँ पर रहता है, कुछ चिंताजनक शोधों ने पिता की अधिक उम्र वाले अमेरिकी बच्चों के बीच बुद्धि के विकास में थोड़ी सी गिरावट का संकेत दिया है।

यद्यपि पुरुष बुढ़ापे तक बच्चों के पिता बन सकते हैं हाल में हुई कुछ शोधों में इन बच्चों में ऑटिज़्म ज्यादा पाया गया।

मनोवैज्ञानिक स्वास्थ्य पर प्रभाव

ऐसे कुछ अध्ययन हुए हैं जिनमें माता-पिता और उनके बच्चों पर देरी से बच्चे पैदा करने के मनोवैज्ञानिक प्रभाव को देखा है।

एक अध्ययन में पाया गया कि सहायक प्रजनन तकनीक (आईवीएफ़ आदि) के माध्यम से देर से पिता बनने पर बच्चे के कल्याण पर कोई बुरा प्रभाव नहीं पड़ा।

अध्ययन में यह भी पाया गया कि अधिक उम्र की माताएं उच्च शैक्षिक स्थिति, उच्च आय वाली होती हैं, और गर्भावस्था के दौरान वे उचित तरीके से अपनी देखभाल करती हैं।

माता-पिता का क्या कहना है?

माता-पिता का कहना है कि बड़े होने के कारण वे अधिक जागरूक, आत्मविश्वासी, लचीले, और बच्चे के साथ संवाद करने में अधिक सक्षम थे। बड़ी उम्र तक वे अपने व्यवसाय में स्थापित हो चुके थे और आर्थिक रूप से सक्षम थे।

एक छोटे अध्ययन में पाया गया कि 40 साल की उम्र के बाद पहला बच्चा पैदा करने वाले माता-पिता का मानना था कि माता-पिता बनने का सबसे अच्छा समय पांच से 10 साल पहले था। बच्चे पैदा करने की सबसे सही उम्र 30 के दशक में थी। सही उम्र में बच्चे होने के निम्नलिखित फायदे हैं।

अधिक ऊर्जा

इस उम्र में माता-पिता बनने के लिए उनके पास अधिक शारीरिक ऊर्जा होती।

प्रजनन क्षमता और जीवन काल संबंधी चिंताएं

अधिक उम्र होने पर गर्भ धारण करने में कठिनाई आती है, बच्चों को पालने के लिए लंबे समय तक जीवित रहने की चिंता रहती है, इसीलिए 30 के आसपास की उम्र में माता-पिता बनना अच्छा माना जाता है।

चुनौतियां रहेंगी

यदि आप बड़ी उम्र के माता-पिता है तो बच्चों के अधिकांश दोस्तों के माता -पिता युवा होंगे और आप से शायद घुल-मिल न सकें।

आपको कुछ स्वास्थ्य समस्याएं होंगी जो पहले नहीं थी। ऐसा भी हो सकता है कि आपके छोटे बच्चे के बड़े होने से पहले ही आप के नाती पोते भी आ जाएं।

माता-पिता बनने के लिए सबसे अच्छी उम्र पर आम सहमति क्या है?

किसी भी उम्र में पालन-पोषण के अपने लाभ और अलग चुनौतियाँ होती हैं। कोई फर्क नहीं पड़ता कि आप माता-पिता बनने के लिए किस उम्र का चयन करते हैं या किसी वजह से ऐसा हो जाता है। हर किसी के जीवन में हर काम किसी टाइम टेबल से नहीं होता।

देर से माता या पिता बनना वास्तव में उतना गलत नहीं है जितना समाज इसे मानता रहा है!

हम अपने बच्चों के बिना जीवन की कल्पना नहीं कर सकते। उन्हें किसी भी उम्र में पाना खुशी की बात है। हम चाहते हैं कि बच्चे उम्र बढ़ने को एक प्राकृतिक, खूबसूरत चीज के रूप में देखें।

यदि आप एक अधिक उम्र के माता-पिता हैं .तो इसके बारे में शर्माएं नहीं। सोच के पुराने तरीके को बदलें और अपनी उम्र पर गर्व करें! अपनी कहानी बताएं और अपने बहुमूल्य अनुभव को हर किसी के साथ साझा करें।

32. एकल माता या पिता (Single parenting)

सिंगल पेरेंटिंग का अर्थ क्या है?

एक अकेला माता या पिता वह व्यक्ति होता है जिसके बच्चे होते हैं लेकिन उसके पालन-पोषण या सहायता करने के लिए पति या पत्नी या लिव-इन पार्टनर नहीं होता।

एकल माता-पिता बनने के कारणों में तलाक, ब्रेक-अप, परित्याग, पार्टनर की मृत्यु होना, घरेलू हिंसा, बलात्कार, अकेले व्यक्ति द्वारा बच्चे को जन्म देना या अकेले व्यक्ति का गोद लेना शामिल है।

अधिकांश एकल-माता-पिता परिवारों में देखभाल करने वाली माँ होती है। ऐसे घर में बच्चे ज्यादातर अपनी मां के साथ रहते हैं, कुछ ही पिता के साथ रहते हैं, जबकि अन्य कुछ बच्चों के पास साझा पालन-पोषण की व्यवस्था होती है, जहां वे अपने माता और पिता, दोनों के साथ लगभग बराबर समय बिताते हैं।

सबसे अधिक, लगभग 95 लाख, एकल परिवार अमेरिका में हैं और महिलाओं द्वारा चलाए जा रहे हैं। वहाँ 18 वर्ष से कम आयु के 23% बच्चे एकल माता-पिता के साथ रहते हैं। अमेरिका में, 1960 के दशक से, एकल माता-पिता के

साथ रहने वाले बच्चों की संख्या बढ़ी है। इसकी वजह अविवाहित महिलाओं के बच्चा पैदा करने कि संख्या में वृद्धि और तलाक के बढ़ते प्रचलन के कारण हुआ।

विशेषज्ञ कहते हैं कि एक पूर्ण परिवार तथा बच्चों के लिए माता-पिता का प्यार और स्नेह अधिक महत्वपूर्ण है। किन्तु कभी-कभी ऐसा नहीं हो पाता, तो हमें बच्चे की बेहतरी के लिए सभी उपाय करना चाहिए।

एक-अभिभावक परिवार की समस्याएं और नुकसान

प्रत्येक परिवार की स्थिति अलग होती है, फिर भी अध्ययनों से पता चलता है कि एकल-अभिभावक घरों में पले-बढ़े बच्चों को दो माता-पिता वाले घरों के बच्चों की तुलना में अधिक संघर्षों व बाधाओं का सामना करना पड़ता है। एकल-अभिभावक घरों के कुछ नुकसान हैं:

कम पैसा - एक अकेला माता / पिता दो की तुलना में कम पैसा कमाते हैं। इससे खाद्य असुरक्षा, बच्चों को आवश्यक चीजें उपलब्ध कराने में सक्षम नहीं होना, अच्छी शिक्षा तक पहुंच न होना और यहां तक कि गरीबी में धँसते जाने का कारण भी बन सकता है।

सार्थक समय, सहायता और ध्यान की कमी - एकल माता-पिता को अक्सर गुज़ारा करने के लिए कई काम करने पड़ते हैं और इसलिए वे हमेशा अपने बच्चों के लिए उपलब्ध नहीं हो पाते। यह व्यस्तता एक साथ बिताए गए सार्थक समय को कम करती हैं। जब बच्चे को मदद की ज़रूरत होती है, तो माता/पिता आसपास नहीं होते। वे बच्चे पर ज्यादा ध्यान नहीं दे पाते।

स्वास्थ्य और व्यवहार संबंधी मुद्दे - एकल माता-पिता को अक्सर अपने दम पर बहुत कुछ करना पड़ता है, इसलिए उनके बच्चों के स्वास्थ्य और व्यवहार के साथ समस्याएँ उत्पन्न हो सकती हैं क्योंकि पालन-पोषण में मदद करने के लिए कोई अतिरिक्त सहायता नहीं होती है। ये बच्चे इस तथ्य के कारण हीन भावना महसूस कर सकते हैं कि माता या पिता उनके जीवन से अनुपस्थित हैं। ये भावनाएँ बच्चे के व्यवहार को प्रभावित कर सकती हैं और यहाँ तक कि बच्चे में कई मनोवैज्ञानिक समस्याएं उत्पन्न हो जाती हैं।

भविष्य की चिंता - इन बच्चों में ऐसी समस्याएं होने की संभावना अधिक होती है जो उनके बड़े होने पर उनके जीवन को प्रभावित करते हैं, जैसे कि पढ़ाई लिखाई और रोजगार संबंधी समस्या।

बच्चों पर प्रभाव

एकल माता/पिता परिवार में रहना बहुत सी समस्याओं से जुड़ा हो सकता है:

- स्कूल में असफलता,
- अपराध
- नशीले पदार्थ की समस्या
- किशोर गर्भधारण,
- गरीबी और
- सामाजिक सहायता और कल्याण पर निर्भरता।

एकल माता-पिता के साथ रहने वाले बच्चों का शारीरिक स्वास्थ्य व्यवहार, मानसिक स्वास्थ्य, डराने-धमकाने, सांस्कृतिक गतिविधियों, खेल और पारिवारिक संबंधों के मामले में, सामान्य परिवारों के बच्चों की तुलना में बदतर पाया गया है। इसके विपरीत, एक साझा पालन-पोषण व्यवस्था में बच्चे जो अपने तलाक शुदा माता और पिता के साथ लगभग बराबर समय तक रहते हैं, उनकी स्थिति बेहतर पायी गई।

ब्रिटिश और अमेरिकी दोनों शोधकर्ता बताते हैं कि बिना पिता वाले बच्चों के नाखुश होने की संभावना तीन गुना अधिक होती है, और असामाजिक व्यवहार, मादक द्रव्यों के सेवन और किशोर अपराध में लिप्त होने की भी अधिक संभावना होती है।

जब आप एकल अभिभावक हों तो सकारात्मक व्यवहार को प्रोत्साहित करें

यदि आप एक सिंगल पेरेन्ट हैं तो आपके साथ एक सकारात्मक रिश्ता बच्चे को सुरक्षित और प्यार महसूस करने में मदद करेगा और इससे उन्हें किसी भी

पारिवारिक समस्या से निपटने में आसानी होती है। एक सकारात्मक रिश्ते से आपका भी मानसिक स्वास्थ्य अच्छा रहेगा।

कुछ तरीके जिनसे आप अपने बच्चे के साथ रिश्ते को बेहतर बना सकते हैं:

रोजमर्रा के पलों का अधिकतम लाभ उठाएं: बच्चे के साथ क्वालिटी टाइम/सार्थक समय बिताएं, कभी भी और कहीं भी। उसमें दिलचस्पी दिखाएँ। बच्चे की पसंदीदा चीज़ों के बारे में बात करें, खेल से लेकर संगीत तक, किताबों से लेकर चीज़ें कैसे काम करती हैं। अपने बच्चे से कहें कि वह आपको उसका पसंदीदा ऐप दिखाए या आपको उसका पसंदीदा खेल खेलना सिखाए। उस के स्कूल के प्रदर्शन या खेल आयोजनों में जाने की कोशिश करें।

बच्चे पर ध्यान दें: बच्चे को गर्मजोशी और रुचि के साथ जवाब दें चाहे आप कितने भी परेशान क्यों नहों। यह बच्चे को मुस्कुराने, हंसने या गले लगाने से भी हो सकता है। आप अपने व्यवहार से अपने बच्चे को यह भी जताएं कि आप उन्हें सुबह सबसे पहले देखकर खुश होते हैं, और जब वह स्कूल से घर आये तब उसका मुस्कुराकर स्वागत करें।

सीधे संवाद करें: यदि आपके एक से अधिक बच्चे हैं, तो प्रत्येक बच्चे के साथ नियमित रूप से कुछ समय अकेले बिताने का प्रयास करें। यह छोटे बच्चे के साथ सोने से पहले की किताब हो सकती है या छोटे बच्चे के सो जाने पर बड़े बच्चे के साथ एक खेल हो सकता है।

स्पष्ट नियम बनाएं: स्पष्ट नियम और सीमाएँ आपके बच्चे को उचित व्यवहार करने के लिए प्रोत्साहित करेंगी। आप अपने तौर तरीके वही रखें जो आप संयुक्त परिवार में करते।

सुसंगत (सही) रहने का प्रयास करें: अगर आप बच्चे के व्यवहार को सुसंगत तरीके से निर्देशित करते हैं, उसे यह समझना चाहिए कि कुछ नियम बदली हुई परिस्थितियों में भी कायम रहते हैं।

तयशुदा दिनचर्या का प्रयोग करें: दिनचर्या यह स्पष्ट करती है कि किसे क्या करना चाहिए, कब, किस क्रम में और कितनी बार। आप अपनी दिनचर्या अपने

कार्य, ऑफिस और बच्चे के स्कूल के अनुसार निर्धारित करें ताकि आपको बच्चे के साथ बिताने के लिए पर्याप्त समय मिले।

भावनाओं को ट्यून करें: हो सकता है कि आपका बच्चा निराशा, क्रोध, शर्म या उदासी जैसी कुछ भावनाओं को महसूस कर रहा हो। बच्चे की मानसिक अवस्था के अनुसार व्यवहार करें ,उससे पूछें और उसकी जिज्ञासा को शांत करें। यदि आपका तलाक हुआ है और बच्चा बड़ा है तो उसे अपनी स्थिति स्पष्ट करें। अगर बच्चा कभी अपनी भावनाओं से उद्वेलित है, तो आप उसे शांत करने में मदद कर सकते हैं कभी-कभी बच्चा खुद को दोषी मानने लगता है तब उसका अपराध बोध दूर करने के लिए बातचीत करें।

यदि आप बच्चे के व्यवहार के बारे में चिंतित हैं, तो एक अच्छा पहला कदम आपके बच्चे के डॉक्टर, शिक्षक या कॉउन्सलर से बात करना है।

जब यही एक रास्ता बचा हो, बहुत से एकल माता-पिता भी खुश, स्वस्थ बच्चों की परवरिश करते हैं

बच्चे अच्छा करते हैं जब उनका पालन-पोषण संवेदनशील, उत्तरदायित्वपूर्ण और गर्मजोशी से किया जाता है चाहे उनके जीवन में माता या पिता अकेले हैं।

आप पारिवारिक कठिनाइयों के बावजूद अपने बच्चे की परवरिश कर सकते हैं:

- अपने बच्चे की ज़रूरतों को पूरा करने के तरीके के बारे में सोचें
- शांत रहें और अपनी भावनाओं और प्रतिक्रियाओं को सम्हालें, उद्विग्न न हों
- परिवार और दोस्तों से मदद लें।

यदि आप अलग होने या तलाक के कारण सिंगल-पेरेंटिंग कर रहे हैं, तो बच्चे को आश्वस्त करें कि है कि उसके माता-पिता दोनों अब भी उसे प्यार करते हैं और आप दोनों का अलग होना आपके बच्चे की गलती नहीं है।

अपने प्रति दयालु हों: एकल माता-पिता के रूप में लोग कभी-कभी स्वयं के प्रति कठोर हो जाते हैं। आप अपना सर्वश्रेष्ठ कर रहे हैं, तब भी जब चीजें योजना के अनुसार नहीं चल रही हों, इसके लिए अपने प्रति कठोर न बने।

अपने प्रति दयालु होना आपके मानसिक स्वास्थ्य और भले के लिए है। यह आपको कम तनाव ग्रस्त और कम चिंतित महसूस करने में मदद करता है ताकि आप अपने बच्चे को अच्छी तरह से बढ़ने-बढ़ने के लिए आवश्यक माहौल दे सकें। याद रखें बच्चों की परवरिश करना एक बड़ा काम है। अन्य माता-पिता को भी यह मुश्किल लगता है - इन स्थितियों में आप अकेले नहीं हैं।

इन हालातों में आप खुद की देखभाल करना भूल सकते हैं पर ध्यान रहे शारीरिक, मानसिक और भावनात्मक रूप से अपना ख्याल रखना आपके व आपके बच्चे के लिए अच्छा होगा।

एकल माता-पिता के रूप में, आपका सकारात्मक दृष्टिकोण, शक्ति और दृढ़ संकल्प आपके बच्चे के लिए एक उदाहरण बन सकते हैं।

अपनी भावनाओं और बड़ी समस्या को संभालें: सभी परिवारों में माता-पिता तनाव के समय दुखी, क्रोधित या परेशान महसूस कर सकते हैं। जब ऐसा होता है, तो अपने बच्चे को यह बताना ज़रूरी है कि आप उससे प्यार करते हैं और आपकी भावनाएँ और प्रतिक्रियाएँ उसके बारे में नहीं हैं। अपने बच्चे को आश्वस्त करें कि चीजें बेहतर होंगी, और आपके पास ऐसे लोग हैं जो आपकी मदद करेंगे।

यदि आपका बच्चा समझने के लिए काफी बड़ा है, तो अपनी परेशानियों के बारे में बच्चे से ईमानदारी से चर्चा करें। उदाहरण के लिए, 'आज काम पर मेरा दिन खराब रहा' या 'अभी मेरा मूड ठीक नहीं है'। अपनी भावनाओं को व्यक्त करने से बच्चे भी सरलता से अपनी भावनाएं, परेशानियाँ आपको बताएंगे।

बड़े मुद्दों को अपने बच्चे के साथ चर्चा से दूर रखें। वयस्क समस्याएं- जैसे पैसे की चिंता रिश्ते की समस्याएं या आपके बच्चे के दूसरे माता/पिता के साथ संघर्ष, बच्चों को बहुत परेशान कर सकती हैं।

अकेले माता-पिता के रूप में आपको सहायता की जरूरत पड़ सकती है मदद लेने व देने में कभी संकोच नहीं करना चाहिए। मदद के लिए सही व्यक्ति का चयन करें, आप और आपका बच्चा सुरक्षित रहे। यह दिन-प्रतिदिन के कार्यों में व्यावहारिक मदद, आपके लिए भावनात्मक संबल, या कोई जानकारी और सलाह, कुछ भी हो सकती है। ध्यान रखें कि कोई व्यक्ति आपका गलत फायदा न उठाए।

सिंगल पेरेंटिंग कठिन क्यों है?

सिंगल-पेरेंटिंग मुश्किल होती है क्योंकि आप को अपने आप सब कुछ करना होता है। आप कभी अपने को हताश, थका हुआ और तनाव ग्रस्त महसूस कर सकते हैं क्योंकि रात का खाना पकाने से बच्चों के कपड़े स्कूल के लिए तैयार करने जैसी चीजों में आपकी मदद करने के लिए आसपास कोई और नहीं होता।

सिंगल पेरेंट्स के लिए सबसे बड़ी समस्या होती है आर्थिक समस्या यानी धनाभाव:

माताएं पैसे की कमी से अधिक परेशान होती हैं क्योंकि सब के पास रोजगार नहीं होता है एकल पिताओं को अक्सर धन की कमी नहीं होती क्योंकि उनमें अधिकतर के पास रोजगार होता है। अकेले होने पर जिम्मेदारियां अधिक हो जाती हैं; हर चीज का ख्याल रखना पड़ता है जैसे शिक्षा, भोजन, आश्रय, वस्त्र और भविष्य के लिए बचत।

एक और मुश्किल है- अकेलापन

एकल परिवार में माता /पिता को अकेलापन सताता है। उनके पास अपनी मुश्किलों के बारे में बातचीत करने के लिए कोई नहीं होता। बच्चों के बड़े हो जाने पर या पढ़ाई व रोजगार के लिए दूर चले जाते हैं तब अकेलापन अधिक परेशान करता है।

क्या भारत में सिंगल मॉम बनना मुश्किल है?

भारत में, बाइ-चॉइस सिंगल मदर होना या बिना विवाह किये बच्चा पैदा करना एक बहुत मुश्किल कार्य है; यहां का समाज अभी इस बात को स्वीकार नहीं करता है।

कितनी ही शहीद सैनिकों की पत्नियों ने अपने बच्चों को मुश्किलों से पाला है। सड़क दुर्घटनाओं, बीमारियों और अन्य कारणों से अकेली रह जाने वाली माताओं के लिए, जीवन बहुत कठिन होता है। धन व समय की कमी से बच्चों को माता /पिता के साथ बातचीत का समय नहीं मिल पाता, वे अपने को अलग-थलग महसूस करते हैं। धन की कमी से बच्चे के जीवन के लिए जरूरी चीजें भी नहीं मिल पातीं।

एक योग्य सिंगल पेरेंट कैसे बनें?

1. अपना लक्ष्य निर्धारित करें
2. सुव्यवस्थित रहें
3. लचीले बनें
4. दृढ़ बनें
5. मदद मांगें
6. खुद पर विश्वास रखें
7. आशावान बनें
8. हो सके तो समाज को कुछ वापस दें।

भारत में एकल माँ के कानूनी अधिकार

बेशक, भारतीय समाज में कई वर्षों से महिलाओं का शोषण किया जाता रहा है और किया जाता है, खासकर जब स्वतंत्र होने की बात आती है, लेकिन भारतीय संविधान ने महिलाओं को कानूनी अधिकारों जैसे पर्याप्त हथियारों से लैस करने की कोशिश की है ताकि वे अपना और बच्चों का पालन-पोषण खुद कर सकें।

- एकान्तता का अधिकार (Right to privacy)

  एकल माताओं को निजता का अधिकार दिया जाता है यदि वे बच्चे के पिता के नाम का खुलासा नहीं करना चाहती हैं। यह माना गया कि "निजता का अधिकार इस देश के नागरिकों को अनुच्छेद 21 द्वारा गारंटी के साथ जीवन और स्वतंत्रता के अधिकार में निहित है। अकेले रहने का अधिकार उसमें निहित है।

- हिंदू भरण-पोषण और संरक्षक अधिनियम, 1956 की धारा 13 में कहा गया है कि नाबालिग का कल्याण सर्वोपरि होगा। बच्चे की भलाई सबसे पहले है।

- अविवाहित मां के लिए बच्चे के पिता की पहचान उजागर करने की कोई बाध्यता नहीं है क्योंकि वह पूरी तरह से अपने बच्चे की कानूनी अभिभावक हो सकती है।

संरक्षकता का अधिकार (Guardianship rights)

सामान्यतः पाँच वर्ष की आयु तक माँ बच्चे की स्वाभाविक संरक्षक होती है, लेकिन उसके बाद पिता ही प्राकृतिक संरक्षक होता है। इसके अलावा, पिता की मृत्यु के बाद, माँ को पूर्ण संरक्षकता अधिकार प्रदान किया जाता है। संरक्षकता और वार्ड अधिनियम, 1890, और हिंदू अल्पसंख्यक और संरक्षकता अधिनियम, 1956 (एचएमजीए), दो प्रमुख अधिनियम हैं जो माता-पिता या किसी अन्य व्यक्ति के संरक्षकता के अधिकार को बताते हैं। हिन्दू मैरिज एक्ट की धारा 6 में कहा गया है कि विवाहित जोड़े के मामले में, पिता बच्चे का प्राकृतिक संरक्षक है, और पिता के बाद मां का अधिकार मान्यता प्राप्त है।

हालाँकि, जब कोई बच्चा बिना विवाह के पैदा होता है, तो माँ प्राकृतिक अभिभावक बन जाती है, और पिता पर कोई कानूनी दायित्व नहीं होता है।

माँ के उपनाम का उपयोग करने का अधिकार

प्रत्येक बच्चे को अपनी माँ के उपनाम को अपने उपनाम के रूप में उपयोग करने का अधिकार है।

नाबालिग बच्चे की एकमात्र परवरिश करने वाली अकेली मां बच्चे को अपना पहला नाम दे सकती है।

- सुप्रीम कोर्ट ने भी एक बच्चे के यह जानने के अधिकार का समर्थन किया कि उसके माता-पिता कौन हैं, लेकिन यह जानकारी निजी रखी जानी चाहिए, एक लिफाफे में रखी जानी चाहिए जिसे उचित रूप से सील किया गया है, और केवल तभी प्रकट किया जाएगा जब अदालत इसे बच्चे के श्रेष्ठ हित में समझती है।

[संदर्भ: *भारत में एकल माँ के अधिकार: वह सब कुछ जो आपको जानना आवश्यक है / कानूनी लेख / कानूनी उपनिषद द्वारा / 8 सितंबर 2022 / भारत में कानून, एकल माँ के अधिकार*]

कौन अधिक महत्वपूर्ण है - माता या पिता?

आदर्श स्थिति तो दोनों का होना ही है। शोध बताते हैं कि बच्चों के स्वास्थ्य और तंदुरुस्ती के लिए पिता का प्यार और देखभाल उतना ही जरूरी है जितना कि मां का प्यार। वास्तव में जब बच्चे अपने पिता के साथ संवेदनशील, सुरक्षित और सहायक होने के साथ-साथ घनिष्ठ, पोषण और गर्मजोशी से भरे होते हैं, तो बच्चे बेहतर स्थिति में होते हैं।

33. सहपालन (Coparenting)

आप खुशकिस्मत हैं यदि आप अकेले नहीं हैं बच्चों को पालने के लिए, आपका जीवन साथी भी है आपकी जिम्मेवारियाँ बांटने के लिए।

आप 1+1 मिलकर 11 भी बन सकते हैं और 1-1 हुए तो जीरो भी।

कैसे चले दो पहिये की गाड़ी, कैसे बनें एक यूनिट?

आपसी निर्णय लेने के लिए कुछ सुझाव:

1. अनुशासन के बारे में बहस न करें, खासकर अपने बच्चे के सामने
2. एक-दूसरे के पालन-पोषण के विचारों का सम्मान करें
3. फैसलों पर सहमति हो
4. असहमतियों पर बात करें
5. चल रही स्थितियों में बिना तैयारी कभी न कूदें
6. अपने बच्चे के विरुद्ध गिरोह न बनायें
7. अपने आप के लिए अच्छे बनें

   हमेशा सिखाया जाता है कि दूसरों के लिए अच्छे बनो। इसके लिए जरूरी है कि पहले आप स्वयं के लिए अच्छे बनो।

   जब आप अपना सर्वश्रेष्ठ महसूस करते हैं, तो आपके आस-पास के अन्य लोगों को आपसे वह अच्छा एहसास होता है। जब आप थके हुए होते हैं और अपना ख्याल ठीक से नहीं रख रहे होते हैं, तो आपके जीवनसाथी और बच्चों सहित अन्य लोगों को यह समझ आने लगता है कि आपका धैर्य समाप्त हो गया है, आपकी ऊर्जा का स्तर कम है और आप कम

उत्साही हैं। आपका ध्यान देने की अवधि भी कम हो जाती है और आप थोड़े चिड़चिड़े भी हो सकते हैं, हालाँकि, आप शायद इसे स्वीकार न करें।

इसके लिए वह करें कि आपके पास शानदार व्यक्ति बनने के लिए पर्याप्त ऊर्जा हो, व्यायाम करें, सही खाएं और पर्याप्त आराम करें। पालन न करने के बहाने न आजमाएं।

आलस्य के दानव को भगायें।

8. अपने साथी की उपेक्षा न करें।
9. अपने रिश्ते को हल्के में न लें। बच्चों की खातिर इसे कुर्बान न करें। बच्चों के बड़े हो जाने के बाद शेष जीवन फिर इसी साथी के सहारे ही काटना होता है।
10. याद रखें, अच्छा काटने के लिए अच्छा उगाना होता है- बच्चों के साथ, जीवनसाथी के साथ और अपने माता-पिता यदि हों, उनके साथ भी।

क्या विवाहित माता-पिता वास्तव में बच्चों के लिए बेहतर होते हैं?

पिछले 20 वर्षों में बहुत शोध हुआ है कि परिवार संरचना के पैटर्न में परिवर्तन बच्चों को कैसे प्रभावित करते हैं। अधिकांश शोधकर्ता अब इस बात से सहमत हैं कि बच्चों को जब उनके दो विवाहित, जैविक माता-पिता, जिनके बीच कम-संघर्ष होते हैं, द्वारा पाला जाता है तो सबसे अच्छे परिणाम होते हैं।

दो अभिभावक होने के लाभ:

1. बेहतर आर्थिक स्थिति, यदि दोनों कमाते हों
2. जिम्मेवारियों का बटवारा
3. बच्चों के लिए अधिक समय
4. एक-दूसरे का साथ, भावनात्मक सहयोग और परस्पर-पूरक्ता (Mutual-supplementation)

"एक पिता अपने बच्चों के लिए जो सबसे महत्वपूर्ण चीज कर सकता है, वह

है उनकी मां से प्यार करना।"

- थियोडोर एम. हेसबर्ग

34. क्या करें जब पति-पत्नी का पालन - पोषण का तरीका अलग-अलग हो?

माता-पिता का अलग-अलग पालन-पोषण शैलियों में विश्वास होना आम बात है लेकिन उम्मीदों, अनुशासन और बच्चे के पालन-पोषण के अन्य पहलुओं के बारे में माता-पिता की असहमति बच्चों को भ्रमित और असुरक्षित महसूस करा सकती है। यदि हर विषय पर माता- पिता अलग-अलग विचार रखते हैं तो बच्चे उलझन में पड़ जाते हैं और यह तो सब को पता ही है कि उलझन से तनाव पैदा होता है। हम अपने बच्चों को तनाव तो नहीं ही देना चाहते।

आखिर समाधान क्या है?

अपने मतभेदों के बावजूद एक टीम के रूप में अभिभावक बनना सीखें। ये टिप्स मदद कर सकते हैं:

सामान्य धरातल खोजें

जब माता-पिता उचित नियम निर्धारित करते हैं और दोनों मिलकर बच्चों को बताते हैं, तो बच्चे अधिक सुरक्षित महसूस करते हैं। इसके विपरीत, यदि दोनों के नियम अलग है या माता-पिता एक-दूसरे को नीचा दिखाते हैं तो बच्चों का कोमल मन कनफ्यूज हो जाता है।

जहां आप सहमत नहीं हैं तो अपने साथी के साथ अकेले में चर्चा करके समझौता करें। नियमित रूप से बातचीत करें। पारिवारिक जरूरतों और समस्याओं के बारे में बात करने के लिए हर दिन समय निकालें। महत्वपूर्ण विषय, जैसे सोने का समय बदलना, जेब-खर्च बढ़ाना, या बच्चों को बड़े होने पर अधिक जिम्मेदारियां और विशेषाधिकार देना जैसे विषयों पर चर्चा होना चाहिये।

बच्चों को भ्रमित न करें

बहस करने के बजाय समझौता करने और सहयोग करने के तरीके खोजें। वास्तविक प्राथमिकताओं को ध्यान में रखें: एक सुखी पारिवारिक जीवन और सम्मानजनक समस्या-समाधान के लिए यह रोल-मॉडल बनने का अवसर होता है।

बच्चों के सामने एक दिखें, असहमति हो तो बंद दरवाजों के पीछे

जब आपका साथी आपके बच्चों को अनुशासित कर रहा हो तो बीच में दखल न दें। यह आपके साथी के अधिकार को कमजोर करता है। बच्चे की तरफ़दारी न करें।

बच्चों के सामने एक-दूसरे का साथ दें। इस बारे में बात करें कि आप एक-दूसरे की पेरेंटिंग शैलियों के बारे में क्या पसंद करते हैं, और आप एक-दूसरे का समर्थन कैसे कर सकते हैं। अपने स्वयं के बचपन के बारे में गहराई से सोचें कि क्या आपके अपने माता-पिता की शैली आपके विचारों को प्रभावित कर रही है?

साथ में क्लास लें

यदि पेरेंटिंग शिक्षा कार्यक्रम अथवा साहित्य उपलब्ध हो तो साथ पढ़ें और सीखें। इससे आप अपना काम अधिक प्रभावशाली तरीके से कर सकेंगे

जब आप दोनों एक टीम की तरह कार्य करेंगे तो आपको भी सुविधा होगी और बच्चे भी संतुष्ट होंगे।

क्या करें जब दादा-दादी भी पालने में शामिल हों?

जब असहमति दो की जगह तीन या चार लोगों के बीच होने लगे तो बच्चे की क्या स्थिति होगी आप सोच ही सकते हैं। इससे निश्चित ही बचना ही चाहिए। ऊपर दिए गए तरीके का यहाँ भी प्रयोग करें। दादा-दादी को भी चाहिए कि वे माता-पिता के कदमों का ही समर्थन करें क्योंकि यह बच्चा उनका है।

एक रिश्ते का मतलब है कि आप एक-दूसरे को बेहतर बनाने के लिए एक साथ आते हैं।

एक-दूसरे पर विश्वास करें

एक-दूसरे का समर्थन करें

एक-दूसरे का निर्माण करें।

उनकी शांति बनें,

उनकी समस्या नहीं।

35. माता-पिता का झगड़ा बच्चों को कैसे प्रभावित करता है

यह समझना मुश्किल नहीं कि जब माता-पिता बहस करते हैं तो बच्चे पीड़ित होते हैं, वे परेशान हो जाते हैं। फिर भी, बच्चे कैसे प्रभावित होते हैं और माता-पिता के आपसी अनबन के कौन से पहलू सबसे नुकसानदायक हैं, इस पर शोध करने से परिवारों और समाज को प्रभावी ढंग से समस्या का समाधान करने में मदद मिल सकती है।

माता-पिता के आपसी सामंजस्य के कौन से पहलू मायने रखते हैं?

ऐसा कोई रिश्ता नहीं है जो पूरी तरह से असहमति/अनबन से मुक्त हो, और निश्चित रूप से सभी बच्चे अपने माता-पिता को एक दूसरे से बहस करते हुए देखते हैं। जब माता-पिता झगड़े के दौरान भी एक-दूसरे से शांति और सकारात्मक रूप से संबंध रखते हैं, समस्या को एक साथ सुलझाते हैं, और बच्चों को अपने बर्ताव से बताते हैं कि समस्या का समाधान हो गया है तो बच्चे संतुष्ट व प्रसन्न हो जाते हैं। वे अपने आप को सुरक्षित समझते हैं। हो सकता है इससे वे समस्या का समाधान करने की कला सीखें, जिसे वे ऐसी स्थितियों में अपने स्वयं के संबंधों पर लागू कर सकते हैं।

माता-पिता का आपसी असामंजस्य पूरे परिवार के लिए हानिकारक है यदि झगड़े या वाद-विवाद रोजमर्रा की बात बन जाएं, जब माता -पिता एक दूसरे से शत्रुओं जैसा बर्ताव करें, कठोर भाषा में बोलें और एक-दूसरे का अपमान करें या जब माता-पिता एक दूसरे के प्रति शारीरिक रूप से आक्रामक हो जाएं। जब वे किसी समस्या का सही समाधान न कर पा रहे हों व एक दूसरे से बात करना

बंद कर दें जिससे घर का वातावरण बोझिल हो जाए तब परिवार का अस्तित्व ही खतरे में पड़ जाता है।

बच्चे अपने माता-पिता के झगड़ों से वास्तव में कैसे पीड़ित होते हैं?

बहुत कम उम्र से ही (छह महीने की उम्र से) बच्चे माता-पिता को झगड़ते देख कर व्यथित हो जाते हैं। उनकी प्रतिक्रिया भय, क्रोध, चिंता और उदासी के रूप में दिखाई देती है। उनमें दो प्रकार की स्वास्थ्य समस्याएं मिलती हैं, या तो वे (Externalize) बाहरी रूप से वे आक्रामक, उद्दंड, कभी-कभी क्रूर और असामाजिक हो जाते हैं या फिर अंदर ही अंदर (Internalize) अवसाद में डूब जाते हैं। इन सब बातों की वजह से वे अनिद्रा, अपने काम या पढ़ाई पर फोकस न कर पाने जैसी समस्याओं से पीड़ित हो जाते हैं।

ये बच्चे किशोरावस्था और वयस्कता में भी सामान्य नहीं हो पाते, यहाँ तक कि उनके रोमांटिक रिश्ते भी नकारात्मक रूप से प्रभावित होते हैं। ये बच्चे अपने आप को भी प्यार करने में असमर्थ होते हैं। समस्याओं के कारण खुद को और अपने सामाजिक संसार को नकारात्मक रूप से देखते हैं। माता-पिता के पारस्परिक कटु- संबंध अगली पीढ़ी को भी प्रभावित करते हैं।

माता-पिता का झगड़ना इन प्रभावों को क्यों उत्पन्न करता है?

स्पिलओवर प्रभाव के कारण माता-पिता के बीच संघर्ष बच्चों को नुकसान पहुँचाता है। झगड़ने वाले माता-पिता एक बुरे पालक होते हैं, वे बच्चे का शिथिल, ढीला-ढाला और गलत तरीके से पालन-पोषण करते हैं। माता-पिता के ध्यान न देने से ये बच्चे माता-पिता से लगाव नहीं रख पाते।

ये अपने माता-पिता के झगड़े का कारण स्वयं को समझने लगते हैं। इससे बच्चे तनाव ग्रस्त हो जाते हैं और इसका बढ़ते मस्तिष्क पर बुरा प्रभाव पड़ता है। माँ और पिता के बीच झगड़े को देखना या उनमें शामिल होना, दोनों ही, बच्चे के लिए कष्टकारक है। बच्चों में संवेदनशीलता अधिक होने के करण वे माता-पिता को झगड़ते हुए नहीं देखना चाहते।

सामाजिक-आर्थिक दबाव, बेरोजगारी, शराब जैसे व्यसन, बुरा पड़ोस आदि माता-पिता के झगड़े को बढ़ाता है, जिनसे बच्चे भी बुरी तरह प्रभावित होते हैं।

> घर का अच्छा माहौल बच्चे के सम्पूर्ण विकास के लिए पहली जरूरत है। कुछ माता-पिता बहुत योग्यता और संपन्नता के बावजूद घर में अच्छा माहौल नहीं रख पाते जबकि कई लोग गरीबी में और अनेक विषमताओं के बीच भी बच्चों का अच्छा पालन-पोषण कर लेते हैं। असहमति होना स्वाभाविक है पर झगड़ना तो इसका हल कतई नहीं है। असहमति का समाधान बातचीत से करें, झगड़े से नहीं। समाधान करने के सही तरीके सीखें क्योंकि बच्चे भी आपसे ही यह सब सीख रहे होते हैं।

36. बच्चे पर लंबी दूरी के पालन-पोषण का प्रभाव

माता या पिता या दोनों से दूर रहकर बच्चे का पालन कोई आदर्श स्थिति तो नहीं है किन्तु आधुनिक समय की एक मजबूरी मानी जा सकती है।

बहुत सारे माता और पिता अपनी नौकरी या पढ़ाई के चलते कुछ समय या लंबे समय तक दूर रहने को मजबूर हैं और बच्चे उनमें से किसी एक के साथ या तीसरी जगह रहते हैं। आर्मी और नेवी में काम करने वाले, ऑइल-रिग वर्कर और कितने ही ट्रक और टैक्सी ड्राइवर लंबे समय तक घर नहीं आ पाते। गरीब क्षेत्रों के कामगार दूर प्रदेशों में या दूसरे देशों में काम करने जाते हैं और उनके परिवार पीछे रह जाते हैं। अपने बच्चों से लंबे समय तक दूर रहना इनकी मजबूरी है।

कुछ पालकों द्वारा बच्चे को बहुत छोटी उम्र से ही हॉस्टल भेज देना भी एक सोचने वाली बात है, कारण जो भी हों।

इसके अलावा एक बड़ा कारण है पारिवारिक अलगाव या माता-पिता का तलाक जो बच्चे के साथ पालकों के ठोस संबंध को खतरे में डालता है।

जो भी हो, लंबी दूरी के पालन-पोषण से बच्चे को प्रभावित करने वाली प्रमुख समस्या प्रारंभिक जीवन का तनाव है जो बच्चे के न्यूरोलॉजिकल और व्यवहारिक विकास पर असर डाल सकता है और इसीलिए इस विषय पर बात करना जरूरी है।

स्टैनफोर्ड के मनोवैज्ञानिक प्रोफेसर इयान एच. गोटलिब के अनुसार, लंबी दूरी का पालन-पोषण माता-पिता में बच्चे से अलगाव, शुरुआती तनाव, पीड़ा, अपराध बोध, निराशा और इससे भी बदतर, अवसाद का कारण बन सकता है।

जब बच्चे को हर क्षण महसूस होने वाली माता-पिता की सुरक्षा का अभाव होता है, तो नकारात्मक भावनाएं उनके दिमाग में जमा हो जाती हैं और उनकी

सीखने की क्षमता को कम करती है। यह मस्तिष्क के विकास को भी प्रभावित कर सकता है।

कोई भी माता-पिता अपने बच्चों को अपने दम पर बढ़ने के लिए नहीं छोड़ना चाहते हैं। दूसरी ओर, माता-पिता के मार्गदर्शन और सहयोग के बिना जीवन जीने के लिए छोड़े जाने पर बच्चे डरे हुए और निराश महसूस करते हैं।

लंबी दूरी के पालन-पोषण में अप्रिय प्रभाव माता-पिता को भी प्रभावित करते हैं। आपको अपराध बोध और निराशा महसूस होगी। आपके मन की भावनाएं आपको अशांत करेंगी और आप हमेशा यह जानने की कोशिश करेंगे कि आपका बच्चा दूसरी तरफ कैसा है क्या कर रहा है। माता-पिता भी बच्चे से दूर रहकर उदास हो जाते हैं। स्टैनफोर्ड यूनिवर्सिटी में किए गए शोध के अनुसार, बच्चे माता-पिता से दूर रहकर प्रभावित होते हैं, खासकर जब दूरी अधिक हो। इसके अलावा, बच्चों को तनाव से उबरने में बड़ों की अपेक्षा ज्यादा कठिनाई होती है।

कभी-कभी बच्चे को अपने से दूर रखना जरूरी हो जाता है पर अच्छा यह है कि लंबी दूरी के बावजूद आप अपने बच्चे के लिए निकटता और भावनात्मक उपस्थिति बनाए रख सकते हैं। लंबी दूरी के पालन-पोषण से बच्चे पर सकारात्मक प्रभाव पड़ सकता है यदि आप बच्चे से संपर्क बनाए रखते हैं, और पालन पोषण पर ध्यान देते हैं।

तैयारी, सफल और स्वस्थ लंबी दूरी के पालन-पोषण की कुंजी है। यदि आप प्रयास करते हैं तो केवल लंबी दूरी के माता-पिता होने से बच्चे पर प्रतिकूल प्रभाव नहीं पड़ता।

लंबी दूरी की पेरेंटिंग के लिए लाभप्रद उपाय:

1. **टीम वर्क**: जब बच्चों के माता-पिता दोनों के साथ ठोस संबंध होते हैं, तो बातचीत दूर से होने पर भी वे बेहतर महसूस करते हैं। लंबी दूरी के सह-पालन को बनाए रखना अधिक कठिन हैं, फिर भी माता-पिता, दोनों, जिम्मेवारी लें तो सब कुछ संभव है। आज के विडिओ कॉलिंग के समय में भावनात्मक संबंध काफी हद तक बना रहता है।

2. **आवश्यकता के अनुकूल पेरेंटिंग योजना बनाएं**: इस के लिए पर्याप्त तैयारी की आवश्यकता होती है। माता-पिता को एक ऐसी योजना बनानी चाहिए जिसमें संभव हो तो बच्चे से बीच-बीच में मिलते रहें, पत्र लिखते रहें, उपहार भेजते रहें।

3. **संचार(बातचीत) महत्वपूर्ण है**: बच्चे अच्छी व्यवस्था के साथ लंबी दूरी के पालन-पोषण में एडजस्ट हो जाते हैं। एक नियमित रूप से होने वाली फोन कॉल या वीडियो चैट, बच्चों को उनके लंबी दूरी पर माता-पिता के साथ बात करते समय आशान्वित और उत्साहित करता है। अगर बच्चे और माता-पिता जानते हैं कि वे कब बात कर सकते हैं, अलग होने का तनाव कम किया जा सकता है नियमित रूप से आपस में बात की जानी चाहिए।

4. **बच्चे को बताएं कि आप उनके साथ हैं**: बिना जजमेंटल हुए उनकी समस्याओं को सुनें और उन्हें एक सकारात्मक जीवन जीने के लिए प्रोत्साहित करें। बिना शर्त भावनात्मक सुरक्षा प्रदान करें।

ये प्रयास प्रारंभिक विकास के चरणों में महत्वपूर्ण भूमिका निभाते हैं।

अंत में, आप कैसे बातचीत करेंगे, इस पर एक योजना बनाएं। क्योंकि आप इंटरनेट पर उपलब्ध विभिन्न स्रोतों की मदद से उनसे जुड़े रहते हैं, उनकी रक्षा करते हैं और उन्हें प्रेरित करते हैं। फिर अगली बार कितनी जल्दी मिलना संभव है, योजना बनाएं।

जाहिर है, लंबी दूरी का रिश्ता कठिन होता है। लेकिन, किसी भी कीमती चीज की तरह, आप इसे अच्छा बना सकते हैं।

37. आर्थिक तंगी में बच्चों का पालन पोषण

गरीबी क्या है?

गरीबी एक विकट स्थिति है।

गरीबी की विभिन्न परिभाषाएँ हैं गरीबी सिर्फ पैसे और भौतिक वादी चीजों की कमी ही नहीं है, सम्मान, पहचान और शिक्षा की कमी भी गरीबी है और गरिमा, सामाजिक जुड़ाव (परिवार, स्नेह, संबंध) न होना भी गरीबी है।

गरीबी सारी दुनियाँ में है। अमेरिका में भी 2021 में 11.6% लोग गरीबी रेखा से नीचे थे जिसमें लगभग 19% बच्चे (लगभग 14 मिलियन) हैं। विश्व बैंक के अनुसार भारत में 2019 में लगभग यही प्रतिशत (11.6) गरीबी रेखा से नीचे था पर हमारे यहाँ गरीब बच्चों की कुल संख्या तो उनसे कई गुना है। इन बच्चों का भविष्य उज्ज्वल कैसे होगा? गरीबी ही विकास के अवसरों को सीमित कर देती है।

गरीब बच्चों को अधिक शैक्षणिक (पढ़ाई लिखाई), व्यवहारिक और स्वास्थ्य संबंधी समस्याएं होती हैं। यहां तक कि जब वे वयस्क होते हैं, तब भी यही स्वास्थ्य असमानताएं बनी रहती हैं। बहुत गहराई से की गई शोध से यह सिद्ध हो चुका है कि मानसिक स्वास्थ्य पर भी गरीबी का बुरा प्रभाव पड़ता है, पर कैसे, इस पर खोज जारी है। गरीबी में उचित पोषण की कमी से मस्तिष्क के विकास के साथ-साथ बच्चे के शारीरिक स्वास्थ्य पर भी असर हो रहा होता है।

मस्तिष्क की तनाव प्रतिक्रिया पर ध्यान केंद्रित करें तो पाएंगे कि सामान्य परिस्थितियों में तनाव हाइपोथैलेमिक-पिट्यूटरी (मस्तिष्क का एक भाग) सक्रिय करता है जो हमारी एड्रीनल ग्रंथी से (कोर्टिसोल/स्टेरोइड) निकालने की क्रिया को बढ़ाता है। ये तनाव में बनने वाले वही स्टेरॉइड हॉर्मोन हैं जो आप लोग डॉक्टर से अक्सर सुनते हैं कि अधिक मात्रा में हमारे मानसिक व शारीरिक स्वास्थ्य के

लिए हानिकारक होते हैं। गरीबी में लगातार और बार-बार होने वाले तनाव के कारण इनका अधिक मात्रा में और बार-बार निकलना विकसित होते मस्तिष्क को नुकसान पहुंचाता है।

मस्तिष्क के तीन क्षेत्रों को गरीबी से सबसे ज्यादा प्रभावित दिखाया गया है- एमिग्डाला, हिप्पोकैम्पस और प्रीफ्रंटल कॉर्टेक्स (तीनों मस्तिष्क के भाग हैं)। इन तीनों के आकार और कार्यप्रणाली दोनों में परिवर्तन पाया गया है।

माता-पिता के व्यवहार पर भी तो गरीबी नकारात्मक प्रभाव डालती है

थोड़े पैसे में खर्च कैसे चलाना है, इससे माता-पिता का तनाव बढ़ता है, पालन पोषण बिगड़ता है, माता-पिता अक्षम / व असहाय महसूस करते हैं और कभी-कभी थक कर लापरवाह भी हो जाते हैं। अंततः यही तनाव डिप्रेशन का कारण बनता है। इस प्रकार की चुनौतियाँ गरीब परिवारों के बच्चों के लिए जीवन और अधिक कठिन बना देती हैं।

गरीब घरों में बच्चों से दुर्व्यवहार भी होता है, समाज भी उनसे बुरी तरह पेश आता है। जिससे उनकी शारीरिक और मानसिक अवस्था और भी अधिक खराब हो जाती है। उनमें कुंठायें घर कर जाती है जो उनमें कई बार जीवनभर रहती हैं। वास्तविकता यह है कि गरीबी एक जटिल समस्या है जिसमें बहुत सारे जोखिम व खतरे होते हैं जो मस्तिष्क के विकास को कई अलग-अलग तरीकों से प्रभावित करते हैं।

यूं तो गरीबी जीवन के हर पड़ाव पर प्रभाव डालती है पर यह दुष्प्रभाव सबसे ज्यादा बचपन में होता है।

बच्चों के लिए गरीबी का क्या मतलब है?

इस प्रश्न का संक्षिप्त उत्तर यह है कि गरीबी का अर्थ बच्चों के लिए अभाव है। गरीबी बच्चों को कई तरह से प्रभावित करती है हर उम्र और विकास के दौरान बच्चे खराब वातावरण से प्रभावित होते हैं। गरीबी में रहने वाले बच्चे हर दिन इन प्रभावों का अनुभव करते हैं - भूख, बीमारी, असुरक्षा और अस्थिरता तो सभी की समझ में आते हैं; लेकिन वे कम शैक्षणिक उपलब्धि, कम पढ़ाई लिखाई, कुपोषण, व्यवहार संबंधी समस्याओं और सामाजिक और मनोवैज्ञानिक समस्याओं

से भी लगातार जूझते रहते हैं। यह तनाव हृदय, प्रतिरक्षा प्रणाली (इम्युनिटी) और न्यूरोएंडोक्राइन (हार्मोन्स) और कॉर्टिकल सिस्टम (दिमाग़) में प्रतिकूल परिवर्तन ला सकता है, जिसका सीखने और निर्णय लेने पर प्रभाव पड़ता है। गरीबी माता-पिता के मानसिक स्वास्थ्य पर भी प्रभाव डालती है। गरीबी के अन्य प्रभाव बच्चों की परिस्थितियों के अन्य पहलुओं से भी जुड़े होते हैं, जैसे परिवार के पास आवास संसाधन (घर) पार्क, पुस्तकालय, आदि की कमी और कम सामाजिक नियंत्रण। सामाजिक वातावरण, मीडिया और कानून और नीतियां भी गरीब परिवारों पर प्रभाव डालती हैं। जब आप प्रभाव की इन परतों को खोलते हैं, तो आप देख सकते हैं कि बच्चों के विकास में गरीबी एक जटिल और व्यापक भूमिका निभाती है, इसका गम्भीर प्रभाव पड़ता है।

दुर्भाग्य से, कई बच्चों के लिए, गरीबी में रहने का मतलब उपेक्षा (पर्याप्त प्यार न मिलना) भी हो सकता है। शोध से पता चला है कि गरीबी और उपेक्षा प्रत्येक अलग-अलग पोस्ट ट्रॉमैटिक स्ट्रेस डिसॉर्डर (PTSD), अपराध और पढ़ाई-लिखाई में कमी की संभावना को बढ़ाते हैं।

जैसा कि हम जानते हैं, इन सब कारणों का प्रभाव जुड़ता जाता (cumulative) है।

गरीबी के जीवन भर रहने वाले कुछ प्रभाव

ऊपर बताए गए प्रभाव समय के साथ बने रहते हैं, और उन्हें किसी भी तरह से बदल पाना मुश्किल होता है। दूसरा, बच्चों को एक उम्र में होने वाले बुरे अनुभव बाद की उम्र में रिस्क फैक्टर के रूप में काम करते हैं। उदाहरण के लिए बचपन में खराब भावनात्मक और व्यवहारिक आत्म-नियंत्रण (स्वयं पर कंट्रोल) गरीब बच्चों में अधिक पाया जाता है। फिर जिन बच्चों में स्कूल के वर्षों में अनुशासन सम्बन्धी समस्यायें होती हैं, उनमें किशोरावस्था में अपराधी प्रवृत्ति अधिक पायी जाती है।

बचपन की गरीबी बड़े होने में भी जारी रहती है और एक से एक नए कारण जुडते जाते हैं।

ऊपर बताए गए तरीकों के अलावा, लगातार बचपन की गरीबी बच्चों के बड़े होने पर रोजगार व व्यवसाय के अवसरों को कम करती है। बचपन की गरीबी का अकादमिक / शिक्षा में विफलता और स्कूल छोड़ने (Drop-out) और कम उपस्थिति से सीधा संबंध देखा गया है।

यूँ तो शिक्षा का महत्व जीवन के हर पहलू पर होता है, किंतु आम तौर पर लोग शिक्षा को रोजगार के लिये जरूरी समझते हैं। जो गरीबी के कारण शिक्षा प्राप्त नहीं कर पाते फलतः उचित रोजगार भी प्राप्त नहीं कर पाते। शिक्षा के स्तर और उच्च शिक्षा हासिल करने में इस विफलता का आजीवन प्रभाव पड़ता है। इसके अतिरिक्त, गरीबी के कारण बच्चे नये उपयोगी कौशल (कोई स्किल) नहीं सीख पाते और फिर कौशल की कमी से अच्छे रोजगार नहीं पा पाते। फिर आगे चलकर वह भी गरीब माता-पिता बनते हैं और गरीबी का चक्र यूं ही चलता रहता है।

आर्थिक तंगी (गरीबी) में माता-पिता क्या करें?

माता-पिता का कर्तव्य है कि वे अपने बच्चों के अधिकारों की रक्षा व परवरिश तब तक करें जब तक कि वे दुनिया में अपना रास्ता खुद बनाने लायक न हो जाएं।

बच्चों को सुरक्षित रहने, स्नेह के साथ व्यवहार किए जाने, शिक्षित होने, चिकित्सा देखभाल पाने और क्रूरता और दुर्व्यवहार से बचने का अधिकार है। गरीबी में भी बच्चे को प्यार व सुरक्षा दी जा सकती है।

ऑस्ट्रेलिया में व हर देश में पारिवारिक कानून के अनुसार माता- पिता का कर्तव्य है:

- अपने बच्चे को नुकसान से बचाना
- भोजन, कपड़े और रहने के लिए जगह प्रदान करना
- अपने बच्चे को आर्थिक रूप से सहारा देना
- सुरक्षा और नियंत्रण प्रदान करना
- चिकित्सा प्रदान करना व स्वास्थ्य की रक्षा करना,
- शिक्षा प्रदान करना।

आर्थिक तंगी / पैसे की कमी इन सभी जिम्मेवारियों को निभाने में बाधा बनती है। माता-पिता सब जानते हुए और चाहते हुए भी कई बार यह सब करने में समर्थ नहीं हो पाते। ऐसे में समाज और शासन से भी मदद की आशा की जाती है। शासन की बहुत सारी योजनाएं गरीब परिवारों की मदद के लिए हैं जैसे मुफ़्त राशन, घर बनाना, शौचालय बनाना, मुफ़्त बिजली-पानी, बच्चों को मुफ़्त शिक्षा, स्कूल में मिड-डे-मील, बच्चों को साइकिल और कंप्यूटर देना, छात्र वृत्ति और कुछ आरक्षण।

गरीबी और सरकारी नीतियाँ:

गरीबी का प्रभाव और पालन-पोषण की भूमिका सिर्फ एक बहस का विषय नहीं है। सरकार द्वारा ग़रीबों की सहायता के जो प्रोग्राम चलाये जाते हैं वे इस दिशा में काफी मददगार होते हैं। गरीबों के बोझ को कम करने के लिए हमारा सबसे प्रभावी उपाय गरीबी को बढ़ाने वाले कारणों में सुधार करना ही हो सकता है। सबसे जरूरी है शिक्षा जिससे उनमें आत्म सम्मान की भावना बढ़ती है, व आत्मनिर्भर होने की इच्छा पैदा होती है।

यह सब मदद के लिए है पर प्रयास और पुरुषार्थ तो स्वयं ही करना होगा। कुछ परिवार अपनी मेहनत और प्रयत्नों से, इन सब कठिनाइयों से विजय प्राप्त करते गरीबी के दुष्चक्र से बाहर निकालने में कामयाब हो जाते हैं और उनके बच्चे परिवार को बहुत आगे ले जाने में सक्षम बन जाते हैं।

कुछ बच्चे गरीब होकर भी अच्छा विकास करते हैं:

गरीबी का अनुभव करने वाले सभी बच्चे मानसिक स्वास्थ्य संबंधी समस्याओं का सामना नहीं करते हैं। हम जानते हैं कि लचीलापन (Resilience) बढ़ाने के लिए विभिन्न कारण मिलकर असर करते हैं तो गरीबी के खिलाफ कुछ तो किया जा सकता है?

आपने देखा होगा कि कई गरीब घरों के बच्चे पढ़ाई व खेलकूद में अच्छे निकलते हैं, यह उनके माता-पिता के सकारात्मक पालन पोषण की वजह से होता है। गर्मजोशी, बच्चे की जरूरतों की देखभाल और स्नेह, सकारात्मक पालन-पोषण की विशेषता है। अब यह सवाल उठता है कि कैसे कुछ बच्चे उन्हीं कठिन हालत

में सफल व्यक्ति बन जाते हैं, और ऐसी क्या बात है जो एक बच्चे को विकट परिस्थितियों में भी आगे बढ़ने के लिए प्रेरित करती है? उन्हीं परिस्थितियों में क्यों एक और बच्चा साधारण विकास भी प्राप्त नहीं कर पाता।

शोध ने दिखाया है कि बचपन में माता-पिता के बच्चे से सकारात्मक व प्रेमपूर्ण संबंध से लाभदायक परिणाम निकलते हैं। इससे बच्चों में नशे की आदतें कम पड़ीं और उन्हें मानसिक बीमारियां भी कम हुई। यह भी सिद्ध होता है कि गरीबी की परिस्थितियों में माता-पिता के अच्छे संबंध व जुड़ाव का सारी समस्याओं के बावजूद बच्चों के जीवन पर अच्छा प्रभाव डालते हैं।

सारी दुनिया में ऐसे लाखों लोग हैं जो बेहद गरीबी में पले होकर भी सफलता की बुलंदियों तक पहुंचे। इनकी कहानियाँ भी बहुत कुछ कहती हैं। आप के पास भी ऐसी कोई कहानी होगी, उसे बच्चों को सुनाइए और देखिए कि उस में कैसे कठिनाइयों से पार पाया गया, कैसे हताशा से हार नहीं मानी और अंततः कैसे सफलता का रास्ता निकला।

एक बात सब जगह मिलेगी कि उन परिवारों ने सब कठिनाइयों के बावजूद, सकारात्मक सोच नहीं छोड़ी, दृढ़ता अपनाई, धैर्य रखा और अनवरत प्रयत्न किये।

38. डी आई एस के (Double Income Single Kid)

डीआईएनके (Double Income No Kid) के बाद शिक्षित शहरी मध्यम वर्ग में डीआईएसके या डिन्स्क (डबल इनकम, सिंगल किड) परिवार बढ़ रहे हैं।

चीन की वन चाइल्ड नीति के बारे में तो हम सब सुनते ही रहते हैं। भारत में शहरी मध्यवर्गीय माता-पिता, जो अपने माता-पिता की तुलना में अधिक कमा रहे हैं, बच्चे पैदा करने में दिलचस्पी नहीं ले रहे, कुछ दम्पत्ति तो बमुश्किल एक बच्चा पैदा कर रहे हैं। डिन्स्क (डबल इनकम सिंगल किड) एक नया चलन है। 'नेशनल काउंसिल ऑफ एप्लाइड इकोनॉमिक रिसर्च' ने बताया कि 10% परिवार केवल एक बच्चा पैदा करने का विकल्प चुन रहे हैं। शिक्षित महिलाओं में लगभग एक चौथाई महिलाएं केवल एक बच्चा रखना पसंद करती हैं। इसका एक कारण देर से शादी होना भी है। देर से शादी होने से दूसरा बच्चा होने का समय ही नहीं मिल पाता यानि कि महिलायें तब तक बच्चा पैदा करने में अक्षम हो जाती हैं। कामकाजी माता-पिता के पास एक से अधिक बच्चे पालने का समय नहीं होता, कई बार वे चाह कर भी दूसरा बच्चा नहीं कर सकते। कभी-कभी महिला का काम बहुल डिमान्डिंग होता है,जैसे डॉक्टर, पुलिस, मिलिट्री, तब बच्चों की परवरिश में मुश्किल होती है।

अमीर लोग में एक बच्चा पैदा कर उसे "एक शेर जैसा बच्चा" या जैसा कि फ़्रांसिसी कहते हैं, "एक शिशु अनोखा" दिखाने का क्रेज है। इन दिनों डिन्स्क (डबल इनकम, सिंगल किड) कपल्स का राज है।

एक संतान होने के लाभ

- ऐसे बच्चे अकसर अधिक केंद्रित और लक्ष्य पर ध्यान देने वाले होते हैं
- माता-पिता के साथ गहरा रिश्ता
- आत्मनिर्भर और स्वतंत्र; पढ़ने, ड्राइंग और पेंटिंग जैसी एकान्त गतिविधियों का आनंद लेने

वाले

- वयस्कों के साथ ज्यादा समय बिताने की वजह से अपनी उम्र से ज्यादा परिपक्व होते हैं
- भाई-बहनों की कमी को पूरा करने के लिए आसानी से दोस्त बना लेते हैं

एक बच्चा होने के जोखिम

- आत्मकेंद्रित
- बिगड़ने का खतरा
- अपने आप को अत्यधिक महत्वपूर्ण समझना
- माता-पिता द्वारा अत्यधिक संरक्षित (Overprotected)
- अपनी आलोचना को नहीं सुन पाते
- माता पिता की सभी आकांक्षाएं और उम्मीदें एक ही बच्चे पर टिक जाती हैं
- माता-पिता द्वारा दबाव बनाए जाने की वजह से मौका मिलते ही विद्रोह कर देते हैं
- ऐसे ही अकेला जीवन साथी हो तो बाद में चार बूढ़ों और अपने बच्चे की जिम्मेवारी उठाना एक बड़ी समस्या है। आधुनिक चीन इसका उदाहरण है।

भाई-बहनों के बिना बड़े होना

भाई-बहन हमारे जीवन में एक महत्व पूर्ण भूमिका निभाते हैं। अधिकांश वयस्क, भाई-बहन को सबसे अच्छा दोस्त मानते हैं। माता-पिता की तरह भाई-बहन का रिश्ता भी एक स्थायी रिश्ता है और भाई-बहनों की कमी, बचपन में और आजीवन एक हानिकारक स्थिति है। माता-पिता के न रहने पर बच्चे का अपना कहने वाला कोई नहीं होगा और चाचा, मामा, बुआ और मौसी जैसे रिश्ते तो समाप्त ही हो जाएंगे।

"एकल बच्चों" के बारे में अभी रिसर्च चल रही है, हमारा अनुभव और ज्ञान अभी अधूरा है।

अकेले बच्चे जो हॉस्टल में रहे हों और अपने माता-पिता दोनों के साथ नहीं रहते हैं, उनका अपने रिश्तेदारों से भी मिलना-जुलना कम हो पाता है, जिसका उनके व्यक्तित्व पर अलग प्रभाव पड़ता है। हाँ एक बात अवश्य है कि अकेले बच्चे माता-पिता के साथ ज्यादा समय बिताते हैं।

ऐसे कुछ बच्चों का समय धार्मिक गतिविधियों, साहित्यिक / कला या / शिक्षा में अधिक व्यतीत होता है। कुछ अकेले बच्चे कम मिलनसार होते हैं।

अमेरिकी जनगणना ब्यूरो के अनुसार 40-44 वर्ष की महिलाओं का एक बच्चे के साथ प्रतिशत 1980 में 9.6% से बढ़कर 1990 के दशक में लगभग 17% हो गया है इसका मुख्य कारण घटती प्रजनन क्षमता और तलाक है। इन्हीं कारणों से एकल बच्चों की संख्या व सिंगल पेरेन्ट की संख्या बढ़ी है।

अमेरिका, ब्रिटेन, भारत और कई अन्य देशों में इस आश्चर्यजनक परिवर्तन का कारण आर्थिक भी है। उदाहरण के लिए, ब्रिटेन में 2012 में 21 वर्ष की आयु तक एक बच्चे को पालने की लागत 222,458 पाउंड तक पहुंच गई है। इकलौता बच्चा उच्च जीवन स्तर प्राप्त करेगा, महंगी पढ़ाई कर सकेगा, यात्राओं और बेहतरीन खाने का आनंद ले सकेगा, जो एक बड़े परिवार के लिए संभव नहीं। एकल बच्चे अधिक आत्मविश्वासी, अधिक शिक्षित होते हैं। अधिक शिक्षित होने की वजह से उन्हे सफेदपोश (व्हाइट कॉलर जॉब) नौकरियां मिलने की अधिक संभावना होती हैं।

एक से अधिक बच्चे होने से मुश्किलें हैं तो बहुत से फायदे भी हैं। इस पर भी कई अध्ययन हो चुके हैं। बच्चों की संख्या आपके देश के हालात पर निर्भर करती है हमारे देश के लिए दो बच्चे होना ही संतुलन बिठा सकता है। सिर्फ आर्थिक पक्ष को महत्व देने से बहुत से पारिवारिक, सामाजिक और यहाँ तक राष्ट्रीय हित भी प्रभावित हो रहे हैं। जापान से लेकर अधिकांश यूरोपीय देशों की घटती जनसंख्या चेतावनी का संकेत है। ये देश बूढ़े देश बनने की और बढ़ रहे हैं। चीन भी अपनी 'वन चाइल्ड पॉलिसी' के नुकसान देख रहा है और उन्होंने इसे बदलने का फैसला ले लिया है।

आपका फैसला आप को ही करना होगा, बहुत सोच-विचार कर, क्योंकि यह सिर्फ आप के ही नहीं आपके बच्चों के वर्तमान और भविष्य के हर दिन से जुड़ा सवाल है।

39. क्या अमीर ही अच्छे माता-पिता बन सकते हैं?

"पैसा ही पैसे को खींचता है और अमीर और अमीर होते जाते हैं" आपने इसे कई बार सुना होगा पर क्या यह सच है? जवाब है नहीं। सच यह है कि 70% अमीर परिवार दूसरी पीढ़ी में अपनी संपत्ति खो देते हैं, और आश्चर्यजनक रूप से 90% तीसरी पीढ़ी में। फिर भी, अमीर घरों में पले-बढ़े बच्चों को जीवन में बहुत फायदा होता है।

लाभ

- बेहतर शिक्षा - अमीर घरों में पले-बढ़े लोग आम तौर पर अमीर इलाके में रहते हैं। इनके बच्चे अच्छे स्कूल में पढ़ते हैं जिन में अच्छे शिक्षक होते हैं, जिनके पास अच्छा प्लेग्राउन्ड होता है और खेल में इस्तेमाल होने वाले सभी उपकरण मौजूद होते हैं। यहाँ अच्छी लाइब्रेरी होती है, जो बच्चे के सम्पूर्ण विकास के लिए आवश्यक है।
- अमीर बच्चे अक्सर महंगे प्राइवेट स्कूलों में जाते हैं। ये स्कूल अपने छात्रों को भविष्य के लिए तैयार करने पर अधिक ध्यान केंद्रित करते हैं। कम आय वाले छात्रों में से कम ही बच्चे आगे की पढ़ाई, विशेषकर उच्च शिक्षा जारी रख पाते हैं।
- अधिक संसाधन - आप तो जानते ही हैं कि हर चीज़ के लिए पैसों की आवश्यकता होती है अमीरों के पास अधिक संसाधन होते हैं। वे अपने बच्चों के लिए ट्यूटर रख सकते हैं। वे कोचिंग का खर्च उठाने में समर्थ होते हैं और अपने बच्चों के लिए उच्च शिक्षा का खर्च वहन कर सकते हैं।

- अधिक समय - गरीब घरों में पले-बढ़े बच्चों को, घरेलू कार्यों में मदद करने के लिए कहा जाता है; इस वजह से वे अपनी पढ़ाई पर ध्यान नहीं दे पाते। धनी घरों में पल रहे लोगों को इसकी जरूरत नहीं है। इस प्रकार, धनी बच्चों के पास पढ़ने के लिए और स्कूल के कार्यक्रमों में भाग लेने के लिये ज्यादा समय होता है और उन्हें धनी दोस्तों के साथ दोस्ती निभाने के लिए भी अधिक समय मिलता है। भविष्य में ये रिश्ते लाभ पहुँचाते हैं।
- शिक्षा में सफलता के लिए साथियों का दबाव - अमीर घरों में पले-बढ़े बच्चों में आपस में एक प्रतिद्वंदिता बन जाती है, क्योंकि इन घरों के सभी बच्चे - उच्च शिक्षा प्राप्त करके अच्छे पद पर प्रतिष्ठित हो जाना चाहते हैं। ये बच्चे इसी सिद्धांत पर चलते हैं और उसी के अनुरूप व्यवहार करते हैं। लेकिन, अमीर बनने की कीमत भी चुकानी पड़ती है। आइए देखें अमीर होने के क्या नुकसान हैं।

नुकसान

- जोखिम (रिस्क) लेने की कम इच्छा- अमीर घरों में पले-बढ़े लोगों के पास खोने के लिए बहुत कुछ होता है। इस प्रकार, वे गरीबी में पले-बढ़े लोगों की तुलना में अधिक जोखिम वाले हैं, जिनके पास खोने के लिए कुछ नहीं है क्योंकि यदि वे असफल होते हैं तो उनके जीवन में जमीन आसमान का फर्क आ सकता है।
- कठिन कार्य नीति से बचना - एक अमीर के बच्चों को अपने भोजन, स्कूल और अपने शौक के लिए मेहनत नहीं करना पड़ती पर **बड़े लक्ष्य निर्धारित करना** होता है। उदाहरण के लिए एक क्लर्क के बच्चे के लिए लक्ष्य अफसर बनने की कोशिश तक सीमित होता है वहीं एक बड़ी कंपनी के सीईओ या एक कलेक्टर के बच्चे का लक्ष्य सीईओ या कलेक्टर बनने का होता है, जो एक कठिन लक्ष्य है।
- असफलता का डर -एक गरीब बच्चे को, गरीबी से उतना डर नहीं लगता, क्योंकि यह एक ऐसी चीज है जिससे वह परिचित हैं इसलिए उसे असफलता से उतना डर नहीं लगता। अमीर बच्चे जीवन में अच्छी चीज़ों के आदी हो जाते हैं और उनके लिए असफलता का मतलब है जो उनके पास है उसे खो

देना। अमीर घरों के बच्चे इसको खोना नहीं चाहते, इस वजह से अलग लक्ष्य हाथ में लेने में घबराते हैं। जैसे एक बड़े बिजनिस परिवार का बच्चा यू पी एस सी या डॉक्टर बनने की कोशिश नहीं करता क्योंकि उस लगता है कि यदि नहीं कर पाया तो सब कुछ हाथ से चला जाएगा।

- असफलता के साथ असहज - धनी बच्चों के पास कई सुरक्षा करने वाले होते हैं जो विफल होने पर उन्हें सहारा देते हैं। जब ये बच्चे वास्तविक दुनिया का सामना करते हैं, तो देखते है कि वहाँ माता-पिता जैसा प्यार करने वाला कोई नहीं है और मुकाबला कड़ा है। वे असफलता का सामना करने में हिचकिचाते हैं और अपने दम पर सामना नहीं कर पाते।
- त्याग के अभ्यस्त न होना - धनी घरों के बच्चों को सब कुछ बिना मेहनत और त्याग के मिल जाता है। यदि वे त्याग करने के अभ्यस्त नहीं हैं, तो त्याग करना उन के लिए दुखदायी होता है ,कभी-कभी ये बच्चे सह नहीं पाते।

अमीर माता-पिता होने पर कुछ बच्चे बुरा क्यों महसूस करते हैं?

- जब उनके माता-पिता के पास उनके लिए वक्त नहीं होता
- बच्चों का दिल कोमल होता है और जब वे अन्य बच्चों को धन के कमी के कारण संघर्ष करते हैं, तब अमीर बच्चे अपने आप महसूस करते हैं कि वे अन्य बच्चों की तुलना में भाग्य शाली हैं।
- बच्चे को अपने माता-पिता के बारे में सामाजिक विरोध या खतरा दिखता है, क्योंकि अकसर अमीर लोगों को लोग बुरा समझते हैं और आलोचना करते हैं।
- अमीर बच्चों को इसलिए भी बुरा लगता है कि उन्हें अपनी योग्यता के लिए ज्यादा काम नहीं करना पड़ता और चीजें उन्हें बिना मेहनत के मिल जाती हैं। वे देखते हैं कि अन्य बच्चे उन्हीं चीजों के लिए संघर्ष करते हैं। धनी परिवारों के कुछ बच्चे यह पसंद नहीं करते हैं कि उनके पास जो कुछ भी है उसके लिए उन्हें आलसी समझा जाए, खासकर जब वे कड़ी मेहनत के लिए तैयार हों।
- अमीर बच्चों का अन्य बच्चों से दोस्ताना संबंध होना कठिन होता है, अमीर बच्चे को हमेशा दोस्तों के समूह में अलग तरह से देखा जाता है, कई बच्चे अपने से अमीर बच्चों से दोस्ती नहीं करना चाहते। माता-पिता के धन के

आगे बच्चे के व्यक्तिगत गुण छुप जाते हैं। हर बच्चा अपनी स्वयं की पहचान चाहता है, जब वे अपने माता-पिता के नाम से पहचाने जाते हैं तो वे खुश होने कि बजाय दुखी हो जाते हैं।

अधिक धन बच्चों के पालन पोषण को कभी-कभी कठिन बना देता है

अध्ययन से पता चला है कि पैसा एक निश्चित सीमा तक पालन-पोषण को आसान बनाता है एक सीमा से आगे फिर यह बहुत फर्क करना बंद कर देता है। इससे भी अधिक दिलचस्प बात यह है कि अधिक धन वास्तव में पालन-पोषण में कठिनाई पैदा करता है।

अमीर बच्चों को पैसे का मूल्य, काम का अर्थ, और दुनिया में अपना रास्ता बनाने से मिलने वाली खुशियों और उससे मिलने वाली तृप्ति और संतुष्टि का अनुभव नहीं हो पाता। जबकि, सभी माता-पिता अपने बच्चों को पैसे के मूल्य को समझना सिखाना चाहते हैं। निर्धन लोग हर समय इसके बारे में बात करते हैं, क्योंकि उनके बहुत सारे काम पैसे की कमी से रुक रहे होते हैं। पैसे वाले लोगों के सामने इस तरह की कोई समस्या नहीं होती।

धन बढ़ने पर पालन-पोषण कठिन क्यों हो जाता है?

माता-पिता को बच्चों के खर्च पर अंकुश लगाना पड़ता है। कभी- कभी उन्हें कहना पड़ता है कि, हाँ, हम इसे खरीद सकते हैं लेकिन नहीं खरीदेंगे क्यों कि यह हमारे सिद्धांतों के विरुद्ध है। माता-पिता के लिए पैसे के मूल्य और काम के अर्थ को समझाना एक मुश्किल काम है लेकिन समझदार माता पिता अपने बच्चों को काम व पढ़ाई लिखाई का महत्व समझाते हैं।

अमीर बच्चे कम आय वाले बच्चों की तुलना में अधिक उदास होते हैं, और उनमें चिंता, अवसाद, नशा करना, ईटिंग-डिसऑर्डर, धोखाधड़ी और चोरी करने जैसी समस्याएँ हो सकती है।

अधिक धन से कभी अचानक धन की कमी हो जाने पर बच्चे के पालन-पोषण में नई समस्याएं पैदा हो जाती हैं।

दूसरी ओर कई परिवारों के लिए जहां अचानक अधिक धन आ जाता है परवरिश में नई समस्याएं आ सकती हैं।

बहुत सारे अमीर माता-पिता अपने बच्चों को धन का महत्व समझाते हैं और मेहनत से पैसे कमाना सिखाते हैं। दुनिया के कुछ बड़े अमीरों नें अपने धन का बड़ा हिस्सा दान कर दिया और बच्चों के लिए थोड़ा सा भाग रखा और चाहा कि वे इसकी सहायता से अपने पैरों पर खड़े होकर दिखाएं।

40. पैसे की अधिकता बच्चों को न बिगाड़ दे

सभी माता-पिता चाहते हैं कि उनके बच्चे समाज के स्वस्थ, प्रसन्न और उत्पादक सदस्य हों। अमीर लोग संपत्ति का प्रयोग अवसर पैदा करने और आगे बढ़ने के लिए करते हैं। वे अच्छा खाने, पहनने और रहने के अतिरिक्त अपने बच्चों के लिए सर्वोत्तम वस्तुओं और श्रेष्ठतम शिक्षक या स्कूल का इंतजाम करने का प्रयास करते हैं।

अमीर लोग चाहते हैं कि उनके बच्चों को लाभ मिले और वे सबसे आगे रहें लेकिन महत्वाकांक्षा की कीमत पर नहीं। उन्हें डर होता है कि है कहीं पैसों की वजह से उनके बच्चों में उत्साह की कमी न हो और वह जीवन के संघर्ष में कमजोर न पाये जाएं।

उपाय जो अमीर माता-पिता अपने बच्चों की भलाई के लिए करते हैं / कर सकते हैं:

1. अपने बच्चों को हर समय मुंह मांगी वस्तुएं न दें, भले ही आप समर्थ हों। माता-पिता को जागरूक होना चाहिए कि उनके पास अपने बच्चों को देने के लिए बहुत कुछ है, लेकिन उन्हें बच्चे को यह सिखाना चाहिए कि चीजें मुफ़्त नहीं आतीं। कुछ पाने के लिए, चाहे वह कोई वस्तु हो या पद या प्रतिष्ठा, मेहनत करनी पड़ती है।

2. अरबपति वारेन बफेट, बिल गेट्स, ब्रिटिश संगीतकार स्टिंग, अजीम प्रेमजी और कई अन्य अमीरों ने अपने बच्चों को अपनी बहुत कम संपत्ति देने की योजना बनाई है। वे चाहते है कि वे अपनी मेहनत व लगन से वह सब हासिल करें जो उन्हें चाहिए।

"उन्हें काम करना है," बिल गेट्स ने कहा है। "मेरे सभी बच्चे यह जानते हैं और वे शायद ही कभी मुझसे कुछ मांगते हैं।"

3. उन्हें कड़ी मेहनत करना और उनकी उपलब्धियों को महत्व देना सिखाएं।

4. अपने बच्चों को कभी असफलता का सामना भी करने दें।

   बचाव के लिए जल्दबाजी न करें। माता-पिता को उन्हें बताना चाहिए कि वे ऐसा क्यों कर रहे हैं। यह एंटी-हेलीकॉप्टर पेरेंटिंग है, जिसमें बच्चे को अपनी जिम्मेदारी लेने को प्रोत्साहित किया जाता है।

5. रोजमर्रा के कुछ काम उनके जिम्मे लगाएं जैसे कि छुट्टी के दिन वे नाश्ता बनाएं। वे अपने कमरे की खुद सफाई करें। वे जानते हैं कि जब उनकी शिक्षा समाप्त हो जाएगी, तो उन्हें इस आरामदायक घोंसले से बाहर अपने दम पर रहना होगा।

6. अपने बच्चों को स्वयं का जीवन अपने दम पर जीने के लिए तैयार करना चाहिए। अगर बच्चों को घर से बाहर नहीं निकाला जाएगा और उन्हें वास्तविक दुनिया के तनाव में नहीं डाला जाएगा, तो बच्चे अचानक से जीवन की कठिनाइयों को झेल नहीं पाएंगे।

पैसे का सच्चा मूल्य तो मेहनत से कमा कर ही समझ आता है

41. बच्चों के खाने की जद्दोजहद

कुछ सरल तरीके हैं जिनसे माता-पिता अपने बच्चों को स्वस्थ व फायदेमंद भोजन की आदतें डाल सकते हैं। यहां राष्ट्रीय स्तर पर जाने-माने भोजन विशेषज्ञों व प्रसिद्ध बाल रोग विशेषज्ञों के कुछ विचार दिए गए हैं कि कैसे नखरे करने वाले बच्चे को स्वस्थ, विविध आहार खाने वाला बच्चा बनने के लिए तैयार किया जाए।

भोजन के समय अप्रिय वातावरण बनाने से बचें: खाने के समय आप बड़े होने के नाते अपनी शक्ति का इस्तेमाल करने से बचें। यदि आप माता या पिता होने का दबाव डालेंगे तो यह दबाव ज्यादा दिन काम नहीं करेगा लेकिन अगर आप बच्चे को नियमों के पीछे के कारण को बताएंगे है, तो वे जीवन भर के लिए अच्छे भोजन की आदतों को सीख सकते हैं।

भोजन का समय आनंद दायक व प्रेमपूर्ण हो, तनाव पूर्ण न हो।

अपने घर पर सब्जी उगाना या उनको साथ लेकर बाजार से सब्जी और खाने का समान लाना, उनकी खाना बनाने में और खाने में रुचि को बढ़ाता है। इंग्लेंड में की गई शोध से यह सिद्ध हो चुका है कि जो लोग अपने घर में सब्जियां उगाते हैं वे अधिक सब्जियां खाते हैं।

बार-बार (विशेषकर दूसरों के सामने) बच्चे पर दोष न लगाएं: 5 वर्ष से कम उम्र के बहुत से बच्चे चुन-चुन कर और सीमित खाने वाले होते हैं। ऐसा होना सामान्य बात है, कोई बीमारी नहीं। इन बच्चों की अपनी पसंद नापसंद होती है। यदि आपका बच्चा सही खाद्य पदार्थों का चयन करता है और उसका विकास सही हो रहा है तो बच्चे पर दबाव ना बनाएं। अपने डॉक्टर से उसके वज़न व लंबाई आदि का चेकअप हर तीन महीने में करवाते रहें यदि आपका बच्चा सही से बढ़ रहा है व स्वस्थ है तो परेशान न हों।

बच्चों को खाना बनाने में शामिल करें: 'हाउ टू बिहेव सो योर चिल्ड्रन विल, टू' के लेखक, सैल सेवेर कहते हैं, अपने बच्चों को रसोई में आसान कार्यों में हाथ बंटाने के लिए कहें। यदि वे भोजन बनाने में मदद करते हैं, तो वे कभी न कभी इसे खा कर भी देखना चाहेंगे। बड़े बच्चे स्वयं से भोजन बनाना शुरू कर सकते हैं और अच्छा हो यदि वे समय पर स्वस्थ भोजन तैयार करना सीख जाएं, ताकि जब उन्हें अकेला रहना पड़े तो उन्हें कोई परेशानी न हो, उनका स्वास्थ्य भी खराब न हो। उन्हें भोजन बनाना सीखने के लिए प्रोत्साहित करिए।

सकारात्मक बनें और उनकी अच्छी बातों की प्रशंसा करें: हम अक्सर पाएंगे कि बच्चा दो या तीन चीजें ही हर बार खाना चाहता है। जिस तरह बच्चों को एक ही कहानी को बार-बार पढ़ने से मज़ा आता है, उसी तरह उन्हें कुछ खाद्य पदार्थों का एक ही सेट बार-बार खाने में मज़ा आता है। देखें कि भले ही उन्हें विभिन्न प्रकार के खाद्य पदार्थ नहीं मिल रहे हैं, फिर भी वे वास्तव में ठीक बढ़ रहे हैं। बस ध्यान रखें, जब बच्चा विकास की गति से गुजरता है और उसकी भूख अधिक होती है, तो उस अवसर का उपयोग नए-नए खाद्य पदार्थ खाना सिखाने के लिए करें।

नई चीजों से परिचय कराएं और थोड़ा इंतजार करें: विशेषज्ञ कहते हैं कि एक बच्चे को नई चीज खाना सिखा रहे हैं तो पहले 10 से 15 बार नए भोजन को सामने रखना चाहिए, आप लोग कई बार इससे बहुत पहले ही हार मान लेते हो। इसलिए, पहले आप बच्चे को थोड़ा सा खाना दे कर उसे इससे खेलने दें, फैलाने दें और हार न मानें। एक दिन, वह उसे खाकर कर आपको आश्चर्य चकित कर देगा। हाँ, हड़बड़ी न करें, हफ्ते में एक या दो ही नए खाद्‌य पदार्थ उसे देना ठीक रहता है।

रिश्वत न दें: अक्सर हम ये कहते हैं कि तुम अपनी दाल पूरी खतम कर लोगे तो तुम्हें बर्फ़ी खाने को मिलेगी। बच्चों को अपना खाना खतम करने के लिए मिठाई के रूप में रिश्वत देने से बचें। इससे ऐसा लगता है कि सही काम करने के लिए इनाम मिलना चाहिए और साथ ही बच्चे के मन में यह बात बैठ जाती है कि जंक फूड एक इनाम है, और इनाम खराब कैसे हो सकता है, तभी तो इसे इनाम के रूप में दिया जा रहा है।

अच्छे पोषण/ भोजन का असली पुरस्कार एक स्वस्थ शरीर है, चॉकलेट या केक नहीं।

अत्यधिक अल्पाहार से बचें: कभी-कभी समस्या यह नहीं होती कि बच्चे को नए खाद्‌य पदार्थ पसंद नहीं हैं, समस्या यह होती है कि उनका पेट पहले ही भरा हुआ है। हो सकता है बच्चे दूध और जूस आदि के रूप में अपनी बहुत सारी कैलोरी ले चुके हों। बच्चों को प्यास लगने पर सिर्फ पानी पीने के लिए दें न कि कोल्ड ड्रिंक। यही चिप्स, मिठाई और सोडा जैसे स्नैक्स के लिए भी सही है जो अधिक कैलोरी प्रदान करते हैं। यदि आप बच्चे को स्नैक्स दे रहे हैं तो ध्यान रखें कि यह भोजन की जगह न ले ले।

सीमाएं सुनिश्चित करें: खाने से संबंधित कुछ सीमाएं सुनिश्चित करें जो न बहुत कठोर हों न बहुत नरम और उनका ठीक से पालन करें। उदाहरण के लिए, माता-पिता की कोशिश हो सकती है कि बच्चे स्नैक फूड से पहले पौष्टिक आहार लें या एक नए भोजन को कम से कम चख कर तो देखें। यदि नियम बनाए रखेंगे और स्वयं भी उनका पालन कर के दिखाएंगे तो बच्चे भी उस तरह का व्यवहार करेंगे।

अपने तौर तरीकों को देखें: जैसा कि आप जानते ही हैं कि बच्चों के लिए माता पिता से बढ़ कर कोई आदर्श नहीं है, आप देखें कि आप बच्चों को वह कर के

दिखा रहे हैं या नहीं, जो उन से करने की अपेक्षा रखते हैं। वे इससे ज्यादा सीखेंगे न कि आपके रोज-रोज के भाषण से। वे आपसे ही तो सीखते हैं रोज-रोज बाहर खाना या खाने का ऑर्डर करना, कोल्ड-ड्रिंक पीना और होटल जाकर खाना।

भोजन का समय शांत वातावरण हो: अपने बच्चे की खाने की आदतों को भोजन के समय की बातचीत का विषय न बनाएं, नहीं तो हर भोजन का समय बच्चे के लिए एक तनाव पूर्ण समय बन जाता है। इस समय बच्चे की कमियों के बारे में बात न करें। माता-पिता अच्छे खाने के महत्व के बारे में बाद में बात कर सकते हैं, जैसे कि सोने के समय या कहानी के समय।

उनके साथ मिलकर खाने के समय को 'मोबाईल-फ्री टाइम' बनाएं। किसी भी समस्या पर खाने के समय चर्चा न करें।

सीखने को समय दें; ज्यादातर समय, बच्चे केवल सीमित खाने से ही बड़े होंगे। तनाव न रखें, 5 साल की उम्र के बाद अधिकतर बच्चे नए नए-नए भोजन लेने लगते हैं।

42. जुड़वाँ बच्चों को पालना: बड़ी खुशी, थोड़ी उलझन

माता-पिता बनना और एक बच्चे का स्वागत करना जीवन बदलने वाली घटना है। गर्भ में दो धड़कनों की खबर हमें उत्साह, उम्मीद और साथ ही चिंता से भर देती है। जुड़वाँ बच्चे होने पर हमारे दिमाग में कई विचार आ सकते हैं: क्या हमारे बच्चे स्वस्थ होंगे, हम जुड़वां बच्चों का पालन-पोषण और देखभाल कैसे कर पाएंगे, एक साथ दो बच्चों को कैसे खिलाएंगे, हम उन्हें कैसे अलग-अलग पहचान पाएंगे, हम दो बच्चों के पीछे कैसे भाग सकते हैं या दो बच्चों के झगड़े से निपटने के दौरान हम निष्पक्ष कैसे हो सकते हैं, आदि-आदि?

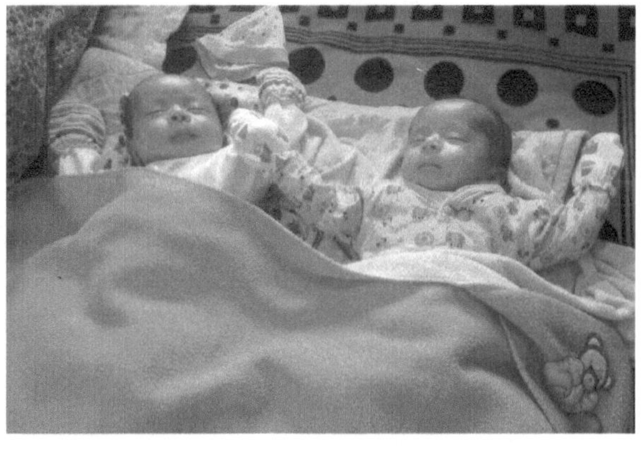

जुड़वाँ बच्चों का पालन-पोषण बहुत सारी खुशियाँ लाता है लेकिन इसके साथ ही बहुत सारी परेशानियाँ भी लाता है। इसका मतलब दो नए सदस्यों का परिवार में स्वागत करना है जब आप शुरुआत में एक की उम्मीद कर रहे थे। शुरुआती वर्षों में जुड़वा बच्चों का पालन-पोषण शारीरिक और भावनात्मक रूप से थका देने वाला हो सकता है। हालाँकि तैयारी से, पालन-पोषण की शिक्षा से और परिवार और दोस्तों के प्यार भरे सहयोग से आपको यह समझने में मदद मिल सकती है कि अपने जुड़वां बच्चों और खुद की देखभाल कैसे करें।

जुड़वां जल्दी ही समझने लगते हैं कि उन्हें अपनी जरूरतों को पूरा करने के लिए इंतजार करना होगा। जुड़वा बच्चों में अकेलेपन की चिंता कम होगी क्योंकि उनके पास निरंतर एक साथी होता है। शैशवावस्था और बचपन के प्रारंभिक वर्षों में, जुड़वा बच्चों को एक दूसरे से सीखने की क्षमता का लाभ मिल सकता है।

यद्यपि प्रत्येक जुड़वाँ को दूसरे से खुशी मिलती है और उनमें बहुत कुछ समान हो सकता है, फिर भी माता-पिता को यह समझना चाहिए कि प्रत्येक बच्चा एक अद्वितीय प्राणी है। यद्यपि एक-दूसरे के साथ उनके भावनात्मक बंधन को बनाया जाना है, सभी भाई-बहनों की तरह, जुड़वा बच्चों के स्वभाव, ज़रूरतें, इच्छाएँ और क्षमताएँ अलग-अलग होती हैं और वे एक-दूसरे से बहस करेंगे, लड़ेंगे, गले लगेंगे, आराम करेंगे और प्यार भी करेंगे। कभी दोनों बच्चों की प्रतिद्वंद्विता भी हो सकती है।

द वर्क-लाइफ इक्वेशन: ट्विन्स का पालन और नौकरी-साथ साथ

अनुभवी कहते हैं, हाँ यह संभव है या संभव बनाया जा सकता है। आपको ऐसे बहुत उदाहरण मिल जाएंगे।

नवजात जुड़वा बच्चों के साथ जीवन कैसे व्यतीत करें

यहां आपके जुड़वा बच्चों की दिनचर्या को एक-दूसरे से जोड़ने और हर किसी के लिए काम करने वाली दिनचर्या स्थापित करने के लिए कुछ सुझाव हैं:

1. **सहायता प्राप्त करें:** जितनी जल्दी हो सके दोस्तों, परिवार या सहायिका से मदद लें - हो सके तो बच्चों के आने से पहले। आपके माता-पिता यदि कर सकें तो उन से अच्छा कोई मददगार नहीं।

2. **लचीले बने:** हालांकि हम चाहते हैं कि एक ही समय पर नवजात जुड़वा बच्चों के काम करें, पर शुरुआती दिन बच्चों की जरूरतों के अनुसार आपको चलना पड़ेगा और एक बार जब आप एक दिनचर्या स्थापित कर लेते हैं, तो आपको इसे बदलने के लिए तैयार रहना होगा क्योंकि बच्चों की ज़रूरतें बदल जाती हैं।

3. **नोट्स लें:** प्रत्येक जुड़वां के लिए एक लॉग रखें कि उन्होंने किस समय खाया, कितनी देर तक (स्तनपान कराने वाले शिशुओं के लिए) या कितने औंस (बोतल से दूध पिलाने वाले शिशुओं के लिए) दूध पिया, गीले और गंदे डायपर, और झपकी का समय और अवधि। इससे आपको अपने जुड़वां बच्चों के पैटर्न और अलग-अलग खाने और सोने की आदतों को समझने में मदद मिलेगी।

4. **उन्हें एक ही समय पर खिलाएं**: एक ही समय में दोनों बच्चों को दूध पिलाएं, भले ही आपको ऐसा करने के लिए किसी एक को जगाना पड़े।

5. **उन्हें एक ही समय पर सुलाएं**: दोनों जुड़वा बच्चों के खाने के बाद, उनके साथ तब तक खेलें जब तक कि एक या दोनों को नींद न आ जाए। फिर उन्हें एक ही समय में झपकी लेने के लिए लेटा दें, भले ही किसी को सोने के लिए थोड़ा अतिरिक्त आराम की आवश्यकता हो। शीघ्र ही वे उसी समय स्वाभाविक रूप से सोना शुरू कर देंगे।

6. **उन्हें साथ रखें**: अपने नवजात जुड़वा बच्चों को एक पालने में सुला सकते हैं जब तक कि बच्चे पलटने न लग जाएं। इसके बाद उन्हें अलग-अलग पालने में ले जाएं, लेकिन उन्हें एक ही कमरे में रखें। यह उनकी नींद और जागने

के चक्र को सिंक्रोनाइज़ करने में मदद कर सकता है। जुड़वां बच्चों के लिए अलग पालने, प्रैम और अन्य काम की चीजें भी मिलती हैं।

7. **अपने आप को न भूलें**: नवजात जुड़वा बच्चों की देखभाल करते समय अपना ख्याल रखना महत्वपूर्ण है। माताओं को अपने दूध की आपूर्ति और अपने बच्चों की परवरिश करने के लिए अच्छे पोषण और आराम की आवश्यकता होती है। इसलिए सहायकों की मदद लें। और अच्छा खाना न भूलें!

8. **अपने रिश्ते को कमजोर न होने दें**: नवजात जुड़वा बच्चों की देखभाल की मांग शादी या रिश्ते पर भारी पड़ सकती है, इसलिए अपने साथी को समय देना सुनिश्चित करें और इसे एक अपॉइंटमेंट की तरह मानें जिसे आप तोड़ नहीं सकते।

9. **डटे रहें**: हालांकि ऐसा लग सकता है कि यह पालन-पोषण का अध्याय कभी खत्म नहीं होगा, पर यह समय देखते-सीखते जल्दी ही बीत जाएगा। जितना हो सके इसका आनंद लें!

10. **जुड़वा बच्चों के अन्य माता-पिता से जुड़ें**: वे अपने ज्ञान और अनुभवों को एक दूसरे से साझा करके एक-दूसरे को भरपूर सहायता प्रदान कर सकते हैं।

11. **स्तनपान कराना:** एक ही समय में अपने जुड़वा बच्चों को स्तनपान कराना और/या बोतल से दूध पिलाना संभव है। शिशुओं को आपकी गोद में या आपके बगल में तकिए का उपयोग करके एक साथ बोतल से दूध पिलाया जा सकता है। विशेष रूप से एक बच्चे को पालने के लिए डिज़ाइन किए गए तकिए के साथ जुड़वा बच्चों को स्तन पान कराना भी संभव है।

12. **जुड़वा बच्चों को अद्‌वितीय मानने** से प्रत्येक बच्चे को अपने स्वयं के व्यक्तित्व के बारे में पता चलता है और अपनी पहचान विकसित करने में मदद मिलती है। उनके आपसी

व्यक्तिगत मतभेदों का सम्मान करें। प्रत्येक बच्चे की क्षमताओं और रुचियों के अनुसार अलग-अलग उम्मीद व लक्ष्य बनाएँ। प्रत्येक बच्चे को नाम से बुलाएं, प्रत्येक बच्चे के अलग-अलग व्यक्तित्व की पहचान बनाएं - "जुड़वाँ" के रूप में नहीं।

13. **प्रत्येक बच्चे के साथ अकेले सार्थक समय** बिताने की योजना बनाएं। कुछ खेल-कूद की गतिविधियाँ, जैसे बैठना और बात करना, एक किताब को साथ-साथ पढ़ना, कोई खेल खेलना या बाज़ार जाना जैसी गतिविधियां करने से आपस में जुड़ाव बढ़ता है जिसकी बच्चों को आवश्यकता होती है। हमारा उद्देश्य प्रत्येक बच्चे को जीवन के ऐसे अनुभव देना है जो उनके लिए मजेदार और उपयुक्त हों। जुड़वाँ बच्चों की एक प्रवृत्ति होती है, खासकर शुरुआती वर्षों में, वे एक-दूसरे पर बहुत अधिक निर्भर होते हैं। अलग-अलग समय बिताने से वे अपने आप को महत्वपूर्ण समझते हैं और उनका आत्मविश्वास बढ़ता है

14. **निष्पक्षता बनाम बच्चों के प्रति सम्मान** को समझें। क्योंकि हर बच्चे की अलग-अलग जरूरतें होती हैं, जुड़वा बच्चों की परवरिश करते समय निष्पक्ष होने की बजाय सम्मानजनक होना अधिक महत्वपूर्ण है। प्रत्येक बच्चे की समानताओं और भिन्नताओं का सम्मान करने से स्वयं की वास्तविक और स्वस्थ भावना को बढ़ावा मिलता है।

15. **प्रत्येक बच्चे को कुछ संपत्ति/ सामान** की आवश्यकता होती है जिसे वह बांटना पसंद नहीं करता। उनके सम्मान और आत्म-पहचान पर विचार करें। बच्चों की अपनी वस्तुएं बच्चों को पहचान की भावना बनाने में मदद करती है। कुछ अलग कपड़े, खिलौने, किताबें,

Having 1 child makes you a
PARENT

but having 2 makes you a
REFREE.

कंबल आदि स्वामित्व की भावना को पैदा करते हैं। यह प्रत्येक बच्चे को एक विशेष अलमारी या शेल्फ पर जगह देकर पैदा किया जा सकता है।

16. **तुलना करने में सावधानी बरतें**: विकास एक यात्रा है, दौड़ नहीं। माता-पिता अक्सर अपने बच्चे के विकास की तुलना उसी उम्र के अन्य बच्चों से करते हैं और जुड़वा बच्चों के साथ विशेष रूप से। बहरहाल, जुड़वा बच्चों की तुलना नहीं करना सबसे अच्छा है। छोटे बच्चे जो सुनते हैं उसे आत्मसात कर लेते हैं। तुलना आसानी से एक बच्चे का उत्साह कम कर सकती है या ऐसी स्थिति पैदा कर सकती है जहां वह अपने आप को कम स्मार्ट, कम सक्षम, कम आकर्षक महसूस करे। वह प्यार की कमी महसूस कर सकता है।

सबसे महत्वपूर्ण बात, जुड़वा बच्चों को पालने की जीवन-यात्रा का आनंद लें! उन के पालन-पोषण के बारे में किताबें और लेख पढ़ना और जुड़वां बच्चों के माता-पिता के ग्रुप में शामिल होना पालन-पोषण की खुशियों और परेशानियों को बेहतर ढंग से समझने में मदद करता है और चिंताओं को कम करने में मदद करेगा।

जुड़वाँ वास्तव में एक दोहरा आशीर्वाद हैं।

43. शर्मीले बच्चों का पालन-पोषण

कई बच्चों को शर्मीला करार दिया जाता है। शर्मीला बच्चा होना इतना नकारात्मक गुण नहीं है। शर्मीलापन एक बच्चे के लिए फायदेमंद व नुकसानदायक दोनों हो सकते हैं।

शर्मीलापन व्यक्तित्व का भाग (Personality trait) है, दोष (Fault) नहीं।

आपके बच्चे के शर्मीलेपन के लिए आपको शर्मिंदा होने की कोई आवश्यकता नहीं है। शर्मीले होने में कुछ भी बुरा नहीं है, बल्कि कभी-कभी ये अच्छा होता है। बहुत से लोग शर्मीलेपन को समस्या समझते हैं। उन्हें लगता है कि बच्चे में आत्म विश्वास की कमी है और उसमें हीन भावना हो सकती है जबकि कई शर्मीले बच्चे भी आत्मविश्वास से भरे होते हैं और उनके पास एक आंतरिक शांति होती है।

जीवन के सामाजिक पहलुओं को समझना बच्चे के विकास के लिए शिक्षा जितना ही महत्वपूर्ण है। भावनात्मक भलाई, स्वतंत्रता, आत्मविश्वास, सहानुभूति और बातचीत सामाजिक रूप से निपुण होने के लिए आवश्यक है। जो बच्चे बातचीत करने में प्रभावी ढंग से भाषा का उपयोग कर सकते हैं, उनके साथियों के साथ दोस्ती करने और अपने स्कूल और सामाजिक वातावरण में फिट होने की संभावना अधिक होती है।

शर्मीलापन क्या है

अमेरिकन साइकोलॉजिकल एसोसिएशन के अनुसार, शर्मीलापन सामाजिक मेल-मिलाप के दौरान अजीब, चिंतित या तनाव महसूस करने की प्रवृत्ति है, खासकर अपरिचित लोगों के साथ। गंभीर रूप से शर्मीले लोगों में शरमाना, पसीना आना, धड़कन तेज होना या पेट ख़राब होना जैसे शारीरिक लक्षण हो सकते हैं। वे सोचते हैं कि दूसरे पता नहीं उनके बारे में क्या सोचते हैं। इन बच्चों को सामाजिक बंधनों में बंधने की इच्छा का अभाव रहता है।

अंतर्मुखता (इन्ट्रोवर्ट) क्या है

कई शर्मीले लोग अंतर्मुखी होते हैं।

यह मुख्य रूप से अपने में रुचि रखने की स्थिति है। अंतर्मुखी आमतौर पर चिंतनशील होते हैं। बातचीत के दौरान इनकी ऊर्जा घट जाती है।

कब यह शर्मीला पन एक समस्या बन जाता है? इस प्रश्न का सरल उत्तर है, जब शर्मीला व्यक्ति असहाय महसूस करे।

शर्मीलापन सामाजिक चिंता (Social anxiety) है।

हमें यह देखना है कि बच्चे में कितना शर्मीला पन है, यदि यह बच्चे के विकास में बाधा बन रहा है तो हमें इसके लिए आवश्यक कदम उठाने चाहिए। वह अपरिचित स्थितियों में या दूसरों के साथ बातचीत करते समय चिंतित होता है। यदि उन्हें एक ट्रॉफी की तरह प्रदर्शित किया जाए तो वे अपने को असहाय महसूस करते हैं। एक शर्मीला बच्चा इसमें शामिल होने के बजाय छुपकर कार्रवाई देखने में अधिक सहज होता है। शर्मीलापन दो प्रकार का होता है, एक जो सामाजिक रूप से जुड़ना चाहते है लेकिन ऐसा करने में असहज हो जाते हैं, दूसरे वे जो अंतर्मुखी होने के अलावा किसी से मिलना भी पसंद नहीं करते।

अधिकांश बच्चे समय-समय पर शर्मीला महसूस करते हैं लेकिन कुछ के जीवन पर इससे गंभीर असर होता है। जो बच्चे अत्यधिक शर्मीले पन से पीड़ित होते हैं वे परिपक्व होने पर इससे बाहर भी निकल सकते हैं या इनमें कुछ बड़े होकर भी वैसे ही बने रहते हैं। माता-पिता अपने बच्चों को शर्मीलापन दूर करने में मदद कर सकते हैं। गंभीर मामलों में, विशेषज्ञ से मदद लेने की सलाह दी जाती है।

शर्मीलेपन से समस्याएं

लगातार और अत्यधिक शर्मीलापन बच्चे के जीवन में कमियाँ ला सकता है।

- सामाजिकता विकसित करने या अभ्यास करने के अवसरों में कमी
- कम दोस्त

- खेल, नृत्य, नाटक या संगीत जैसे अन्य लोगों के साथ बातचीत की आवश्यकता वाली गतिविधियों में भागीदारी में कमी
- अकेलेपन तथा महत्वहीनता की भावना में वृद्धि और आत्म-सम्मान में कमी
- दूसरों द्वारा 'जज' किए जाने के डर से पूरी क्षमता से काम न कर पाना
- चिंता करना
- शारीरिक प्रभाव जैसे शरमाना, हकलाना और कांपना

शर्मीले व्यवहार के कई सकारात्मक पहलू भी हैं

- स्कूल में अच्छा प्रदर्शन
- अच्छा व्यवहार करना और परेशानी में न पड़ना
- दूसरों की बात ध्यान से सुनना
- देखभाल करना आसान होना

माता-पिता की चिंता होती है कि उनका बच्चा क्या सिर्फ शर्मीला है या उसे कोई गंभीर समस्या है? एक स्वस्थ स्वाभिमान वाला एक शर्मीला बच्चा आँख से आँख मिलाकर संपर्क करता है, विनम्र होता है, और खुद से खुश दिखता है। बस वह चुप रहता है। उसका व्यवहार आम तौर पर अच्छा होता है और लोग उसकी उपस्थिति में सहज होते हैं।

कुछ "शर्मीले" बच्चे गहरी सोच वाले और सतर्क होते हैं। वे अजनबियों से गर्मजोशी से पेश आते हैं। वे उस व्यक्ति को समझते हैं और देखते हैं कि क्या वह व्यक्ति संबंध बनाने के लायक है। शर्मीले बच्चों में अक्सर इतनी आंतरिक शांति होती है कि उनका शर्मीलापन अपनी ऊर्जा बचाने का एक तरीका है। वह अपनी दोस्ती में सतर्क होता है, लेकिन एक बार जब वह दोस्त बना लेता है तो इस दोस्ती को निभाता है। उसके पास दूसरों को खोजने के लिए बहुत सारे मूल्यवान गुण हैं। वह नए परिचितों के साथ धीरे-धीरे गर्मजोशी दिखाता है, पर सहज होने पर वह आकर्षक हो जाता है।

जब शर्मीलापन एक बाधा बन जाए

किसी बच्चे में शर्मीलापन मानसिक समस्या की वजह से होता है। हदसे ज्यादा शर्मीले बच्चे आँख से आँख मिलाने से बचते हैं और उन्हें व्यवहार संबंधी बहुत सारी समस्याएँ होती हैं। लोग उसकी उपस्थिति में सहज नहीं होते। जब आप गहरायी से छान बीन करते हैं तो आप पाते हैं कि वह शांति और विश्वास के बजाय क्रोध व अशांति से भरा हुआ है। इन बच्चों के साथ या तो कुछ अन्याय हुआ होता है या वे किसी मानसिक या शारीरिक समस्या से ग्रस्त होते है। उन्हें विशेष देखभाल की ज़रूरत होती है।

शर्मीले बच्चा होना कहीं एक सुरक्षात्मक खोल में छिपना तो नहीं

कुछ बच्चे शर्मीले बच्चे के लेबल के पीछे छिप जाते हैं, इसलिए उन्हें अपने आप को प्रकट नहीं करना पड़ता है क्योंकि उन्हें अपने आप को प्रकट करना पसंद नहीं है। "शर्मीला" लेबल सामाजिक कौशल विकसित न करने का एक बहाना। इन बच्चों के लिए शर्मीला पन एक बाधा है, जो उनके कमजोर आत्मसम्मान को कमजोर ही बनाए रखता है। इस शर्म को दूर करने के लिए, आपको आत्म-सम्मान का निर्माण करना होगा। इस बच्चे को ऐसे माता-पिता की जरूरत है जिस पर वह भरोसा कर सके। मनोविज्ञानी की मदद लें।

शर्मीला और चयनात्मक गूंगापन (Selective mutism) के बीच क्या अंतर है?

शर्मीले बच्चे आमतौर पर सवालों के जवाब देने में सक्षम होते हैं, भले ही वे अन्य बच्चों की तुलना में अधिक धीरे बोलते हों या कम शब्दों का उपयोग करते हों। दूसरी ओर, सेलेक्टिव म्यूटिज़्म वाले बच्चे कुछ स्थितियों में बिल्कुल भी प्रतिक्रिया नहीं देते खासकर जब वे स्कूल में हों या अपरिचित लोगों से घिरे हों।

संभावित कारण

- जेनेटिक्स - आंशिक रूप से जिम्मेवार
- व्यक्तित्व - भावनात्मक रूप से संवेदनशील और आसानी से भयभीत होने वाले

- सीखा हुआ व्यवहार - कुछ बच्चे अपने माता-पिता या अपने सबसे प्रभावशाली रोल मॉडल प्रेरणा स्रोत से इस तरह का व्यवहार सीखते है।
- पारिवारिक रिश्ते - जो बच्चे अपने माता-पिता से सुरक्षित रूप से जुड़ा हुआ महसूस नहीं करते हैं या जिनकी देखभाल उचित तरीके से नहीं हुई होती, वे भी शर्मीले हो सकते हैं।
- सामाजिक संपर्क का अभाव - जो बच्चे अलग-थलग पाले जाते हैं, उनके अंदर शर्मीला पन इस वजह से भी आ जाता है।
- कठोर आलोचना - जिन बच्चों को उनके जीवन में महत्वपूर्ण लोगों (माता-पिता, भाई-बहन और परिवार के अन्य करीबी सदस्यों या दोस्तों) द्वारा हर समय डाँटा या जलील किया जाता है, वे शर्मीले पन को एक कवच बना लेते हैं।
- असफलता का डर - जिन बच्चों को उनकी क्षमताओं से अधिक लक्ष्य दिया जाता है वे विफलताओं को शर्मीलेपन में छिपाते हैं।

माता-पिता क्या कर सकते हैं

वे अपने बच्चे को अधिक आउटगोइंग होने के लिए प्रोत्साहित करें।

- शर्मीलेपन पर काबू पाने के लिए आपने जो उपाय अपने जीवन में किए थे उन्हीं को अपने बच्चे के लिए उपयोग में लाएँ।
- अपने बच्चे को शर्मीले न होने के कई फायदों के बारे में बताएं। अपने स्वयं के जीवन से उदाहरण प्रस्तुत करें।
- बच्चे की प्रशंसा करें जब वे किसी अपरिचित स्थिति को संभालते हैं या शर्मीलेपन के बिना किसी नए व्यक्ति से मिलते हैं, उदाहरण के लिए, दूसरे बच्चे को 'हैलो' कहना एक बड़ा पहला कदम हो सकता है।
- पहले व्यवहार में छोटे बदलावों का लक्ष्य रखें और धीरे-धीरे इसे बढ़ाएं। उदाहरण के लिए, यदि आपका बच्चा किसी नए व्यक्ति के लिए पानी लाता है तो उसकी प्रशंसा करें। जानबूझकर अपने बच्चे को नई परिस्थितियों में ले जाएं।

विशेषज्ञ की मदद लें

यदि आपके बच्चे का शर्मीलापन बहुत परेशान कर रहा है तो आप परामर्शदाता या मनोवैज्ञानिक से मदद लेने में देर ना करें। वे बच्चे को तनाव से निपटने में मदद करेंगे, रिलैक्सिंग टेक्निक सिखाएंगे, काग्निटिव बिहेवियर थैरेपी करवाएंगे, और कुछ सामाजिक कलाएं सिखाएंगे।

इन सबके लिए अपने डॉक्टर, क्लीनिकल साइकोलोजिस्ट और मनोचिकित्सक से सलाह लें।

44. आलसी बच्चों को कैसे सम्हालें

कई माता-पिता को लगता है कि उनके बच्चे आलसी हैं और वे हर काम में बहुत देर लगाते हैं। वे हर समय बिस्तर पर पड़े रह कर या तो टीवी देखते हैं या मोबाइल पर गेम खेलते हैं और उन्हें पढ़ाई लिखाई में कोई दिलचस्पी नहीं है। इस समस्या में हताशा, निराशा और चिंता शामिल हैं। इसका मुख्य कारण किसी उत्साह बढ़ाने वाले की कमी है।

हम सभी समय-समय पर कोई **प्रेरणा** न होना महसूस करते हैं और प्रेरणा की कमी हर किसी को प्रभावित करती है, बच्चों को भी। प्रेरणा रहित पालन-पोषण करना बोरियत भरा होता है।

प्रेरणा वह शक्ति है जो कठिन कार्य करने में हमारा उत्साह बढ़ाती है। एक उपलब्धि के बाद हमें फील-गुड बूस्ट मिलता है। जब कोई बच्चा निरुत्साहित होता है, तो उसे उसकी ताकत के बारे में याद दिलाना पड़ता है कि वे सक्षम हैं और किसी विशेष कार्य को कर सकते हैं।

प्रेरणा दो प्रकार की होती है, बाह्य प्रेरणा और आंतरिक प्रेरणा। आंतरिक प्रेरणा अपने आनंद के लिए काम करती है। बाह्य प्रेरणा में आप किसी विशेष उपलब्धि (इनाम) के लिए काम करते हैं। जब आंतरिक प्रेरणा अधिक प्रभावशाली होती है तो उस कार्य की (क्वालिटी) गुणवत्ता लिए होती है।

आइए हम कैसे अपने बच्चे को इस समस्या से छुटकारा दिलाएं। यहाँ कुछ उपाय दिए गए है जिन्हें आप अपने बच्चे पर आजमा सकते हैं।

मैं अपने बच्चे को कैसे प्रेरित कर सकता हूँ?

कुछ युक्तियां (उपाय) और रणनीतियां:

1. **अपने बच्चे की रुचियों को समझें और प्रोत्साहित करें**: हर कोई उन चीजों को करना पसंद करता है जिनमें उनकी रुचि होती है। अपने बच्चे से उनके बारे में बात करें और पूछें कि उसे इसमें क्या पसंद है। अपने बच्चे को दिखाएं कि आप भी उन चीजों में रुचि रखते हैं। फिर उस की रुचि के अनुसार काम सौंपें। इससे न केवल उन्हें काम करने में मज़ा आता है बल्कि वे इसे कुशलतापूर्वक और सही तरीके से करते हैं। यदि संभव हो, तो उनके कामों को मज़ेदार खेलों के रूप में बनाने का प्रयास करें।

2. **अपने बच्चे को उसकी उपलब्धियां दिखाएं**: अपने बच्चे की उपलब्धियों की तस्वीरें और वीडियो फोन पर सेव कर लें, करें और जब वे निराश महसूस कर रहे हों तो उन्हें बच्चे को दिखाएं।

3. **ऐप्स आज़माएं**: ऐसे कई ऐप उपलब्ध हैं जो आपके बच्चों को जीवन के विभिन्न क्षेत्रों पर ध्यान केंद्रित करने में मदद कर सकते हैं।

   बच्चों का खेलों में स्तर बढ़ाने के लिए ऐप में कार्य सौंपें और देखें कि उन्होंने उसे पूरा किया है कि नहीं। अच्छा फीडबैक स्व-प्रेरणा का भी कार्य करता है, इससे बच्चे अपने आप को प्रेरित करते हैं। बच्चे को एक बार काम करने का सही तरीका व गलतियों को सुधारना आ जाए तो उन्हें कोई भी मुश्किल नहीं आती। बच्चों को इसे फिर से करने के लिए प्रेरणा मिलती है।

4. **ज्यादा मोटिवेशनल टॉक न दें**: बच्चे यह नहीं समझते कि जीवन में प्रेरणा और प्रयास दोनों महत्वपूर्ण हैं, किन्तु इसके लिए लंबे-लंबे भाषण देने से कोई नतीजा नहीं निकलता, उल्टे बच्चे चिढ़ने लगते हैं। उनसे चर्चा करनी चाहिए कि वे अगली बार इस काम को अलग तरीके से करें। आप बच्चे को उस के प्रदर्शन को देखने की सलाह दे सकते हैं ताकि वह अपनी गलतियों को समझ सके। इससे वह अपने व्यवहार को बदलने के लिए मना नहीं करेगा।

5. **बच्चे को अपनी अपेक्षाएँ स्पष्ट करें**: माता-पिता बच्चे से अपेक्षा करते समय अपनी बात संक्षिप्त व स्पष्ट रखें और साफ-साफ बताएं कि वास्तव में उसे क्या करना है। बच्चे की उम्र के उपयुक्त टास्क दें। उसे बताएं कि इतने समय में इस कार्य को पूरा करना है। हम लोग अक्सर बच्चों को

काम जल्दी करने के लिए दबाव डालते हैं, उन्हें धैर्य से काम पूरा करने दें। उनकी तुलना अपने आप से न करें। उन्हें इस काम को अभी के अभी करो न कहें, उन्हें यह कहने के बजाय आप उन्हें बताएं (उदाहरण के लिए) कि गार्डन में पानी देने के लिए आपके पास ग्यारह बजे तक का समय है। हमें उन्हें याद दिलाते रहना पड़ता है कि वे इस तरह के काम पहले कई बार कर चुके हैं। इस बार भी उन्हें कोई कठिनाई नहीं आएगी।

6. **प्रशंसा करें**: कहें कि आपका प्रयास वास्तव में दिखता है! सभी मनोचिकित्सक कहते हैं कि प्रशंसा मिलना किसी के भी प्रदर्शन में सुधार कर सकता है और सीखने में मदद कर सकता है। सही मात्रा में की गई प्रशंसा किसी भी व्यक्ति को काम करने की प्रेरणा देने के लिए एक प्रभावशाली उपाय है। वे आत्मविश्वास से आगे बढ़ते हैं और अच्छा महसूस करते हैं कि उनकी कड़ी मेहनत के लिए उन्हें श्रेय दिया गया। भले ही काम छोटा हो, अपने बच्चे की तारीफ करने के लिए इन शब्दों को आजमाएं:

   - आश्चर्यजनक!
   - वाह आपने इसे समय पर पूरा किया!
   - क्या शानदार विचार है!
   - आप एक जुझारू इंसान हैं!
   - यह इससे बेहतर नहीं हो सकता!

7. **कमजोरियों पर नहीं मजबूती पर ध्यान दें**: हम सभी स्वाभाविक रूप से एक “नकारात्मकता पूर्वाग्रह” से ग्रस्त रहते हैं, हमारी आदत होती है कि हम जो हमें नहीं मिला उस पर ज्यादा ध्यान देते हैं। इसी तरह हम बच्चे की कमियाँ ज्यादा देखते हैं। उनके नकारात्मक गुणों पर ध्यान देना उनके आत्म-सम्मान और आत्मविश्वास के लिए ठीक नहीं होता, यह उन्हें हानि पहुँचा सकता है।

   स्ट्रेंथ-बेस्ड पेरेंटिंग में बच्चे की योग्यता पर ध्यान दिया जाता है न कि कमजोरियों पर। आप ऐसा अपने बच्चे की खूबियों को देखकर और उन पर टिप्पणी करके कर सकते हैं। उदाहरण के लिए, “आपने सड़क पार

करने से पहले दोनों तरफ देखा, यह निर्णय क्षमता का सही उपयोग हुआ", या "मुझे पता है कि परीक्षा कठिन थी, लेकिन आपने वास्तव में कठिन अध्ययन किया और तैयारी की; मुझे तुम पर गर्व है!"

किसी को भी प्रत्येक परीक्षा में 'ए' नहीं मिलता इसलिए बच्चे को खराब प्रदर्शन के लिये अपमानित करने के बजाय कोशिश करने और सर्वश्रेष्ठ देने के लिए प्रोत्साहित करें।

असफलताएँ एक स्वाभाविक चीज़ हैं और सुधार का एकमात्र तरीका यह है कि आप अपने बच्चे को यह समझने दें कि जब वे ठीक से तैयारी नहीं करते तो ऐसा होता है।

8. **उचित चुनौती प्रदान करें**: प्रेरणा उन लक्ष्यों की ओर काम करने से आती है जिन्हें प्राप्त किया जा सकता है। यदि कोई कार्य बहुत आसान हो तो बोरियत या बहुत कठिन है तो घबराहट होने से बच्चा दोनों ही चीजों को नहीं करना चाहेगा। ऐसे लक्ष्य या उद्देश्य हाथ में दें जिन्हें पूरा किया जा सकता हो। बच्चे को उसकी उम्र व शारीरिक क्षमता के अनुसार ही काम दें, न बहुत कठिन न बहुत कम।

   बच्चे से पूछें कि उसे यह कार्य कैसा लगा?

9. **बच्चों को घर के और किचन के काम में शामिल करें:** अपने बच्चे को घर के सरल कार्यों में शामिल करें जैसे सब्जियां धोना, उन्हें काटना, भोजन परोसना आदि। अपने कपड़े धोना, प्रेस करना, अपना कमरा साफ करना भी रोचक बनाया जा सकता है। आप उन्हें अपने साथ स्कूटर या कार मैकेनिक के यहाँ भी ले जा सकते हैं। आप उन्हें सब्जी या किराने की खरीदारी के लिए भी ले जाएं जो उनके लिए एक दिलचस्प गतिविधि होगी। उन्हे अपने साथ बैंक और पोस्ट ऑफिस ले जाएं। ऐसे ही वे कई महत्वपूर्ण चीजें सीखेंगे जैसे बजट बनाना, चीजों को चुनना, हिसाब रखना आदि।

10. **बड़े कामों को छोटे-छोटे हिस्सों में बांट लें:** यदि आपका बच्चा कोई बड़ा काम या प्रोजेक्ट संभाल रहा है, तो उसे इस प्रोजेक्ट को टुकड़ों में करने के लिये कहें और देखें कि काम सही से पूरा हो रहा है।

11. **जरूरत लगे तो एक ब्रेक लें और दूसरी गतिविधि पर ध्यान दें:** कभी यदि बच्चा किसी गतिविधि को पूरा करने में अधिक समय लगा रहा है, तो उसे थोड़ी देर के लिए काम को रोक देने के लिए कहें।

12. **बुद्धि विकास को प्रोत्साहित करें:** ग्रोथ माइंडसेट /बुद्धि विकास होने का मतलब है कि आप सक्रिय रूप से सीखने, बढ़ने और बेहतर होने की कोशिश कर रहे हैं। कभी -कभी बच्चा कह सकता है कि मैं नहीं कर सकता, मुझे पसंद नहीं है, मैं बुद्धू हूँ, मैं हार मानता हूं, मैं इसमें अच्छा नहीं हूं या यह बहुत कठिन है, मैं कभी भी इतना स्मार्ट/सक्षम/सफल नहीं हो पाऊंगा आदि।

    इस समय माता-पिता को बच्चे से उत्साह वर्धक बातें करनी चाहिए, जैसे "मुझे तुम पर भरोसा है कि तुम अपना काम अच्छी तरह से कर लोगे"। अपने बच्चे पर विश्वास करना और साथ ही बच्चे को बताना कि आप उसके काम से बहुत खुश हैं। "तुम बहुत ही स्मार्ट हो। तुम इसे अच्छे से कर लोगे, हार मत मानो। यह अभी चुनौती पूर्ण है, लेकिन यदि तुम प्रयास करते रहे तो यह तुम्हारे लिए बहुत कठिन नहीं है"। उसे बताएं कि हम सभी संघर्ष करते हैं, संघर्ष में तकलीफ होती है और इसे सहना पड़ता है।

    काम करने से ही हम बेहतर होते हैं।

13. **मदद करें-मदद लें:** आपके बच्चे में उत्साह की कमी हमेशा आपकी गलती नहीं है, और कभी-कभी बच्चे को विशेषज्ञ की मदद की आवश्यकता होती है। परिवार, दोस्तों और अन्य लोगों से सहायता प्राप्त करें जो आपकी और आपके बच्चे की परवाह करते हैं। ऐसे ही अपने परिचितों को आवश्यकता होने पर मदद करें भी।

    कुछ लोग जिनसे आप संपर्क करने पर विचार कर सकते हैं वे हैं:

    - आपके बच्चे के शिक्षक
    - एक मनोचिकित्सक
    - आपके बच्चे का बाल रोग विशेषज्ञ

45. अनुशासन के लिए बच्चों को डांटना-फटकारना तो पड़ेगा न?

बच्चे बहुत शरारतें करते हैं और कभी वह करते हैं जो उन्हें नहीं करना चाहिए। वे विद्रोही स्वभाव के होते हैं और उस काम को जरूर करते हैं जो उन्हें मना किया गया हो। उनके इस व्यवहार से माता-पिता क्रोधित हो जाते हैं।

शरारत रोकने के लिये माता-पिता अक्सर डांट-फटकार का सहारा लेते हैं। वे हमेशा धैर्य नहीं रख पाते और कभी- कभी शारीरिक सजा दे बैठते हैं। वे सोचते हैं कि बच्चा इससे सबक सीखेगा और शरारत करना छोड़ देगा, परंतु ऐसा होता नहीं है। बच्चा इसे भूल जाता है और फिर से वही व्यवहार करता है।

बच्चे को डांटना एक नकारात्मक क्रिया है क्योंकि बच्चे भावनात्मक रूप से बेहद नाजुक और माता-पिता के व्यवहार के प्रति अत्यंत संवेदनशील होते हैं। डांट से उनमें क्रोध, भय और अपमान की भावना पैदा होती है। एक तरह से उनमें इन भावनाओं का ज्वार उमड़ पड़ता है। कई बार बच्चे को शर्मिंदगी महसूस होती है जो कि उनके स्वास्थ्य के लिये अच्छा नहीं है। बचपन में बार-बार इस तरह के अनुभव जीवन में बाद में मानसिक समस्याओं को जन्म दे सकते हैं। डांटने वाले माता- पिता के सामने बच्चे डर, अपमान और शर्म से कांपते हैं। उनमें एक प्रकार का अपराध भाव पैदा हो जाता है और वे अपने आप को हर बात के लिये दोषी मानने लगते हैं।

तो डांट-फटकार का विकल्प क्या है?

भावनात्मक क्षति पहुँचाए बिना और बच्चों के मन को आहत किये बिना हम अपने बच्चों के व्यवहार को कैसे ठीक कर सकते हैं? इसका उत्तर यह है कि हमें उनकी गलतियों पर सूक्ष्म और सौम्य तरीके से ध्यान देने की आवश्यकता है। एक हल्का सा सन्देश या एक इशारा भी काम कर सकता है। इसके अलावा आपका संदेश व्यक्तिगत रूप से बच्चे से दूर होना चाहिए, जैसे "तुमने यह किया, तुमने वह किया," आदि जो बच्चे को शर्मिंदा करता है। इसके बजाय "मुझे लग रहा है" जैसे वाक्यों का उपयोग करें और अपनी भावनाओं, विचारों और उम्मीदों को व्यक्त करें। इससे बच्चे को बिना किसी दबाव, आलोचना, या शर्मिंदा महसूस किए दूसरों पर अपने कार्यों के प्रभावों को समझने में मदद मिलेगी। उदाहरण के लिए, "तुमने सारी मिठाई खा ली जो मेहमानों के लिए रखी थी तो मुझे बहुत बुरा लगा और दुख हुआ"। अपने मूल्यों को व्यक्त करें, "हमारे घर में हम दूसरों के बारे में सोचते हैं और हम नियमों का पालन करते हैं"।

सहन करना और अपनी प्रतिक्रिया बदलना

कई बार जब कोई बच्चा दुर्व्यवहार करता है तो माता-पिता गुस्से से डांट कर जवाब देते हैं क्योंकि उन्हें लगता है कि स्थिति नियंत्रण से बाहर होने वाली है और यह उनके लिए असहनीय हो जाता है। इसे आपदाजनक स्थिति (Catastrophizing) कहा जाता है। हालाँकि जब हम समझ जाते हैं कि अधिकांश छोटी-मोटी शरारतें बच्चों के लिए सामान्य स्वस्थ व्यवहार होती हैं और इसमें चिंता का कोई कारण नहीं होता तो ये डर कम हो जाते हैं। इसे हमारी सोच का रीफ्रैमिंग माना जा सकता है, यानी हम व्यवहार को इतना बुरा नहीं मानते हैं और कठोर डांट नहीं लगाते हैं। अधिकांश माता-पिता शरारत की मात्रा के संबंध में अपनी सहनशीलता को थोड़ा बढ़ायें, ताकि वे शरारत को शांति से सहन कर सकें।

इसके अलावा, बच्चों को उन बातों के लिए डाँटा जाता है जो उनके लिए बहुत स्वाभाविक और सामान्य होती हैं। इससे बच्चों को अपने बचपन के अस्तित्व पर ही शर्मिंदगी महसूस होती है। हम नहीं चाहते कि वे ऐसा महसूस करें। इसलिए हमें उनकी अधिकतर शरारतों को प्रेम और धैर्य से सहन करने की आवश्यकता है। हमें उनकी शैतानियों पर हंसना सीखना होगा, आखिर ये छोटे बच्चे ही तो हैं।

हमें याद रखना चाहिए कि किसी भी बच्चे के जीवन में माता-पिता से रिश्ता जीवन का सबसे महत्वपूर्ण तत्व होता है जिसकी हर कीमत पर रक्षा की जानी चाहिए। दुर्भाग्य से बहुत सी डांट उस महत्वपूर्ण रिश्ते को नुकसान पहुँचाती हैं। यह भी ध्यान में रखें कि आप पालन-पोषण के आदर्श तरीकों का अक्षरशः पालन कर पाएंगे ऐसा मुश्किल है। इसलिए खुद पर संयम रखें और धीरे-धीरे नए विचारों को अमल में लाने की कोशिश करें।

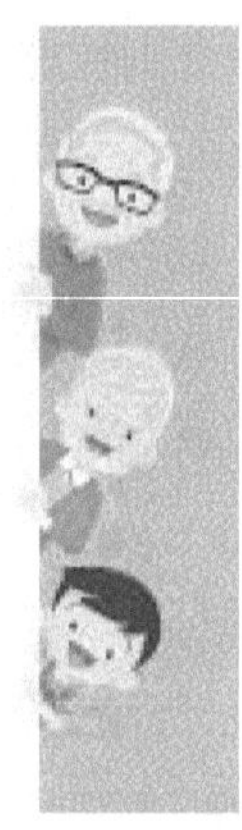

वयस्कों की तुलना में बच्चे एक अलग तरह की ऊर्जा प्रदर्शित करते हैं। अधिकांश समय, वे सक्रिय, चंचल, और शोरगुल करने वाले होते हैं और वे जो कुछ भी करते हैं उसका आनंद ले रहे होते हैं। माता-पिता भी अपने छोटे बच्चों को खुशनुमा भावनाओं को व्यक्त करते, खेलते, बातचीत करते, कल्पना करते हुए देखकर आनंदित होते हैं।

लेकिन माता-पिता बच्चे के दुर्व्यवहार पर प्रतिक्रिया करते हैं। बच्चे को डांटना माता-पिता की सामान्य प्रतिक्रिया है। इसके बजाय, हमें धैर्य रखने और बच्चे की शैतानियों के पीछे के कारण को समझने की जरूरत है। हाँ, बच्चे की भावनाओं को समझना जरूरी है, "देखभाल के साथ संभाल" कहावत याद है न। बच्चे नकलची होते हैं। उदाहरण के लिए, यदि आप चिल्लाते हैं, तो वे वापस चिल्लाएंगे; यदि आप उन्हें डाँटते हैं, तो वे किसी और के साथ ऐसा ही करेंगे। चूँकि आपका बच्चा आपके व्यवहारों और कार्यों का अनुकरण करते हुए बड़ा होगा, इसलिए यह बुद्धिमानी होगी कि आप उन व्यवहारों पर विचार करें जो आपका बच्चा आप में देखता है।

जहाँ कुछ बच्चे डांटे जाने पर अपनी नाराजगी व्यक्त कर सकते हैं, वहीं अन्य बच्चे इस दर्द को अपने अंदर दबा लेते हैं। कठोर शब्दों का प्रयोग

भावनात्मक शोषण का एक रूप है। विशेषज्ञों का मानना है कि चिल्लाए जाने के मनोवैज्ञानिक प्रभाव उतने ही बुरे हैं, और कभी-कभी शारीरिक शोषण से भी बदतर। इसलिए, माता-पिता के रूप में, आपको डांटने के हानिकारक मनोवैज्ञानिक प्रभावों को जानना चाहिए। वयस्कों की तरह, लगातार डांट-फटकार बच्चे को अपमानित, भयभीत, दोषी, शर्मिंदा, चिंतित और तनाव ग्रस्त महसूस कराती है। ये सभी विकास में देरी, नींद से संबंधित समस्याओं, व्यवहार संबंधी समस्याओं, सीखने की समस्याओं और सामाजिक संबंधों को बनाने में परेशानी का कारण बन सकते हैं।

बच्चों को डांटने के बारे में मिथक और तथ्य

मिथक: माता-पिता कभी भी अपने बच्चों का शोषण नहीं करते।

तथ्य: जब माता-पिता अपने बच्चों को लगातार डांटते या मारते हैं तो वे भावनात्मक शोषण ही तो है।

मिथक: डांटने से आपके बच्चे को अनुशासित करने में मदद मिल सकती है।

तथ्य: यह अनुशासन पैदा नहीं करता है। इसके बजाय, यह भावनात्मक संकट और व्यवहार संबंधी समस्याएं पैदा कर सकता है। यह बच्चे के मन को कमजोर बनाती हैं।

मिथक: अपने बच्चे को सार्वजनिक रूप से डांटने से वह आपकी बात सुनता है।

तथ्य: यह आपके बच्चे को अपमानित और शर्मिंदा महसूस कराता है।

मिथक: अपने बच्चे को डांटने से वह सच बोलता है।

तथ्य: यह उसे सच्चाई को छिपाने और पकड़े न जाने के तरीके खोजने के लिए प्रेरित कर सकता है।

मिथक: डांटने से माता-पिता को अपने बच्चे के व्यवहार को नियंत्रित करने में मदद मिलती है।

तथ्य: यह एक बच्चे को भयभीत, उद्दंड या आक्रामक बनाता है।

मिथक: अच्छे माता-पिता अपने बच्चे के व्यवहार से चिढ़ते या नाराज़ नहीं होते।

सचः कई बार माता-पिता अपने बच्चे के व्यवहार से चिढ़ जाते हैं। गुस्सा करना ठीक है, लेकिन गुस्से में बच्चे को चोट पहुंचाना गलत है।

मिथक: डांटने से यह सुनिश्चित होता है कि आपका बच्चा हमेशा आपकी बात सुनेगा।

तथ्य: यह आपके बच्चे को आपकी बात सुनने की कुंजी नहीं है। इसके बजाय, यह असहयोगी, हिंसक या पीछे हटने वाला बच्चा बन सकता है।

तो क्या हमको बच्चे पर कभी गुस्सा नहीं आएगा?

गुस्सा आएगा, कई बार, पर उसका जवाब गुस्से से देना समस्या का हल नहीं होता बल्कि आपका गुस्सा समस्या को और अधिक उलझाता है।

जब आप अपने बच्चे के साथ हों तो अपनी बॉडी लैंग्वेज, आवाज के लहजे और शब्दों के इस्तेमाल पर ध्यान दें। अगर आपको लगता है कि आप अपना आपा खो रहे हैं, तो यहां कुछ चीजें हैं जो आप अपनी भावनाओं को नियंत्रित करने के लिए कर सकते हैं:

- खुद को शांत करने के लिए ब्रेक लें, 1 से 10 तक धीरे-धीरे गिनें। हर बात का जवाब तुरंत देना जरूरी नहीं होता।
- मौके से दूर चले जाएं
- गहरी सांसें लें
- संगीत सुनें या गाना गाएं
- सैर के लिए जाएं
- किताब पढ़ें
- एक गिलास पानी पियें

अपने गुस्से को कम करने के लिए इन सरल तकनीकों का उपयोग करें और इस समय अपने बच्चे को डांटने से बचें। जब आप खुद को शांत कर लेंगे तो आपका बच्चा सुरक्षित महसूस करेगा।

अनुशासन का सुनहरा नियम क्या है?

हम में से अधिकांश सुनहरे नियम को जानते हैं- दूसरों के साथ वैसा ही करो जैसा तुम चाहते हो कि वे तुम्हारे साथ करें। वह नींव निश्चित रूप से बाल अनुशासन पर लागू होती है। सबसे अच्छी बात यह है कि गोल्डन रूल का उपयोग करने से अनुशासन की प्रभावशीलता या ताकत कम नहीं होती है, लेकिन यह आपके बच्चे के साथ आपके रिश्ते को मजबूत करता है। माता-पिता-बच्चे के बीच प्रेमपूर्ण और भरोसेमंद संबंध बच्चे को सकारात्मक व्यवहार चुनने में मदद करते हैं।

> *"माता-पिता द्वारा पालन-पोषण के लिए डांटना एक अच्छा हथियार नहीं है। एक सकारात्मक माता-पिता बनें और सकारात्मक पालन-पोषण की तकनीकों को विकसित करें। डांट-फटकार करते समय अपने बच्चों को कभी भी गाली न दें। इसे हमेशा अपने दिमाग में रखें, चिल्लाना आपके संदेश को कुंद कर देता है। चुपचाप बोलें ताकि आपके बच्चे आपकी आवाज़ के बजाय आपके शब्द सुन सकें"*
>
> - एल.आर. नोस्ट

46. अपने बच्चों को कैसे अनुशासित करें?

इन दिनों, नए माता-पिता हमारे समय की पिटाई वाली प्रथा भूल चुके हैं, और इसके बजाय अधिक कोमल दृष्टिकोण की ओर बढ़ रहे हैं। वे शारीरिक दंड तो नहीं देते पर कुछ अन्य तरीके अपनाते हैं। आइए देखें कौन से तरीके हैं जो हमारे काम के हैं और कुछ तथाकथित "अच्छे" तरीके जो फायदे से ज्यादा नुकसान कर सकते हैं।

'डिसिप्लिन विदाउट डैमेज' की लेखिका, बाल मनोवैज्ञानिक डॉ. वैनेसा लैपॉइंट कहती हैं, बच्चे के गलत व्यवहार का कारण समझने के बाद ही माता-पिता को कोई प्रतिक्रिया देनी चाहिए। बच्चे का मस्तिष्क पूर्ण से विकसित होने में समय लगता है वे उसी के अनुरूप कोई भी काम करते हैं।

बच्चे को अनुशासित करते समय हमें यह देखना है कि बच्चे का मन शांत हो, उत्तेजना के समय वह आपकी एक नहीं सुनेगा। डॉक्टर वैनेसा कहती हैं कि आपसी बातचीत ही इस रिश्ते की ताकत है। अपने बच्चों से अपेक्षाएँ रखें, लेकिन उनसे ज़बरदस्ती करने की कोई आवश्यकता नहीं है। ये अनुशासन के कुछ गलत कदम हैं जो वह माता-पिता को तुरंत बंद करने का सुझाव देती हैं।

'टाइम-आउट' सही नहीं है: यह प्रथा हमारे उच्च वर्ग में प्रयोग में है। टाइम आउट का उपयोग करने में, माता-पिता समझते है कि वे बच्चे को शांत होने और अपने व्यवहार को समझने के लिए समय दे रहे हैं, लेकिन बच्चा समझता है कि माता पिता उसे अपने से दूर कर रहे हैं ताकि मैं उनके कहे अनुसार चल सकूं। लेकिन वह माता-पिता से दूर जाने की कल्पना से ही घबराता है और इस तरह "टाइम-आउट" बच्चे के मस्तिष्क को नुकसान पहुंचाता है।

इसके बजाय, उनकी हताशा में हम उनके साथ रहें, और उन्हें बताएं कि आपकी प्रेमपूर्ण उपस्थिति सदा ही रहेगी। दृढ़ता और दया दोनों का मिश्रण एक

उचित रेसिपी है बच्चे के जीवन को संवारने और अनुशासित करने की। बच्चों के मन-मस्तिष्क में यह विश्वास होना चाहिए कि आप हर हाल में उन का सम्बल व सहारा बनेंगे। इससे वह बेहतर तरीके से अपने को नियंत्रित करेगा और संभालेगा।

धमकियाँ न दें: कुछ माता -पिता धमकियाँ देते हैं जैसे कि तुम अपने कमरे को साफ नहीं रखोगे तो तुम्हें घर से बाहर निकाल दिया जाएगा। यह भरोसे को कम करता है और यह तरीका ठीक नहीं है।

डरायें नहीं: सब्जी खा लो नहीं तो डॉक्टर इन्जेक्शन लगा देंगे, बाहर नहीं जाना-बिल्ली आ जाएगी आदि-आदि: ऐसे झूठ बोलकर हम बच्चे के कोमल मन का दो तरह से नुकसान करते हैं, न सिर्फ उसे उस समय डराते हैं बल्कि डॉक्टर से या बिल्ली से हमेशा के लिए उसके मन में भय हो जाता है। ऐसे बच्चे डॉक्टर को ठीक से देखने भी नहीं देते।

अच्छे व्यवहार के लिए पुरस्कार देना बंद करें: अच्छे व्यवहार पर पुरस्कार और बुरे पर सजा, दोनों के नकारात्मक पहलू हैं। इससे बच्चों का भरोसा कम हो जाता है। वे अपने आप को अकेला महसूस करते हैं।

माफ़ी मंगवाना छोड़ दें: अगर आप बच्चों को सहानुभूति रखना सिखाना चाहते हैं तो आप स्वयं अपने आसपास के लोगों से सहानुभूति पूर्ण रवैया रखें। आप को देखकर आपके बच्चे लगभग स्वचालित रूप से इसे सीख लेंगे। एक खाली शाब्दिक माफी के कोई मायने नहीं हैं जब तक कि बच्चा सचमुच में सॉरी न महसूस करे। उन्हें दिखाएं कि दूसरों के लिए कुछ भी महसूस करने का क्या अर्थ है।

साफ-साफ दिशा-निर्देश दें और अस्पष्ट सीमाएँ निर्धारित करने से बचें: बच्चों को स्पष्ट सीमाएँ और व्यवहार संबंधी दिशा-निर्देश नहीं देना पालन पोषण का सही

तरीका नहीं है। दुनिया में क्या कैसे-कैसे करना है यह बताएं, बच्चों को बिना किसी दिशा-निर्देश या जानकारी के दुनिया में छोड़ देने के अच्छे परिणाम नहीं निकलते। इससे बच्चे दिशाहीन हो जाते हैं और भ्रमित हो जाते हैं। हर व्यक्ति चाहे वह बच्चा हो या बड़ा नियम कायदे में रहने में आनंद महसूस करता है।

47. सोशल मीडिया का अनुशासन

आजकल बहुत सारी मातायें कहती हैं कि उनका बच्चा बिना मोबाईल देखे खाना नहीं खाता। शिशुओं को छह महीने की उम्र से ही स्क्रीन दिखाया जाता है—माता-पिता को लगता है कि स्क्रीन उनके शिशु के खाना जल्दी खत्म करने का सबसे आसान तरीका है जिससे माता-पिता को दूसरे काम पर लौटने का मौका मिल सके। बच्चे को स्क्रीन में सांत्वना मिलती रहती है और माता-पिता 'इलेक्ट्रॉनिक नैनी' के आभारी होते हैं हालांकि इससे शिशु की घर के भीतर बातचीत करने की क्षमता धीरे-धीरे कमजोर हो जाती है।

सच तो यह है कि मानव शिशु अपने निकटतम लोगों से सीखता है, इस प्रकार प्रारंभिक कौशल विकसित करता है जिसका उपयोग दूर के लोगों के साथ जुड़ने और सीखने के लिए किया जा सकता है। बच्चों का अलगाव घर में शुरू होता है और पड़ोस में पूरा होता है। स्क्रीन पर व्यस्त बच्चे की विभिन्न पड़ोसियों और मिलने वालों के साथ बातचीत करना सीखना मुश्किल हो जाता है, न ही पड़ोसियों के पास छोटे बच्चों को खुश करने का समय है जैसा कि वे कुछ दशक पहले करते थे। कुछ दशक पहले पड़ोसी बच्चों को खिलाया करते थे। ऐसे में सामाजिक विकास कहाँ से होगा।

वैज्ञानिक **अजय गुडावर्थी** इसको कहते हैं, **'एक साथ पर अलग रहना' (living together, separately)**। शहरी भारत के अधिकांश बच्चों के लिए यह एक वास्तविकता है।

इससे पास-पड़ोस में पारंपरिक रूप से सीखी गये मेल मिलाप से बच्चे चूक जाते हैं और यह सब उनसे स्कूल में सीखने की उम्मीद की जाती है! यह विफलता कई बच्चों के लिए कक्षा में आवश्यक सामाजिक कौशल या मेलजोल को अपनाना मुश्किल बना देती है। मानव पालन-पोषण के इस आवश्यक हिस्से 'पालने से कक्षा

तक' की यह खतरनाक छलांग बच्चा कैसे पार कर पाएगा? आसपास के लोगों से संबंध स्थापित न कर सकने वाला बच्चा फिर स्क्रीन से संबंध जोड़ने लगता है। माता-पिता अफसोस जताते हैं कि वे इसे रोकने में असहाय हैं। यदि रोकथाम का अर्थ सोशल मीडिया या वर्तमान जीवनशैली को पूरी तरह से दूर करना है, तो वे यह लड़ाई पहले ही हार चुके हैं।

सोशल मीडिया एक नया विश्वविद्यालय है - बिना अकादमिक परिषद के नियंत्रण के और बिना एक सीमित सिलेबस के और हर व्यक्ति उसका छात्र। विस्तारित परिवार के सदस्यों का स्थान स्क्रीन ने ले लिया है और पड़ोस तो छूट ही गया।

आप को भी लगता होगा कि आज के समय में क्या कोई भी सोशल मीडिया के उपयोग से अछूता रह सकता है, और वो भी बच्चे जिनके चारों और यही सब दिख रहा होता है। उनकी पढ़ाई और सीखने के लिए भी डिवाइसेस की आवश्यकता होती है। हमारा जीवन भी तो इलेक्ट्रॉनिक डिवाइसेस के बिना नहीं चल पा रहा।

अगर कोई माता-पिता इससे बचाने को बहुत सख्ती करते हैं तो बच्चे घर से बाहर, चोरी-छुपे, इसका प्रयोग करेंगे। इसलिए बेहतर होगा कि इसका संतुलित और संयमित प्रयोग किया जाए। इसमें बुराइयाँ हैं तो बहुत सारी अच्छाइयाँ भी हैं और बहुत सारे उपयोग भी। बच्चों को जिम्मेदारी के साथ तकनीक का प्रयोग सिखाया जाए तो वे इसका दुरुपयोग नहीं करेंगे।

बच्चों की स्क्रीन हैबिट्स कैसे निर्धारित करें:

1. **मिलकर सीमाएं तय करें:** बच्चे से पूछ कर तय करें कि वह कौन-कौन से प्लेटफ़ॉर्म उपयोग करेगा और कितने समय तक। अलग-अलग साइट का भला-बुरा उसे बताएं। नई साइट हो तो शुरू में उसके साथ बैठ कर देखें, आपको भी कुछ सीखने को मिलेगा। अनजान लोगों से दोस्ती करने के खतरे समझाएं।
2. **तकनीक के साथ संतुलन:** जैसे आहार संतुलित होना चाहिए वैसे ही बच्चों के लिए स्क्रीन-टाइम और शारीरिक गतिविधियों, खेलकूद, नृत्य के समय के बीच संतुलन आवश्यक है। यह बात बार-बार उन्हें याद दिलाना होगी।

3. **टेक-फ्री टाइम:** कुछ समय ऐसे होंगे जब घर में कोई अपने मोबाईल फोन या कंप्यूटर का उपयोग नहीं करेगा, जैसे खाने का समय या सोने से 1 घंटा पहले। उनके साथ मिलकर नियम बनाएं तो पालन होगा।

4. **उनकी रुचियों को उत्पादकता में बदलने की दिशा दिखाएं**: अगर वे अपने कंप्युटर ज्ञान को भविष्य में बड़े उद्देश्य के लिए प्रयोग करने का सोचते हैं तो उन्हे प्रोग्रामिंग, कोडिंग, एनिमेशन या डिजिटल डिज़ाइनिंग जैसे कोर्स लेने के लिए प्रेरित करें। वे सीखने का आनंद भी लेंगे।

5. **भरोसा स्थापित करें:** समाजशास्त्री कहते हैं कि जब तक कोई गंभीर बात न हो उनकी गोपनीयता का सम्मान करें और ज्यादा जासूसी न करें। विश्वास स्थापित करें, इससे जब आप उनकी ऑनलाइन गतिविधियां देखना चाहेंगे, वे करने देंगे।

स्क्रीन आधारित मीडिया मानव जीवनशैली का एक महत्वपूर्ण हिस्सा बन गया है। भारतीय बच्चों में उनकी आसान उपलब्धता और बढ़ते उपयोग को देखते हुए, और उनके अत्यधिक उपयोग को शारीरिक, मानसिक और भावनात्मक समस्याओं से जोड़ा जा रहा है। डिजिटल स्वास्थ्य सुनिश्चित करने और शिशुओं, बच्चों और किशोरों में स्क्रीन समय को नियंत्रित करने से संबंधित नियम व टाइमटेबल बनाने की आवश्यकता है।

स्क्रीन-आधारित मीडिया के बहुत जल्दी संपर्क में आने और अत्यधिक स्क्रीन समय (>1-2 घंटे/दिन) भारतीय बच्चों और वयस्कों में व्यापक रूप से प्रचलित है। स्क्रीन टाइम कितना हो इसपर अलग-अलग राय हो सकती है पर **भारतीय बाल अकादमी** ने कुछ दिशा-निर्देश दिए हैं।

विशेषज्ञों की सिफारिश है कि:

- 2 वर्ष से कम उम्र के बच्चों को किसी भी प्रकार की स्क्रीन के संपर्क में नहीं लाया जाना चाहिए,
- 24-59 महीने की उम्र के बच्चों के लिए प्रति दिन अधिकतम एक घंटे स्क्रीन समय तक सीमित होना चाहिए जो वयस्कों की देख रेख में होना चाहिये।
- 5-10 वर्ष की आयु के बच्चों के लिए प्रति दिन दो घंटे से कम।

स्क्रीन टाइम को अन्य गतिविधियों जैसे बाहरी खेलकूद, नींद, परिवार और साथियों के साथ बातचीत, पढ़ाई और कला के विकास का स्थान नहीं लेना चाहिए, जो बच्चों और किशोरों के सम्पूर्ण स्वास्थ्य और विकास के लिए आवश्यक हैं। परिवारों को घर पर गर्मजोशी भरा, पोषण करने वाला, सहयोगपूर्ण, मौज-मस्ती भरा और सुरक्षित वातावरण सुनिश्चित करना चाहिए और यह करने के लिए अपने बच्चों के स्क्रीन उपयोग की निगरानी करनी चाहिए कि जो सामग्री देखी जा रही है वह शैक्षिक, उम्र के अनुसार है और अहिंसक है।

परिवारों, स्कूलों और बाल रोग विशेषज्ञों को नियमित बाल स्वास्थ्य परीक्षण के एक भाग के रूप में स्क्रीन एक्सपोज़र और डिजिटल स्वास्थ्य के महत्व के बारे में शिक्षित किया जाना चाहिए, और उन्हें साइबर-बुलीन्ग या मीडिया की लत के किसी भी लक्षण का पता लगाना चाहिए। जरूरत पड़ने पर विशेषज्ञ से परामर्श लें और समय रहते इससे निपटें।

एक कहावत हमें बताती है कि एक बच्चे को पालने के लिए एक गाँव की आवश्यकता होती है। अब कहावत में यह बदलने का समय आ गया है कि एक अच्छे नागरिक को बड़ा करने के लिए परिवार और पास-पड़ोस की आवश्यकता होती है और स्क्रीन इस का स्थान नहीं ले सकती, चाहे इसके कितने ही और फायदे हों।

कंप्यूटर और फोन बिना जीवन अब संभव नहीं। इससे बच तो नहीं सकते पर उपयोग को सीमित करना होगा।

समाधान उतने मुश्किल नहीं हैं जितने लगते हैं। युवा दिमागों को होने वाली हानि या क्षति, केवल व्यक्तियों को नुकसान पहुंचाने के बजाय, पूरे समाज को प्रभावित करती है, यहां तक कि पीढ़ी-दर-पीढ़ी भी। फिर भी, यह लड़ाई व्यक्तिगत स्तर पर लड़ी जानी चाहिए।

स्क्रीन को किसी अन्य वस्तु से नहीं पर केवल मानवीय संपर्क द्वारा प्रति स्थापित किया जा सकता है। मानव से मानव का संपर्क ही स्क्रीन की जगह ले पाएगा।

48. बच्चे की बुद्धिमत्ता

मनोवैज्ञानिकों के अनुसार बुद्धिमत्ता चार प्रकार से जाँची जा सकती है:

1. इंटेलिजेंस कोशेंट (Intelligence Quotient)
2. भावनात्मक कोशेंट (Emotional Quotient)
3. सामाजिक कोशेंट (Social Quotient)
4. प्रतिकूलता कोशेंट (Adversity Quotient)

1. **इंटेलिजेंस /बुद्धिमत्ता कोशेंट (IQ)**: यह आपके समझ का पैमाना है। गणित को हल करने, चीजों को याद करने और पाठों को याद करने के लिए आपको IQ की आवश्यकता होती है।

2. **भावनात्मक कोशेंट (EQ):** यह दूसरों के साथ शांति बनाए रखने, समय का पालन करने, जिम्मेदार होने, ईमानदार होने, सीमाओं का सम्मान करने, विनम्र, और विचारशील होने की आपकी क्षमता का पैमाना है।

3. **सामाजिक(सोशल) कोशेंट (SQ):** यह संबंधों का एक नेटवर्क बनाने और इसे लंबे समय तक निभाने की आपकी क्षमता का पैमाना है यह रिश्ते बनाए रखने कि आपकी योग्यता का पैमाना है।

   जिन लोगों का EQ और SQ अधिक होता है, वे उच्च IQ वाले लोगों की तुलना में जीवन में अधिक आगे बढ़ते हैं। हम हमेशा IQ को ज्यादा तवज्जोह देते हैं और IQ के स्तर में सुधार पर सारा ध्यान लगाते हैं, जबकि **IQ तो एक तरह से निश्चित है, जबकि EQ और SQ को सुधारा जा सकता है।** सिर्फ अच्छे IQ से जीवन में सफलता की गारंटी नहीं होती,

   औसत या कम IQ वाला व्यक्ति ज्यादा SQ व EQ की वजह से उच्च IQ वाले से अधिक तरक्की कर सकता है।

आपका EQ आपके चरित्र का प्रतिनिधित्व करता है, जबकि आपका SQ आपके करिश्मे व प्रभावित करने की योग्यता को बताता है। उन तरीकों और आदतों को समय दें जो इन तीन क्यू को बेहतर बनाएंगी, खासकर आपके EQ और SQ को।

4. **एडवर्सिटी (प्रतिकूलता) कोशेंट (AQ):** जीवन में किसी कठिन समय से गुजरने के समय अपना मानसिक संतुलन बनाए रखना। मुसीबतों का सामना करने पर, AQ यह निर्धारित करता है कि कौन हार मानेगा, कौन संघर्ष कर अपने लिए राह बनाएगा, कौन धैर्य रखेगा, कौन अपने परिवार को छोड़ेगा, और कौन आत्महत्या की सोचेगा। जैसे कि मेरी मित्र ने उसके साथ दुर्घटना होने के बाद अपना मानसिक संतुलन नहीं खोया जब उसका एक पैर काटना पड़ा। वह खुशी-खुशी अपने परिवार की देख भाल कर रही है और अपने काम पर जाना शुरू कर दिया है और आज सम्मान जनक जीवन जी रही है।

हमें चाहिए कि अपने बच्चों को शिक्षा के अलावा जीवन के अन्य क्षेत्रों में भी आगे लाएं, उसकी उपयोगिता समझाएं, और प्रशिक्षित करें। उन्हें उदाहरण से सिखाएं कि मेहनत यानी शारीरिक श्रम, खेल और कला से प्यार करना चाहिए। उन्हें अच्छे दोस्त और अच्छे रिश्ते बनाना सिखाएं और संबंधों को बनाए रखने का महत्व बताएं। बच्चों को धैर्यवान और दृढ़ बनाने का प्रयत्न करें। मुसीबतों में निर्णय लेने में बच्चों को शामिल करें। उनका आई-क्यू, साथ ही साथ उनका ई-क्यू, एस-क्यू और ए-क्यू विकसित करें। उन्हें बहुमुखी प्रतिभा का धनी वयस्क बनाना चाहिए जो अपने माता-पिता से अलग स्वतंत्र रूप से काम करने में सक्षम हों।

"अपने बच्चों के लिए रास्ते तैयार न करें।
अपने बच्चों को रास्ते के लिए तैयार करें।"

हम हमेशा IQ को ज्यादा तवज्जो देते हैं और IQ के स्तर में सुधार पर सारा ध्यान लगाते हैं, जबकि IQ तो एक तरह से सीमित है और बढ़ाया नहीं जा सकता, जबकि EQ, SQ और AQ को सुधारा जा सकता है।

49. क्या मेरा बच्चा मूर्ख है?

मूर्ख बच्चे जैसी कोई बात नहीं होती! कोई बच्चा मूर्ख नहीं होता।

हाँ, यह हो सकता है कि वह अभी कुछ चीजें सीखने में सक्षम न हो। इसका अर्थ है कि बच्चे का मस्तिष्क अन्य बच्चों की तुलना में अलग तरह से जानकारी को समझता है। यह अक्षमता या कमजोरी उस की शिक्षा और मानसिक व सामाजिक विकास में बाधा डालती है। माता पिता के लिए अपने बच्चे को सीखने में संघर्ष करते, परेशान होते देखना सबसे कष्टप्रद है। यह उनके जीवन के लिए बड़ी चुनौती बन जाता है। यदि इस समस्या को समय रहते पहचाना नहीं गया तो यह एक गंभीर समस्या बन जाती है यह समस्या स्कूली उम्र के लगभग 10% तक बच्चों में देखी जाती है, जो एक अच्छी खासी संख्या है।

कई माता-पिता अपने बच्चे की सीखने की समस्याओं को नकारते या छुपाते हैं। आज के समय में ऐसे बच्चों में सही दृष्टिकोण और तकनीकों के द्वारा इन कठिनाइयों को दूर किया जा सकता है। अगर कोई बच्चा खराब अंक प्राप्त करता है, तो हम उसे 'आलसी' या 'बेवकूफ' कहते हैं! सच पूछो तो कोई भी बच्चा यह नहीं चाहता कि उसे लोग आलसी या लापरवाह समझें। हर बच्चा योग्य और सफल होना चाहता है। बच्चे के खराब शैक्षणिक प्रदर्शन को एक बड़ी अंतर्निहित समस्या का लक्षण समझना चाहिए। हमें वैज्ञानिक रूप से इसका विशेषज्ञ से जाँच करवाना चाहिए और बच्चे को बेहतर प्रदर्शन करने में सक्षम बनाने के लिए काम करना चाहिए। कुछ शिक्षक और अधिकांश माता-पिता स्वयं बच्चों पर दबाव डालते हैं, उन्हें लगता है कि थोड़े प्रयास से वे बच्चे को स्वयं ही ठीक कर लेंगे। क्या एक बधिर बच्चा उसके कानों पर दवाब डालने से सुनना शुरू कर सकता है?

डिस्लेक्सिया, अटेंशन-डेफिसिट हाइपरएक्टिविटी डिसऑर्डर और ऑटिज्म आदि कुछ समस्याएं हैं जो इन बच्चों में हो सकती हैं। ये बच्चे हीन भावना से ग्रस्त हो सकते हैं।

- पढ़ने और/या लिखने में परेशानी
- गणित से डरना
- याददाश्त में कमी
- ध्यान देने में समस्या
- निर्देशों का पालन करने में परेशानी
- समय से संबंधित जानकारी समझने में कठिनाई

अल्बर्ट आइंस्टीन, थॉमस एडिसन और गणितज्ञ जॉन नैश जैसे जीनियस भी ऐसी ही सीखने की अक्षमता से पीड़ित थे।

जहां सीखने की अक्षमताओं को ठीक नहीं किया जा सकता है, उन में अलग-अलग थैरेपी और मदद से सुधार किया जा सकता है।

कुछ शिक्षक इस क्षेत्र में विशेष रूप से प्रशिक्षित किये जाते हैं, उन्हें विशेष ट्रेनिंग दी जाती है।

विज़ुअल एड्स, ऑडियोबुक्स या संशोधित निर्देश जैसी तकनीक से इन बच्चों का उपचार किया जाता है।

हमारे देश में इस काम के लिए कुछ संस्थान, कुछ स्वयंसेवी संगठन और कुछ व्यक्तिगत प्रयास इस दिशा में उल्लेखनीय हैं।

चाइल्ड केयर सेंटर, पैनमपिली नगर **कोची, केरल** में अपनी तरह का एकमात्र संस्थान है, जो विशेष रूप से सीखने की अक्षमता वाले बच्चों के साथ काम करता है। **डॉ.अब्राहम पॉल** इस के कार्यकारी निदेशक हैं। इंडियन एकेडमी ऑफ पीडियाट्रिक्स (आईएपी) द्वारा 1995 में स्थापित इस केंद्र में कई बच्चों और उनके माता-पिता को स्क्रीनिंग, मूल्यांकन (जांच) और मार्गदर्शन प्रदान किया जा रहा है। माता पिता को भी ट्रेनिंग दी जाती है।

मुंबई में डॉ. समीर दलवई, जो एक बाल रोग विशेषज्ञ हैं, का इस क्षेत्र में **'न्यू होराइजंस चाइल्ड डेवलपमेंट सेंटर'** के माध्यम से किया जा रहा कार्य सराहनीय है।

दिल्ली के मौलाना आजाद मेडिकल कॉलेज में प्रो. देवेन्द्र मिश्रा के निर्देशन में बाल रोग विभाग इस क्षेत्र में उल्लेखनीय कार्य कर रहा है।

अपने नजदीक इस तरह के सेंटर का पता करें और अपने बच्चे की मदद करें।

50. सीखने की अक्षमताएं क्या हैं?

सीखने की अक्षमता (Learning disability) वाले बच्चे को जीवन जीने के लिए जरूरी कौशल या कला जैसे पढ़ना, लिखना, गणित आदि सीखने में अन्य नॉर्मल बच्चों की तुलना में कठिनाई आती है।

Learning disability, सीखने की अक्षमता के विभिन्न प्रकारों के लिए एक शब्द है। सीखने की अक्षमता बुद्धि या प्रेरणा की समस्या नहीं है और सीखने की अक्षमता वाले बच्चे आलसी या मूर्ख नहीं होते हैं। वास्तव में ये बच्चे अन्य सभी की तरह ही स्मार्ट होते हैं। उनके दिमाग के तार बस अलग तरह से जुड़े होते हैं इस वजह से ये जानकारी को ठीक से समझ नहीं पाते।

दूसरे शब्दों में कहें तो सीखने की अक्षमता वाले बच्चे और वयस्क चीजों को अलग तरह से देखते, सुनते और समझते हैं। इससे उन्हें नई जानकारी और कला सीखने और उनका उपयोग करने में परेशानी होती है। सबसे कॉमन पढ़ने, लिखने, गणित, तर्क करने, सुनने और बोलने में समस्याएँ होती हैं।

यह समस्या बचपन से ही होती है किन्तु इसका सही-सही पता स्कूल जाने कि उम्र पर ही हो पाता है। यह आजीवन रह सकती है। कुछ लोगों में, कई समस्याएं एक साथ हो सकती हैं। कुछ में यह सीखने की मामूली समस्या होती है जो इनके जीवन पर बहुत कम प्रभाव डालती है।

इन समस्याओं का एक ही हल है और वह है स्पेशल एजुकेशन, जिसके लिए शिक्षकों को विशेष रूप से प्रशिक्षित (ट्रेन) किया जाता है। विशेष रूप से प्रशिक्षित शिक्षक बच्चे की पढ़ने लिखने की क्षमता और बुद्धि को परखने के लिए जांच करते हैं और शिक्षा का स्तर भी देखते हैं। भाषा चिकित्सक भी मदद कर सकते हैं। कुछ दवाएं ध्यान और एकाग्रता बढ़ाकर बच्चे को सीखने में मदद कर सकती हैं। मनोवैज्ञानिक उपचारों का भी उपयोग किया जा सकता है।

सीखने की अक्षमता वाले बच्चे सफल हो सकते हैं और होते हैं

इसे स्वीकार करना कठिन होता है कि आपके बच्चे को लर्निंग डिसऑर्डर है और उसके भविष्य की चिंता हो जाती है। लेकिन महत्वपूर्ण बात यह है कि सीखने की अक्षमता वाले अधिकांश बच्चे अन्य लोगों की तरह ही स्मार्ट होते हैं। उन्हें बस उन तरीकों से सिखाने की जरूरत है जो उनके अनुरूप हों।

सीखने की अक्षमता और विकारों (समस्या) के लक्षण

इसके कई प्रकार हैं। किसी को पढ़ने और वर्तनी में कठिनाई होती है, और किसी को किताबें पढ़ना नापसंद है, दूसरे को किताबें पसंद हैं लेकिन वह गणित से परेशान है। किसी बच्चे को यह समझने में कठिनाई हो सकती है कि दूसरे क्या कह रहे हैं।

इन की पहचान करना आसान नहीं होता। इनका कोई ऐसा खून का टेस्ट या दिमाग का टेस्ट नहीं होता जिससे हम ये कह सकें कि इस बच्चे को ये परेशानी है।

यहाँ एक चेकलिस्ट दी जा रही है, जिससे आप कुछ अंदाजा लगा सकते हैं; ये संकेत हैं। कभी-कभी नॉर्मल बच्चों में भी थोड़े बहुत ऐसे लक्षण हो सकते हैं। चिंता का समय तब होता है जब बच्चे की कुछ कौशल ,कलाओं में महारत हासिल करने की क्षमता में लगातार गिरावट आती है। यदि आपको कभी-भी ऐसा लगे तो विशेषज्ञ की सलाह लेने में देरी न करें। शुरूआत में समस्या का निदान आसान होता है, देर करने से बच्चा पिछड़ सकता है।

संकेत और लक्षण: स्कूलपूर्व उम्र

- शब्दों के उच्चारण में समस्या
- सही शब्द खोजने में परेशानी
- तुकबंदी में कठिनाई
- वर्णमाला, संख्या, रंग, आकार या सप्ताह के दिनों को सीखने में परेशानी
- निर्देशों या सीखने की दिनचर्या का पालन करने में कठिनाई
- क्रेयॉन, पेंसिल और कैंची को नियंत्रित करने या रेखाओं के भीतर रंग भरने में

कठिनाई

- बटन, ज़िपर या जूते बाँधना सीखने में परेशानी

संकेत और लक्षण: उम्र 5-9

- अक्षरों और आवाज के बीच संबंध सीखने में परेशानी
- शब्द बनाने के लिए ध्वनियों का मिश्रण करने में परेशानी
- पढ़ते समय शब्दों को उलझा देना
- नए कौशल सीखने में धीमा
- लगातार शब्दों की गलत वर्तनी करना और बार-बार गलतियाँ करना
- साधारण गणित के सवाल सीखने में मुश्किल
- समय बताने और क्रम याद रखने में कठिनाई

संकेत और लक्षण: उम्र 10-13

- पढ़ने की समझ और गणित में कठिनाई
- ओपन-एंडेड टेस्ट प्रश्नों (जिन प्रश्नों का जवाब हाँ या न में नहीं दिया जा सकता) और शब्दों के साथ परेशानी
- पढ़ना और लिखने में रुचि न लेना, जोर से पढ़ने से बचना
- खराब लिखावट
- अव्यवस्थित बेडरूम, गृहकार्य और डेस्क
- कक्षा की चर्चाओं में भाग लेने और विचार व्यक्त करने में कठिनाई
- एक ही लेख में एक ही शब्द को अलग-अलग तरह से लिखना

बच्चे के विकास (Milestones of development) पर ध्यान देने से आपको सीखने के विकारों (समस्याओं) की पहचान करने में मदद मिल सकती है।

माता-पिता बच्चे को बहुत नजदीक से देखते हैं, अगर उन्हें कभी भी कुछ गड़बड़ी लगती है तो तुरंत विशेषज्ञ की सहायता लेनी चाहिए। आपके बाल स्वास्थ्य विशेषज्ञ आपकी मदद कर सकते हैं और कहाँ दिखाना है यह बता सकते हैं।

सामान्य प्रकार के सीखने के विकार

डिस्लेक्सिया - पढ़ने, लिखने, वर्तनी (syntax), बोलने में कठिनाई

डिसकैलकुलिया - गणित में कठिनाई, समय और पैसे की गणना में गलतियाँ

डिस्ग्राफिया - लिखने, वर्तनी, विचारों को व्यवस्थित करने में कठिनाई

डिस्प्रेक्सिया (संवेदी एकीकरण विकार) - मोटर कौशल, हाथ-आंख समन्वय, संतुलन, हाथों से काम करने में कठिनाई

डिस्फेसिया - बोली जाने वाली भाषा को समझने में कठिनाई, पढ़ने की समझ

आवाज को सुन कर समझने में कठिनाई - ध्वनि पढ़ने, समझने, भाषा के बीच अंतर समझने में कठिनाई

विजुअल प्रोसेसिंग डिसऑर्डर - विजुअल इंफॉर्मेशन रीडिंग, गणित, नक्शे को समझना, चार्ट्स, सिंबल, पिक्चर्स समझने में कठिनाई

अन्य बीमारियाँ जो सीखने को कठिन बनाते हैं

सीखने की अक्षमता के अतिरिक्त चिंता, अवसाद, तनाव पूर्ण घटनाएँ, भावनात्मक आघात भी सीखने की अक्षमता को बढ़ावा देते हैं, इन कारणों पर भी ध्यान देना चाहिए। इसके अलावा, एडीएचडी और ऑटिज़्म भी साथ में हो सकते हैं।

निराश न हों, इन समस्याओं में सुधार संभव है

विज्ञान ने मस्तिष्क की आंतरिक कार्यप्रणाली को समझने में काफी प्रगति की है, न्यूरोप्लास्टिसिटी एक नई खोज है इसका अर्थ है मस्तिष्क की अपने आप को आजीवन बदलने की क्षमता। जीवन भर, मस्तिष्क अनुभव और सीखने के जवाब में नए कनेक्शन बनाता और नई कोशिकाओं को उत्पन्न करता रहता है इस ज्ञान ने सीखने की अक्षमताओं वाले बच्चे के लिए नई आशा को जन्म दिया है।

एक टेलीफोन के उदाहरण का उपयोग करें। मस्तिष्क में वायरिंग ठीक न हो तो लाइनों से सूचनाओं को आने जाने में बाधा पड़ती है। यदि शहर के एक क्षेत्र में सेवा बंद थी, तो फोन कंपनी कनेक्शनों को फिर से जोड़कर समस्या को

ठीक कर देती है। इसी तरह, सीखने की सही परिस्थितियों में, मस्तिष्क में नई तंत्रिकाएं बनाकर खुद को दुरुस्त/ठीक करने की क्षमता होती है। ये नए कनेक्शन पढ़ने और लिखने जैसे कठिन कार्य को थोड़ा आसान बनाते हैं।

परीक्षण और निदान

चूंकि सीखने की अक्षमता का उपचार करना हमेशा आसान नहीं होता है, इसलिए इस क्षेत्र में प्रशिक्षित व्यक्ति या चिकित्सक ही इस कार्य को अंजाम दे सकता है।

अपने बच्चे के स्कूल से शुरुआत करें, और अगर वे आपकी मदद करने में असमर्थ हैं तो अपने डॉक्टर या दोस्तों और परिवार से पूछें, जिन्होंने इस समस्या का सामना सफलतापूर्वक किया है। इसके लिए आपको निम्नलिखित विशेषज्ञों कि आवश्यकता होगी:

1. मनोवैज्ञानिक
2. स्कूल मनोवैज्ञानिक
3. बाल मनोचिकित्सक
4. शैक्षिक मनोवैज्ञानिक
5. विकासात्मक मनोवैज्ञानिक (बच्चे के विकास को जाँचने वाले विशेषज्ञ)
6. न्यूरोसाइकोलॉजिस्ट
7. मनोचिकित्सक
8. भाषण और भाषा चिकित्सक

सारे विशेषज्ञ मिलकर उचित उपचार करते हैं। वे बच्चे के शिक्षकों को भी राय देते हैं।

सहायता प्राप्त करना

- इस सब में आपका योगदान महत्वपूर्ण है, अपनी खुद की भूमिका को नजरंदाज न करें। आप अपने बच्चे को किसी और से बेहतर जानते हैं।
- घर पर उपचार और सेवाएं प्राप्त करें

- अपने बच्चे की ताकत का पोषण करें। इनमें से कुछ बच्चे किसी एक विषय या कला में कमजोर हो सकते हैं वहीं वे किसी अन्य क्षेत्र में निपुण हो सकते हैं। अपने बच्चे की रुचियों और जुनून पर ध्यान दें।

51. क्या आप अपने बच्चों के रोल-मॉडल हैं?

बच्चे, स्पंज की तरह, उत्सुकता से अपने आसपास के व्यवहार और व्यक्तित्व के लक्षणों को सोख लेते हैं। बच्चे अनजाने में उस व्यक्ति की तरह व्यवहार या कार्य करते हैं जिससे वे मोहित होते हैं, उचित व्यवहार सीखते हैं और उनसे सराहनीय व अच्छे गुण प्राप्त करने का प्रयास करते हैं। रोल-मॉडल कोई भी व्यक्ति हो सकता है जो बच्चे के जीवन में आता है और जिसमें प्रेरणा देने की क्षमता होती है। जिन व्यक्तियों की बच्चे नकल करने की कोशिश करते हैं, वे उनके आदर्श (Role-model) बन जाते हैं।

बच्चों के लिए रोल-मॉडल इसलिए महत्वपूर्ण हैं कि ये ही हैं जो या तो बच्चों को प्रेरित करते हैं, या उन्हें हतोत्साहित करते हैं या डराते हैं, जिससे वयस्कों के रूप में उनके चरित्र और व्यक्तित्व को आकार मिलता है। एक रोल-मॉडल का प्रभाव सकारात्मक या नकारात्मक हो सकता है। बच्चे कई अनुभवों और संबंधों के परिणाम के रूप में विकसित होते हैं।

- रोल-मॉडल बच्चों को सीखने, बाधाओं को दूर करने और यह समझने के लिए प्रेरित करने में महत्वपूर्ण भूमिका निभाते हैं कि प्रत्येक दिन खुशी-खुशी व उचित मूल्यों के साथ जिया जा सकता है।
- युवा लोग अपने लक्ष्यों को पूरा करने की दिशा में उनकी अपनी मानसिकता के आधार पर अपना आदर्श चुनते हैं! अपनी मानसिकता के आधार पर, वे अच्छे या

खराब रोल-मॉडल चुनेंगे। रोल-मॉडल युवाओं को दिखाते हैं कि ईमानदारी, आशा, दृढ़ संकल्प और करुणा के साथ कैसे जीना है। वे बच्चे के विकास में एक आवश्यक भूमिका निभाते हैं। इसके उलट यदि वे खराब रोल-मॉडल चुनते हैं तो वे अवगुणों से भर जाते हैं।

रोल-मॉडल युवाओं के जीवन में कई तरह से आते हैं। वे हो सकते है:

- शिक्षक
- नेता
- माता या पिता
- साथी, या
- रोजमर्रा की जिंदगी में कोई भी व्यक्ति।

जरूरी नहीं कि एक सच्चा रोल-मॉडल सबसे अच्छी नौकरी, सबसे अधिक जिम्मेदारी या सबसे बड़ी प्रसिद्धि वाला व्यक्ति ही हो, कोई भी बच्चे को जीवन में अपनी क्षमता हासिल करने के लिए प्रेरित कर सकता है।

एक रोल-मॉडल एक उदाहरण के रूप में कार्य करता है और बच्चों को सार्थक जीवन जीने के लिए प्रेरित करता है

फिर क्या करें?

अमेरिकन एकेडमी ऑफ चाइल्ड एंड अडोलेसेंट साइकियाट्री का सुझाव है कि:

- अपने बच्चों से रोल-मॉडल और उनके गुणों के बारे में बात करें और पता लगाएं कि आपके बच्चे के आदर्श कौन हैं और क्यों; क्योंकि, कभी-कभी एक अच्छा रोल-मॉडल भी गलत काम कर सकता है। जब कोई रोल-मॉडल नकारात्मक या गलत व्यवहार प्रदर्शित करता है, तो अपने बच्चे से अपने पारिवारिक मूल्यों के बारे में बात करें और बताएं कि रोल-मॉडल का व्यवहार आपको स्वीकार नहीं है और उसे बताएं कि ऐसा क्यों है।

- जब बच्चे बड़े हो रहे हैं तब उन्हें उन लोगों के सही और गलत व्यवहारों में अंतर करने में सक्षम होना चाहिए जिनकी वे प्रशंसा करते हैं। जब रोल-मॉडल अनुचित व्यवहार करते हैं, तो वे दूसरों को प्रेरित करने की अपनी क्षमता खो देते हैं।
- हालांकि, अगर कोई बच्चा रोल-मॉडल की विचारधारा, शक्ति या लोकप्रियता से अत्यधिक प्रभावित हो जाता है, तो युवा व्यक्ति यह मान सकता है कि नकारात्मक व गलत व्यवहार भी स्वीकार्य है। वह ये सोचता है कि उसके गलत व्यवहार के लिए भी लोग उसे कुछ नहीं कहेंगे, यह एक खतरनाक स्थिति है।
- जब परिवार सत्यनिष्ठा से अपने मूल्यों को जीना सीखते हैं, तो बच्चों और किशोरों के सकारात्मक व सही रोल-मॉडल को पहचानने और उससे प्रेरित होने की अधिक संभावना होती है।

एक सकारात्मक रोल-मॉडल के गुण

पांच गुण जो युवाओं के लिए मायने रखते हैं:

1. अपने काम के प्रति जुनून और दूसरों को प्रेरित व उत्साहित करने की क्षमता
2. मूल्यों का एक स्पष्ट सेट
3. समुदाय के प्रति प्रतिबद्धता व समाज के लिए कार्य करना। आत्म-केंद्रित व स्वार्थी नहीं होना।
4. दूसरों की स्वीकृति जो उनसे अलग थे, या उनके आलोचक भी थे।
5. वह बाधाओं को दूर करने की क्षमता।

युवा लोगों ने इस भावना को प्रतिध्वनित किया, और उनके नक्शे कदम पर चलने की योजना बनाई। वे ऐसे लोगों की प्रशंसा करते हैं जो उन्हें दिखाते हैं कि सफलता संभव है।

बच्चे का रोल-मॉडल बनने का पहला मौका किसे मिलता है?

कई मनोवैज्ञानिकों का मानना है कि ज्यादातर बचपन और किशोरावस्था में किसी व्यक्ति का 95% से अधिक व्यवहार आसपास के लोगों की नकल से सीखा जाता है। चूंकि माता और पिता ही प्रारंभिक वर्षों में उनके आसपास होते हैं वे ही बच्चे के पहले रोल-मॉडल होते हैं।

रोल-मॉडल के रूप में माता-पिता का महत्व?

- बच्चे अपने रोल-मॉडल (प्रेरणा स्रोत) से अधिक लाभान्वित होते हैं यदि वे उनके साथ व्यक्तिगत संपर्क में हैं, और यदि वह कोई है जिसे वे हर दिन देखते हैं, तो सकारात्मक प्रभाव बहुत बढ़ जाता है। हो सकता है, यह रोल-मॉडल जीवन के किसी मोड़ पर विफल या गलत हो जाए। जब बच्चे 'विफलता' की ओर ले जाने वाली परिस्थितियों को जानते हैं, तो उनके गलती के परिणामों से निराश होने की संभावना कम होती है और वे अपने जीवन में उसी संकट से बचना सीखते हैं।
- यही कारण है कि जिन बच्चों के माता-पिता सकारात्मक अच्छे रोल-मॉडल के रूप में होते हैं, उनका जीवन के प्रति एक पूर्ण व उचित दृष्टिकोण होता है। उन्हें जीवन के उतार-चढ़ाव से निपटना आसान लगता है क्योंकि उन्होंने अपने माता-पिता को पहले ऐसा करते देखा है। उन्हें यह जानकर आत्मविश्वास और सुरक्षा की भावना मिलती है कि वे अपने माता-पिता की तरह ही असफलताओं को दूर कर लेंगे।
- इसके अलावा, माता-पिता, यदि वे रोल-मॉडल हैं तो, बच्चों को अनुशासित करना और उनका मार्गदर्शन करना आसान हो जाता है और नकारात्मक प्रभाव (साथियों का दबाव शामिल) को दूर रखना भी आसान हो जाता है। इसीलिए, जिन बच्चों के माता-पिता उनके आदर्श होते हैं, उनमें व्यवहार (बिहेविऑउर डिसॉर्डर) संबंधी समस्याएँ कम होती हैं।

क्या आप अपने बच्चों के लिए रोल-मॉडल बनना चाहेंगे?

बच्चों के लिए सबसे शक्तिशाली रोल-मॉडल डिनर टेबल पर उनके सामने बैठते हैं। यह आप है।

क्या आप सोच रहे हैं कि अपने बच्चों के लिए आदर्श जीवन के रोल-मॉडल कैसे बनें?

यहां 11 तरीके दिए गए हैं।

1. स्वस्थ जीवन: स्वस्थ पोषण, शारीरिक गतिविधि, पर्याप्त नींद, शौक पूरे करना, स्वास्थ्य जांच।

   यदि आप स्वयं जंक्स नहीं खाते तो आपके बच्चे भी उस ओर कम आकर्षित होंगे। अगर वे आपको व्यायाम करते देखेंगे तो वे भी व्यायाम करना शुरू कर देंगे।

2. आत्म-सुधार की भावना- जीवन के सभी क्षेत्रों, शारीरिक, मानसिक, आध्यात्मिक या नौकरी में सुधार की भावना।

   आप मेहनत और लगन से अपना काम करते हैं तो निश्चय ही वे भी यह गुण सीखेंगे। आप बहुत पुस्तकें पढ़ते हैं तो उनका भी रुझान इस तरफ होगा। आप धर्मग्रंथ पढ़ते हैं तो वे निश्चय ही उसे कभी-न-कभी पढ़ेंगे।

3. परिवार, समुदाय और देश में सेवा / स्वयं सेवा करने की भावना, आप को देखकर उनके स्वभाव में आएगी जो आपको अभी या भविष्य में देखने को मिलेगा।

4. छिपाव न रखें: जीवन के सभी क्षेत्रों में, रिश्तों में, रुपये पैसे में, निर्णय लेने में पारदर्शिता रखें, अच्छे समय में और कठिन समय में भी उनसे कुछ भी छिपायें नहीं।

5. आत्म-नियंत्रण: भावनाओं पर, संघर्षों, जरूरतों, रुपये पैसे पर, धूम्रपान, शराब या ड्रग्स लेने के मामलों में, क्योंकि उन्हें भी इस सब का सामना करना पड़ेगा।

6. सही रिश्ते: जीवनसाथी, बच्चों, अधीनस्थ अपने से छोटे कर्मचारियों के प्रति और वरिष्ठों के साथ- द्रढ़, और उत्साहजनक। आपसे सीखा हुआ व्यवहार ही उनके पूरे जीवन की नींव रखता है। एक किशोर के जीवन में सही पालन-पोषण एकमात्र, सबसे प्रभावी, स्वस्थ शक्ति है।

7. सम्मान: वे छोटे हैं तो क्या, हर इंसान को सम्मान पाने की आकांक्षा होती है और इसका सकारात्मक प्रभाव भी होता है। बच्चों को जब उचित सम्मान दिया जाता है तो वे भी संतुष्ट होते हैं।

8. सुनें और संवाद करें: गुणवत्ता पूर्ण या सार्थक समय, 'तथ्य की बात', 'सिखाने योग्य क्षणों' का उपयोग करें।

9. सकारात्मक दृष्टिकोण: जीवन के प्रति, सुरक्षित और सहायक घरेलू वातावरण प्रदान करें।

10. लक्ष्य निर्धारण: यथार्थ वादी लक्ष्यों और पढ़ाई लिखाई के संबंध में उपयुक्त अपेक्षाओं में शामिल हों और मदद करें। आपको अपने लक्ष्य प्राप्ति के प्रयत्न करते देखना उनके लिए प्रेरणा होता है।

11. उनका भरोसा न तोड़ें।

बुकर टी. वाशिंगटन ने एक बार कहा था,

"सफलता को उस स्थिति से नहीं मापा जाता है जिस पर कोई व्यक्ति जीवन में पहुंचा है, बल्कि उन बाधाओं से, जिन्हें उसने पार किया है।"

युवा लोग इस भावना को प्रतिध्वनित करते हैं, और उनके नक्शे कदम पर चलने का प्रयास करते हैं। वे ऐसे लोगों की प्रशंसा करते हैं जो उन्हें दिखाते हैं कि सफलता संभव है।

सकारात्मक रोल-मॉडल की सबसे बड़ी विशेषता दूसरों को प्रेरित करने की क्षमता है।

एडगर गेस्ट की कविता 'द लिविंग सरमन'

में रोल-मॉडल के महत्व का सबसे अच्छा वर्णन है:

"एक अच्छा आदमी बहुतों को सिखाता है, लोग जो देखते हैं उस पर विश्वास करते हैं;

देखा गया दयालुता का एक काम चालीस सीखों से बड़ा है

जो सम्मानीय व्यक्तियों के साथ खड़ा है वह अपने सम्मान को प्रिय बनाना सीखता है,

सही जीवन जीने के लिए एक ऐसी भाषा बोलिए जो हर को स्पष्ट हो।

हालांकि एक सक्षम वक्ता मुझे अपनी वाक्पटुता से मंत्रमुग्ध कर देता है, मैं कहता हूं,

मैं किसी भी दिन एक उपदेश सुनने के बजाय एक उपदेश देखना पसंद करूंगा।"

52. क्या आप आदर्श माता या पिता हैं?

"हर युवा वयस्क में पूरी दुनिया की मदद करने की क्षमता है। उसे बस सही मार्गदर्शन और सहयोग की जरूरत है। तरह-तरह के फूलों वाला बगीचा जब खिलता है तो खूबसूरत हो जाता है। इसी तरह, यदि माता-पिता 'माली' बनना सीख लें और अपने बच्चे के व्यक्तित्व को पहचान कर उसका पोषण कर सकें, तो उनका 'बगीचा' सुगंधित हो जाएगा! सकारात्मक पालन-पोषण यही है!"

- दादा भगवान [1] में माता-पिता-बच्चे की बातचीत
एक किशोर व्यक्तित्व के विकास में (2019)

यहां 4 भूमिकाएं हैं जो माता-पिता को निभानी हैं:

1. एक अच्छा रोल-मॉडल
2. एक शिक्षक
3. एक मित्र और श्रोता
4. एक अभिभावक।

एक सकारात्मक रोल-मॉडल

कई बार आपको पता भी नहीं चल पाता कि आप वह हैं। आप तनाव को कैसे संभालते हैं, आप कैसे संवाद व बातचीत करते हैं, आप अपने बच्चों को कैसे आश्वस्त करते हैं, ये सकारात्मक रोल-मॉडल होने के गुण हैं। सकारात्मक रोल-मॉडल होना महत्वपूर्ण है।

हमेशा मौजूद शिक्षक

कहते है कि माता-पिता पहले शिक्षक हैं आप जो कुछ भी करते हैं और कहते हैं अनचाहे ही वह सब बच्चे के दिमाग में बैठ जाता है। यदि आप शांत और तनाव रहित हैं और अति-प्रतिक्रिया नहीं करते हैं, तो आपके बच्चों के भी ऐसे ही होने की संभावना है।

एक अच्छा श्रोता

दूसरों की बात सुनना एक सबसे मजबूत कड़ी है और हमारे संवाद / बातचीत (जिसमें हम सब बहुत कमजोर होते हैं) सबसे शक्तिशाली साधन हैं। अपने बच्चे को सुनना, पूरा ध्यान देना और उस पर ध्यान केंद्रित करना सबसे बड़ा उपहार है, जो माता-पिता उसे दे सकते हैं। मिररिंग एक तकनीक है जिसमें हम अपने बच्चे कि कही हुई बातों को दोहराते हैं। जब आप और आपका बच्चा बात कर रहे होते हैं, तो इसका उपयोग करना बहुत अच्छा होता है। मिररिंग न केवल यह स्पष्ट करता है कि क्या चर्चा की जा रही है यह आपको बातचीत के साथ ट्रैक पर भी रखता है। इससे सामने वाले को लगता है कि आप उस पर ध्यान दे रहे हैं। अपने दोस्तों, परिवार के सदस्यों या यहां तक कि अपनी क्लिनिक या ऑफिस में भी इस तकनीक को बातचीत में उपयोग करने के आश्चर्यजनक परिणाम निकलते हैं।

> संचार (Communication) का अर्थ दूसरे की बात सुनना भी है। बिना उसकी सुने, सिर्फ बोलते जाना संचार/बातचीत नहीं है।

एक अभिभावक

अपने बच्चों से दोस्ती करें और फिर भी माता-पिता के रूप में कार्य करें।

अपने बच्चों के लिए एक अच्छे माता-पिता होने का मतलब यह भी है कि वे जैसे हैं वैसे ही उन्हें स्वीकार करें, जो आमतौर पर एक दोस्त करता है। उनकी कमजोरियों को बार-बार न बताएं बल्कि उन गुणों का निर्माण करने का प्रयास करें जिनमें वे अच्छे हैं।

बच्चों को आपकी मदद करने दें। इससे दोनों एक दूसरे के साथ समय बिताने का आनंद लेते हैं, साथ ही एक नया काम सीखते हैं। यदि आपके बच्चे आपके मित्र जैसे हैं, वे अपनी समस्याओं और चिंताओं के बारे में आपसे खुल कर बात करेंगे जो उन्हें परेशान करती हैं।

अच्छे पालक बनने के लिए आपके अंदर पाँच बातें होनी चाहिए:

1. ध्यान से बोलना और सुनना
2. सुसंगत (लाजिकल) होना
3. अपने वचन का पालन करना
4. धैर्य
5. व्यवहार का प्रबंधन

व्यवहार प्रबंधन में कुछ सरल बातें शामिल हैं:

- खाली हाथों को व्यस्त रखना
- बहुत ध्यान देना
- उनके काम की प्रशंसा करना।

> The beauty of having a child is to cultivate, nourish, support, and see what they will Become. You do not have to 'raise' them because that would mean fixing the outcome.
>
> Sadhguru

कोई भी माता-पिता पूर्ण रूप से आदर्श नहीं हो सकते और कोई भी पालन-पोषण पूर्ण नहीं हैं, इसलिए आप जो कुछ अच्छा कर सकते हैं, जरूर करें। आप अच्छे माता-पिता कहे जाएंगे यदि आपके बच्चे:

- प्रसन्न रहते हैं,
- स्वस्थ शरीर के मालिक हों,
- परिवार के उत्पादक वयस्क हों,
- समाज में मूल्यवान हों,
- आपके उनके साथ मधुर संबंध हों,

यदि आपके साथ ऐसा है तो आप दुनिया के भाग्य शाली माता-पिता हैं।

53. हमें कैसे पता चलेगा कि हम माता-पिता के रूप में सही काम कर रहे हैं?

अधिकांश माता पिता अकसर बच्चों के पालन पोषण की किसी न किसी दुविधा में जी रहे होते हैं। उन्हें हमेशा लगता है कि वे अच्छे माता पिता हैं कि नहीं? जितना वे आदर्श पालक बनने का सोचते हैं उतना ही अपने को अपूर्ण पाते हैं। अगर कभी बच्चा किसी काम में सफल न हो पाए तो तो वे अपराध बोध से पीड़ित हो जाते हैं और बच्चे की छोटी सी असफलता भी उन्हें अपने पालन पोषण की बड़ी असफलता नजर आने लगती है।

हम कैसे पता करें कि हम माता-पिता के रूप में भले ही आदर्श न हों पर क्या सही काम कर रहे हैं?

- अगर आपने शुरुआती वर्षों में बच्चे के पालन-पोषण में सक्रिय भूमिका निभाई थी तो यह अच्छे माता पिता होने की ओर एक अच्छा कदम था।
- उन वर्षों के दौरान आपके पालन-पोषण और पारिवारिक अनुभव में सबसे सुखद बच्चे के साथ खेलना व खाना खाना था, तो आप एक अच्छे माता-पिता हैं। आप एक नए माता-पिता के रूप में काफी चिंतित थे लेकिन जैसे-जैसे महीने और साल बीतते गए आपने आत्मविश्वास हासिल किया। यह भी एक अच्छे माता-पिता का गुण है।
- आपने बखूबी सीमाएं निर्धारित कीं जब बच्चों ने किशोरावस्था में प्रवेश किया। आपकी पालन-पोषण की भूमिका में उन्होंने आपको कैसी प्रतिक्रिया दी?
- बच्चे के बड़े होने पर माता-पिता के रूप में आपने अपने को उनकी उम्र के अनुरूप बदल लिया, और आप उन परिवर्तनों को करने में सफल रहे।

आप भी बच्चे के साथ, माता-पिता के रूप में अपना विकास कर रहे होते हैं। यहां तक कि अगर आपने शुरुआती वर्षों में गलतियाँ की हैं, तो आप उन्हें अभी भी सुधार सकते हैं। यदि आप कुछ पारिवारिक अनुभवों से वंचित रह गए हैं क्योंकि आप उस समय अपने को आर्थिक रूप से सक्षम बनाने में अपने कामकाज में व्यस्त थे और अपना रोजगार जमाने में मेहनत कर रहे थे, निश्चित ही बच्चे इस बात को समझ जाएंगे। अभी कुछ देर नहीं हुई है, बच्चों का आनंद लेने के लिए अभी भी कई साल हैं। सभी बच्चे कमियों और दोषों के लिए अपने माता-पिता की स्थिति को समझते हैं और उन्हें माफ कर देते हैं। यदि आप बच्चे के पहली बार हाथ छोड़ कर चलने या साइकिल चलाना सीखने के समय वहां नहीं थे, तो आप आने वाले अन्य विशेष कार्यक्रमों, जैसे कि आपके बच्चे के स्कूल के खेल और ड्रामा देखने के लिए जा सकते हैं।

आपका वर्तमान पालन-पोषण अनुभव

अपने बच्चे के बचपन के बीच के वर्षों के दौरान माता-पिता के रूप में आप कैसा कर रहे हैं, इसके बारे में सोच कर देखें। यह एक चुनौती पूर्ण समय है, इस समय बच्चे स्वतंत्र होना चाहते हैं। इस समय उसे परिवार के सभी नियम पसंद नहीं आ रहे होंगे। इसी समय स्कूल व पढ़ाई से संबंधित समस्याएं भी आने लगती हैं। उन के नए दोस्त बन रहे होंगे और भाई-बहनों के साथ उसका व्यवहार बदल रहा होगा।

इस समय अगर आप को कोई कठिनाई आती है तो आप विशेषज्ञ की सलाह ले सकते हैं।

आपके स्वयं के जीवन की परेशानियाँ

अगर हमारे जीवन में कोई तनाव है तो आप पालन पोषण पर ध्यान नहीं दे पाएंगे। उदाहरण के लिए, यदि आप काम पर नाखुश हैं और दिन के अंत में व्यस्त और तनाव ग्रस्त होकर घर लौटते हैं तो परिवार को सही ढंग से चलाने में असमर्थ हो सकते हैं।

निम्न लिखित बिंदुओं पर विचार करें:

- आपका करियर और पेशा
- कार्य स्थल (ऑफिस) पर आपके संबंध
- आपका घर और पास पड़ोस
- आपकी जीवन शैली, जिसमें स्वयं के लिए समय और आराम शामिल हैं
- उम्र बढ़ना, कार्य क्षमता का कम होना और अपने शरीर में बदलावों का अनुभव करना
- अपने जीवनसाथी के साथ आपका रिश्ता
- अपने माता-पिता और भाई-बहनों के साथ आपका रिश्ता
- आपकी दोस्ती

समय निकाल कर इन कठिनाइयों से निपटने के तरीके खोजें, ताकि वे आपके और बच्चे के रिश्तों में बाधा न बनें।

जैसे-जैसे आपके बच्चे अपने स्कूल के वर्षों में आगे बढ़ते हैं, वे अपनी रुचियां और जिम्मेदारियां (दोस्तों से गृहकार्य तक) विकसित करेंगे और वे स्वतंत्र हो जाएंगे; फिर आप अपनी गतिविधियों के लिए अधिक समय निकाल सकते हैं। आपको अपने बच्चों के साथ हर खेल खेलने के लिए अपना पूरा समय देने की आवश्यकता नहीं है, बस जरूरत है कि उनसे जुड़े रहें। उन्हें यह जानकर अच्छा लगेगा कि आप उन रुचियों को पसंद कर रहे हैं।

यदि आप को लगता है कि आपका परिवार एक सुखी परिवार है, जहां आप और बच्चे, सभी, अपनी अपनी राह पर अपनी पूरी क्षमता से उत्साहपूर्वक चल रहे हैं, तो इसका मतलब है कि आप अपने पालक वाले रोल को अच्छे से निभा रहे हैं।

प्यार, रिश्ते और समय अनंत होते हैं

54. परिवार के सदस्यों का 360 डिग्री फीडबैक

360 डिग्री फीडबैक

यह मनोविज्ञान द्वारा बनाई गई एक प्रणाली है। 360 डिग्री फीडबैक कंपनियों द्वारा कर्मचारी के काम से संबंधित व्यवहार और प्रदर्शन पर विभिन्न प्रकार की जानकारी मांगने के लिए उपयोग किया जाता है। इसका उद्देश्य कर्मचारियों की भलाई के लिए योजना बनाने के लिये किया जाता है।

यह जो प्रयोग है उस से माता-पिता और भाई-बहनों को एक-दूसरे का 360 डिग्री फीडबैक मिलता है।

एक छोटे से प्रयोग शुरुआत कर के देखें। यह एक बहुत ही सरल उपाय है। जिसे हम अपने घर में सोने से पहले कर सकते हैं।

दिनचर्या और उसके नियम:

आज जो अच्छा हुआ, कहो: आम तौर पर मैं अपने बच्चों से कहता हूं कि वे एक-दूसरे को चुनें और कहें कि उन्होंने क्या देखा? दिन में तमाम चीख-पुकार और चुनौतियों के बावजूद ऐसा क्या किया जो अच्छा लगा?

सकारात्मक / अच्छी बातें कहो: शुरू में जब वे शुरू करेंगे तो छोटी-छोटी शिकायतें भी शामिल करेंगे, पर धीरे-धीरे वे सीख जायेंगे।

बताओ इससे तुमने क्या सीखा? एक बार जब वे दूसरे के अच्छे काम के बारे में बात कर लेते हैं, तो उनसे पूछें कि इससे उन्होंने क्या सीखा? उदाहरण के लिये बच्चे ने पिता के घर आने पर उन्हें पीने के लिये पानी दिया, इससे अन्य

बच्चों ने क्या सीखा? जिम्मेदार, सम्मान पूर्ण, देखभाल करने वाला, दयालु/विनम्र या मददगार होना।

बताओ, आज तुमने दूसरों के लिए क्या अच्छा किया: अंत में उनसे पूछें उन्होंने आज दूसरों के लिए क्या अच्छा सोचा है या अच्छा किया है? इससे उन्हें दिन के लिए अपने अच्छे व्यवहार और अच्छे विचारों के बारे में बात करने का मौका मिलता है।

लाभ:

हम किसी की तारीफ़ करने में हमेशा अच्छे नहीं होते। साथियों के बारे में अच्छा बोलना हमेशा कठिन होता है। हमें हमेशा शिकायत रहती है। इस अभ्यास से बच्चे सकारात्मक बातें बोलना सीखते हैं।

इस तरह दिन के अंत में कोई शिकायत नहीं होती, वे अच्छी चीज़ों के बारे में बोलते हैं। दिन हंसी खुशी समाप्त होता है।

अगर हम ये अभ्यास नियमित करें, आप देखेंगे कि बच्चे दूसरे के अच्छे कामों को देखते है। उन्हें साथ रहने में अधिक मज़ा आता है। सोने से पहले इसमें लगभग 5-10 मिनट लगते हैं लेकिन यह परिवार और बच्चों पर सकारात्मक प्रभाव डालता है।

अपने बच्चों (और अपनी) भलाई के लिए किरा तरह की पैरेंटिंग करना है, यह आप को चुनना है और सीखना है क्योंकि बच्चों के साथ मशीनों की तरह ऑपरेटिंग मैनुअल नहीं आते।

55. एक खुशहाल परिवार क्या है?

"सुखी परिवार सभी एक जैसे होते हैं; हर दुखी परिवार अपने तरीके से दुखी होता है हर दुखी परिवार के दुख अलग-अलग होते हैं"। टॉल्सटॉय की अन्ना कैरेनीना का यह शुरुआती वाक्य, साहित्य की सबसे प्रसिद्ध पंक्तियों में से एक है।

लेकिन किस तरह से खुश परिवार एक जैसे हैं?

एक खुशहाल परिवार में सुरक्षा, विश्वास और सहनशीलता, एक दूसरे के प्रति आभार और गर्व, वह सब आनंद होता है।

माता-पिता और बच्चों के बीच बंधनों की ताकत लोगों को मुश्किल समय में मजबूती प्रदान करती है, चाहे वह लॉकडाउन हो या आग, बाढ़, बेरोजगारी, अपराध या मानसिक बीमारी।

जो बच्चे सुरक्षित, सकारात्मक, और भावनात्मक रूप से सम्पन्न वातावरण में रहते हैं वे दूसरों पर भरोसा करने वाले होते हैं। अपने वयस्क जीवन में सहायता लेने व देने से उन्हें जीवन की चुनौतियों का सामना करने में संकोच नहीं होता। खुशहाल परिवार अपने आप से नहीं बन जाते; वे परिवार के सदस्यों के प्यार, प्रतिबद्धता, समर्पण और सद्भावना से बनते हैं।

एक सुखी परिवार की 5 विशेषताएँ

1. एक दूसरे से संपर्क और सहयोग
2. परिवार के अन्य सदस्यों के लिए प्यार और देखभाल
3. सुरक्षा और अपनेपन की भावना प्रदान करना
4. खुली बातचीत: एक दूसरे की निंदा या आलोचना किए बिना विचारों और भावनाओं को समझना

5. परिवार के भीतर प्रत्येक व्यक्ति को महत्वपूर्ण, मूल्यवान, सम्मानित महसूस कराना।

खुशहाल परिवार के कुछ स्वस्थ पारिवारिक मूल्य होते हैं

- आत्म-करुणा यानी पहले खुद पर दया करो
- दूसरों के प्रति सहानुभूति और दया
- ज़िम्मेदारी
- ईमानदारी
- अखंडता
- सीमाओं को लागू करना और उनका सम्मान करना
- परिवार के लिये समय
- दृढ़ता

प्यार, समर्थन, एक-दूसरे की ज़रूरतों को पूरा करना, और अपनेपन की भावनाएँ सभी एक पारिवारिक बंधन के ताने-बाने में महत्वपूर्ण धागे के रूप में काम करते हैं। अपनी अनूठी पारिवारिक संरचना पर विचार करें और आपका अपना परिवार कितनी अच्छी तरह काम कर रहा है, इसका मूल्यांकन करें। देखें कि जो चीज़ परिवार को संगठित और खुश बनाती है, आप के परिवार में कम तो नहीं?

56. अपने परिवार को कैसे करीब लाएँ

अपनी भागमभाग भरी जिंदगी में थोड़ा समय निकालकर अपने परिवार व पारिवारिक संरचना पर विचार करें। पहले संयुक्त परिवार हुआ करते थे जिसमें सभी उम्र के लोग होते थे, बहुत सारे बच्चे, बहुत सारे रिश्ते, बहुत सारी समस्याएं और बहुत से समाधान करने वाले। धीरे सब अलग होते गए और परिवार छोटा होता गया। ले-देकर एक छोटी यूनिट रह गई- एक माता-पिता, उनके 1-2 बच्चे और बहुत हुआ तो दादा-दादी। फिर इन थोड़े से रिश्तों में भी यदि खिंचाव हो तो जीवन का आनंद नहीं रह जाता। क्या हम पुराना प्यार लौटा नहीं सकते, कुछ नहीं तो बच्चों को सिखाने के लिए ही सही!

जीवन भर के लिए परिवार को एक साथ लाने के लिए इन सुझावों को आजमाएं:

1. **सुरक्षित वातावरण का निर्माण करें:** कोई भी दो व्यक्ति बिल्कुल एक जैसे नहीं होते। परिवार के प्रत्येक सदस्य को अंतर्मन तक जानें। आपके बच्चों की अनकही जरूरतों को समझें। मुश्किलों का हल ढूंढने में मदद करें।
2. **महत्वपूर्ण क्षण सँजो लें, डायरी में और कैमरे में:** यादों को संजोना आपके पारिवारिक जीवन को यादगार बनाने की प्रक्रिया है। आपके बच्चे, अपना पहला या दूसरा जन्मदिन या अपनी दादी माँ की पार्टी देखना पसंद करेंगे, और इससे आप सभी करीब आएंगे। फ़ोटोबुक में, शादी, जन्मदिन और पारिवारिक छुट्टियों जैसे महत्वपूर्ण आयोजनों की उन अमूल्य यादों को सहेज कर रखें। बुजुर्गों की आवाज पुराने विडिओ में बरसों बाद भी सुनने को मिलेगी। उनके हस्तलिखित पत्र आदि भी संभाल कर रख लें। बच्चों की पहली नोटबुक और स्कूल के रिपोर्ट कार्ड भी सहेज कर रख लें। दशकों बाद ये स्मृतियाँ आनंद देंगी।

3. **पारिवारिक समय निर्धारित करें:** जीवन बहुत छोटा है फ़ोन और ध्यान हटाने वाले कामों के बिना एक साथ परिवार के साथ भोजन का आनंद लें। एक परिवार के रूप में आनंद लेने के लिए विशेष समय निर्धारित करें। कभी एक साथ फिल्म देखना, अंताक्षरी खेलना, पिकनिक या छुट्टी मानना यादगार बन जाता है।

4. **लक्ष्य निर्धारित करें:** हमारा जीवन कोई व्यवसाय नहीं है, फिर भी हम कुछ लक्ष्य निर्धारित करें। इस दिशा में सोच-समझकर काम करें, लक्ष्यों/उद्देश्यों को लिखें या सपनों का बोर्ड बनाएं। बच्चे और आप मिलकर योजना बनाएं, कल्पना करें, उदाहरण के लिए:

   - परिवार की छुट्टी के लिए बचत
   - यात्रा या कार्यक्रम की योजना बनाना
   - बगीचा लगाना
   - अपने परिवार के लिए आचार संहिता और नियम बनाना
   - एक परिवार के रूप में साइड बिजनेस शुरू करना

   अपने परिवार के सपनों के बारे में समय-समय पर बात करें। एक साथ काम करने से लक्ष्य प्राप्ति के लिए सहयोग की भावना पनपती है।

   बच्चों द्वारा अपने जीवन की यात्रा शुरू करने के लिए घर छोड़ने के बाद भी यह भावना जीवन भर उनके साथ रहती है और दूसरी पीढ़ी में जाती है।

5. **सुनें और संवाद करें:** फैमिली बॉन्डिंग सिर्फ एक साथ काम करने के बारे में नहीं है- यह तब भी होता है जब किसी को आपकी जरूरत होती है। कोई कुछ कह रहा है तो ध्यान से सुनें और कभी उसकी बिना कही भी सुन लें।

   जब परिवार का कोई सदस्य आप पर विश्वास करे, तो उसकी बातचीत को अपने पूरे ध्यान और समझ के साथ लें, कभी वह कठोर शब्द भी हो सकते हैं। अपने आप को बिना विचलित हुए समर्थन और शक्ति के स्रोत के रूप में उनका साथ दें।

6. **मिलकर जिम्मेदारियां उठायें:** घर चलाना और परिवार की देखभाल करना कोई छोटी उपलब्धि नहीं है। परिवार के सभी सदस्य योग्यतानुसार जिम्मेदारी उठायें, कोई भी काम के बोझ से दब न जाये, न ही कोई तनावग्रस्त हो।

उदाहरण के लिए:

- धुलाई - अपने कपड़ों को धोने और रखने की जिम्मेदारी हर किसी की है या टर्न-बाई-टर्न।
- रात का खाना - प्रत्येक व्यक्ति एक कार्य लेता है - खाना बनाना, सेट करना और टेबल साफ करना, बचा हुआ खाना रखना, बर्तन धोना आदि।
- घर की सफाई - एक टीम के रूप में मिलकर काम करें जिसमें प्रत्येक कमरे, जिसे साफ करने की आवश्यकता है, में "15-मिनट का प्रोजेक्ट" हो। घर कुछ ही समय में बेहतर दिखने लगेगा!

हमेशा की तरह, परिवार के प्रत्येक सदस्य को जरूरत पड़ने पर मदद मांगने के लिए प्रोत्साहित करें। एक साथ काम करने से ही सपने सच होंगे!

7. **व्यक्तिगत समय एक साथ बिताएं:** परिवार का एक साथ समय बिताना बढ़िया पॉलिसी है, लेकिन कभी-कभी एक सदस्य के साथ भी अच्छा समय बिताया जा सकता है। हो सकता है अकेले में वह सदस्य कुछ बातें आपको बताए जो वह सबके सामने नहीं करना चाहता।

8. **पीढ़ियों का जश्न मनाएं:** पीढ़ियों का बंधन महत्वपूर्ण होता है। अपने दादा-दादी का सम्मान करें, क्योंकि पीढ़ियों का बंधन भी परिवार के कल्याण में योगदान करता है। यदि साथ न रहते हों, वीडियो चैट आपको उनके करीब ले जाती है जबकि तस्वीरों के साथ हस्तलिखित पत्र आपको मीलों दूर तक जोड़े रखते हैं। ये बातें अब पुरानी हो गईं पर इनका महत्व अभी भी उतना ही है। जन्मदिन या छुट्टी के फोटो, वंशावली और पारिवारिक व्यंजनों की पुस्तक बनाना एक आनंद दायक अनुभव होता है।

9. **फैमिली रीयूनियन प्लान करें और जुड़े रहें:** होली, दिवाली या किसी विशेष अवसर पर संभव हो तो पारिवारिक पुनर्मिलन करें जिसमें चाची-चाचा, चचेरे भाई-बहन, मामा-मामी और अन्य विस्तारित परिवार के सदस्यों के साथ मिलकर एक यादगार बनाएं। एक ग्रुप-फ़ोटो लेना तो आप नहीं ही भूलेंगे।

10. **विस्तारित परिवार को न भूलें:** पारिवारिक बंधन तात्कालिक परिवार में ज्यादा मजबूत होते हैं किन्तु याद रखें कि आप के आसपास विस्तारित परिवार का एक घेरा है, उससे जुड़े रह सकें तो अच्छा हो।

11. संरचना और संगति (Structure and Consistency) प्रदान करें

पैट्रिक लेन्सियोनी की पुस्तक, **"द एडवांटेज"** में, वह कहते हैं कि एक परिवार का समग्र स्वास्थ्य, सफलता के लिए सबसे बड़े अवसर पैदा करता है।

परिवार में कुछ बातों का ध्यान रखना चाहिए:

- परिवार का मुखिया कौन है यह स्पष्ट होना चाहिए
- हर सदस्य से हमारी क्या अपेक्षाएं हैं, यह भी स्पष्ट होना चाहिए
- सरल बातचीत
- निरन्तरता

12. परंपराएं बनाएं: और फिर और परंपराएं बनाएं।

हार्वर्ड बिजनेस स्कूल के तीन अध्ययनों में पाया गया कि एक परिवार के रूप में त्योहारों को मनाने से परिवार अधिक एक साथ आए और कुल मिलाकर आनंद में काफी वृद्धि हुई। साथ ही बड़ी संतुष्टि और निकटता की भावना आई।

पुरानी परंपराओं के अलावा, नई पारिवारिक परंपराओं को शुरू करने में भी देरी न करें।

विशेषज्ञ कहते हैं कि पारिवारिक बंधन और रिश्ते बच्चे के पूरे जीवन में उसके कल्याण और स्वास्थ्य के लिए बहुत महत्व रखते हैं।

57. विषाक्त माता-पिता का होना बच्चे के पूरे जीवन को प्रभावित करता है

(साभार -जे आर थोर्प और जे पोलिश)

हर मनुष्य की तरह माता-पिता भी गलतियाँ करते हैं। कुछ माता-पिता लगातार बच्चों की ज़रूरतों की अवहेलना करते हैं और उनका अपमान या उपेक्षा करते हैं, क्योंकि वे अत्यधिक नियंत्रणकारी (Authoritarian) होते हैं। इस तरह का व्यवहार बच्चों के मन को घायल करता है और उनके व्यक्तित्व को नष्ट कर देता है। विषाक्त (Toxic) माता-पिता, तनाव ग्रस्त, क्रोधी, उदासीन व लापरवाह होते हैं। वे शारीरिक या भावनात्मक रूप से बच्चों को चोट पहुँचाने से भी नहीं चूकते। कहीं आप ऐसे तो नहीं या आपके माता-पिता ऐसे थे; तो अब समय आ गया है कि आप अपने को सुधारें। अपने को सुधार कर आप अपने बच्चों का भविष्य बेहतर बना सकते हैं।

विषाक्त माता-पिता को कैसे पहचानें?

विषाक्त माता-पिता के लक्षणों को पहचानना आसान नहीं है। बच्चे इस विषाक्तता की गंभीरता को महसूस नहीं कर पाते, वे सोचते हैं कि सभी माता-पिता ऐसे ही होते होंगे। दर्द, अपमान या असुविधा, सब 'उनका सामान्य' है। ये बच्चे इस जीवन को ही नॉर्मल समझते हैं वे अपनी देखभाल करने वालों की पूजा ही कर रहे होते हैं।

1. **रिश्तों पर भरोसा करना मुश्किल लगता है:** नकारात्मक माता-पिता के साथ रहने से बच्चे के लिए रिश्तों पर भरोसा करना मुश्किल हो जाता है और बच्चे को यह भी विश्वास नहीं होता कि दुनिया एक सुरक्षित जगह है और लोग उस की आवश्यकताओं के लिए वक्त पड़ने पर मदद कर सकते हैं। उसे दुनिया डरावनी जगह लगती है।

2. **बच्चा असफलता को बहुत मुश्किल से स्वीकारता हैं:** असफल होने पर ये बच्चे उन लोगों की तुलना में अधिक शर्मिंदगी और चोट का अनुभव कर सकते हैं जिनके माता-पिता अधिक प्यार करते हैं। बच्चा भावनात्मक शोषण को नहीं पहचानता, वह सोचता है कि माता-पिता ऐसे ही होते हैं। बच्चे को हमेशा नीचा दिखाया जाता है, उसे लगातार ये बताया जाता है कि उसमें कोई अच्छा गुण नहीं है। अस्वीकृति (नेगलेक्ट) या एक बच्चे के रूप में लगातार नीचे रखे जाने से बच्चा अपने प्रति भी एक स्वस्थ नजरिया नहीं रख पाता, बच्चा अपने आप से भी प्रेम नहीं कर पाता।

3. **बच्चे की अत्यधिक भावनात्मक प्रतिक्रियाएँ होती हैं जो उसे भ्रमित करती हैं:** एक बच्चे के दुर्व्यवहार से घिरे रहने से बड़े होने पर वह भावनाओं की आंधी में फंस जाता है। बच्चा कई मानसिक रोगों से ग्रस्त हो सकता है।

4. **बच्चा हानिकारक रिश्तों में खत्म होता जाता है:** हर बच्चा अपने परिवार के माध्यम से प्यार और रिश्तों के बारे में सीखता है। बच्चा वही पैटर्न दोहराता हैं, जो सीखता हैं। वह अगर एक विषाक्त परिवार में पला बढ़ा हैं, तो वह भी बुरे व बिगड़े हुए रिश्तों में फंस कर कहीं का नहीं रहता। जब तक वह ये नहीं जानता कि लगातार प्यार किए जाने पर कैसा महसूस होता है, वह एक नॉर्मल बच्चा नहीं बन पाता। आश्चर्य इस बात का है कि ये बच्चे बड़े होकर अपने लिए अपने जैसा ही जीवन साथी खोजते हैं।

5. **वे स्वयं की भावनात्मक जरूरतों को सबसे आखिर में रखते हैं**: ऐसा तब होता है जब बच्चे मौखिक या शारीरिक रूप से अपमानजनक माता-पिता या एक जोड़ तोड़ करने वाले या उन्हें प्यार न करने वाले माता-पिता के साथ बड़े हुए हों। वे अपनी इच्छाओं व भावनाओं को सबसे आखिर में रखते हैं; बच्चे सीखते हैं कि कार्य करने का 'सर्वश्रेष्ठ' तरीका अन्य लोगों की जरूरतों और भावनाओं को अपने ऊपर प्राथमिकता देना है। हालांकि, लंबे समय में, यह उन्हें अपनी जरूरतों की लगातार अवहेलना करना सिखाता है जिससे बहुत अधिक नुकसान हो सकता है।

6. **आप अपने "वास्तविक" स्व के संपर्क से बाहर महसूस करते हैं:** विषाक्त माता-पिता के कई बच्चों को हमेशा यह लगता है कि वे बड़े होने पर क्या बनेंगे। उन को ऐसा लगता है कि वे एक बुरे इन्सान हैं, और अगर लोग उन को असलियत को जान जाएंगे तो, उन्हें पसंद नहीं करेंगे।

7. **उनका अंतर्मन आत्म-आलोचक होता है:** यह एक और संकेत है कि उनके माता-पिता ने उन की परवाह नहीं की और उन का आत्म-सम्मान हमेशा बहुत कम होता है। बच्चे पर भावनात्मक और मौखिक दुर्व्यवहार कई तरह से दिखता है, जैसे उनकी तुलना "श्रेष्ठ" बड़े भाई-बहनों से की जाए और उन्हें बताया जाए कि वे किसी लायक नहीं हैं, या उन्हें कोई बहुत कठिन, असंभव सा लक्ष्य दिया जाता है। यदि कोई बच्चा एक अत्यधिक महत्वपूर्ण परिवार में बड़ा होता है जहां पूर्णता से कम कुछ भी बर्दाश्त नहीं किया जाता है, तो वे एक कठोर आंतरिक (अपने) आलोचक बन जाते हैं, उन्हें लगता है कि यदि वे छोटी सी भी गलती करते हैं तो वे असफल कहे जाएंगे हैं। इंटरनेशनल जर्नल ऑफ सोशल साइकियाट्री में प्रकाशित 2020 के एक अध्ययन के अनुसार, जिन बच्चों के माता-पिता ने उन्हें बार बार डांटा, वे खुद के प्रति हाइपर क्रिटिकल (अपने खुद के आलोचक) हो जाते हैं और उनका आत्म-सम्मान बहुत कम होता है। वे हर समय तनाव ग्रस्त भी रहते हैं और अपने आप के प्रति कठोर होते हैं।

8. **वे अपने माता-पिता के व्यवहार के लिए खुद को ज़िम्मेदार महसूस करते है:** एक बात जो विषाक्त माता -पिता के बच्चों के परिवार इतने उलझे हुए होते है, और अजीब बात है कि बच्चे इसे असामान्य नहीं मानते हैं। उन को यह महसूस होता है कि उन्हें जितना संभव हो सके अपने व्यवहार को ठीक करने की आवश्यकता है। वे मानते हैं कि हर परिस्थिति में उन्ही की गलती है (जो वास्तव में सच नहीं है)।

9. **वे हर समय क्षमा मांगते हैं:** यह वास्तव में उन की गलती नहीं है - यह विषाक्त माता-पिता के साथ रहने और पलने का संकेत होता है। जहरीले माता-पिता के बच्चे अपनी भावनात्मक सुरक्षा बनाए रखने के लिए दूसरों की जरूरतों और भावनाओं के प्रति विशेष रूप से सतर्क हो सकते हैं। वे

माफी मांगते हैं क्योंकि उन को लगता है कुछ गलत हो गया है (भले ही वो चीज उनके बस में नहीं थी) और वे सब को खुश करने की कोशिश करते हैं।

10. **वे हर काम के लिए दूसरों का समर्थन चाहते हैं:** जब कोई एक अपमानजनक घर में पले-बढ़े, तो वह अन्य लोगों पर भरोसा करने लगते हैं कि वह बहुत अच्छा काम कर रहे हैं, या सही चुनाव कर रहे हैं। वह एक पूर्णता वादी (Perfectionist) बनने की कोशिश करता हैं क्योंकि वह किसी को निराश नहीं करना चाहते और सभी को खुश करने की खातिर अपने पर बहुत बोझ लाद लेते हैं।

    हमें खुश होना चाहिए यदि हम अपने परिवार में ऐसा कुछ नहीं पाते। अगर ऐसा कुछ भी लगता है तो यह आत्मावलोकन का समय है क्योंकि माता-पिता का ऐसा व्यवहार आने वाली कई पीढ़ियों का नुकसान कर सकता है। खुश और संतुलित पालक ही परिवार में खुशियां बांटते हैं और खुशहाल परिवार ही समाज को सुखमय बनाते हैं।

58. बच्चों में गुस्से का दौरा (Temper tantrum)

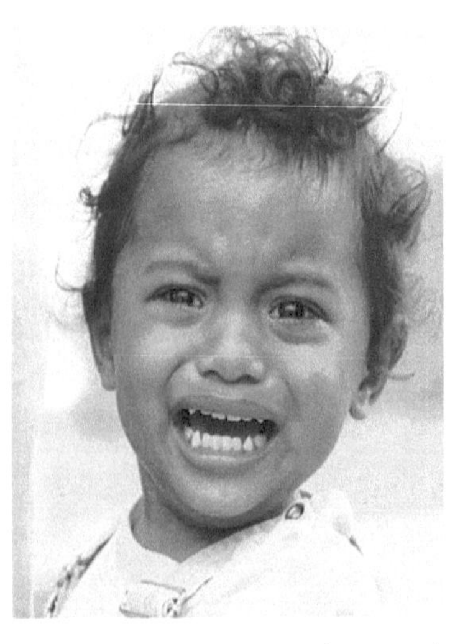

बच्चों में गुस्से का दौरा अचानक होने वाला अप्रिय और नुकसान पहुँचने वाला व्यवहार या भावनात्मक विस्फोट है। यह बचपन के विकास का एक सामान्य हिस्सा है। वे तब होते हैं जब बच्चे निराश, क्रोधित या परेशान या थके हुए होते हैं, और वे अपनी भावनाओं को स्वस्थ तरीके से व्यक्त करने का तरीका नहीं जानते हैं। गुस्से का दौरा हल्के रोने से लेकर चीखने, लात मारने और जमीन पर लेट कर चिल्लाने तक हो सकता है।

Tantrum या गुस्से का दौरा आमतौर पर 12 महीने की उम्र के बाद शुरू होता है और 2 से 3 साल की उम्र के बीच चरम पर होता है। जैसे-जैसे बच्चे बड़े होते जाते हैं और अपनी भावनाओं को अधिक उपयुक्त तरीके से व्यक्त करना सीख जाते हैं वे अपनी बात को सही तरीके से समझा पाते हैं। (लगभग 4 साल पर) ये कम होते जाते हैं।

बच्चों को गुस्से का दौरा क्यों आता है?

इसके कई कारण हैं:

- निराशा: बच्चे और छोटे बच्चे अभी भी चीजें करना सीख रहे हैं, और जब वे कुछ ऐसा नहीं कर पाते जो वे करना चाहते हैं तो वे निराश हो सकते हैं।

- क्रोध: बच्चे विभिन्न कारणों से क्रोधित हो सकते हैं, जैसे कि जब उन्हें लगता है कि उनके साथ अनुचित व्यवहार किया जा रहा है या जब उन्हें वह नहीं मिलता जो वे चाहते हैं।
- थकान: जब बच्चे थके होते हैं, तो उन्हें गुस्से का दौरा होने की अधिक संभावना होती है।
- भूख: जब बच्चे भूखे होते हैं, तो वे अधिक चिड़चिड़े होते हैं और गुस्से का दौरा होने की अधिक संभावना होती है।
- ध्यान की आवश्यकता: कभी-कभी, बच्चों को गुस्से का दौरा पड़ता है क्योंकि वे अपने माता-पिता या देखभाल करने वालों से ध्यान चाहते हैं।

गुस्से के दौरे से कैसे निपटें

जब आपके बच्चे को गुस्से का दौरा आता है तो आपका शांत रहना मुश्किल हो सकता है, लेकिन यह याद रखना महत्वपूर्ण है कि गुस्से का दौरा बचपन के विकास का एक सामान्य हिस्सा है। इस से निपटने के लिए यहां कुछ सुझाव दिए गए हैं:

- शांत रहें और भावनाओं के उबाल के रूप से प्रतिक्रिया न करें। यदि आप गुस्से में प्रतिक्रिया करते हैं, तो यह केवल गुस्से के दौरे को बदतर बना देगा।
- समझने की कोशिश करें कि आपके बच्चे को गुस्से का दौरा क्यों आ रहा है। क्या आपका बच्चा थका हुआ है, भूखा है, निराश है या गुस्से में है? एक बार जब आप इस का कारण समझ जाते हैं, तो आप उसे संबोधित करना शुरू कर सकते हैं।
- ऐसे समय बच्चे की मांगों को पूरा करने से बचें। यदि आप हर बार बच्चे को गुस्से का दौरा पड़ने पर उसकी मांगों को पूरा करते हैं, तो वे सीखेंगे कि यह अपनी मनचाही चीजें पाने का एक तरीका है। यदि आपको लगता है कि बच्चे कि जिद जायज है तो उसे तुरंत पूरी कर दें, जिद करने के बाद न करें। अगर आप जिद करने के बाद उसकी बात पूरी करते है तो आपने बच्चे को यह सिग्नल दिया है कि जिद करने से बात मानी जाती है।

- अपने बच्चे को शांत होने में मदद करें। एक बार जब वह शांत हो जाता है, तो आप उससे बात कर सकते हैं कि क्या हुआ और अपनी भावनाओं को स्वस्थ तरीके से व्यक्त करना क्यों महत्वपूर्ण है उन्हें अपनी बात को सही तरीके बताना सिखाएं।

गुस्से के दौरे को कैसे रोकें

गुस्से के दौरे को रोकने में मदद करने के लिए आप कुछ चीजें कर सकते हैं, जैसे:

- सुनिश्चित करें कि आपके बच्चे को पर्याप्त नींद मिल रही है और नियमित रूप से भोजन कर रहा है।
- स्पष्ट नियम बनाएं। अपने बच्चे को बताएं कि क्या स्वीकार्य व्यवहार है और क्या नहीं।
- शिक्षा के अनुरूप अनुशासन का पालन करें। जब आपका बच्चा कोई नियम तोड़ता है, तो आपने जो परिणाम निर्धारित किए हैं उनका पालन करें। नियम तोड़ने पर जो सजा आपने निर्धारित की है वह दें।

अपने बच्चे को अपनी भावनाओं को स्वस्थ तरीके से व्यक्त करना सिखाएं। उन्हें बताएं कि अपनी भावनाओं को कैसे पहचानें और साथ ही सही तरीके से अपनी जरूरतों और इच्छाओं को दूसरों को कैसे बताएं।

हाँ, इन गुस्से के दौरों का बहुत लंबा चलना (30 मिनिट से ज्यादा) या बहुत जल्दी-जल्दी होना चिंता का विषय हो सकता है। यदि आप अपने बच्चे के नखरों के बारे में चिंतित हैं, या यदि उनकी हालत बिगड़ती जा रही है, तो अपने बाल रोग विशेषज्ञ से बात करें। ऐसे में कभी कुछ समय तक दवा भी देनी पड़ सकती है।

59. शिक्षक क्या चाहते हैं कि माता-पिता जानें

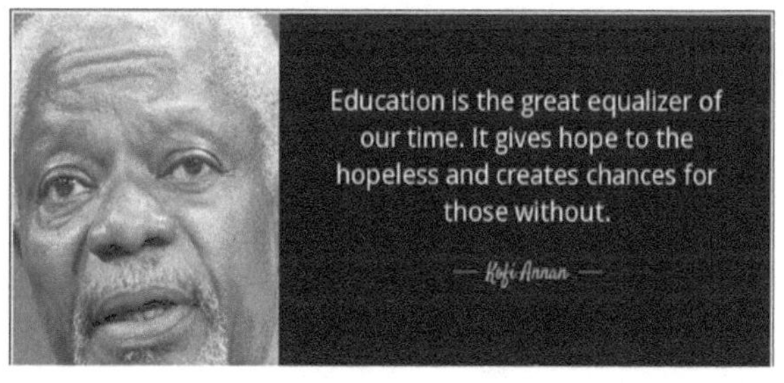

शिक्षा ही वह राह है जो इंसानों की और परिवारों की तकदीर बदल सकती है।

एक शिक्षक का काम सबसे गंभीर और जिम्मेवारी का है। टेक्नॉलोजी बेशक शिक्षण को आसान बनाने में मददगार हो सकती है लेकिन कभी भी टेक्नॉलोजी एक शिक्षक की समर्पण भावना का विकल्प नहीं हो सकती। टेक्नॉलोजी एक स्थिर वस्तु है लेकिन शिक्षक एक जीवंत है जो बच्चे कि मनोभावना व छिपी हुई खूबियों को पहचान सकता है। सच तो यह है कि टेक्नॉलोजी कितनी भी उन्नत हो जाए, शिक्षक का स्थान नहीं ले सकती। एक टीचर की सबसे बड़ी जिम्मेवारी है बच्चे के भीतर छुपे टैलेंट और योग्यता को पहचानना और फिर उसे आगे विकास के लिए प्रेरित करना। यह मानवीय संपर्क के बिना पूरा हो ही नहीं सकता। परिवार, समाज और शिक्षक, ये सभी मिलकर बच्चे के विकास में मददगार होते हैं।

बच्चों की शिक्षा स्कूल और घर दोनों में होती है, इसीलिए कहते हैं कि शिक्षक और माता-पिता में आपसी तालमेल आवश्यक है। हर कुछ महीनों में एक बार, आप को पेरेंट-टीचर मीटिंग में अपने बच्चे के शिक्षक के साथ मिल कर विचार-

विमर्श करने का एक अवसर मिलता है। इस अवसर का सही उपयोग करें और जानें कि आपका बच्चा स्कूल में कैसे प्रगति कर रहा है। रिपोर्ट कार्ड के अलावा, शिक्षक आत्मविश्वास की कमी, सामाजिक अनुभवों और उसकी सीखने की क्षमता और आपके बच्चे के विकास के बारे को आपको बताना चाहते हैं लेकिन माता-पिता हैं जो पढ़ाई और मार्क्स पर ही चर्चा करना चाहते हैं।

जैसे माता-पिता अपने बच्चों के शिक्षकों से अपेक्षाएँ रखते हैं, वैसे ही शिक्षकों की भी माता-पिता से अपेक्षाएँ होती हैं। आइए देखें कि-

शिक्षक आपसे क्या चाहते हैं?

1. **ध्यान दें:** शिक्षक मानते हैं कि वे तुरंत बता सकते हैं कि उनके किन छात्रों के माता-पिता बच्चों पर ध्यान देते हैं, किनके नहीं। जिन बच्चों के माता-पिता स्कूल के कार्य के प्रति लापरवाह होते हैं, उन बच्चों को संभालना शिक्षकों के लिए कठिन होता है।

   माता-पिता को समय-समय पर शिक्षकों से संपर्क करना चाहिए।

2. **स्क्रीन समय कम करें और अपने बच्चे को पर्याप्त नींद लेने दें:** यह समस्या आप सभी शिक्षकों से सुनेंगे। अच्छा तो यह है कि बच्चों को वास्तविक दुनिया के अनुभवों से अवगत कराया जाये जैसे कि चिड़ियाघर जाना, बगीचा लगाना, कोई नई कला सीखना या कोई खेल खेलना।

   स्क्रीन टाइम के लिए सख्त नियम बनाने पड़ेंगे। बच्चों के पास उनके घर में एक शांत जगह हो जो उनके काम को पूरा करने और रात की अच्छी नींद लेने के लिए इलेक्ट्रॉनिक्स से मुक्त हो। घर के अन्य सदस्य भी अपने ऊपर वही पाबंदी लगाएं जो उन्होंने बच्चों पर लगाई है। माता-पिता भी सोने से पहले फोन और कंप्यूटर बाहर छोड़ कर अपने बच्चों से बात करें।

3. **स्व-नियमन (सेल्फ कंट्रोल) की शुरुआत घर से होती है:** बच्चों को अपने विचारों, भावनाओं और व्यवहार को नियंत्रित करने के लिए अभ्यास की आवश्यकता होती है। उन्हें अपने और आसपास के लोगों के साथ व्यवहार करते समय यह ध्यान रखने की जरूरत है कि उनकी कौन सी बात घर में

मानी जाएगी और कौन सी नहीं? उन्हे अपनी खाने-पीने सोने-जागने की आदतों पर खुद का कंट्रोल आवश्यक है।

4. **गृहकार्य आपके बच्चे का है, आपका नहीं है:** शिक्षक जानते हैं कि एक सातवीं कक्षा का छात्र क्या कर सकता है, और एक इंजीनियरिंग की डिग्री वाला वयस्क क्या कर सकता है। इसलिए कृपया अपने बच्चे का होमवर्क उसके लिए न करें। गलतियों से ही शिक्षक समझ पाते हैं कि आपके बच्चे की कमजोरी क्या है और उन्हें आपके बच्चे के साथ कैसे काम करना है? यदि बच्चे का काम हमेशा 100% सही हुआ तो शिक्षक उस पर ध्यान कम देंगे, यह सोच कर कि आपका बच्चा तो परफेक्ट है। उन्हें अपनी लड़ाई खुद लड़ने दें।

5. **आपके बच्चे वैसा ही करते हैं जैसा आप करते हैं, न कि जैसा आप कहते हैं:** आप हमेशा अपने बच्चे के पहले और पसंदीदा आदर्श (Role model)/ प्रेरणा स्रोत रहेंगे। आपको उन सभी व्यवहारों और आदतों को जीवन में उतरना होगा जो आप चाहते हैं कि आपका बच्चा अपनाए। शिक्षकों के पास ज्यादा वक्त नहीं होता, माता पिता को शिक्षकों का साथ देना ही पड़ेगा।

6. **बच्चों को पाठ्यक्रम (syllabus) के अलावा भी पढ़ने की जरूरत है:** काश माता-पिता को पता होता कि उनके बच्चे के लिए हर दिन 30 मिनट पढ़ना कितना महत्वपूर्ण है।

   "पढ़ना 'होमवर्क' नहीं है।" पाठ्यक्रम (syllabus) के अतिरिक्त कुछ पढ़ें। इसे जीवन का हिस्सा बनने की जरूरत है... अगर आपका बच्चा अन्य चीजें नहीं पढ़ता तो उसे अपने स्कूल की पढ़ाई के विषयों में ज्यादा मेहनत करनी पड़ेगी। अपने बच्चे को स्कूल के लिए तैयार करने के लिए आप जो सबसे अच्छी चीज कर सकते हैं, वह है, जिस दिन से वे पैदा होते हैं, उन्हें हर एक दिन कुछ पढ़कर सुनाना। अमेरिका के हर छोटे-बड़े शहर में बहुत उन्नत पुस्तकालय हैं, जहां समाज से हर किसी का स्वागत है। वहाँ स्कूल में भी बच्चों को अच्छी किताबें पढ़ने के लिए प्रेरित किया जाता है। बच्चे के मस्तिष्क के लिए अच्छी पुस्तकें उतनी ही आवश्यक है जितना शरीर के लिए संतुलित आहार।

7. **एनर्जी ड्रिंक्स और जंक्स से बच्चे को दूर रखें:** ये अधिक कैफीन और अधिक शक्कर वाले पेय होते हैं जो नुकसानदायक हैं। इनसे बच्चों को दूर ही रखें तो अच्छा है।

   अच्छा और संतुलित आहार सिर्फ शरीर ही नहीं मस्तिष्क के लिए भी आवश्यक है। जंक फूड से जितना बच सकें, उतना अच्छा। स्कूल कैन्टीन से तो इन्हें कानूनी तौर पर हटा दिया गया है, आप भी टिफिन से हटा सकें तो अच्छा।

8. **आपका बच्चा दोहरा जीवन जी रहा हो सकता है:** कभी शिक्षक माता-पिता को बताना चाहते हैं कि उनके बच्चे का व्यवहार स्कूल में कुछ अलग तरह का है, तब माता -पिता को पता चलता है कि उसका व्यवहार घर में उसके तौर तरीकों से बिल्कुल अलग है। यदि शिक्षक किसी व्यवहार की बात करते हैं, तो उन पर विश्वास करें, और उचित कदम उठायें। बच्चे में हाल ही में ज्यादा परिवर्तन दिख रहे हों तो विशेष ध्यान दें और उसके दोस्तों की आदतों और बातों पर भी नजर रखें; यदि पढ़ाई के स्तर में अचानक बड़ी गिरावट आ रही है तो और भी ज्यादा। ड्रग्स लेने की संभावना के प्रति सचेत रहें। बच्चे के मानसिक स्वास्थ्य का ध्यान रखें। टीचर से भी पूछें और मदद लें।

शिक्षक कहते हैं-

"मैं अपने छात्रों को 'मेरे बच्चे' के रूप में संबोधित करता हूं। उनके बीमार होने पर मैं परेशान होता हूँ। मैं खुश होता हूँ जब वे अच्छा है प्रदर्शन करते हैं, और गर्व होता है जब वे स्कूल से पास होकर जाते हैं और अपनी शिक्षा जारी रखते हैं या किसी अच्छे व्यवसाय या कोई नौकरी में लग जाते है!

"कितना अच्छा हो यदि माता-पिता समझ पाएं कि हम उनके बच्चों को प्यार करते हैं। हम केवल उन्हें सबसे अच्छा बनने में मदद करना चाहते हैं, पर कभी-कभी इसमें उन्हें थोड़ा दुखी करना शामिल होता है, जब उन्हें दुर्व्यवहार करने के लिए अनुशासित किया जाता या सजा दी जाती है। लेकिन हम पर विश्वास करें, हम जानते हैं कि हम क्या कर रहे हैं"!

"काश माता-पिता जानते कि वे भी शिक्षक हैं! हम माता-पिता के साथ ही मिल कर अपने लक्ष्य को प्राप्त करते हैं।"

"हम संपूर्ण नहीं हैं। हम सुपर हीरो नहीं हैं। हम अपने काम से प्रेम करते हैं। कभी-कभी हम इसे सीमा से बाहर कर देते हैं। कभी-कभी हम हार जाते हैं। कभी हम यह सब नहीं भी कर पाते। हमें आपकी मदद और प्रोत्साहन के शब्दों की भी आवश्यकता होती है और यह शब्द हमारा संबल बढ़ाते हैं।"

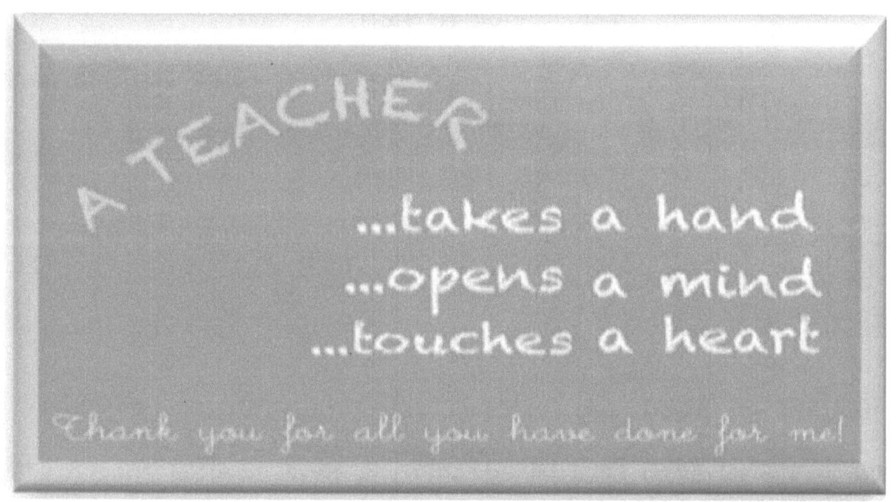

60. मेंटरशिप

मेंटरशिप क्या हैं?

मेंटरशिप दो लोगों के बीच एक रिश्ता है जहां एक व्यक्ति, एक विशेष क्षेत्र जैसे खेल, कला, शिक्षा या व्यवसाय के भीतर, एक जूनियर व्यक्ति को, अपने अनुभव व ज्ञान से जीवन में सफलता के मार्ग पर चलना सिखाए। वरिष्ठ (बड़ा) व्यक्ति मेंटर कहलाता है और (छोटा) व्यक्ति मेंटी।

इसे मोटे तौर पर हमारे गुरु-शिष्य संबंध का आधुनिक नामकरण कह सकते हैं।

मेंटरशिप का उद्देश्य

एक संरक्षक का उद्देश्य किसी को एक व्यक्ति के रूप में विकसित होने और स्वयं जैसा बनने में मदद करना है। इसमें व्यक्तिगत या करियर के लक्ष्यों को प्राप्त करने में मदद करना, सोचने के नए तरीकों से परिचित कराना, पुरानी धारणाओं को बदलना, मूल्यवान जीवन के सबक सिखाना और बहुत कुछ शामिल है।

रामचरितमानस में तुलसीदास द्वारा लिखित यह चौपाई इस की सुन्दर व्याख्या करती है:

"अति अपार जे सरित बर जौं नृप सेतु कराहिं

चढ़ी पिपीलिकऊ परम लघु बिनु श्रम पारही जाहिं"

अर्थात जो अत्यंत बड़ी नदियां हैं, यदि राजा उन पर पुल बना देता है तो अत्यंत छोटी चींटियाँ भी उन पर चढ़कर बिना परिश्रम के पार चली जाती हैं।

परामर्श के 3 प्रकार क्या हैं?

- पारंपरिक एक-पर-एक (वन टू वन) एक मेन्टर एक मेन्टी
- दूर से सलाह- जब दो पक्ष (या समूह) अलग-अलग स्थानों पर होते हैं
- समूह-सलाह- एक अकेले मेंटर के द्वारा मेंटीज के एक समूह को निर्देशित किया जाता है।

मेंटोरशिप से जो बातें सीखी जा सकती हैं:

भावात्मक बुद्धि

- नेतृत्व और प्रबंधन कौशल
- कोई हुनर (Skill)
- आत्म-मूल्यांकन
- लचीलापन (Resilience)
- एक व्यक्तिगत ब्रांड का विकास करना
- समस्या को सुलझाना

मेंटेरशिप को आप सामाजिक देखभाल का मानवीय संस्करण कह सकते हैं। ऐसा पाया गया कि उन बच्चों ने जिनका एक सक्षम, देखभाल करने वाले वयस्क संरक्षक के साथ संबंध था, किशोरावस्था और वयस्कता के दौरान बेहतर प्रदर्शन किया। सबसे अच्छे परिणाम उन किशोरों के लिए थे जिन्हें एक "प्राकृतिक" संरक्षक मिला।

मेन्टर, माता-पिता के अतिरिक्त व्यक्ति होते हैं, जिन्हें शोधकर्ताओं ने "एक बहुत ही महत्वपूर्ण, गैर-अभिभावकीय (माता-पिता के अतिरिक्त) वयस्क के रूप

में परिभाषित किया, गया है जो एक शिक्षक, परिवार के सदस्य, सेवा प्रदाता, समाज के सदस्य या कोच की तरह एक सामाजिक नेटवर्क में मौजूद होते हैं"।

यहां तक कि सबसे प्रतिभाशाली दिमाग और उद्योग विशेषज्ञ भी सलाह लेने के महत्व को समझते हैं। वे इस बात को समझते हैं कि हमारे पास कभी भी सभी उत्तर नहीं होंगे और इसलिए साथियों और बड़ों से सहयोग करना और उनसे सीखना बहुत मूल्यवान है।

व्यापार की जटिल दुनिया में हेनरी फोर्ड जैसे पहले बड़े कार निर्माता ने भी प्रसिद्ध आविष्कारक थॉमस अल्वा एडिसन को अपना मेन्टर माना। विश्वसनीय सलाहकारों को ढूंढना, छोटे व्यवसाय मालिकों और युवा उद्यमियों के लिए बहुत अंतर ला सकता है।

मेन्टर-मेन्टी संबंधों को इंडस्ट्री में, सरकार में और राजनीतिक पार्टियों में किसी व्यक्ति को पद-विशेष के लिए तैयार करने के लिए बहुत महत्व दिया जाता है। अच्छे स्कूलों में और स्पोर्ट्स में भी कुछ विलक्षण बच्चों को आगे लाने के लिए ऐसी व्यवस्था की जाती है और की जानी चाहिए।

61. पालन पोषण में रोज-रोज तनाव क्यों?

यह सच है कि जीवन कई बार तनाव पूर्ण हो जाता है पर अपने बच्चों के पालन पोषण में रोज-रोज तनाव क्यों, क्या यह दो-चार दिन का काम है?

जीवन की रोजमर्रा की परेशानियां, मांगें, आर्थिक मुद्दे, स्वास्थ्य, शिक्षा, रोजगार और पारिवारिक समस्याएं, सभी तो तनाव का कारण बनते हैं, फिर भी कुछ लोग बिना घबराए जीवन बिताते हैं और कुछ हर बात पर चिंता में ही अपना जीवन हलकान किये रहते हैं।

अपने बच्चों को यह पढ़वाएं या साथ बैठकर पढ़ें और इस विषय पर बात करें, विशेषकर बड़े बच्चों के साथ क्योंकि कल को उन्हें भी इस सब का सामना करना पड़ेगा।

तनाव होने पर हमारा शरीर हार्मोन बनाकर प्रतिक्रिया करता है, जो अतिरिक्त ऊर्जा, फोकस और शक्ति प्रदान करता है। इसे संघर्ष की प्रतिक्रिया (Fight or flight reaction) कहा जाता है।

कभी-कभी तनाव सकारात्मक भी हो सकता है (Eustress)। यह आपको अच्छा काम करने, समय पर पहुंचने या काम को समय पर पूरा करने में मदद कर सकता है। यह आपको उस समस्या के प्रति सचेत कर सकता है जिस पर आपको ध्यान देने की आवश्यकता है। यह थोड़ा तनाव आपको अपने लक्ष्यों के प्रति अध्ययन करने, योजना बनाने और तैयारी करने के लिए प्रेरित करता है। लेकिन बहुत अधिक तनाव या तनाव जिसे आप संभाल नहीं सकते (Distress) - आपको अपना सर्वश्रेष्ठ प्रदर्शन करने से रोकता है। यह आपको कमजोर करता

है, आपकी ऊर्जा को कम करता है, और कार्यों को पूरा करना कठिन बना देता है। बहुत अधिक तनाव से आप चिड़चिड़े हो जाते हैं।

आप तनाव से सदा बच तो नहीं सकते लेकिन इसका सामना बखूबी कर सकते हैं। आपको रोजमर्रा के कार्यों पर तनाव लेने की आवश्यकता नहीं है। छोटी -छोटी रोजाना की बातों में तनाव न लेने से हमारी ताकत बचती है, जिसे हम बड़े कामों में इस्तेमाल कर सकते हैं। आप को रोज होने वाले तनाव से बचाने के लिए यहाँ कुछ सलाह हैं।

1. **काम और शौक के बीच संतुलन:** अपने और बच्चों के कार्यों और लक्ष्यों पर काम करने के लिए समय निकालें, लेकिन अपने मन पसंद कार्य करते रहें जैसे संगीत, व्यायाम, पालतू जानवरों के साथ खेलना या दोस्तों के साथ समय बिताना, चाहे यह सब भले ही कुछ ही मिनटों का हो। आराम करने और रिचार्ज करने का समय आपके तनाव को कम करता है।

2. **अपने दिन की योजना बनाएं:** अपने दैनिक टाइम टेबल पर नज़र रखने के लिए कैलेंडर या प्लानर का उपयोग करें। अपने काम का समय, खेल आदि का समय, और जब कोई असाइनमेंट देना हो उसे भी टाइम टेबल में नोट करें। अपनी पसंदीदा चीज़ों को करने के लिए समय रखें। एक प्लानिंग और टाइम टेबल होने से तनाव कम होता है।

3. **अपनी योजना पर टिके रहें:** योजना बनाएँ और उसका पालन करें। हर दिन अपने प्लानर को देखने की आदत बनाएं। आपने जो किया है उसकी जाँच करें। जो आने वाला है उसके लिए तैयारी करें। पढ़ाई के लिए एक रूटीन टाइम बनाएं।

4. **जरूरत पड़ने पर मदद मांगें:** कई बच्चों के लिए स्कूलवर्क, ग्रेड और टेस्ट तनाव का एक बड़ा स्रोत हैं। यदि आप के बच्चों को परीक्षाओं की तैयारी करने, प्रोजेक्ट बनाने, या काम पूरा करने में सहायता की आवश्यकता है, तो किसी शिक्षक, माता-पिता, ट्यूटर, या संरक्षक से मदद मांगें। एक निर्धारित समय पर अध्ययन करने या होमवर्क करने के लिए सहपाठी के साथ जोड़ी बनाएं।

5. **तनाव की सकारात्मक ऊर्जा का प्रयोग करें**: थोड़ा तनाव आपको किसी कार्य में आगे बढ़ने के लिए प्रेरित करता है। इस तनाव को आप स्वयं को मानसिक पुश देने के लिए इस्तेमाल करें।

6. **समस्याओं के सामने आने पर उनसे निपटें:** रोज़मर्रा की समस्याओं को नज़रअंदाज़ न करें लेकिन उनके बारे में तनाव भी न लें। इसके बजाय, यह पता करें कि उन् से कैसे निपटना है, और उस पर काम करें।

7. **अच्छा खाना खाएं:** आप जो खाते हैं वह आपके मूड, ऊर्जा और तनाव के स्तर को प्रभावित करता है। ऐसे खाद्य पदार्थ चुनें जो आपके लिए अच्छे हों। अगर मिठाइयाँ, जंक्स और एनर्जी ड्रिंक्स आपकी ऊर्जा का मुख्य स्रोत हैं, तो आपके बीमार होने, खराब महसूस करने और तनाव ग्रस्त होने की ज्यादा संभावना है।

8. **पर्याप्त नींद लें:** पर्याप्त नींद के बिना दिन के उतार-चढ़ाव से तनाव बढ़ जाता है। एक तनाव पूर्ण सुबह की भागमभाग से बचने के लिए, सोने और जागने के समय को निर्धारित करें। सोने से पहले स्क्रीन को बंद कर दें। शांत गतिविधियों के साथ आराम करें।

9. **प्रतिदिन व्यायाम करें:** जब आप व्यायाम करते हैं, कोई खेल खेलते हैं, या अपने पसंदीदा संगीत पर नृत्य करते हैं तो तनाव दूर हो जाता है। व्यायाम आपको फिट रखने से कहीं अधिक मदद करता है। तनाव, चिंता और अवसाद से बचने के लिए व्यायाम एक महत्व पूर्ण क्रिया है। योग और प्राणायाम बहुत सहायक है।

10. **गहरी सांस लें:** जब आप तनावग्रस्त महसूस करते हैं तो कुछ गहरी, धीमी पेट की सांसें लें। पेट से सांस लेना आपके शरीर की तनाव प्रतिक्रिया को बंद करने का निश्चित तरीका है। रोजाना के तनाव को कम करने में आपकी मदद करने के लिए हर दिन बेली ब्रीदिंग या माइंडफुल ब्रीदिंग का अभ्यास करें।

कुछ पत्र बच्चों के, कुछ माता-पिता के,

जो प्रश्न भी हैं और कई प्रश्नों के उत्तर भी

62. कुछ पत्र, कुछ प्रश्नोत्तर

यहाँ प्रस्तुत हैं सोशल मीडिया से चुने गए कुछ पत्र जो बच्चों ने अपने माता-पिता के लिए लिखे और कुछ जो पालकों ने अपने बच्चों के लिए, जो प्रकाश डालते हैं पालन-पोषण के उन क्षेत्रों पर जिनके बारे में हमने इस पुस्तक में पढ़ा।

ये पत्र कई नए सवाल भी खड़े करते हैं और हमारे मन में उठने वाले कई प्रश्नों के उत्तर भी हैं।

1. हमारे बच्चे ऐसा क्यों सोचते हैं कि वे हमसे बेहतर माता-पिता बनेंगे?

ये कुछ चीजें हैं जो मुझे लगता है कि मेरे माता-पिता सही नहीं करते हैं (मैं माता-पिता की आलोचना नहीं कर रहा, वे वास्तव में वे एक सफल माता-पिता हैं)।

1. गुस्से से फट पड़ना: अगर हम बच्चों से कोई गलती हो जाए तो पिता जी गुस्से में काबू से बाहर हो जाते हैं। फिर हम उनकी कोई बात नहीं मानना चाहते। अब मैं जान गया हूँ कि क्रोध बच्चों की समस्याओं का समाधान नहीं है।
2. शर्मसार होना: मेरे पिता हम भाई बहनों की आपस में तुलना करते हैं, जिससे हम सब बहुत आहत हो जाते हैं। वे चाहते हैं कि हम परफेक्ट बच्चे हों। यूँ तो ऐसा चाहना कोई बुरी बात नहीं लेकिन भाई बहनों में आपसी स्पर्धा होने से उनमें आपस में प्रेम व सौहार्द नहीं रह जाता।
3. विचारों में विरोधाभास: वे आम तौर पर मेरे दृष्टिकोण से चीजों को नहीं देखते हैं; उनका नजरिया मुझ से मेल नहीं खाता, इस वजह से मैं अपने विचार उन्हें नहीं बताता और जब वे इसे जानना चाहते हैं तो मैं टाल

जाता हूँ, झूठ बोलता हूं, क्योंकि मुझे पता है कि वे मेरे अधिक उदार विचारों के लिए मुझ से अप्रसन्न होंगे। मैं अपने बच्चों को उनके विश्वास के लिए अपमानित नहीं करूंगा।

अब, कुछ चीजें जो मैं माता-पिता में देखना चाहता हूँ:

1. वे समझदार हों: मेरी माँ ज्यादातर समय बहुत समझदारी से काम लेती हैं, और मुझे उनकी यह बात बहुत अच्छी लगती है। मुझे पता है कि जब मैं पिता बनूँगा तो ऐसा ही बनूँगा।
2. बच्चों को प्यार करें: कुछ माता-पिता को प्यार जताना नहीं आता, उन्हें सीखना चाहिए।
3. वे तर्कसंगत (Reasonable) बनें: मेरे माता-पिता, अधिकांशतः बहुत ही तर्कसंगत बात करते हैं, वे महान हैं।

   मैं एक बच्चा हूं, और अभी भी बहुत सी चीजें हैं जो मुझे पालन-पोषण के बारे में समझ में नहीं आती हैं। मैं गड़बड़ कर सकता हूँ। लेकिन मैंने अपने माता-पिता से सीखा है और मैं अभी से योजना बना रहा हूँ, माता-पिता के रूप में कैसा बनना चाहता हूं।

2. क्या सख्त माता-पिता के बच्चे औसतन अधिक विद्रोही बनते हैं?

मनोविज्ञान के अध्ययन के अनुसार, सख्त माता-पिता द्वारा पाले गए बच्चों के कानून तोड़ने वाले या व्यसनी होने की संभावना अधिक होती है। उनका स्वास्थ्य भी ठीक नहीं होता है, उनमें मोटापा अधिक पाया जाता है। कभी-कभी, ये बच्चे बड़े हो कर सख्त माता-पिता बनते हैं।

सख्त माता-पिता के बच्चे अधिक विद्रोही होते हैं फिर भी ये माता-पिता अपनी कमियों को स्वीकार नहीं करते, न ही अपने आप को बदलते हैं।

3. क्या माता-पिता को "मैं माता-पिता हूं और आप बच्चे हैं" के साथ बच्चे द्वारा पूछे जाने वाले हर प्रश्न को टालना चाहिए?

नहीं।

सिर्फ इसलिए कि आप माता-पिता हैं, इसका मतलब यह नहीं है कि बच्चे की हर गतिविधि पर पूरा नियंत्रण रखें। आपको याद होगा कि आप जब बच्चे थे तो आप भी कुछ काम अपनी मर्जी से करना चाहते थे। कुछ बच्चे वास्तव में परिपक्व हो जाते हैं, उन्हें निगरानी करने की आवश्यकता नहीं होती। कभी-कभी बच्चे माता-पिता से ज्यादा समझदार होते हैं।

हर समय यह कहना कि "हम माता-पिता हैं और तुम अभी बच्चे हो" उचित नहीं है। यह बहाने करने जैसा है। यह हम तब कहते जब हमारे पास कोई सही तर्क नहीं होता।

अपने बच्चे को मना करने से पहले उसे बोलने दें, और उसे तर्क संगत दलील दे कर व समझ कर ही मना करें। अपनी बात को बच्चे के मानसिक स्तर के हिसाब से समझाएं और संतुष्ट करें।

4. जैसे-जैसे हम बड़े होते हैं, माता-पिता कुछ अलग क्यों नजर आते हैं?

हम जितने बड़े होते जाते हैं हमें अपने आसपास के वयस्क लोग अलग नजर आने लगते हैं। अर्थात्, बच्चों के रूप में हमें अपने माता-पिता को बुद्धिमान और जिम्मेदार देखभाल करने वाले के रूप में सोचने के लिए कन्डीशन किया जाता है। बड़े हो कर हम सोचने लगते हैं कि शायद हमारे माता-पिता इतने बुद्धिमान, दयालु या जिम्मेदार नहीं हैं।

हम जितने बड़े होते जाते हैं, उतना ही अधिक निष्पक्ष रूप से हम उन्हें देखते हैं, और उन्हें अधिक बारीकी से देखते हैं और पाते हैं कि वास्तव में वे केवल गुण-दोषों से युक्त एक इंसान हैं।

5. क्या मैं कभी अपने माता-पिता के लिए अच्छा बन पाऊंगा?

पीड़ित व्यक्ति: मैं जो कुछ भी करता हूं वह गलत है और दोष हमेशा मेरा ही होता है। मैं एक आदर्श बच्चा बनने की बहुत कोशिश करता हूं, लेकिन वे हमेशा शिकायत करने के लिए कुछ न कुछ ढूंढ ही लेते हैं।

चिकित्सक: मुझे आपको यह बताते हुए बहुत दुख हो रहा है।

जवाब ना में है।

पीड़ित व्यक्ति: अपनी मां को खुश करने की कोशिश करते-करते मेरे दस साल निकाल गए। अब मेरा जीवन लगभग हर पहलू में पीछे है।

चिकित्सक: आप जो कुछ भी करते हैं, वह कभी भी पर्याप्त नहीं होगा। आप सर्वश्रेष्ठ भी हो जाएं तो वे शिकायत करेंगे कि आप बहुत धीमे थे और इसे जल्दी करना चाहिए था।

जब आप 18 वर्ष से अधिक हो जाएं, तो छोड़ दें उन्हें। आप यह मत सोचिए जैसे-जैसे आप बड़े होंगे, यह बेहतर होता जाएगा।

अगर आपकी समस्या बहुत बड़ी है तो आप किसी से बात करें। एक चिकित्सक, एक शिक्षक, एक रिश्तेदार, कोई भी जो आपकी मदद कर सकता है।

संपूर्णता असम्भव है। इस संसार में एकमात्र पूर्ण तो वस्तु ही हो सकती है इंसान नहीं। आप कोई वस्तु नहीं हो। आप एक व्यक्ति हैं। आप उनकी मांगों को पूरा नहीं कर सकते। आपको अपना जीवन जीना है न कि दूसरों के द्वारा तय किया गया। मुझे पूरी उम्मीद है कि यह उत्तर आपकी थोड़ी ही सही, मदद करेगा।

6. एक बार जब आप किशोर हो जाते हैं तो माता-पिता आपसे प्यार क्यों नहीं करते हैं? वे केवल एक बच्चे के रूप में आपसे प्यार करते हैं?

मेरे अनुभव में, कुछ लोग केवल छोटे बच्चों के प्रति स्नेह दिखाना जानते हैं, और अपने किशोरों को यह दिखाने में असहज महसूस करते हैं कि वे उनसे प्यार करते हैं, याद रखिए किशोरों को भी आपके प्यार की उतनी ही आवश्यकता है जितनी छोटे बच्चों को, शायद उस से भी ज्यादा क्योंकि किशोर की अपनी समस्याएं भी बहुत होती हैं। इसके अलावा, माता-पिता मानते हैं कि उनके बच्चों को बड़े हो जाने पर उनकी जरूरत नहीं होती, जो कि गलत है। आपके बच्चों को आपके समय और ध्यान की हमेशा जरूरत रहेगी।

7. क्यों माता-पिता लगातार अपने बच्चों की तुलना दूसरों से करते हैं?

मेरे माता-पिता हमेशा मेरी तुलना दूसरों के बच्चों से करते रहते हैं। वे हमेशा बोलते हैं उनके दोस्त की बेटी/बेटा यह कर रहा है और वह कर रहा है, उसने इतने अंक प्राप्त किए, वहां नौकरी मिली और न जाने क्या-क्या। एक बार मैं चिढ़ गया और उनसे ऐसा नहीं कहने के लिए कहा। मेरी माँ ने कहा हम यह सब इसलिए कहते हैं ताकि तुम उत्साहित हो कर आगे बढ़ो। दूसरे इतना हासिल कर रहे हैं, तो तुम भी कर सकते हो। मेरे पिता कहते थे कि मेरा कोई भविष्य नहीं है, इसलिए उन्हें डर है।

ऐसा नहीं है कि मैं यह नहीं सुनना चाहता कि दूसरे कैसे इतना अच्छा कर रहे हैं लेकिन... मुझे तुलना करना पसंद नहीं, इससे मुझमें हीन भावना आती है। तुलना करने से मुझे लगता है कि मैं हर किसी के लिए बहुत बड़ी निराशा हूं। मुझे लगता है कि शायद मैं उतना नहीं पढ़ता, लेकिन मैं हमेशा अपना सर्वश्रेष्ठ देने की कोशिश करता हूं, और जितना हो सके उनकी बातें सुनता हूं, लेकिन कभी-कभी हर चीज का पालन करना मुश्किल हो जाता है। मैं बस अपने को दंडित और थका हुआ महसूस करता हूं। मैं इस सबसे मुक्ति चाहता हूँ।

8. अधिकांश बच्चे वास्तव में अपने माता-पिता से बेहतर क्यों नहीं होते हैं?

और हम कहते हैं कि बच्चे की किसी से तुलना नहीं करना चाहिए

प्रकृति में हर इंसान अलग तरह का इंसान है। फिर तुलना क्यों करें, पिता से बच्चों की भी?

मेरा भाई एक अद्भुत स्टेज कलाकार है और मैं एक औसत बच्चा हूँ, मैं ऐसी किसी कला में पारंगत नहीं हूँ। मेरे पास जो बैग है वह मेरी बहन ने बनाया है। वह सिलाई और पेंटिंग अच्छा करती है। हाँ, मैं शतरंज अच्छा खेलता हूँ। अपने स्कूल में सबसे अच्छा।

मेरे पिता एक प्रसिद्ध आर्किटेक्ट हैं, पर हम में से कोई आर्किटेक्ट नहीं बनेगा पर जो भी बनेगा अच्छा ही बनेगा, यह मेरा विश्वास है क्योंकि हम सब अपने-अपने तरह से अच्छे हैं।

9. बच्चों को पालने का सबसे अच्छा तरीका क्या है?

अधिकांश देशों में, बच्चों को पालने में मदद के लिए नौकरानियों को रखना बहुत आम है, क्योंकि श्रम बहुत सस्ता है।

मेरे पास मेरे माता-पिता के साथ मेरी कई तस्वीरें है, जिनमें वे दो बच्चों के साथ लँगोटी बदलने, खाना खिलाने, खरीदारी के लिए ले जाने और स्कूल बस पर छोड़ने के काम करते दिख रहे हैं। वे चाहते तो इन सब कामों के सहायक रख सकते थे। इसके बजाय, हमारे पास एक पार्ट टाइम नौकरानी थी जो सफाई और कपड़े धोने का काम करती थी।

अब, लगभग दो दशक बाद, मैं वास्तव में उनकी सोच को समझ पाया हूँ। माँ ने बताया कि बच्चों को पालने में अपने दोनों हाथों का उपयोग करके, हम एक प्रेम बंधन का निर्माण कर रहे थे। ये काम हमारे और बच्चों के बीच निकटता बनाने का एक तरीका थे।

जहां तक संभव हो अपने बच्चों की परवरिश आउटसोर्स नहीं करनी चाहिए।

10. एक दर्शन और मनोविज्ञान के प्रोफेसर पिता ने लिखा...

मैंने यह कभी नहीं सुना था, न मेरे बच्चों ने कभी ऐसा कहा। लेकिन मुझे आशा है कि वे कभी **न कभी यह स्वीकार करेंगे,** कि उन्हें हमारी परवरिश से लाभ मिला है। हमारे पालन-पोषण की वजह से वे अच्छे व बुरे में फर्क कर

सकते है। पालन-पोषण के लिए मेरे पास जो कुछ भी था, मैंने दिया है, उस पर जितना संभव हो उतना कठिन काम करता हूं, प्रतिदिन अपने किये पर विचार करता हूं। उदाहरण के लिए, मेरे बेटे के पैदा होने से पहले मैं अपनी बेटी के लिए कुछ भी करने के लिए हमेशा मौजूद रहता था। हमने स्कूल के बाद रोज पार्क ले जाने का फैसला किया। हर कोई चकित था कि हम ऐसा कर पा रहे हैं। दोपहर में घर आकर, उसे खेल के मैदान में हमारे साथ खेलना, घर पर खेलना या टी वी देखना जैसी चीजें थीं। मैंने उस पर कभी कुछ नहीं थोपा, मैं सोचता था कि मैं उसपर कुछ भी खेलने का दबाव नहीं बना रहा था, हेलीकॉप्टर पेरेंटिंग नहीं कर रहा था।

लेकिन जब मेरे बेटे का जन्म हुआ और मैंने उसे बताया कि अब हम वह सब नहीं कर पाएंगे तो उसने कहा कि यह राहत की बात है (दरअसल उसने मुझे यह बात कई साल बाद बताई थी।) उसने बताया कि जब वह घर आती तो वह अपने ऊपर कुछ न कुछ करने का दबाव महसूस करती थी। लेकिन कभी-कभी वह सिर्फ अकेले रहना चाहती थी और कुछ नहीं करना चाहती थी- जैसे यूं ही पड़े रहना, समय बर्बाद करना या बस आराम करना। एथलेटिक्स, संगीत कार्यक्रम, फ़ुटबॉल, पुस्तकालय, म्यूजिक क्लास, और कला या शिल्प या बागवानी जैसी ढेरों सुविधाएं हमारे आसपास थीं। हम अपनी बेटी को यह सब करवाने की कोशिश करते थे, हमें पता नहीं था कि यह सब बच्चे के लिए बहुत ज्यादा और बहुत थकाऊ था। ये सच हमें बाद में पता चला।

11. माता-पिता हर बात के लिए एक ही बच्चे को दोष क्यों देते हैं?

- एक पूर्व मनोविज्ञान शिक्षक

बच्चों का व्यवहार उनके माता-पिता के व्यवहार का प्रतिबिंब होता है। माता-पिता अक्सर अपने बच्चों की किसी आदत को नापसंद करते हैं। कभी-कभी सिंगल पेरेन्ट का बच्चा उस माता या पिता की तरह दिखता है, जिस से वे नफरत करते हैं, या माता या पिता की तरह जिद्दी है, या माता/पिता को अपने अतीत की कुछ बुरी याद दिलाता है, जिसे वे भूलना चाहते हैं। कभी-कभी माता-पिता अधिक आज्ञाकारी बच्चों, या एक निश्चित लिंग के बच्चों को

पसंद करते हैं, इसलिए वे इन बच्चों का पक्ष लेते हैं और दूसरों को नापसंद करते हैं। भारत में लड़के लड़की का भेद एक गंभीर समस्या है।

इस तरह का व्यवहार अपरिपक्व माता-पिता ही करते हैं। यदि माता-पिता इच्छुक हैं तो कुछ गंभीर आत्मनिरीक्षण के माध्यम से समस्या का समाधान कर सकते हैं। ऐसे माता-पिता को फॅमिली कॉउन्सिलिंग की जरूरत होती है ताकि बच्चे के साथ दुर्व्यवहार को रोका जा सके।

12. माता-पिता बच्चे के जीवन को कैसे प्रभावित कर सकते हैं?

- एक पत्रकार

किसी बच्चे के जीवन को प्रभावित करने का सबसे शक्तिशाली और प्रभावी तरीका है उसके के लिए एक उदाहरण प्रस्तुत करना।

यदि आप चाहते हैं कि वह स्वार्थी हो, लालची हो, दम्भी हो, आलसी हो, असभ्य हो या हिंसक हो, तो उन चीजों को नियमित रूप से करें। वह देख रहा होगा और इसे सोख रहा होगा।

यदि आप चाहते हैं कि वह सभ्य, विचारशील, सम्मानित, विनम्र, मददगार, समझदार और सहनशील हो, तो उस तरह से व्यवहार करें, भले ही आपको लगे कि वह नहीं देख रहा है। मेरा विश्वास करो, वह देख रहा होगा और यही सीखेगा।

13. अच्छे माता-पिता बनने के लिए हमें क्या करना चाहिए?

- एक माँ

यूं तो हम बच्चे के साथ भौतिक रूप से एक ही दुनियाँ में रहते हैं पर असल में तो उनकी और माता-पिता की दुनिया अलग होती है। कई बार माता-पिता अपने छोटे-छोटे बच्चों के साथ वयस्क या बड़ों की तरह बर्ताव करते हैं, इससे बच्चे भ्रमित, चिंतित, अनिच्छुक और कई बार सहयोग करने और अच्छी प्रतिक्रिया देने से बचते हैं।

माता-पिता और बच्चों, दोनों के लिए एक अलग तरीका है, बहुत उपयोगी और मनोरंजक। यह बच्चों से उनकी अपनी जादुई दुनिया में मिलना है, और उनसे उनके शुद्ध हृदय की भाषा में बात करना है। हमारे बच्चों के दिल और दिमाग वास्तविकता के उसी स्तर पर मौजूद नहीं हैं जैसे हमारे हैं। उनकी बौद्धिक क्षमता वर्तमान तक सीमित है, उनकी कल्पनाएँ शानदार हैं। उनमें किसी बात के बाद में होने वाले परिणाम को समझने की शक्ति नहीं है, उदाहरण के लिए, माताएं अपने बच्चे से कहती हैं अगर तुम ऐसा नहीं करोगे तो शाम को पापा आएंगे तो तुम्हें पनिश करेंगे।

इस तरह की बात को बच्चे के लिए समझना मुश्किल है। कभी-कभी वे आपको बता रहे होंगे कि क्या गलत है। आपको बस इसे सुनने की जरूरत है, और याद रहे आप कभी-कभी गलत भी हो सकते हैं।

आप उनसे बस यह भी पूछ सकते हैं कि उन्हें आपकी कोई बात बुरी लगे तो आपको बताएं। जब आप सुनते हैं और बदलने के लिए तैयार रहते हैं, तभी वे आपको बताएंगे। आप सुनने को तैयार नहीं होंगे तो वे आपको बताना बंद कर देंगे, जिसका नतीजा अच्छा नहीं होगा।

14. क्या बच्चे माता-पिता को इंसान के रूप में बेहतर बनाते हैं?

- दो बच्चों का पिता

मैं 45 साल का था जब मेरे बेटे का जन्म हुआ। मैं सोचता था कि मैं खुद को समझता हूं पर मुझमें क्रोध का ऐसा भंडार मिला जिसका मुझे पता ही नहीं था। मेरे बच्चों में मुझमें हर उस गुस्सा दिलाने वाले बटन को खोजने की अद्भुत क्षमता थी जिसे कभी दबाया नहीं गया था पर वे अकसर उसे दबाने लगे। इससे कैसे निपटना है, यह जानने के लिए मुझे थेरेपी लेनी पड़ी।

मैं हमेशा एक गंभीर अध्ययनशील व्यक्ति रहा हूं। छोटे बच्चों के साथ चाय पार्टी करना मुश्किल लेकिन मजेदार काम है। हमारे पास वर्षों से लगभग हर दिन चाय-पार्टी का दिन रहा। बच्चों के साथ एक अद्भुत मस्ती का भंडार मिला।

मैं अपने शुरुआती वयस्क वर्षों में पिता बनने का विरोध करता रहा। मुझे पता था कि मैं कंट्रोल-फ्रीक हूँ और मुझे नहीं लगता था कि मैं एक अच्छा पिता बनूंगा। लेकिन अब मैंने मुश्किल समय में मेरी मदद करने के लिए थोड़ा अनुशासन सीखा है (रुकें, गहरी सांस लें, खुद से पूछें “मैं ऐसा क्या हासिल करना चाहता हूं जो मेरे बेटे को एक जिम्मेदार वयस्क बनने में मदद करेगा”)। अब मैं माफी भी मांग लेता हूं जब मुझे एहसास होता है कि मैं बहुत अधिक नियंत्रण कर रहा हूं, या बहुत सख्ती से काम ले रहा हूँ। धर्मों और आध्यात्मिक आंदोलनों में व्यक्ति को बेहतर बनाने के लिए आत्म-अनुशासन और त्याग सिखाया जाता है। अच्छा पालन-पोषण भी आत्म-अनुशासन और त्याग ही है।

मुझे विश्वास है कि मैंने बच्चों के पालन-पोषण से लाभ प्राप्त किया है और पिता बनने के बाद बहुत बेहतर इंसान बन सका हूं।

15. कुछ माता-पिता अपने बच्चों को हमेशा सही क्यों मानते हैं?

- पेंटिका फर्मिन-बेयेन; 13वां बच्चा, तीन बच्चों की मां, 100+ की मौसी, पूर्व प्री-स्कूल टीचर

कुछ माता-पिता ऐसे होते हैं जो सोचते हैं कि उनके बच्चे हमेशा सही होते हैं; मैंने अपने बच्चे के पालन-पोषण के दिनों में ऐसे लोगों का बहुत सामना किया है। ये लोग इनकार (Denial-mode) में जीते हैं; वे अपने बच्चों से इतना प्यार करते हैं कि वे अपने बच्चों की गलतियाँ भी नहीं देख पाते। कुछ लोग हँसते हैं और अपने बच्चों के गलत कामों की बात को मजाक में लेते हैं।

ऐसा करके आप बच्चे का बचाव कर रहे होते हैं, चाहे वे सही हों या गलत, इससे उन्हे ये सिग्नल जाता है कि जब वे गलत होते हैं तो भी वे इससे बच सकते हैं, क्योंकि उन्हें विश्वास है कि माता-पिता उन्हीं का बचाव करेंगे। इससे उन्हें झूठ बोलने की और गलत काम की आदत हो जाएगी। मेरी माँ ने हमेशा हमें बताया कि अगर हमारे अपने बच्चे हों, तो “कभी भी अपने बच्चे के लिए आग में हाथ न डालें, आप जल सकते हैं (किसी मामले की सच्चाई

जाने बिना बचाव न करें; आपका बच्चा दोषी हो सकता है)"। आप माता-पिता हो सकते हैं लेकिन आपका उनके दिमाग पर नियंत्रण नहीं है, वे कब क्या कर बैठेंगे।

नीतिवचन: *बच्चे को शिक्षा उसी मार्ग की दें जिस पर उसको चलना चाहिये, और वह बुढ़ापे में भी उस से न हटेगा।*

माता-पिता को अपने बच्चों को बहुत कम उम्र से ही सही गलत की शिक्षा देने की आवश्यकता है ताकि वे बुद्धिमानी से बड़े हो सकें और एक जिम्मेवार नागरिक बन अपना व अपने परिवार का जीवन सुखी बना सकें।

16. बचपन से ही मेरे माता-पिता अपने झगड़ों के लिए मुझे दोष क्यों देते हैं?

- एक बच्चे के सवाल पर चिकित्सक का उत्तर

यह बहुत ही बुरा है। मुझे खेद है कि आपके माता-पिता अपने असामंजस्य/असहमति के लिए आपको दोष देते हैं।

मैं एक ऐसे परिवार को जानता था जिसने अपने बच्चे के साथ ऐसा किया। बच्चे में सीखने की थोड़ी अक्षमता थी। इसलिए, जब वह स्कूल में था तब माँ उसके साथ बहुत जुड़ी हुई थी। वह देखना चाहती थी कि उसका बच्चा सीख रहा है या नहीं। बाल रोग विशेषज्ञ ने कहा कि उन्हें एडीडी (अटेन्शन डेफिसिट डिसॉर्डर) के लिए परीक्षण करवाना चाहिए क्योंकि उसे क्लासवर्क और क्लासरूम में भी फोकस करने में दिक्कत होती थी।

पिता को हमेशा माँ के अपने बच्चे के साथ इतना समय बिताने से जलन होती थी। पिता को अकेला महसूस होता था। वह हमेशा चिल्लाता था कि यह बच्चा उनकी शादी तोड़ रहा है। लेकिन माँ अपने बच्चे को उसकी सीखने में मदद करना चाहती थी।

यह बच्चा माता-पिता को झगड़ते हुए सुनता था कि उनकी शादी को तोड़ने के लिए बच्चे की गलती थी। बच्चा सोचने लगा कि सब कुछ उसका ही दोष है। इसने बच्चे के लिए स्थिति और भी खराब कर दी क्योंकि वह अपने माता-पिता के विवाह को टूटते नहीं देखना चाहता था। साथ ही पिता हमेशा बच्चे

पर गुस्सा करते थे, बच्चा सोचने लगा कि वह अप्रिय है। आपके परिवार में आपके माता-पिता के बीच जो कुछ भी चल रहा है, उसमें आपकी कोई गलती नहीं है। आपके माता -पिता अपरिपक्व बच्चों की तरह व्यवहार कर रहे हैं। हर इन्सान किसी भी घटना के लिए किसी को दोष देना, और अकसर वह सबसे कमजोर प्राणी पर दोष थोपना चाहता है, इस स्थिति में आप ही सबसे कमजोर प्राणी हैं।

यह सभी तरह से गलत है। क्या कोई ऐसा तरीका है जिससे आप अपने माता-पिता से बात करके उन्हें बता सकें कि वे आपको बहुत बुरा महसूस करवा रहे हैं और दुख पहुँचा रहे है? यह वास्तव में दयनीय पारिवारिक स्थिति है। आप कोशिश करके माता-पिता को परिवार परामर्श के लिए ले जाएं। गुड लक ♡

17. लोग बच्चों के कार्यों के लिए माता-पिता को दोष क्यों देते हैं? क्या यह हमेशा उचित है?

बच्चों के अच्छे बुरे कामों के लिए माता-पिता को दोष दिया जाता है क्योंकि बच्चे को एक अच्छा इंसान बनाना माता-पिता की जिम्मेवारी माना जाता है, लेकिन ये हमेशा सच नहीं होता।

समय के साथ बच्चे अपने स्वयं के विचारों को बनाते हैं, इसके अतिरिक्त कई और कारण हैं जो बच्चे के विकास पर असर डालते हैं, जिनका उनके माता-पिता से कोई लेना-देना नहीं है। सच तो यह है कि माता-पिता अपने बच्चों को एक ही तरह से पालते हैं, फिर भी एक असाधारण, तेजस्वी अच्छी तरह से व्यवहार करने वाला व्यक्ति बन सकता है और दूसरा इसके ठीक विपरीत।

18. क्या किसी बच्चे को बिना डांटे-फटकारे बड़ा करना संभव है?

- जॉयस फेटेरोल, (Quora पर)

हां, इसी तरह मेरे पति और मैंने अपनी बेटी की परवरिश की।

अनुमति देने या हमेशा मना करने के बजाय हमने अपनी भूमिका को उसके लिए समस्या-सुलझाने, निर्णय लेने और उसके अपने विचारों को आज़माने के लिए एक सुरक्षित वातावरण बनाने में मददगार के रूप में देखा। मूल रूप से हमारी समझदारी इसमें थी कि वह उसका लाभ उठा सके।

कभी-कभी वह जो चाहती थी वह एक आसान 'हाँ' थी यानी इसका जवाब हाँ में देना आसान था। कभी-कभी यह होता था कि हम दोनों मिलकर ये सोचते थे कि कि इसे कैसे कर सकते हैं। कभी होता था, चलो इसके बजाय इसे इस तरह से आजमाते हैं। कभी यह भी होता था, 'इस वजह से यह संभव नहीं है, चलो किसी और विचार पर काम करते हैं। धीर-धीरे वह समझ जाती थी कि वह कार्य करने योग्य था ही नहीं।

अगर उसने गलती की है, तो इसलिए नहीं कि उसने आज्ञा नहीं मानी। ऐसा इसलिए था क्योंकि वह बड़ी तस्वीर नहीं देख पाई थी। केवल एक चीज जो मुझे याद है, वह यह है कि मुझे उम्मीद थी कि वह एक दोस्त के घर पर होगी, लेकिन वह कहीं और पहुंच गई। मैंने उसे बताया कि हमें यह जानने की जरूरत है कि वह कहां थी। अगर योजना बदलने पर वह हमें बता सकती है, तो हम इसकी तारीफ करेंगे। सजा की जरूरत नहीं थी। हमने उसे हमारी जरूरतों और शिष्टाचार को समझने में मदद की। हमने हमेशा उसके साथ अच्छा व सभ्य व्यवहार किया, इसलिए उसने वह सर्वश्रेष्ठ किया, वह बड़ी होने पर भी हमारे लिए विनम्र बनी रही

हम चाहते थे कि वह किसी भी विषय को अनुभव करने के बाद उस विषय पर अपने विचार बनाए। यह पता लगाये कि किसी भी समस्या के लिए क्या काम करता है और क्या नहीं। यह उसको वयस्क होने पर समझदार और जिम्मेवार बनाने का एक तरीका था।

19. पेरेंटिंग में, कितना सख्त बहुत सख्त है?

- केमी गैनन (Quora पर)

बड़े दुख कि बात है कई लोग बच्चा पालने बिल्कुल योग्य नहीं हैं वे भी बच्चे पैदा कर रहे हैं।

एक प्यारी माँ का बेटा आपको कुछ सलाह दे रहा है।

1. आपके बच्चे आपकी सिर्फ संपत्ति नहीं हैं। वे इंसान हैं, मानवीय भावनाओं और खामियों और अपनी सारी विचित्रताओं के साथ।

2. माता-पिता के रूप में आप अपने बच्चों के लिए आश्रय /घर, भोजन, कपड़े, स्कूल के सामान और अन्य आवश्यकताएं प्रदान करने के लिए बाध्य हैं!

3. यदि आप नस्लवादी (अपने से अलग नस्ल या जाति से नफरत करना) / सेक्सिस्ट (लड़का लड़की में भेद करना) / होमोफोबिक (अपनी प्रजाति से नफरत करना)/ ज़ेनोफोबिक (विदेशियों और अजनबियों से नफरत करना) आदि हैं - तो आप बच्चे पैदा न करें। बड़े (समझदार) हो जाओ, फिर बच्चे पैदा करो।

4. यदि आप अपने बच्चे को डाँटते या सज़ा देते हैं, तो उन्हें समझाएं कि उन्हें सजा क्यों मिल रही है और अगली बार इससे बचने के लिए वे क्या कर सकते हैं। आपके बच्चे मूर्ख नहीं हैं, वे समझ जाएंगे। और बिना अपनी बात समझाए उन्हें चुप मत कराइए। वरना अगली बार वे आपसे इसे छिपाएंगे / झूठ बोलेंगे।

5. हर बात के बारे में सख्त या कठोर होने से अच्छे व्यवहार वाले बच्चे नहीं बनेंगे, बल्कि वे झूठे, धोखेबाज़ और चालाकी करने वाले बन सकते हैं। वे उदास, चिंता से ग्रस्त, एक उलझे हुए व्यक्तित्व के मालिक बनेंगे। वे मुश्किल से काम करने वाले वयस्क व्यक्ति बन रहे हैं।

6. इस तरह आप उन्हें अपने से दूर भगा रहे हैं। मेरी मां ने कभी भी मेरी निजता में दखल नहीं दिया इसलिए मैं निःसंकोच किसी भी परेशानी में उनसे मदद लेती थी, क्योंकि उन्होंने मुझे कभी डराया नहीं।

7. मुझे परवाह नहीं है अगर आपको लगता है कि आपके 13 साल के बच्चे का काम आपके लिए मूर्खता पूर्ण और उबाऊ है। ज्यादा परफेक्शनिश्ट (सब कुछ सही करने वाला) बनने की कोशिश न करें और आप अपने

बारे में सोचें जब आप इतने बड़े थे। 13/14/15 होना अपने आप में एक मुश्किल समय है, इसे और खराब न करें।

आपके बच्चों की रुचियां और शौक शायद आपके लिए उबाऊ/अजीब/बचकाना/कष्टप्रद/मूर्खता पूर्ण आदि होंगी। उन्हें इस पर कुछ भी न कहें।

सही-गलत का एक तरफा फैसला करने का सारा अधिकार आपके ही पास क्यों है? क्या आप ही हमेशा सही होते हैं? क्या बच्चा कभी सही नहीं होता? मैं उतना कठोर नहीं हूं और न ही उतना नासमझ या अड़ियल जितना कि मैं आपको दिखता हूं। मैं भी अपने माता-पिता से बहुत प्यार करता हूँ और दिल में उनकी बहुत इज्जत करता हूँ।

बस मुझे भी एक इंसान समझें, कभी सही, कभी गलत।

20. मेरे माता-पिता

शौर्या पाठक, क्लास 11 की विद्यार्थी

एक किशोर होने के नाते, कई बार ऐसा होता है जब हमें अपने माता-पिता की कोई बात पसंद नहीं आती या जब वे हमें कुछ करने के लिए कहते हैं तब हमें खराब लगता है। कभी-कभी ऐसा इसलिए होता है क्योंकि हम अभी बच्चे हैं और समझ की वह सामान्य कड़ी उन दो लोगों के बीच फिट नहीं बैठती है जो अपनी उम्र में बहुत अलग हैं। उनके बारे में भी ऐसी कई चीज़ें हैं जो हमें पसंद हैं।

मुझे वास्तव में अपने माता-पिता के बारे में जो बात पसंद है वह यह है कि वे बहुत खुश रहते हैं।

मेरी माँ एक सुपरवुमन की तरह हैं। वह सब कुछ करती है- नौकरी, घर और हमारा ख्याल रखना। वह मालकिन है! वह अपना पूरा काम संभालती है और काम पर तनावपूर्ण दिन होने के बाद भी, वह मेरा और दीदी का हालचाल लेना याद रखती है। जब उसका तबादला दूसरे शहर में हो जाता था, तो वह हमें सिर्फ यह सुनिश्चित करने के लिए फोन करती थी कि हमें खाना मिला या नहीं। मुझे उनके बारे में सबसे ज्यादा पसंद यह है कि वह हमेशा हमसे

कहती हैं कि किसी भी तरह से किसी को ठेस न पहुंचाएं और ईमानदारी हमारा नैतिक मूल्य है।

दूसरी ओर, मेरे पिता भी बहुत अच्छे हैं। वह एक अद्भुत, आत्मविश्वासी व्यक्ति है और अपने बॉस के सबसे भरोसेमंद व्यक्ति है। मुझे अपने पिता के बारे में जो बात पसंद है वह यह है कि वह मेरा, दीदी और मां का हर संभव तरीके से समर्थन करते हैं। हालाँकि पूरी दुनिया को ग़ज़ल और पुराने गाने याद नहीं हैं जिनमें सच्ची सुंदरता थी, फिर भी वह उन्हें घर पर बजाते हैं ताकि हम असली भारतीय संगीत सुन सकें। वह हमें हिंदी साहित्य, कहानियाँ और कविता पढ़ने के लिए प्रोत्साहित करते हैं ताकि हमें भूले हुए लोगों के बारे में पता चले और यह आश्चर्यजनक है।

मुझे अपने माता-पिता के बारे में क्या पसंद नहीं है-

वे मुझे बताते हैं कि वह काम कैसे करना है जो मैं पहले से जानती हूं कि कैसे करना है। उदाहरण के लिए, मेरे पिता मुझसे कहते हैं कि पौधों को तेज बहाव से पानी न दें, नहीं तो सारी मिट्टी गमले से बाहर गिर जाएगी और गंदगी हो जाएगी। वह हर सुबह मुझे यह बताते हैं। जब उन्होंने मुझे बताया कि पहली बार, मुझे याद आया, दूसरी बार, मुझे अभी भी याद आया, आज 879 वीं बार था, और मुझे अभी भी याद है।

यह या तो इसलिए है क्योंकि वह मुझे सिखाना चाहते हैं कि पौधों को ठीक से पानी कैसे देना है या क्योंकि वह अपने पौधों से बहुत प्यार करते हैं।

मेरी मां हमेशा मेरे दोस्तों के बारे में पूछती रहती हैं, जैसे जब भी मैं अपने दोस्तों को देखती हूं तो पूछती हैं, 'वह कौन है'? 'उसका नाम क्या है'? मुझे लगता है कि शायद इसका कारण यह है कि सभी ओर बच्चों के विरुद्ध अपराध हो रहे हैं।

21. एक चौथी क्लास की विद्यार्थी अनाया ने अपने माता-पिता के बारे में लिखा:

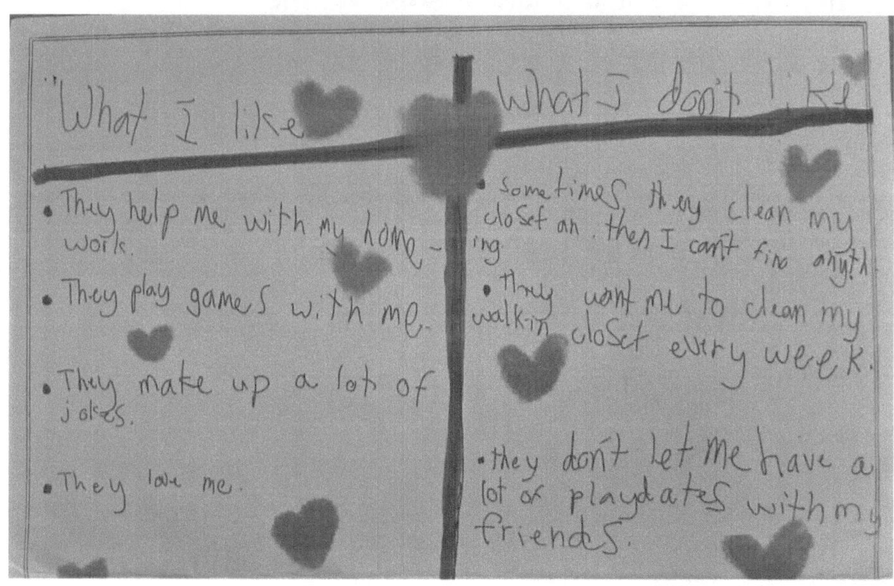

22. बेटी की चिक चिक

वो जो फ़ोन काल पर माँ से घंटों घंटों लड़ती है,

मेरे पंख फैल गये अब , पंजों में भी काफ़ी दम है,

मेरे लाइफ में मेरा हक़ है माँ तू यू हीं तू तू मैं मैं करती है,

माँ तू अपने को मेरा जेलर मुझे क़ैदी समझती है,

मैं तो अब बड़ी हो गई, तुझसे भी कितनी मैं लंबी हूँ ,

तुझसे ज़्यादा कंप्यूटर जानूँ , मैं आज़ाद सी पंछी हूँ!

बेटी क्या जाने, माँ इस गड़बड़ में चुप हो कभी सिसकती है,

फिर अंचल में मुंह दबा कर चुप चुप कर हँसती हैं!

बेटी तेरे पंखों पर विश्वास भी है नाज़ भी है,
पर माँ का दिल है खुश है तो नासाज़ भी है,
तू जो मुझसे ये लंबी चौड़ी बातों से झगड़ा करती है,
पर माँ के छोटे दिल में तू छोटी बच्ची सी बन रहती है!

माँ के आँचल के कोनों से कब तू निकल कर बड़ी हुई,
माँ की आँखों में तो वह छोटी परी सी सदा रही!
तेरे चिक चिक करने पर मेरे कानों में बंसी सी तू बजती है!
मेरी बेटी तू कुछ भी कर ले माँ तो माँ ही रहती है!
स्मिता🥀💗💗

(डा. स्मिता मिश्रा)

23. माँ की सीख -

प्यारी बेटी!

- हर कष्ट में एक अन्तर निहित उम्मीद है।
- हर पीड़ा एक सीख है।
- हर वेदना में एक अभिव्यक्ति है।

किन्तु, यह सब एक परीक्षा है -

- प्रेम और मानवता की स्थापना के साथ धरती को स्वर्ग बनाने की।

इसके लिए तुम्हीं क्यों? क्योंकि उसे -

- तुम्हारी क्षमता को अपने विश्वास का आशीर्वाद देना था।
- पीड़ा में छिपी हताशा तुम्हारे आत्मविश्वास की प्रथम किरण निकलने का ब्रह्म मुहूर्त है। उषा से पहले अंधेरा घना होता है।
- तुम अपना प्रकाश स्वयं बनो - अप्प दीपो भवः।

मेरे बेटे!

- दर्द वह खजाना है जो आने वाले जीवन संघर्ष में तुम्हारा हथियार बनेगा।

खुश रहो।

(डा. अवधेश त्रिपाठी)

24. एक औसत बच्चे के पिता का पत्र

मैं एक औसत (average) बच्चे का पिता हूं। औसत से मेरा सीधा सा मतलब है कि मेरा बच्चा औसत शिक्षार्थी है, अंक प्राप्त करने में औसत है, खेल में औसत है और अन्य गतिविधियों में औसत है। यानी वह किसी भी क्षेत्र में बहुत आगे नहीं है। फिर उसके बारे में क्या खास है? कुछ भी नहीं।

मुझसे अक्सर पूछा जाता है, ... आपका बेटा गणित और सामान्य पढ़ाई में अच्छा होना चाहिए ... मैं बस कहता हूं नहीं, वह नहीं है। वह औसत है। क्या मुझे यह कहने में शर्म आती है? नहीं।

और न ही मैं झूठ मूठ बातें बना कर उसकी इज्जत बढ़ाने कि कोशिश करता हूँ। मेरा बेटा वह औसत बच्चा है जिसे लोग शीर्ष पर न होने की वजह से नोटिस नहीं करते। लोग उसकी प्यारी मुस्कान, मजाकिया बातचीत, गले लगना, दोस्ताना व्यक्तित्व, दयालु व्यवहार, सौम्य व्यवहार, मददगार स्वभाव को नहीं सराहते क्योंकि वह पढ़ाई लिखाई में औसत बच्चा है।

स्कूल और समाज उन बच्चों का जश्न मनाता है जो शीर्ष स्कोरर हैं या खेल और अन्य गतिविधियों में, कलाओं में बहुत अच्छे हैं, न कि उन सभी का जो उन्हें सही तरीके से कर रहे हैं और उनका आनंद भी ले रहे हैं।

इन सब के बीच, मेरा औसत बच्चा है जो एक दर्शक है और अपने दोस्तों को पूरे दिल से खुश करता है, उस की ओर किसी का ध्यान नहीं जाता। खेल के लिए उनका प्यार, (भले ही वह जानता है कि वह स्कूल टीम के लिए नहीं चुना जा रहा है), संगीत के लिए उसका प्यार (भले ही वह जानता है कि वह स्कूल ऑर्केस्ट्रा के लिए नहीं चुना जा रहा है) कभी कम नहीं होता। वह

प्रतिस्पर्धा या होड़ करने के बजाय इसका आनंद लेने के लिए यह सब करता है।

क्या मैं एक ऐसा पिता हूं जो शीर्ष पर स्कोर नहीं करने के लिए उसके साथ सख्त नहीं है? हां, मैं एक हद तक सख्त हूं और कई बार अपना आपा खो चुका हूं। जब मेरे 7 साल के बच्चे ने पूछा, "पापा, क्या आप मेरी इज्जत नहीं करते" तो उसके शब्द मुझे चुभ गए।

हममें से कितने लोगों ने सोचा कि हमें बच्चों का सम्मान और प्यार करना चाहिए? हम वयस्क अपने जीवन के प्रत्येक क्षण अपने लिए सम्मान और प्यार की मांग करते हैं फिर बच्चे का सम्मान और उसे प्यार क्यों नहीं करते?

10 साल की उम्र में भी आई आईटी, एम बी बी एस की तैयारी कर रहे बच्चों के बीच मेरा औसत बच्चा दुनिया घूमने, नए लोगों से मिलने और तरह-तरह के व्यंजन खाने की बात कर रहा है।

मेरा औसत बच्चा डॉक्टर, अंतरिक्ष यात्री, वैज्ञानिक या कुछ भी बन भी सकता है और नहीं भी। लेकिन, वह निश्चित रूप से बड़ा होकर एक अच्छा इंसान बनेगा, जो खुशियां फैलाएगा। मेरे लिए यही ज्यादा कीमती है।

आखिरी बात भी बहुत महत्वपूर्ण है:

औसत बच्चे पर भी उतना ही ध्यान दें जितना एक मेधावी बच्चे पर देते हैं। वह आपसे सिर्फ एक मुस्कान या कुछ प्रेम भरे शब्द चाहता है जिससे वह इस बुरी दुनियाँ पर भरोसा कर सके। प्रत्येक बच्चा अलग होता है, इसलिए प्रत्येक के लिए पालन-पोषण की शैली अलग होगी।

> किसी समाज की आत्मा को अच्छी तरह से परखने के लिए यह जानिये कि वह अपने बच्चों के साथ कैसा व्यवहार करता है और उनकी परवरिश किस तरह करता है।
>
> \- नेल्सन मंडेला

लेखक-द्‌वय का पत्र आपके नाम

अंत में ...

हम आपको अपने बच्चों के पालन-पोषण की यात्रा पर आगे बढ़ने से पहले एक अंतिम विचार दें। आप इस विषय में कितना भी पढ़ लें और सीख लें, पालन-पोषण एक 'करते हुए सीखने' की आश्चर्यजनक यात्रा है। परवरिश करने के बाद ही हम सीखते हैं। आपकी सारी पढ़ाई, नोट्स और लिस्टों के बावजूद जब आप माता-पिता बनेंगे तो पाएंगे की आप का बच्चा भी गंदा हो रहा है, नीचे पड़ी चीज खा रहा है, सारे घर में सामान बिखेर रहा है, जिद करता है और सब्जी नहीं खाना चाहता। आपको स्वीकार करना होगा की यही उसका बालपन है और यह सभी के साथ होता है। उसकी मनमानी, उसकी मस्ती, उसका खिलखिलाना और उसका आकर लिपट जाना, यह उसका वर्तमान है, इसका आनंद लीजिए क्योंकि यह सब भी सदा नहीं होगा। यह आनंद दोबारा नहीं मिलने वाला। उनकी थोड़ी-थोड़ी प्रगति को देखिए और उस बदलाव की प्रक्रिया को दिशा दीजिए।

आपने जो पढ़ा, समझा और सीखा है, अपने जीवन में उतारिए। निश्चय ही वह उसके जीवन में परिलक्षित होगा; दिखाई देगा पर धीरे-धीरे। आपने जो कुछ बच्चे के साथ किया है वह सब आपके बच्चे में आपको मिलेगा। भले ही बच्चे उस समय आपकी बात मानने के लिए इनकार करेंगे किन्तु बड़े होने पर आप पाएंगे वह आपके कहे अनुसार ही व्यवहार कर रहे हैं। एक अच्छा इन्सान बनाना एक व्यक्ति का बदलना नहीं है, यह एक प्रोडक्शन लाइन का बदलना है जिसका प्रभाव पीढ़ियों तक जाता है। अपने जो कुछ परिवर्तन बच्चे में कर पाये हैं वे आगे कि पीढ़ियों में आपको दिखाई देंगे।

हम भी बन सकते हैं अच्छे माता-पिता!

www.ingramcontent.com/pod-product-compliance
Lightning Source LLC
LaVergne TN
LVHW041143150826
845673LV00001B/60

* 9 7 9 8 8 9 1 8 6 7 9 6 3 *